HISTOIRE DE FRANCE

III
PHILIPPE-LE-BEL
CHARLES V

HISTOIRE DE FRANCE

VOLUME I

LA GAULE
LES INVASIONS
CHARLEMAGNE

VOLUME II

TABLEAU DE LA FRANCE
LES CROISADES
SAINT LOUIS

VOLUME III

PHILIPPE-LE-BEL
CHARLES V

VOLUME IV

JEANNE D'ARC
CHARLES VI

VOLUME V

CHARLES VII

VOLUME VI

LOUIS XI

VOLUME VII

RENAISSANCE

VOLUME VIII

RÉFORME

VOLUME IX

GUERRES DE RELIGION

VOLUME X

LA LIGUE ET HENRI IV

VOLUME XI

HENRI IV ET RICHELIEU

VOLUME XII

RICHELIEU ET LA FRONDE

VOLUME XIII

LOUIS XIV ET LA RÉVOCATION DE L'ÉDIT DE NANTES

VOLUME XIV

LOUIS XIV ET LE DUC DE BOURGOGNE

VOLUME XV

LA RÉGENCE

VOLUME XVI

LOUIS XV

VOLUME XVII

LOUIS XV ET LOUIS XVI

JULES MICHELET

HISTOIRE DE FRANCE

III

PHILIPPE-LE-BEL

CHARLES V

PRÉSENTATION DE

PAULE PETITIER

ÉDITIONS DES ÉQUATEURS

Courriel : editionsdesequateurs@wanadoo.fr
Site Internet : www.equateurs.fr

PRÉSENTATION

Quatre années se sont écoulées depuis la parution des deux premiers volumes de l'*Histoire de France*. Les lecteurs ne découvrent le tome III qu'en 1837. Cet intervalle témoigne d'un travail d'approfondissement. Depuis 1829 Michelet a fait cours presque tous les ans sur le XIVe siècle à l'École normale. Et l'on voit dans les notes de ses élèves[1] sa conception de cette époque se préciser et évoluer au fil du temps. Ses fonctions aux Archives lui permettent depuis 1831 de puiser l'information aux sources originales et plus seulement chez les chroniqueurs ou les historiens antérieurs. L'accroissement de matériaux à dépouiller explique en partie le ralentissement de la publication. L'historien se soucie également d'étoffer sa réputation de savant et de réaffirmer son rôle de passeur de culture – notamment d'intermédiaire entre la France et l'Alle-

1. Des rédactions manuscrites de ces cours par les élèves sont conservées à la Bibliothèque historique de la Ville de Paris. Une partie a été éditée par François Berriot : *Leçons inédites de l'École Normale. Histoire des XIVe, XVe, XVIe siècles*, Cerf, 1987.

magne[1]. Entre 1833 et 1837, il travaille à des *Mémoires de Luther* – traduction de fragments autobiographiques des écrits du réformateur – et à des *Origines du droit français*, qui s'inspirent des *Antiquités du droit allemand* de Jacob Grimm, recueil d'anciennes formules juridiques et réflexion sur l'origine populaire du droit. Michelet ne se satisfait plus de son poste à l'École normale, de la charge des cours, et des tracasseries de son directeur (Victor Cousin). Il songe sans doute déjà au Collège de France.

Pourtant ces motifs professionnels n'expliquent pas tout. L'espace de quatre ans qui sépare le tome III des deux premiers correspond aussi à la rupture historique profonde indiquée à la fin du récit du règne de Saint Louis. L'histoire devient moins linéaire et plus problématique que ne l'imaginait l'auteur lorsque, en 1833, il concevait ainsi la suite de l'*Histoire de France* :

« ... l'âge moderne commence avec Philippe le Bel, avec l'abaissement de la papauté, avec le soufflet de Boniface VIII. Au troisième volume, les *institutions*, leur originalité, leurs emprunts aux institutions étrangères. Détermination de la nationalité française. Aux quatrième et cinquième volumes, le progrès de cette nationalité depuis le XIVe siècle jusqu'à nos jours, le grand ouvrage de l'égalité et de l'ordre civil, lentement préparé par la Monarchie, consommé par la République, couronné et proclamé dans l'Europe par les victoires de Bonaparte. »

La vision d'alors, construite uniquement autour des acquis de l'histoire, structurée par un progrès continu auquel chaque âge apporte sa pierre, s'est compliquée et noircie. Le contexte politique des années 1833-1837 n'y

1. Dans son *Histoire romaine*, Michelet s'était proposé de faire connaître et de discuter les méthodes et les thèses des historiens allemands Niebuhr, Heeren, Gans et Wolf.

est sans doute pas pour rien. La monarchie de Juillet, qu'une partie de l'opinion libérale avait envisagée au sortir des Trois Glorieuses comme une phase de transition vers un régime plus démocratique, plus proche des principes de la Révolution française, est devenue au contraire conservatrice et répressive (écrasement des révoltes ouvrières et des insurrections républicaines en 1834, « lois de septembre » sur la presse en 1835...). La transition laissait aussi s'installer des logiques nouvelles (un avilissement de la politique par l'affairisme, un paupérisme urbain et industriel) qui constituaient de nouveaux obstacles à l'évolution progressiste. Michelet et son ami Edgar Quinet expriment dans leur correspondance de cette époque une amertume liée à cette situation politique déprimante, sans avenir. Un malaise comparable transparaît au même moment chez les écrivains romantiques, du Hugo de *Notre-Dame de Paris* au Musset de *La Confession d'un enfant du siècle* ; ils expriment également le malheur de vivre un intervalle qui s'éternise, entre un monde ancien en ruines et un monde nouveau pas encore né.

Dans l'*Histoire de France*, il en ressort une nouvelle vision des périodes de transition. Michelet tourne franchement le dos à ceux qui réduisent le cours de l'histoire aux transformations institutionnelles et minimisent les situations concrètes dans lesquelles elles adviennent. Il s'intéresse aux souffrances matérielles et morales des hommes qui vivent les temps d'entre-deux. L'étirement du Moyen Âge de Michelet fait sentir ce que gommaient les histoires faites seulement du point de vue des résultats : ce qu'est la traversée d'une crise historique, quelle longueur et quelle noirceur prennent alors les années.

Avec le tome III, l'*Histoire de France* entre dans un découpage approximativement séculaire. Les cent dix années qui vont de 1270 à 1380 représentent pour Michelet le XIVe siècle. Cette sécularisation de l'histoire (qu'il faut entendre dans ses deux sens : périodisation par siècle et laïcisation) est le premier indice d'une rupture majeure : la fin du Moyen Âge. Le XIVe siècle marque le terme d'une période organiquement liée au christianisme et à l'Église ; avec lui naît l'âge moderne – mais d'une naissance longue, difficile, tourmentée, qui prendra au moins deux siècles.

Comme il l'a déjà fait dans le tome précédent, Michelet ouvre le tome III sur un temps historiquement faible, le règne de Philippe le Hardi. Au lieu de se consacrer à l'œuvre du souverain, le récit se décentre et suit le destin de Charles d'Anjou en Sicile. Frère de Louis IX, il domine alors la maison de France et les affaires du royaume se trouvent subordonnées aux siennes. Or il est devenu roi de Naples et de Sicile en 1266 après avoir renversé les Hohenstaufen à l'instigation du pape Urbain IV. À la mort de Louis IX, le centre de gravité de l'histoire se déplace donc hors de France. Mais Charles d'Anjou est chassé de Sicile par les « Vêpres siciliennes », une révolte générale contre l'occupant français à Pâques 1385. La défaite de Charles d'Anjou constitue ainsi le dernier épisode du grand mouvement d'expansion de la France dans le bassin méditerranéen dont Michelet a montré le déploiement depuis les Croisades. Elle marque sur ce plan un seuil. Pendant les deux siècles qui suivent, XIVe et XVe, l'histoire de France se replie en effet à l'intérieur du royaume.

Cependant, de même que la peur de l'an mil (précédant l'essor du XIe siècle) sollicitait vivement l'imagination par un récit plein de « couleur locale », l'ouverture du tome III sur les « Vêpres siciliennes » est faite pour frapper les esprits en jouant sur des représentations préexistantes. L'opéra de Verdi n'a pas encore donné tout son lustre à la révolte des Siciliens contre la domination française (il sera créé à l'Opéra de Paris en 1855). Mais en 1819 une pièce de

Casimir Delavigne consacrée à cet événement a remporté un grand succès. Le récit de Michelet bénéficie de cette résonance dramatique, amplifiée d'ailleurs par d'autres œuvres (romanesques, théâtrales et lyriques) pendant la première moitié du XIXe siècle. L'historien ne manque pas d'imprimer son cachet à l'épisode par la résurrection d'une atmosphère et l'exploitation du contraste entre la sensualité diffuse de la saison et l'événement sanglant :

« C'était le lundi, 30 mars 1282, le lundi de Pâques. En Sicile, c'est déjà l'été, comme on dirait chez nous la Saint-Jean, quand la chaleur est déjà lourde, la terre moite et chaude, qu'elle disparaît sous l'herbe, l'herbe sous les fleurs. Pâques est aussi un voluptueux moment dans ces contrées. »

Temps faible sur le plan de l'histoire nationale, l'ouverture constitue pourtant un temps fort sur les plans émotif et esthétique.

Enfin, l'attrait du nom a sans doute joué dans la position clé attribuée à l'épisode. Les vêpres, office du début de la soirée (du latin *vespera*, soir), placent le tome dans un jour crépusculaire. On sort du Moyen Âge lumineux ; il faudra voyager jusqu'au bout de la nuit.

Chez Michelet, l'ouverture des tomes est toujours extrêmement calculée, et le plus souvent écrite avec un brio particulier. C'est qu'il s'agit d'un point névralgique pour faire ressentir le paradoxe du récit historique, le mélange continu des fins et des commencements. Le parti pris du contretemps, du démarrage sur un temps faible est l'un des procédés inventés par Michelet pour faire sentir l'imbrication de ce qui se défait et de ce qui se noue. Quant à la pertinence de cette forte coupure instaurée par les limites des tomes entre le règne de Saint Louis et celui de Philippe le Hardi, elle n'est pas démentie par Georges Duby :

« C'est en 1270, à la mort de saint Louis, que se précise

l'inflexion qui lentement faisait basculer toutes choses et d'abord modifiait l'idée que les gens de ce temps se faisaient du monde[1]. »

Le véritable début d'une ère nouvelle, après le prologue tout à la fois conclusif et programmatique[2] des Vêpres siciliennes, c'est le règne de Philippe le Bel et la date, répétée comme pour en suggérer le caractère numineux, de 1300. La fracture avec la période qui précède, la « révolution » qui s'opère alors sont rendues sensibles par une inversion symbolique. Après la figure du roi saint sur laquelle s'est achevé le tome II, celle d'un roi à l'aura diabolique, « l'odieuse figure de Philippe le Bel », introduite dans le récit, au chapitre II, par une citation vengeresse de Dante. Si l'on se reporte aux historiens du XXe siècle, on aura vite fait de juger erronée cette image. Philippe le Bel fut un roi pieux, qui honora le souvenir de son ancêtre saint Louis et s'efforça de suivre son exemple. Mais Michelet raisonne moins à partir de la manière de vivre de Philippe que de la perception de son action politique à la lumière d'une transformation profonde. Un contexte nouveau dote le roi d'un symbolisme opposé à celui de saint Louis. Le « basculement de toutes choses » pour reprendre les mots de George Duby fait soudain apparaître la fonction royale sous un jour inquiétant. Mais à l'évidence Michelet n'ignore pas la continuité d'action de la monarchie et

1. Georges Duby, *Histoire de France*, t. I : *De Hugues Capet à Jeanne d'Arc (987-1460)*, Hachette, 1987, p. 301.

2. En effet, la révolte des Siciliens a une tonalité patriotique (que les partisans du *Risorgimento* sauront bien amplifier) à l'aube d'un volume dans lequel l'historien se propose de montrer « l'ère nationale de la France ». Qu'il s'agisse d'une révolte de Siciliens, et même d'une révolte contre des Français, ne change rien à l'affaire. L'épisode au contraire met en lumière l'interdépendance et la solidarité de l'éveil des nationalités. En 1837, on est encore à l'âge où dans leur lutte pour l'indépendance les nations se sentent fraternelles.

relève par exemple que la présence des légistes auprès du roi remonte à saint Louis.

L'âge moderne s'ouvre donc en 1300. Et dès le départ sous le signe de la négativité. L'empire romain, lui, avait été démantelé par un facteur extérieur, les invasions barbares. L'ordre nouveau qui lui avait succédé un peu avant l'an mil était donc tout innocent et positif. Le surgissement naturel, spontané de la France à la fin de la période carolingienne (le *Tableau de la France*) témoignait d'une affirmation initiale. L'âge moderne, lui, apparaît comme le principe destructeur du Moyen Âge. Il n'y a pas cette fois de facteur extérieur pour faire la vilaine besogne. D'où la laideur fondamentale de cet âge. Laideur des mœurs (affaires de sorcellerie, d'adultère), laideur de la politique (un roi faux-monnayeur), absence totale de création artistique[1]... Ironie du nom de Philippe *le Bel* ! Laideur d'autant plus frappante qu'elle contraste et avec l'efflorescence sublime de l'architecture médiévale et avec la révélation éblouissante du territoire national (qui encadrent le tome précédent).

Le tome III a pour fil rouge la destruction du Moyen Âge par l'esprit moderne. Le Moyen Âge, c'était le Saint Empire et la papauté, deux puissances sous lesquelles l'Europe tendait à l'unité. La papauté a vaincu le Saint Empire, elle succombe à son tour sous les coups du roi de France. L'apparition des nationalités est corrélative à ce double effondrement Mais plus profondément, c'est l'unité spirituelle, la foi, la vision du monde, le « système » comme le dit Michelet, du Moyen Âge qui se brisent. L'âge du symbole est fini. Le Moyen Âge était poétique ; les formes y avaient une signification spirituelle. L'architecture religieuse, avant d'être fonctionnelle, exprimait une idée, tra-

1. Le tome III est en effet l'un des rares tomes de l'*Histoire de France* où ne se trouve pas de développement sur un artiste ou une œuvre artistique.

duisait la Passion ; les rites, les coutumes, les usages signifiaient plus qu'eux-mêmes. Des formes naïves contenaient un sens élevé. Dans le système sémiotique médiéval, le concret et le spirituel se trouvaient ainsi liés, ce qui provenait du peuple n'était pas isolé des formes les plus hautes de la pensée. Dans les *Origines du droit français*, œuvre écrite en parallèle au tome III de l'*Histoire de France*, Michelet s'attarde avec nostalgie sur le droit symbolique du Moyen Âge et sur l'alliance fascinante du naïf et du philosophique, de la matière et de l'idée. Visiblement, aux yeux de l'historien, le progrès ne contrebalance pas la rupture de cette union. Son écriture essaie d'ailleurs de recréer une forme de symbolisme, lorsqu'il traite certains éléments non seulement comme des faits, mais comme les signifiants d'un sens historique plus général et plus philosophique.

L'âge moderne fait donc voler en éclat le symbolisme du Moyen Âge. Changement de rapport aux signes et de rapport au monde. À la poésie des siècles précédents, le XIVe siècle oppose sa *prose,* terme auquel l'historien confère un sens plus large que celui d'une forme de discours. La prose, Michelet en avait déjà fait le caractère du centre de la France : un effacement des différences favorisant l'unité mais au prix d'une certaine grisaille, beaucoup moins flatteuse à l'œil que les contrastes exacerbés des provinces périphériques. Le génie niveleur de la prose brise les correspondances symboliques entre monde humain et monde divin, entre singularités concrètes et sens spirituel. L'abstraction du droit romain régira désormais les diversités humaines, la puissance de l'État soumettra uniformément les populations.

La création de l'État est en effet au centre du tome III. Michelet a montré l'apparition de la nation (en puissance plus qu'en réalité) au livre III (t. II). Puis il a retracé au livre IV (t. II) la constitution, par un transfert de sacralité aboutissant à la figure de saint Louis, de la royauté française (avec ses caractères distinctifs, différents de ceux de la royauté anglaise). Au livre V (t. III), le moment vient de la mise en place de l'État. Georges Duby signale une particularité française dans le fait que l'État s'est affirmé avant la nation. Michelet n'aurait pu souscrire à cette constatation car sa vision de l'histoire repose sur la primauté de principe de la nation, sur le fait qu'elle est l'origine logique de l'histoire. Pourtant il situe bien dans le cours du XIVe siècle, à la faveur de l'institution de l'État puis de ses éclipses, les premières manifestations événementielles de la nation (réunion des États, opposition de la bourgeoisie urbaine sous Étienne Marcel, Jacquerie).

Le XIVe siècle voit « la fondation de l'ordre civil ». Formule importante, qui fut mal comprise par certains de ses lecteurs. En l'employant, Michelet souligne une étape importante. Tant que le monde médiéval fut intrinsèquement lié à la vision chrétienne, l'idée d'un ordre d'ici-bas ne pouvait qu'être relative, voire inconsistante, tout prenant sens par rapport à l'ordre éternel (le seul, en vérité). La notion même d'ordre civil – *a fortiori* sa constitution – manifeste donc une profonde transformation. Désormais les hommes croient possible et important d'établir un ordre dans le monde d'ici-bas. Michelet perçoit la création de l'État dans sa relation avec la question religieuse. Et l'on comprend que le souverain responsable de cette création ait une aura diabolique puisqu'il devient le garant d'un ordre mondain qui se dresse face à l'ordre divin. Il faut donc entendre pleinement la formule « ce nouveau Dieu du monde civil » par laquelle l'historien désigne Philippe le Bel.

La perception de cette dimension théologique de la création de l'État confère une puissante nécessité au conflit de la royauté française avec la papauté au début du

XIVe siècle. Après l'abaissement du Saint Empire, la papauté est la dernière héritière du pouvoir impérial romain, de l'État antique. Elle est organisée comme une monarchie, elle agit au loin par son pouvoir centralisé. Elle impose un ordre uniforme, elle dispose d'une police (l'Inquisition). L'Église jouit aussi des moyens financiers d'un État. Le duel entre l'État français et la papauté est donc inévitable. Philippe le Bel l'emporte facilement. Boniface, enivré par le succès du Jubilé de 1300, n'a pas mesuré l'affaiblissement de l'institution. Le Jubilé, tout en martelant la date fatidique, offre à l'historien l'occasion de mettre en évidence l'un de ces contretemps qui lui sont chers. Fausse apothéose qui reflète un état dépassé, l'affluence au Jubilé témoigne davantage d'un besoin général de l'humanité que du charisme et de l'autorité de Rome. Le roi n'a pas vraiment de difficulté à s'asservir la papauté. Ses luttes contre les communes flamandes lui causent des problèmes plus épineux (défaite de Cassel). Mais s'il gagne contre la papauté, Philippe le Bel perd la guerre contre l'Église. L'État a le plus pressant besoin d'argent. Il se confronte en effet aux problèmes d'une croissance trop rapide par rapport aux moyens qu'elle requiert. Comme tous ses successeurs, le roi convoite les trésors de l'Église[1] ; c'est le motif premier de l'affaire des Templiers aux yeux de Michelet. Cependant, pour des raisons structurelles que rencontreront à leur tour les rois à venir (la monarchie française est liée intimement à l'Église depuis les mérovingiens), Philippe le Bel ne peut s'attribuer une part suffisante des biens de l'Église. L'État reste affamé.

Comme la plupart des historiens contemporains,

1. « La confiscation de l'Église fut la pensée des rois depuis le XIIIe siècle, la cause principale de leurs luttes contre les papes ; toute la différence, c'est que les protestants prirent, et que les catholiques se firent donner. Henri VIII employa le schisme, François Ier le Concordat » (l. V, ch. II).

comme Guizot en particulier, Michelet estime la création de l'État nécessaire au progrès de la civilisation. Mais il n'en cache pas les aspects inquiétants et oppressifs. En même temps que l'État, naît la raison d'État : les Templiers sont sacrifiés sans aucun souci de justice aux nécessités de la lutte avec la papauté et aux besoins de numéraire. Dans la figure de Philippe le Bel se révèle une forme de violence inquisitoriale : « il eut quelque chose du sombre esprit de saint Dominique ». L'action à distance de l'État par l'intermédiaire de sa « toile d'araignée » a de quoi paraître diabolique aux populations qui la voient se mettre en place pour la première fois. La sombre cohorte des légistes, ces hommes noirs qui entourent le roi, n'est pas rassurante non plus. La fin du livre V dissocie clairement les progrès de l'ordre civil et la souffrance sociale (« ces essais estimables d'ordre et de gouvernement ne changeaient rien aux souffrances du peuple »). Elle suggère même, à travers le développement sur les juifs et les lépreux, que la création de l'État renforce les mécanismes d'exclusion et de ségrégation. De même que l'État ecclésiastique désignait et persécutait ses hérétiques, l'État civil semble avoir besoin de boucs émissaires pour asseoir son ordre.

Michelet donne à l'affaire des Templiers une importance que l'on peut trouver excessive. Mais la place faite à ce drame culminant dans un procès est cohérente avec le rôle central du droit au livre V (la création de l'État autour du droit romain). Michelet (qui accorde au droit l'intérêt caractéristique des républicains de son temps) fait souvent une belle part aux procès. Au tome V, le procès de Jeanne d'Arc ; au tome XVI le procès de Damiens, au tome XVII le procès de Rohan (affaire du collier de la Reine)... Il connaît bien celui des Templiers pour avoir consulté les extraits de l'enquête sur les Templiers de Paris et les minutes du procès (dont il donnera d'ailleurs une publication intégrale). Moment hautement spectaculaire et ritualisé, le procès représente aux yeux de l'historien, au-delà de ses enjeux immédiats, une sorte de jugement de l'histoire. Le procès des Templiers accomplit avant tout le jugement et la condamnation du Moyen Âge par l'âge moderne. Le principal chef d'accusation contre l'ordre, le reniement du Christ, repose selon Michelet sur un symbole désormais mal compris. Cracher sur la croix faisait partie des rites d'entrée dans l'ordre ; le sens de ce geste, conformément à l'esprit du Moyen Âge, ne saurait avoir été littéral. « L'ordre qui avait représenté au plus degré le génie symbolique du Moyen Âge, mourut d'un symbole non compris. » Avec les Templiers, moines chevaliers incarnant les deux principes constitutifs du Moyen Âge, l'esprit même des Croisades, c'est bien toute une époque qui meurt. L'avenir ne s'en trouve pas dégagé, mais le passé s'alourdit ; une deuxième strate d'antiquité s'ajoute à la première.

Le tome III comme le précédent est construit en deux livres (V et VI) : deux versants opposés. Le règne de Philippe le Bel et de ses descendants a vu l'affirmation de la France ; le règne de Philippe de Valois, voit son abaissement. La vision dynamique de Michelet conçoit en effet le devenir comme le produit d'un rapport de forces variable. Le récit de la guerre de Cent Ans, qui commence alors, observe et analyse l'alternance des phases de prépondérance de l'Angleterre et de la France.

Michelet redoute l'Angleterre du XIXe siècle. Non seulement il lui en veut de Waterloo, mais il craint que sa puissance ne continue à abaisser la France pendant la période contemporaine. Il craint le triomphe du modèle anglais (domination de l'argent) sur le modèle français (domination du droit). Pourtant, l'Angleterre n'est pas un contre modèle absolu comme le deviendront dans la suite de l'*His-*

toire de France la monarchie espagnole ou l'empire autrichien, puissances de l'absolutisme et du catholicisme. L'Angleterre a inventé le *self-government*, est devenue protestante, et son industrialisme est un vecteur de modernité. Elle est donc une *anti-France*, avec toute la proximité que supposent l'inversion et l'opposition. Le récit de la guerre de Cent Ans se comprend mal si l'on ne perçoit cette fondamentale *symétrie* des deux pays. Ils sont les deux facettes de la modernité (bien sûr Michelet préfère celle de la France).

Au principe dramatique du livre V, la lutte entre la France et la papauté, en a succédé un autre (cette dernière ayant été vaincue), l'affrontement de la France et de l'Angleterre. Auparavant la France avait pris la tête du mouvement historique par son avancée institutionnelle ; au début du livre VI, on s'aperçoit que pendant ce temps, l'Angleterre a construit une puissance économique qui lui donne les atouts dans le nouveau combat. Circonstance aggravante : sous le règne de Philippe VI de Valois et surtout de Jean le Bon, la France, au lieu de relancer le mouvement du progrès, s'endort dans le regret de la chevalerie. Le roi Jean le Bon, à Poitiers, refuse d'adapter sa stratégie militaire à l'ordre de bataille moderne des Anglais (le rôle prépondérant des archers) et conduit son armée au désastre.

Si le droit était au cœur du livre V, c'est l'économie qui passe au premier plan du livre VI. Dans les récits de bataille, Michelet sait ressusciter quelque chose de l'ampleur épique, mais il prend soin de préciser que le sens de la guerre est ailleurs. « Le secret des batailles de Créci, de Poitiers est au comptoir des marchands de Londres, de Bordeaux et de Bruges. » La puissance économique de l'Angleterre au XIXe siècle aiguise sans doute le regard de l'historien qui relie le déclenchement de la guerre de Cent Ans aux intérêts des producteurs de laine anglais et des drapiers flamands et au commerce du vin d'Aquitaine. Les défaites de Crécy et de Poitiers s'expliquent par « une révolution sociale ». Le règne de Philippe le Bel a rendu manifeste la décrépitude du principe médiéval de la foi ; les débuts de la guerre de Cent Ans rendent évidente « l'impuissance militaire [du] monde féodal ». Nouvelle exécution du Moyen Âge. Les Anglais sont en avance sur les Français parce qu'ils ont donné aux mercenaires roturiers, aux archers gallois, la place essentielle dans leurs armées. Contre cette force neuve, la chevalerie ne peut plus rien.

Michelet avait posé les jalons de ces transformations économiques lorsque, au livre V, il avait fait de 1300 la date d'une rupture supplémentaire, « l'avènement de l'or ». Du constat socio-économique (la richesse ne réside plus seulement dans la propriété foncière), Michelet passe à un registre presque mythique (« l'intronisation de l'or à la place de Dieu »). Il lui importe de montrer la cristallisation symbolique qui amplifie immédiatement une réalité matérielle devenue déterminante. La pertinence de son coup d'œil reste frappante. Derrière « l'avènement de l'or », se trouvent des faits historiques mieux connus aujourd'hui : le bimétallisme réintroduit par Louis IX fait de nouveau de l'or une valeur monétaire à la fin du XIIIe siècle. Par ailleurs la raréfaction du métal précieux provoque une hausse sensible de son cours au siècle suivant. Michelet, et c'est l'un des points de vue novateurs de son histoire, pousse autant qu'il le peut l'analyse des facteurs économiques (il commente par exemple le changement des routes du commerce et la transformation des foires de Champagne). Mais il conjecture à partir d'une information limitée ; il ne dispose évidemment ni des méthodes ni des résultats des historiens économistes du XXe siècle. Ses sources ne lui permettent pas de constater la densité de la population du début du XIVe siècle, l'exploitation intensive des terres, ni d'interpréter la crise du milieu du siècle comme découlant à la fois de la guerre, de la grande épidémie de peste mais aussi de variations climatiques particulièrement défavorables dans un contexte de surpopulation. Comme les médiévistes actuels, Michelet reconnaît la césure du XIVe siècle, la fracture provoquée par la Peste noire de 1348. Cependant, matérialiste dans son explication de la guerre de Cent Ans, il rapporte l'épidémie à une cause morale : le désarroi causé par la défaite et l'impossibilité pour les contemporains de comprendre ses causes structurelles – une histoire devenue opaque à ceux qui la vivent. Sa vision des épidémies reste proche de leur conception antique. Il considère ces fléaux comme indissociables de problèmes collectifs, sociaux ou politiques. La fin de l'épidémie annonce un renouvellement de l'histoire. Frénésie de vivre, apparition de modes étranges : autant de signes précurseurs : « Le monde allait changer d'acteurs comme d'habits. »

C'est une vision du progrès en clair-obscur qui s'affirme dans ce tome. Le passage à une « forme supérieure » (d'organisation sociale, de richesse...) n'oblitère pas les pertes, ne les rend pas moins regrettables. En refusant d'occulter les dégâts du mouvement historique, Michelet se différencie d'une forme d'écriture de l'histoire qui en lisse les aspérités en fonction du bilan positif de la civilisation. Mais son récit prend un tour encore plus significatif dans la façon dont il présente la naissance de la nation. Le XIVe siècle annonce-t-il dans la Préface du tome est « l'ère nationale de la France ». Sous Philippe le Bel, les États généraux sont réunis pour la première fois en 1302[1], « acte de nais-

1. L'assemblée extraordinaire qui se tint à Notre-Dame fut-elle bien une réunion des États généraux ? L'historienne Monique Bourrin-Derruau s'élève pour sa part contre cette tradition historiographique tenace (*Temps d'équilibres, temps de ruptures. XIIIe siècle*, Seuil, 1990).

sance » de la France (car il ne saurait y avoir de nation sans existence politique). Mais c'est surtout dans le livre VI, au milieu des catastrophes de la guerre et à la faveur de la captivité du roi, de la vacance du pouvoir, que se manifeste la nation. D'abord dans la bourgeoisie parisienne, conduite par Étienne Marcel, qui entend imposer une politique de réforme et dicte l'ordonnance de 1357. Texte capital pour l'historien en ce que les États s'y attribuent le contrôle des finances. Ce « premier acte politique de la France » est rien moins que la substitution « de la république à la monarchie ». Presque en même temps éclate la Grande Jacquerie, soulèvement des paysans contre « toute gentilhommerie », mais aussi amorce d'un « sursaut populaire » contre l'occupant anglais. Bien peu d'historiens à l'époque où Michelet écrit auraient parlé avec sympathie de cette révolte farouche. Sa propre opinion avait évolué depuis son cours de 1828 (« le grand soulèvement des paysans, la Jacquerie, y disait-il, nous présente le peuple comme des bêtes féroces ; voilà l'aspect rebutant de l'histoire »). En 1837, la tentative d'intervention politique de la bourgeoisie parisienne et la révolte des Jacques apparaissent comme de véritables événements, des irruptions de nouveau dans la trame historique. Michelet prend soin de ne pas intégrer ces premières manifestations de la nation au cours normal des transformations, de ne pas leur assigner une place trop logique dans le puzzle de l'histoire. Toutes les deux sont des mouvements d'opposition, disons le mot, des mouvements révolutionnaires, toutes les deux échouent, mais cet échec même les ouvre à l'avenir. Le peuple a pris date.

Paule Petitier.

HISTOIRE DE FRANCE

LIVRE V

CHAPITRE PREMIER

Vêpres siciliennes.

Le fils de saint Louis, Philippe-le-Hardi, revenant de cette triste croisade de Tunis, déposa cinq cercueils aux caveaux de Saint-Denis. Faible et mourant lui-même, il se trouvait héritier de presque toute sa famille. Sans parler du Valois qui lui revenait par la mort de son frère Jean Tristan, son oncle Alphonse lui laissait tout un royaume dans le midi de la France (Poitou, Auvergne, Toulouse, Rouergue, Albigeois, Quercy, Agénois, Comtat). Enfin, la mort du comte de Champagne, roi de Navarre, qui n'avait qu'une fille, mit cette riche héritière entre les mains de Philippe, qui lui fit épouser son fils.

Par Toulouse et la Navarre, par le Comtat, cette grande puissance regardait vers le midi, vers l'Italie et l'Espagne. Mais, tout puissant qu'il était, le fils de saint Louis n'était pas le chef véritable de la maison de France. La tête de cette maison, c'était le frère de saint Louis, Charles d'Anjou. L'histoire de France, à cette époque, est celle du roi de Naples et de Sicile. Celle de son neveu, Philippe III, n'en est qu'une dépendance.

Charles avait usé, abusé d'une fortune inouïe. Cadet de France, il s'était fait comte de Provence, roi de Naples, de Sicile et de Jérusalem, plus que roi, maître et dominateur des papes. On pouvait lui adresser le mot qui fut dit au fameux Ugolin : « Que me manque-t-il ? demandait le tyran de Pise. – Rien que la colère de Dieu. »

On a vu comment il avait trompé la pieuse simplicité de son frère, pour détourner la croisade de son but, pour mettre un pied en Afrique et rendre Tunis tributaire. Il revint le premier de cette expédition faite par ses conseils et pour lui ; il se trouva à temps pour profiter de la tempête qui brisa les vaisseaux des croisés, pour saisir leurs dépouilles sur les rochers de la Calabre, les armes, les habits, les provisions. Il attesta froidement contre ses compagnons, ses frères de la croisade, le droit de *bris*, qui donnait au seigneur de l'écueil tout ce que la mer lui jetait.

C'est ainsi qu'il avait recueilli le grand naufrage de l'Empire et de l'Église. Pendant près de trois ans, il fut comme pape en Italie, ne souffrant pas que l'on nommât un pape après Clément IV. Clément, pour vingt mille pièces d'or que le Français lui promettait de revenus, se trouvait avoir livré, non seulement les Deux-Siciles, mais l'Italie entière. Charles s'était fait nommer par lui sénateur de Rome et vicaire impérial en Toscane. Plaisance, Crémone, Parme, Modène, Ferrare et Reggio, plus tard même Milan, l'avaient accepté pour seigneur, ainsi que plusieurs villes du Piémont et de la Romagne. Toute la Toscane l'avait choisi pour pacificateur. « Tuez-les tous », disait ce pacificateur aux Guelfes de Florence qui lui demandaient ce qu'il fallait faire des Gibelins prisonniers[1].

Mais l'Italie était trop petite. Il ne s'y trouvait pas à l'aise. De Syracuse il regardait l'Afrique, d'Otrante l'empire grec. Déjà il avait donné sa fille au prétendant latin de Constantinople, au jeune Philippe, empereur sans empire.

Les papes avaient lieu de se repentir de leur triste victoire sur la maison de Souabe. Leur vengeur, leur cher fils, était établi chez eux et sur eux. Il s'agissait désormais de savoir comment ils pourraient échapper à cette terrible amitié. Ils sentaient avec effroi l'irrésistible force, l'attraction maligne que la France exerçait sur eux. Ils voulaient, un peu tard, s'attacher l'Italie. Grégoire X essayait d'assoupir les factions que ses prédécesseurs avaient nourries si soigneusement ; il demandait qu'on supprimât les noms de Guelfes et de Gibelins. Les papes avaient toujours combattu les empereurs d'Allemagne et de Constantinople ; Grégoire se déclara l'ami des deux empires. Il proclama la réconciliation de l'Église grecque. Il vint à bout de terminer le grand interrègne d'Allemagne, faisant du moins nommer un empereur tel quel, un simple chevalier dont la maigre et chauve figure, dont les coudes percés, rassuraient les princes électeurs contre ce nom d'empereur naguère si formidable. Ce pauvre empereur fut pourtant Rodolphe de Habsbourg ; sa maison fut la maison d'Autriche, fondée ainsi par les papes contre celle de France[2].

Le plan de Grégoire X était de mener lui-même l'Europe à la croisade avec son nouvel empereur, de relever ainsi l'Empire et la Papauté. Nicolas III, Romain, et de la maison Orsini, eut un autre projet : il voulait fonder en

1. On n'épargna qu'un enfant qu'on envoya au roi de Naples, et qui mourut en prison dans la tour de Capoue.

2. Schmidt.

faveur des siens un royaume central d'Italie. Il saisit le moment où Rodolphe venait de remporter sa grande victoire sur le roi de Bohême. Il intimida Charles par Rodolphe. Le roi de Naples, qui ne rêvait que Constantinople, sacrifia le titre de sénateur de Rome et de vicaire impérial. Et cependant Nicolas signait secrètement avec l'Aragon et les Grecs une ligue pour le renverser.

Conjuration au dehors, conjuration au dedans. Les Italiens se croient maîtres en ce genre. Ils ont toujours conspiré, rarement réussi; mais pour ce peuple artiste une telle entreprise était une œuvre d'art où il se complaisait, un drame sans fiction, une tragédie réelle. Ils y cherchaient l'effet du drame. Il y fallait de nombreux spectateurs, une occasion solennelle, une grande fête, par exemple; le théâtre était souvent un temple, le moment celui de l'Élévation[1].

La conjuration dont nous allons parler était bien autre chose que celle des Pazzi, des Olgiati. Il ne s'agissait pas de donner un coup de poignard, et de se faire tuer en tuant un homme, ce qui d'ailleurs ne sert jamais à rien. Il fallait remuer le monde et la Sicile, conspirer et négocier, encourager l'une par l'autre la ligue et l'insurrection; il fallait soulever un peuple et le contenir, organiser toute une guerre, sans qu'il y parût. Cette entreprise, si difficile, était aussi de toutes la plus juste; il s'agissait de chasser l'étranger.

La forte tête qui conçut cette grande chose et la mena à bout, une tête froidement ardente, durement opiniâtre et astucieuse, comme on en trouve dans le Midi, ce fut un Calabrois, un médecin[2]. Ce médecin était un seigneur de la cour de Frédéric II. Il était seigneur de l'île de Prochyta, et

1. Ce fut en effet ce moment que prirent les Pazzi pour assassiner les Médicis, et Olgiati pour tuer Jean Galeas Sforza.

2. Procida était tellement distingué comme médecin, qu'un noble napolitain demanda à Charles II d'aller trouver Procida en Sicile pour se faire guérir d'une maladie.

comme médecin il avait été l'ami, le confident de Frédéric et de Manfred. Pour plaire à ces *libres penseurs* du treizième siècle, il fallait être médecin, arabe ou juif. On entrait chez eux par l'école de Salerne plutôt que par l'Église. Vraisemblablement, cette école apprenait à ses adeptes quelque chose de plus que les innocentes prescriptions qu'elle nous a laissées dans ses vers léonins.

Après la ruine de Manfred, Procida se réfugia en Espagne. Examinons quelle était la situation des divers royaumes espagnols, ce qu'on pouvait attendre d'eux contre la maison de France.

D'abord, la Navarre, le petit et vénérable berceau de l'Espagne chrétienne, était sous la main de Philippe III. Le dernier roi national avait appelé contre les Castillans les Maures, puis les Français. Son neveu, Henri, comte de Champagne, n'ayant qu'une fille, remit en mourant cette enfant au roi de France, qui, comme nous l'avons dit, la donna à son fils. Philippe III, qui venait d'hériter de Toulouse, se trouvait bien près de l'Espagne. Il n'avait, ce semble, qu'à descendre des pors des Pyrénées dans sa ville de Pampelune, et prendre le chemin de Burgos.

Mais l'expérience a prouvé qu'on ne prend pas l'Espagne ainsi. Elle garde mal sa porte ; mais tant pis pour qui entre. Le vieux roi de Castille, Alphonse X, beau-père et beau-frère du roi de France, voulut en vain laisser son royaume aux fils de son ainé, qui, par leur mère, étaient fils de saint Louis. Alphonse n'avait pas bonne réputation chez son peuple, ni comme Espagnol, ni comme chrétien. Grand clerc, livré aux mauvaises sciences de l'alchimie et de l'astrologie, il s'enfermait toujours avec ses juifs[1], pour faire de

1. Les rois d'Espagne les employaient de préférence aux treizième et quatorzième siècles. Les Aragonais se plaignaient aussi à la même époque des trésoriers et receveurs « que cran judios ». (Curita.)

la fausse monnaie[1], ou de fausses lois, pour altérer d'un mélange romain le droit gothique[2]. Il n'aimait pas l'Espagne; sa manie était de se faire empereur. Et l'Espagne le lui rendait bien. Les Castillans se donnèrent eux-mêmes pour roi, conformément au droit des Goths, le second fils d'Alphonse, Sanche-le-Brave, le Cid de ce temps-là[3]. Déshérité par son père, menacé à la fois par les Français et par les Maures, de plus excommunié par le pape pour avoir épousé sa parente, Sanche fit tête à tout, et garda sa femme et son royaume. Le roi de France fit de grandes menaces, rassembla une grande armée, prit l'oriflamme, entra en Espagne jusqu'à Salvatierra. Là, il s'aperçut qu'il n'avait ni vivres ni munitions, et ne put avancer.

C'était une glorieuse époque pour l'Espagne. Le roi d'Aragon, D. Jayme, fils du roi troubadour qui périt à Muret en défendant le comte de Toulouse, venait de conquérir sur les Maures les royaumes de Majorque et de Valence. D. Jayme avait, telle est l'emphase espagnole, gagné trente-trois batailles, fondé ou repris deux mille églises. Mais il avait, dit-on, encore plus de maîtresses que d'églises. Il refusait au pape le tribut promis par ses prédécesseurs. Il avait osé faire épouser à son fils D. Pedro la propre fille de Manfred, le dernier rejeton de la maison de Souabe.

Les rois d'Aragon, toujours guerroyant contre Maures ou chrétiens, avaient besoin d'être aimés de leurs hommes, et l'étaient. Lisez le portrait qu'en a tracé le brave et naïf Ramon Muntaner, l'historien soldat, comme ils rendaient

1. Ferreras.

2. *App.* 1.

3. C'est ce Sanche qui répondait aux menaces de Miramolin: «Je tiens le gâteau d'une main et le bâton de l'autre; tu peux choisir.» (Ferreras.) – Il se sentit assez populaire pour ôter toute exemption d'impôt aux nobles et aux ordres militaires.

bonne justice, comme ils acceptaient les invitations de leurs sujets, comme ils mangeaient en public devant tout le monde, acceptant, dit-il, ce qu'on leur offrait, fruit, vin ou autre chose, et ne faisant pas difficulté d'en goûter[1]. Muntaner oublie une chose, c'est que ces rois si populaires n'étaient pas renommés pour leur loyauté. C'étaient de rusés montagnards d'Aragon, de vrais Almogavares, demi-Maures, pillant amis et ennemis.

Ce fut près du jeune roi D. Pedro que se retira d'abord le fidèle serviteur de la maison de Souabe, près de la fille de ses maîtres, la reine Constance. L'Aragonais le reçut bien, lui donna des terres et des seigneuries. Mais il accueillit froidement ses conseils belliqueux contre la maison de France ; les forces étaient trop disproportionnées. La haine de la chrétienté contre cette maison avait besoin d'augmenter encore. Il aima mieux refuser et attendre. Il laissa l'aventurier agir, sans se compromettre. Pour éviter tout soupçon de connivence, Procida vendit ses biens d'Espagne et disparut. On ne sut ce qu'il était devenu.

Il était parti secrètement en habit de franciscain. Cet humble déguisement était aussi le plus sûr. Ces moines allaient partout : ils demandaient, mais vivaient de peu, et partout étaient bien reçus. Gens d'esprit, de ruse et de faconde, ils s'acquittaient discrètement de maintes commissions mondaines. L'Europe était remplie de leur activité. Messagers et prédicateurs, diplomates parfois, ils étaient alors ce que sont aujourd'hui la poste et la presse. Procida prit donc la sale robe des Mendiants, et s'en alla humblement et pieds nus chercher par le monde des ennemis à Charles d'Anjou.

Les ennemis ne manquaient pas. Le difficile était de les accorder et de les faire agir de concert et à temps. D'abord

1. *App*. 2.

il se rend en Sicile, au volcan même de la révolution, voit, écoute et observe. Les signes de l'éruption prochaine étaient visibles, rage concentrée, sourd bouillonnement, et le murmure et le silence. Charles épuisait ce malheureux peuple pour en soumettre un autre. Tout était plein de préparatifs et de menaces contre les Grecs. Procida passe à Constantinople, il avertit Paléologue, lui donne des renseignements précis. Le roi de Naples avait déjà fait passer trois mille hommes à Durazzo. Il allait suivre avec cent galères et cinq cents bâtiments de transport. Le succès de l'affaire était sûr, puisque Venise ne craignait pas de s'y engager. Elle donnait quarante galères avec son doge, qui était encore un Dandolo. La quatrième croisade allait se renouveler. Paléologue éperdu ne savait que faire. « Que faire ? donnez-moi de l'argent. Je vous trouverai un défenseur qui n'a pas d'argent, mais qui a des armes. »

Procida emmena avec lui un secrétaire de Paléologue, le conduisit en Sicile, le montra aux barons siciliens, puis au pape, qu'il vit secrètement au château de Soriano. L'empereur grec voulait avant tout la signature du pape, avec lequel il était tout nouvellement réconcilié. Mais Nicolas hésitait à s'embarquer dans une si grande affaire. Procida lui donna de l'argent. Selon d'autres, il lui suffit de rappeler à ce pontife, Romain et Orsini de naissance, une parole de Charles d'Anjou. Quand le pape voulait donner sa nièce Orsini au fils de Charles d'Anjou, Charles avait dit : « Croit-il, parce qu'il a des bas rouges, que le sang de ses Orsini peut se mêler au sang de France ? »

Nicolas signa, mais mourut bientôt. Tout l'ouvrage semblait rompu et détruit. Charles se trouvait plus puissant que jamais. Il réussit à avoir un pape à lui. Il chassa du conclave les cardinaux gibelins et fit nommer un Français, un ancien chanoine de Tours, servile et tremblante créature de sa maison. C'était se faire pape soi-même. Il redevint sénateur de Rome ; il mit garnison dans tous les États de l'Église. Cette fois le pape ne pouvait lui échapper. Il le gardait avec lui à Viterbe, et ne le perdait pas de vue. Lorsque les malheureux Siciliens vinrent implorer l'intervention du pape auprès de leur roi, ils virent leur ennemi près de leur juge, le roi siégeant à côté du pape. Les députés, qui étaient pourtant un évêque et un moine, furent, pour toute réponse, jetés dans un cul-de-basse-fosse.

La Sicile n'avait pas de pitié à attendre de Charles d'Anjou. Cette île, à moitié arabe, avait tenu opiniâtrement pour les amis des Arabes, pour Manfred et sa maison. Toute insulte que les vainqueurs pouvaient faire au peuple sicilien ne leur semblait que représailles. On connaît la pétulance des Provençaux, leur brutale jovialité. S'il n'y eût eu encore que l'antipathie nationale et l'insolence de la conquête, le mal eût pu diminuer. Mais ce qui menaçait d'augmenter, de peser chaque jour davantage, c'était un premier, un inhabile essai d'administration, l'invasion de la fiscalité, l'apparition de la finance dans le monde de l'*Odyssée* et de l'*Énéide*. Ce peuple de laboureurs et de pasteurs avait gardé sous toute domination quelque chose de l'indépendance antique. Il avait eu jusque-là des solitudes dans la montagne, des libertés dans le désert. Mais voilà que le fisc explore toute l'île. Curieux voyageur, il mesure la vallée, escalade le roc, estime le pic inaccessible. Le percepteur dresse son bureau sous le châtaignier de la montagne ou poursuit, enregistre le chevrier errant aux corniches des rocs entre les laves et les neiges.

Tâchons de démêler la plainte de la Sicile à travers cette forêt de barbarismes et de solécismes, par laquelle écume et se précipite la torrentueuse éloquence de Barthélemi de Néocastro : « Que dire de leurs inventions inouïes ? de leurs décrets sur les forêts ? de l'absurde interdiction du rivage ? de l'exagération inconcevable du produit des troupeaux ?

Lorsque tout périssait de langueur sous les lourdes chaleurs de l'automne, n'importe, l'année était toujours bonne, la moisson abondante... Il frappait tout à coup une monnaie d'argent pur, et pour un denier sicilien s'en faisait ainsi payer trente... Nous avions cru recevoir un roi du Père des Pères, nous avions reçu l'Anti-Christ[1]. »

« Il fallait, dit un autre, représenter chaque troupeau au bout de l'an ; et, en outre, plus de petits que le troupeau n'en pouvait produire. Les pauvres laboureurs pleuraient. C'était une terreur universelle chez les bouviers, les chevriers, chez tous les pasteurs. On les rendait responsables de leurs abeilles, même de l'essaim que le vent emporte. On leur défendait la chasse, et puis on allait en cachette porter dans leurs huttes des peaux de cerfs ou de daims pour avoir droit de confisquer. Toutes les fois qu'il plaisait au roi de frapper monnaie neuve, on sonnait de la trompette dans toutes les rues ; et de porte en porte il fallait livrer l'argent[2]... »

Voilà le sort de la Sicile depuis tant de siècles. C'est toujours la vache nourrice, épuisée de lait et de sang par un maître étranger. Elle n'a eu d'indépendance, de vie forte que sous ses tyrans, les Denys, les Gélon. Eux seuls la rendirent formidable au dehors. Depuis, toujours esclave. Et d'abord, c'est chez elle que se sont décidées toutes les grandes querelles du monde antique : Athènes et Syracuse, la Grèce et Carthage, Carthage et Rome ; enfin les Guerres serviles. Toutes ces batailles solennelles du genre humain ont été combattues en vue de l'Etna, comme un jugement de Dieu par-devant l'autel. Puis viennent les Barbares, Arabes, Normands, Allemands. Chaque fois la Sicile espère et désire, chaque fois elle souffre ; elle se tourne, se retourne, comme Encelade sous le volcan. Faiblesse, dés-

1. *App.* 3.
2. Nic. Specialis.

harmonie incurable d'un peuple de vingt races, sur qui pèse si lourdement une double fatalité d'histoire et de climat.

Tout cela ne paraît que trop bien dans la belle et molle lamentation par laquelle Falcando commence son histoire[1] : «Je voulais, mon ami, maintenant que l'âpre hiver a cédé sous un souffle plus doux, je voulais t'écrire et t'adresser quelque chose d'aimable, comme prémices du printemps. Mais la lugubre nouvelle me fait prévoir de nouveaux orages; mes chants se changent en pleurs. En vain le ciel sourit, en vain les jardins et les bocages m'inspirent une joie importune, et le concert renouvelé des oiseaux m'engage à reprendre le mien. Je ne puis voir sans larmes la prochaine désolation de ma bonne nourrice, la Sicile... – Lequel embrasseront-ils du joug ou de l'honneur! Je cherche en silence, et ne sais que choisir... – Je vois que dans le désordre d'un tel moment, nos Sarrasins sont opprimés. Ne vont-ils pas seconder l'ennemi?... Oh! si tous, Chrétiens et Sarrasins, s'accordaient pour élire un roi!... – Qu'à l'orient de l'île, nos brigands siciliens combattent les barbares, parmi les feux de l'Etna et les laves, à la bonne heure. Aussi bien c'est une race de feu et de silex. Mais l'intérieur de la Sicile, mais la contrée qu'honore notre belle Palerme, ce serait chose impie, monstrueuse, qu'elle fût souillée de l'aspect des barbares... Je n'espère rien des Apuliens, qui n'aiment que nouveauté. Mais toi, Messine, cité puissante et noble, songes-tu donc à te défendre, à repousser l'étranger du détroit? Malheur à toi, Catane! Jamais, à force de calamités, tu n'as pu satisfaire et fléchir la fortune. Guerre, peste, torrents enflammés de l'Etna, tremblement de terre et ruines; il ne te manque plus que la servitude. Allons, Syracuse, secoue la paix, si tu peux; cette éloquence dont tu te pares, emploie-la à relever le courage des tiens. Que te

1. *App.* 4.

sert de t'être affranchie des Denys?... Ah! qui nous rendra nos tyrans!... J'en viens maintenant à toi, ô Palerme, tête de la Sicile! Comment te passer sous silence, et comment te louer dignement!...» Mais dès que Falcando a nommé la belle Palerme, il ne pense plus à autre chose, il oublie les barbares et toutes ses craintes. Le voilà qui décrit insatiablement la voluptueuse cité, ses palais fantastiques, son port, ses merveilleux jardins, soyeux mûriers, orangers, citronniers, cannes à sucre. Le voilà perdu dans les fruits et les fleurs. La nature l'absorbe, il rêve, il a tout oublié. Je crois entendre dans sa prose l'écho de la poésie paresseuse, sensuelle et mélancolique de l'idylle grecque: «Je chanterai sous l'antre, en te tenant dans mes bras, et regardant les troupeaux qui s'en vont paissant vers les bords de la mer de Sicile[1].»

C'était le lundi, 30 mars 1282, le lundi de Pâques. En Sicile, c'est déjà l'été, comme on dirait chez nous la Saint-Jean, quand la chaleur est déjà lourde, la terre moite et chaude, qu'elle disparaît sous l'herbe, l'herbe sous les fleurs. Pâques est un voluptueux moment dans ces contrées. Le carême finit, l'abstinence aussi; la sensualité s'éveille ardente et âpre, aiguisée de dévotion. Dieu a eu sa part, les sens prennent la leur. Le changement est brusque; toute fleur perce la terre, toute beauté brille. C'est une triomphante éruption de vie, une revanche de la sensualité, une insurrection de la nature.

Ce jour donc, ce lundi de Pâques, tous et toutes montaient, selon la coutume, de Palerme à Monréale, pour entendre vêpres, par la belle colline. Les étrangers étaient là pour gâter la fête. Un si grand rassemblement d'hommes ne laissait pas de les inquiéter. Le vice-roi avait défendu de porter les armes et de s'y exercer, comme c'était l'usage

1. Théocrite.

dans ces jours-là. Peut-être avait-il remarqué l'affluence des nobles ; en effet, Procida avait eu l'adresse de les réunir à Palerme ; mais il fallait l'occasion. Un Français la donna mieux que Procida n'eût souhaité. Cet homme, nommé Drouet, arrête une belle fille de la noblesse que son fiancé et toute sa famille menaient à l'église. Il fouille le fiancé et ne trouve pas d'armes ; puis il prétend que la fille en a sous ses habits, et il porte la main sous sa robe. Elle s'évanouit. Le Français est à l'instant désarmé, tué de son épée. Un cri s'élève : « À mort, à mort les Français[1] ! » Partout on les égorge. Les maisons françaises étaient, dit-on, marquées d'avance[2]. Quiconque ne pouvait prononcer le *c* ou *ch* italien (*ceci, ciceri*), était tué à l'instant[3]. On éventra des femmes siciliennes pour chercher dans leur sein un enfant français.

Il fallut tout un mois pour que les autres villes, rassurées par l'impunité de Palerme, imitassent son exemple. L'oppression avait pesé inégalement. Inégale aussi fut la vengeance, et quelquefois il y eut dans le peuple une capricieuse magnanimité[4]. À Palerme même, le vice-roi, surpris dans sa maison, avait été outragé, mais non tué ; on voulait le renvoyer à Aigues-Mortes. À Calatafimi, les habitants épargnèrent leur gouverneur, l'honnête Porcelet, et le laissèrent aller avec sa famille. Peut-être était-ce crainte des vengeances de Charles d'Anjou. Le peuple était déjà refroidi et découragé, telle est la mobilité méridionale. Les habitants de Palerme envoyèrent au pape deux religieux pour demander grâce. Ces députés n'osèrent dire autre chose que ces paroles des litanies : *Agnus Dei, qui tollis pec-*

1. « Moriantur Galli. » (Bartolomeo.)
2. *App.* 5.
3. Simple tradition.
4. Fazello assure que Sperlinga fut la seule ville qui ne massacra pas les Francs. De là le dicton sicilien : « Quod Siculis placuit, sola Sperlinga negavit. »

cata mundi, miserere nobis. Et ils répétèrent ces mots trois fois. Le pape répondit en prononçant, par trois fois aussi, ce verset de la Passion : *Ave, rex Judæorum, et dabant ei alapam.* Messine ne réussit pas mieux auprès de Charles d'Anjou. Il répondit à ses envoyés qu'ils étaient tous des traîtres à l'Église et à la couronne, et leur conseilla de se bien défendre, comme ils pourraient[1].

Les gens de Messine se hâtèrent de profiter de l'avis. Tout fut préparé pour faire une résistance désespérée. Hommes, femmes et enfants, tous portaient des pierres. Ils élevèrent un mur en trois jours, et repoussèrent bravement les premières attaques. Il en resta une petite chanson : « Ah ! n'est-ce pas grand'pitié des femmes de Messine de les voir échevelées et portant pierre et chaux ?... Qui veut gâter Messine, Dieu lui donne trouble et travail. »

Il était temps toutefois que l'Aragonais arrivât. Le prince rusé s'était tenu d'abord en observation, laissant les risques aux Siciliens. Ceux-ci s'étaient irrévocablement compris par le massacre ; mais comment allaient-ils soutenir cet acte irréfléchi, c'est ce que D. Pedro voulut voir. Il se tenait toutefois en Afrique avec une armée, et faisait mollement la guerre aux infidèles. Cet armement avait inquiété le roi de France et le pape. Il rassura le premier en prétextant la guerre des Maures, et pour le mieux tromper, il lui emprunta de l'argent ; il en emprunta même à Charles d'Anjou[2]. Ses barons ne purent ouvrir qu'en mer les ordres cachetés qu'il leur avait donnés, et ils n'y lurent rien que la guerre d'Afrique[3]. Ce ne fut qu'au bout de plusieurs mois, et lorsqu'il eut reçu deux députations des Siciliens, qu'il se décida et passa dans l'île[4].

1. *App.* 6.
2. Villani.
3. Muntaner.
4. *App.* 7.

L'Aragonais envoya son défi devant Messine à Charles d'Anjou, mais il ne se pressa pas d'aller se mettre en face de son terrible ennemi. En bon toreador, il piqua, mais éluda le taureau. Seulement il expédia au secours de la ville quelques-uns de ses brigands almogavares, lestes et sobres piétons qui firent en trois jours les six journées qu'il y a de Palerme à Messine[1]. La flotte catalane, sous le Calabrois Roger de Loria, était un secours plus efficace. Elle devait occuper le détroit, affamer Charles d'Anjou, lui fermer le retour. Le roi de Naples se défiait avec raison de ses forces de mer. Il repassa le détroit pendant la nuit, sans pouvoir enlever ni ses tentes ni ses provisions. Au matin, les Messinois émerveillés ne virent plus d'ennemis. Ils n'eurent plus qu'à piller le camp.

Si l'on en croit Muntaner, les Catalans n'avaient que vingt-deux galères contre les quatre-vingt-dix de Charles d'Anjou. Sur celles-ci, il en avait dix de Pise qui s'enfuirent les premières, quinze de Gênes qui les suivirent. Les Provençaux, sujets de Charles, en avaient vingt, et ne tinrent pas davantage. Les quarante-cinq qui restèrent, étaient de Naples et de Calabre ; elles se crurent perdues, et se jetèrent à la côte. Mais les Catalans les poursuivirent, les prirent, y tuèrent six mille hommes. Les vainqueurs, écartés par la tempête, se trouvèrent à la pointe du jour devant le phare de Messine.

« Quand le jour fut arrivé, ils se présentèrent à la tourelle. Les gens de la ville, voyant un si grand nombre de voiles, s'écrièrent : "Ah ! Seigneur ! ah ! mon Dieu, qu'est-ce cela ? Voilà la flotte du roi Charles qui, après s'être emparée des galères du roi d'Aragon, revient sur nous."

1. « Ce que les autres ne pouvaient supporter était pour eux comme régal et passe-temps... Leur extérieur était étrange et sauvage, et comme ils étaient très noirs, maigres et mal peignés, les Siciliens étaient en grande admiration et souci, ne voyant venir qu'eux pour défenseurs... » (Curita.)

« Le roi était levé, car il se levait constamment à l'aube du jour, soit l'été, soit l'hiver ; il entendit le bruit, et en demanda la cause. "Pourquoi ces cris dans toute la cité ? – Seigneur, c'est la flotte du roi Charles qui revient bien plus considérable et qui s'est emparée de nos galères."

« Le roi demanda un cheval et sortit du palais, suivi à peine de dix personnes. Il courut le long de la côte, où il rencontra un grand nombre d'hommes, de femmes et d'enfants au désespoir. Il les encouragea en leur disant : "Bonnes gens, ne craignez rien, ce sont nos galères qui amènent la flotte du roi Charles." Il répétait ces mots en courant sur le rivage de la mer ; et tous ces gens s'écriaient : "Dieu veuille que cela soit ainsi !" Que vous dirai-je, enfin ? Tous les hommes, les femmes et enfants de Messine couraient après lui, et l'armée de Messine le suivait aussi. Arrivé à la Fontaine d'Or, le roi, voyant approcher une si grande quantité de voiles poussées par le vent des montagnes, réfléchit un moment et dit à part soi : "Dieu, qui m'a conduit ici, ne m'abandonnera point, non plus que ce malheureux peuple ; grâces lui en soient rendues !"

« Tandis qu'il était dans ces pensées, un vaisseau armé, pavoisé des armes du seigneur roi d'Aragon, et monté par En Cortada, vint devers le roi, que l'on voyait au-dessus de la Fontaine d'Or, enseignes déployées, à la tête de la cavalerie. Si tous ceux qui étaient là avec le roi furent transportés de joie, en apercevant ce vaisseau avec sa bannière, c'est ce qu'il ne faut pas demander. Le vaisseau prit terre, En Cortada débarqua et dit au roi : "Seigneur, voilà vos galères ; elles vous amènent celles de vos ennemis. Nicotera est prise, brûlée et détruite, et il a péri plus de deux cents chevaliers français." À ces mots, le roi descendit de cheval et s'agenouilla. Tout le monde suivit son exemple. Ils commencèrent à entonner tous ensemble le *Salve regina*. Ils louèrent Dieu, et lui rendirent grâces de cette victoire, car ils ne la rapportaient point à eux, mais à Dieu seul. Enfin, le roi répondit à En Cortada : "Soyez le bienvenu !" Il lui dit ensuite de retourner sur ses pas, et de dire à tous ceux qui se trouvaient devant la douane de s'approcher en louant Dieu ; il obéit, et les vingt-deux galères entrèrent les premières, traînant après elles chacune plus de quinze galères, barques ou bâtiments ; ainsi elles firent leur entrée à Messine, pavoisées, l'étendard déployé, et traînant sur la mer les enseignes ennemies. Jamais on ne fut témoin d'une telle allégresse. On eût dit que le ciel et la terre étaient confondus ; et au milieu de tous ces cris, on entendait les louanges de Dieu, de madame Sainte Marie et de toute la cour céleste... Quand on fut à la douane, devant le palais du roi, on poussa des cris de joie ; et les gens de mer et les gens de terre y répondirent, mais d'une telle force, vous pouvez m'en croire, qu'on les entendait de la Calabre[1]. »

Charles d'Anjou vit du rivage le désastre de sa flotte. Il vit incendier sans pouvoir les défendre ces vaisseaux, construits naguère pour la conquête de Constantinople. On dit qu'il mordait de rage le sceptre qu'il tenait à la main, et qu'il répétait le mot qu'il avait déjà dit en apprenant le massacre : « Ah, sire Dieu, moult m'avez offert à surmonter ! Puisqu'il vous plaît de me faire fortune mauvaise, qu'il vous plaise aussi que la descente se fasse à petits pas et doucement[2]. »

Mais l'orgueil l'emporta bientôt sur cette résignation. Charles d'Anjou, déjà vieux et pesant, proposa au jeune roi d'Aragon de décider leur querelle par un combat singulier, auquel auraient pris part cent chevaliers des deux royaumes. L'Aragonais accepta une proposition si favorable au plus faible, et qui lui donnait du temps[3]. Les deux rois

1. Muntaner.
2. « ... Piacciati, che'l mio calare sia *a petit passi.* » (Villani.)
3. *App.* 8.

s'engagèrent à se trouver à Bordeaux le 15 mai 1283, et à combattre dans cette ville, sous la protection du roi d'Angleterre. À l'époque indiquée, D. Pedro bien monté, voyageant de nuit, et guidé par un marchand de chevaux qui connaissait toutes les routes, tous les pors des Pyrénées, se rendit, lui troisième, à Bordeaux. Il y arriva le jour même de la bataille, protesta devant un notaire que le roi de France étant près de Bordeaux avec ses troupes, il n'y avait pas de sûreté pour lui. Pendant que le notaire écrivait, le roi fit le tour de la lice, puis il piqua son cheval, et fit sans s'arrêter près de cent milles sur la route d'Aragon.

Charles d'Anjou, ainsi joué, prépara une nouvelle armée en Provence. Mais avant qu'il fût de retour à Naples, l'amiral Roger de Loria lui avait porté le coup le plus sensible. Il vint avec quarante-cinq galères parader devant le port de Naples, et braver Charles-le-Boiteux, le fils de Charles d'Anjou. Le jeune prince et ses chevaliers ne tinrent pas à un tel outrage. Ils sortirent avec trente-cinq galères qu'ils avaient dans le port. Au premier choc, ils furent défaits et pris. Charles d'Anjou arriva le lendemain. « Que n'est-il mort ! » s'écria-t-il, quand on lui apprit la captivité de son fils[1]. Il se donna la consolation de faire pendre cent cinquante Napolitains.

Le roi de Naples avait été rudement frappé de ce dernier coup. Son activité l'abandonnait. Il perdit l'été à négocier par l'entremise du pape un arrangement avec les Siciliens. L'hiver, il fit de nouveaux préparatifs ; mais ils ne devaient pas lui servir. La vie lui échappait, ainsi que l'espoir de la vengeance. Il mourut avec la piété et la sécurité d'un saint, se rendant ce témoignage qu'il n'avait fait la conquête du royaume de Sicile que pour le service de l'Église. (7 janvier 1285.)

1. « Lo re Carlo... disse con irato animo : Or *fostil mort, porse qu'il a fali nostre mandement.* » (Villani.)

Cependant le pape, tout Français de naissance et de cœur, avait déclaré D. Pedro déchu de son royaume d'Aragon (1283), assurant les indulgences de la croisade à quiconque lui courrait sus. L'année suivante il adjugea ce royaume au jeune Charles-de-Valois, second fils de Philippe-le-Hardi, et frère de Philippe-le-Bel. Ce fut en effet une vraie croisade. La France n'avait point guerroyé depuis longtemps. Tout le monde voulut en être, la reine elle-même et beaucoup de nobles dames. L'armée se trouva la plus forte qui fût jamais sortie de France depuis Godefroi de Bouillon. Les Italiens la portent à vingt mille chevaliers, quatre mille fantassins. Les flottes de Gênes, de Marseille, d'Aigues-Mortes et de Narbonne devaient suivre les rivages de Catalogne, et seconder les troupes de terre. Tout promettait un succès facile. D. Pedro se trouvait abandonné de son allié, le roi de Castille, et de son frère même, le roi de Majorque. Ses sujets venaient de former une hermandad contre lui. Il se trouva réduit à quelques Almogavares, avec lesquels il occupait les positions inattaquables, observant et inquiétant l'ennemi. Elna fit quelque résistance, et tout y fut cruellement massacré. Girone résista davantage. Le roi de France, qui avait fait vœu de la prendre, s'y obstina, et y perdit un temps précieux. Peu à peu le climat commença à faire sentir son influence malfaisante. Des fièvres se mirent dans l'armée. Le découragement augmenta par la défaite de l'armée navale ; l'amiral vainqueur, Roger de Loria, exerça sur les prisonniers d'effroyables cruautés. Il fallut songer à la retraite, mais tout le monde était malade ; les soldats se croyaient poursuivis par les saints dont ils avaient violé les tombeaux. Tous les passages étaient occupés, les Almogavares, attirés par le butin, croissaient en nombre à vue d'œil. Le roi revenait mourant sur un brancard au milieu de ses chevaliers languissants. La pluie tombait à torrents sur cette armée de malades. La plupart restèrent en route.

Le roi atteignit Perpignan, mais pour y mourir. Il ne lui restait pas un pouce de terre en Espagne.

Le nouveau roi, Philippe-le-Bel, trouva moyen d'armer le roi de Castille contre son allié d'Aragon. Le fils de Charles d'Anjou obtint sa liberté avec un parjure. La Sicile et ses nouveaux rois, cadets de la maison d'Aragon, se virent abandonnés de la branche aînée, qui prit même les armes contre eux. Cependant le petit-fils de Charles d'Anjou, fils de Charles-le-Boiteux, fut pris par les Siciliens, comme son père l'avait été. Un traité suivit (1299), d'après lequel le roi Frédéric devait garder l'île sa vie durant. Mais ses descendants l'ont gardée pendant plus d'un siècle.

Cette royauté de Naples, si mal acquise, ne fut pas renversée entièrement, mais du moins mutilée et humiliée. Il y eut quelque réparation pour les morts. « Le pieux Charles, aujourd'hui régnant (le fils de Charles d'Anjou), dit un chroniqueur qui mourut vers l'an 1300, a construit une église de Carmes sur les tombeaux de Conradin et de ceux qui périrent avec lui[1]. »

1. Ricobald. Ferrar.

CHAPITRE II

Philippe-le-Bel. – Boniface VIII (1285-1304).

« Je fus la racine de la mauvaise plante qui couvre toute la chrétienté de son ombre. De mauvaise plante, mauvais fruit...

« J'eus nom Hugues-Capet. De moi sont nés ces Louis, ces Philippe, qui depuis peu règnent en France.

« J'étais fils d'un boucher de Paris[1] ; mais quand les anciens rois manquèrent, hors un qui prit la robe grise, je me trouvai tenir les rênes, et j'avais tels amis, telles forces que la couronne veuve retomba à mon fils[2]. De lui sort cette race où les morts font reliques[3].

« Tant que la grande dot provençale ne leur ôta toute vergogne, peu valaient-ils ; du moins faisaient-ils peu de mal.

« Mais dès lors ils poussèrent par force et par mensonge, et puis par pénitence ils prirent Normandie et Gascogne.

« Charles passe en Italie, et puis, par pénitence, égorge Conradin. – Par pénitence encore, il renvoie saint Thomas au ciel.

1. Cette tradition populaire n'est confirmée par aucun texte bien ancien, non plus qu'une bonne partie des traits satiriques qui suivent.

2. On sait qu'Hugues-Capet ne voulut jamais porter la couronne. Robert est le premier des Capétiens qui la porta.

3. Allusion à la canonisation récente de saint Louis.

« Un autre Charles sortira tantôt de France. Sans armes, il sort, sauf la lance du parjure, la lance de Judas. Il en frappe Florence au ventre[1].

« L'autre, captif en mer, fait traite et marché de sa fille ; le corsaire du moins ne vend que l'étranger.

« Mais voici qui efface le mal fait et à faire... Je le vois entrer dans Anagni, le fleurdelisé !... Je vois le Christ captif en son vicaire ; je le vois moqué une seconde fois ; il est de nouveau abreuvé de fiel et de vinaigre. Il est mis à mort entre des brigands[2]. »

Cette furieuse invective gibeline, toute pleine de vérités et de calomnies, c'est la plainte du vieux monde mourant, contre ce laid jeune monde qui lui succède. Celui-ci commence vers 1300 ; il s'ouvre par la France, par l'odieuse figure de Philippe-le-Bel.

Au moins quand la monarchie française, fondée par Philippe-Auguste et Philippe-le-Bel, finit en Louis XVI, elle eut dans sa mort une consolation. Elle périt dans la gloire immense d'une jeune république qui, pour son coup d'essai, vainquit l'Europe et la renouvela. Mais ce pauvre moyen âge, papauté, chevalerie, féodalité, sous quelle main périssent-ils ? Sous la main du procureur, du banqueroutier, du faux monnayeur.

La plainte est excusable ; ce nouveau monde est laid. S'il est plus légitime que celui qu'il remplace, quel œil, fût-ce celui de Dante, pourrait le découvrir à cette époque ? Il naît sous les rides du vieux droit romain, de la vieille fiscalité impériale. Il naît avocat, usurier ; il naît gascon, lombard et juif.

Ce qui irrite le plus contre ce système moderne, contre la France, son premier représentant, c'est sa contradiction

1. Il s'agit de Charles-de-Valois.

2. Dante, *Purgat.*

perpétuelle, sa duplicité d'instinct, l'hypocrisie naïve, si je puis dire, avec laquelle il va attestant tour à tour et alternant ses deux principes, romain et féodal. La France est alors un légiste en cuirasse, un procureur bardé de fer; elle emploie la force féodale à exécuter les sentences du droit romain et canonique.

Fille obéissante de l'Église, elle s'empare de l'Italie et de l'Église même; si elle bat l'Église, c'est comme sa fille, comme obligée en conscience de corriger sa mère.

Le premier acte du petit-fils de saint Louis avait été d'exclure les prêtres de l'administration de la justice, de leur interdire tout tribunal, non seulement au parlement du roi et dans ses domaines, mais dans ceux des seigneurs (1287). « Il a été ordonné par le conseil du seigneur roi que les ducs, comtes, barons, archevêques et évêques, abbés, chapitres, collèges, gentilshommes *(milites)*, et en général, tous ceux qui ont en France juridiction temporelle, instituent des laïques pour baillis, prévôts et officiers de justice; qu'ils n'instituent nullement des clercs en ces fonctions, afin que, s'ils manquent *(délinquant)* en quelque chose, leurs supérieurs puissent sévir contre eux. S'il y a des clercs dans les susdits offices, qu'ils en soient éloignés. – Item, il a été ordonné que tous ceux qui, après le présent parlement, ont ou auront cause en la cour du seigneur roi, et devant les juges séculiers du royaume, constituent des procureurs laïques. Enregistré ce jour, au parlement de la Toussaint, l'an du Seigneur 1287. »

Philippe-le-Bel rendit le parlement tout laïque. C'est la première séparation expresse de l'ordre civil et ecclésiastique; disons mieux, c'est la fondation de l'ordre civil.

Les prêtres ne se résignèrent pas. Il semble qu'ils aient essayé de forcer le parlement et d'y reprendre leurs sièges. En 1289, le roi défend « à Philippe et Jean, portiers du parlement, de laisser entrer nully des prélats en la chambre sans le consentement des maistres (présidents)[1] ».

Constitué par l'exclusion de l'élément étranger, ce corps s'organisa (1291), par la division du travail, par la répartition des fonctions diverses. Les uns durent recevoir les requêtes et les expédier, les autres eurent la charge des enquêtes. Les jours de séance furent fixés, les récusations déterminées, ainsi que les fonctions des officiers du roi. Un grand pas se fit vers la centralisation judiciaire. Le parlement de Toulouse fut supprimé, les appels du Languedoc furent désormais portés à Paris[2] ; les grandes affaires devaient se décider avec plus de calme loin de cette terre passionnée, qui portait la trace de tant de révolutions.

Le parlement a rejeté les prêtres. Il ne tarde pas à agir contre eux. En 1288, le roi défend qu'aucun juif soit arrêté à la réquisition d'un prêtre ou moine, sans qu'on ait informé le sénéchal ou bailli du motif de l'arrestation, et sans qu'on lui ait présenté copie du mandat qui l'ordonne. Il modère la tyrannie religieuse sous laquelle gémissait le Midi : il défend au sénéchal de Carcassonne d'emprisonner qui que ce soit sur la seule demande des inquisiteurs[3]. Sans doute, ces concessions étaient intéressées. Le juif était chose du roi ; l'hérétique son sujet, son *taillable,* n'eût pu être rançonné par lui, s'il l'eût été par l'inquisition. Ne nous informons pas trop du motif. L'ordonnance paraît honorable à celui qui la signa. On y entrevoit la première lueur de la tolérance et de l'équité religieuses.

La même année 1291, le roi frappa sur l'Église un coup plus hardi. Il limita, ralentit cette terrible puissance d'absorption qui, peu à peu, eût fait passer toutes les

1. D. Vaissette.
2. Ordonnances.
3. *App.* 9.

terres du royaume aux gens de *mainmorte.* Morte en effet pour vendre ou donner, la main du prêtre, du moine, était ouverte et vivante pour recevoir et prendre. Il porta à trois, quatre ou six fois la rente, ce que devait payer l'acquéreur ecclésiastique, en compensation des droits sur mutations que l'État perdait. Ainsi toute donation d'immeubles faite aux églises profita désormais au roi. Le roi, ce nouveau Dieu du monde civil, entra en partage dans les dons de la piété avec Jésus-Christ, avec Notre-Dame et les saints.

Voilà pour l'Église. La féodalité, tout armée et guerrière qu'elle est, n'est pas moins attaquée. D'elle-même se dégage le principe qui doit la ruiner. Ce principe est la royauté comme suzeraineté féodale. Saint Louis dit expressément dans ses *Établissements* (liv. II, c. XXVII) : « Se aucun se plaint en la court le roy de son saignieur de dete que son saignieur li doie, ou de promesses, ou de convenances que il li ait fetes, li sires m'aura mie la cour : car nus sires ne doit estre juges, ne dire droit en sa propre querelle, selonc droit escrit en Code : "Ne quis in sua causa judicet", en la loi unique qui commence *Generali,* el rouge, et el noir, etc. » Les *Établissements* de saint Louis étaient faits pour les domaines du roi. Beaumanoir, dans la *Coutume de Beauvoisis,* dans un livre fait pour les domaines d'un fils de saint Louis, de Robert de Clermont, ancêtre de la maison de Bourbon, écrit sous Philippe-le-Bel que le roi a droit de faire des établissements, non pour ses domaines seulement, mais pour tout le royaume. Il faut voir dans le texte même avec quelle adresse il présente cette opinion scandaleuse et paradoxale[1].

Philippe-le-Hardi avait facilité aux roturiers l'acquisition des biens féodaux. Il enjoignit aux gens de justice « de ne pas molester les non nobles qui acquerront des choses

1. Beaumanoir.

féodales ». Le non-noble ne pouvant s'acquitter des services nobles qui étaient attachés au fief, il fallait le consentement de tous les seigneurs médiats, de degré en degré jusqu'au roi. Philippe III réduisit à trois le nombre des seigneurs médiats dont le consentement était requis.

La tendance de cette législation s'explique aisément quand on sait quels furent les conseillers des rois aux treizième et quatorzième siècles, quand on connaît la classe à laquelle ils appartenaient.

Le chambellan, le conseiller de Philippe-le-Hardi, fut le barbier ou chirurgien de saint Louis, le Tourangeau Pierre La Brosse. Son frère, évêque de Bayeux, partagea sa puissance et aussi sa ruine. La Brosse avait accusé la seconde femme de Philippe III d'avoir empoisonné un fils du premier lit. Le parti des seigneurs, à la tête duquel était le comte d'Artois, soutint que le favori calomniait la reine, et que de plus il vendait aux Castillans les secrets du roi. La Brosse décida le roi à interroger une *béguine,* ou mystique de Flandre. Le parti des seigneurs opposa à la *béguine* les dominicains, généralement ennemis des mystiques. Un dominicain apporta au roi une cassette où l'on vit ou crut voir des preuves de la trahison de La Brosse. Son procès fut instruit secrètement. On ne manqua pas de le trouver coupable. Les chefs du parti de la noblesse, le comte d'Artois, une foule de seigneurs, voulurent assister à son exécution.

En tête des conseillers de saint Louis, plaçons Pierre de Fontaines, l'auteur du *Conseil à mon ami*, livre en grande partie traduit des lois romaines. De Fontaines, natif du Vermandois, en était bailli l'an 1253. Nous le voyons ensuite parmi les Maistres du parlement de Paris. En cette qualité, il prononce un jugement en faveur du roi contre l'abbé de Saint-Benoît-sur-Loire, puis un autre, et toujours favorable au roi contre les religieux du bois de Vincennes.

Dans ces jugements, nous le trouvons nommé après le chancelier de France[1]. Il s'intitule chevalier. Ce qui, dès cette époque, ne prouve pas grand'chose. Ces gens de robe longue prirent de bonne heure le titre de chevaliers ès lois.

Rien n'indique non plus que Philippe de Beaumanoir, bailli de Senlis, l'auteur de ce grand livre des *Coutumes de Vermandois,* ait été de bien grande noblesse. La maison du même nom est une famille bretonne, et non picarde, qui apparaît dans les guerres des Anglais au quatorzième siècle, mais qui ne fait pas remonter régulièrement sa filiation plus haut que le quinzième.

Les deux frères Marigni, si puissants sous Philippe-le-Bel, s'appelaient de leur vrai nom de famille Le Portier[2]. Ils étaient Normands, et achetèrent dans leur pays la terre de Marigni. Le plus célèbre des deux, chambellan et trésorier du roi, capitaine de la Tour du Louvre, est appelé *Coadjuteur et gouverneur de tout le royaume de France.* « C'était, dit un contemporain, comme un second roi, et tout se faisait à sa volonté[3]. » On n'est pas tenté de soupçonner ce témoignage d'exagération lorsqu'on sait que Marigni mit sa statue au Palais de Justice à côté de celle du roi[4].

Au nombre des ministres de Philippe-le-Bel, il faut placer deux banquiers florentins, auxquels sans doute on doit rapporter en grande partie les violences fiscales de ce règne. Ceux qui dirigèrent les grands et cruels procès de Philippe-le-Bel furent le chancelier Pierre Flotte, qui eut l'honneur d'être tué, tout comme un chevalier, à la bataille de Courtrai. Il eut pour collègues ou successeurs Plasian et Nogaret. Celui-ci, qui-acquit une célébrité si tragique, était

1. Dupuy, *Différend de Boniface VIII.*

2. Dupuy, *Templiers.*

3. « Ita ut secundus regulus videretur, ad cujus nutum regni negotia gerebantur. » (Bern. Guidonis, *Vita Clem.* V.)

4. Félibien.

né à Caraman en Lauraguais. Son aïeul, si l'on en croit les invectives de ses ennemis, avait été brûlé comme hérétique. Nogaret fut d'abord professeur de droit à Montpellier, puis juge mage de Nîmes. La famille Nogaret, si fière au seizième siècle, sous le nom d'Épernon, n'était pas encore noble en 1372, ni de l'une, ni de l'autre ligne. Peu après cette expédition hardie où Guillaume Nogaret alla mettre la main sur le pape, il devint chancelier et garde des sceaux. Philippe-le-Long révoqua les dons qui lui avaient été faits par Philippe-le-Bel; mais il ne fut pas enveloppé dans la proscription de Marigni. On eût craint sans doute de porter atteinte à ses actes judiciaires, qui avaient une si grande importance pour la royauté.

Ces légistes qui avaient gouverné les rois anglais dès le douzième siècle, au treizième saint Louis, Alphonse X et Frédéric II, furent, sous le petit-fils de saint Louis les tyrans de la France. Ces *chevaliers en droit*, ces âmes de plomb et de fer, les Plasian, les Nogaret, les Marigni, procédèrent avec une horrible froideur dans leur imitation servile du droit romain et de fiscalité impériale. Les *Pandectes* étaient leur Bible, leur Évangile. Rien ne les troublait dès qu'ils pouvaient répondre à tort ou à droit: *Scriptum est...* Avec des textes, des citations, des falsifications, ils démolirent le moyen âge, pontificat, féodalité, chevalerie. Ils allèrent hardiment *appréhender au corps* le pape Boniface VIII; ils brûlèrent la croisade elle-même dans la personne des Templiers.

Ces cruels démolisseurs du moyen âge sont, il coûte de l'avouer, les fondateurs de l'ordre civil aux temps modernes. Ils organisent la centralisation monarchique. Ils jettent dans les provinces des baillis, des sénéchaux, des prévôts, des auditeurs, des tabellions, des procureurs du roi, des maîtres et peseurs de monnaie. Les forêts sont envahies par les *verdiers*, les *gruiers* royaux. Tous ces gens vont chicaner, décourager, détruire les juridictions féodales. Au centre de cette vaste toile d'araignée, siège le conseil des légistes sous le nom de parlement (fixé à Paris en 1302). Là, tout viendra peu à peu se perdre, s'amortir sous l'autorité royale. Ce droit laïque est surtout ennemi du droit ecclésiastique. Au besoin, les légistes appelleront à eux les bourgeois. Eux-mêmes ne sont pas autre chose, quoiqu'ils mendient l'anoblissement, tout en persécutant la noblesse.

Cette création du gouvernement coûtait certainement fort cher. Nous n'avons pas ici de détails suffisants ; mais nous savons que les sergents des prévôts, c'est-à-dire les exécuteurs, les agents de cette administration si tyrannique à sa naissance, avaient d'abord, le sergent à cheval trois sols parisis, et plus tard six sols ; le sergent à pied dix-huit deniers, etc. Voilà une armée judiciaire et administrative. Tout à l'heure vont venir des troupes mercenaires. Philippe-de-Valois aura à la fois plusieurs milliers d'arbalétriers génois. D'où tirer les sommes énormes que tout cela doit coûter ? L'industrie n'est pas née encore. Cette société nouvelle se trouve déjà atteinte du mal dont mourut la société antique. Elle consomme sans produire. L'industrie et la richesse doivent sortir à la longue de l'ordre et de la sécurité. Mais cet ordre est si coûteux à établir, qu'on peut douter pendant longtemps s'il n'augmente pas les misères qu'il devait guérir.

Une circonstance aggrave infiniment ces maux. Le seigneur du moyen âge payait ses serviteurs en terres, en produits de la terre ; grands et petits, ils avaient place à sa table. La solde, c'était le repas du jour. L'immense machine du gouvernement royal qui substitue son mouvement compliqué aux mille mouvements naturels et simples du gouvernement féodal ; cette machine, l'argent seul peut lui donner l'impulsion. Si cet élément vital manque à la nouvelle royauté, elle va périr, la monarchie se dissoudra, et toutes les parties retomberont dans l'isolement, dans la barbarie du gouvernement féodal.

Ce n'est donc pas la faute de ce gouvernement s'il est avide et affamé. La faim est sa nature, sa nécessité, le fond même de son tempérament. Pour y satisfaire, il faut qu'il emploie tour à tour la ruse et la force. Il y a ici en un seul prince, comme dans le vieux roman, maître Renard et maître Isengrin.

Ce roi, de sa nature, n'aime pas la guerre, il est juste de le reconnaître ; il préfère tout autre moyen de prendre, l'achat, l'usure. D'abord il trafique, il échange, il achète ; le fort peut dépouiller ainsi honnêtement des amis faibles. Par exemple, dès qu'il désespère de prendre l'Espagne avec des bulles du pape, il achète du moins le patrimoine de la branche cadette d'Aragon, la bonne ville de Montpellier, la seule qui restât au roi Jacques. Le prince, avisé et bien instruit en lois, ne se fit pas scrupule d'acquérir ainsi le dernier vêtement de son prodigue ami, pauvre fils de famille qui vendait son bien pièce à pièce, et auquel sans doute il crut devoir en ôter le maniement en vertu de la loi romaine : *Prodigus et furiosus*...[1].

Au Nord, il acquit Valenciennes, qui se donna à lui (1293). Et sans doute il eut encore de l'argent en cela. Valenciennes l'approchait de la riche Flandre, si bonne à prendre, et comme riche, et comme alliée des Anglais. Du côté de la France anglaise, il avait acheté au nécessiteux Édouard Ier le Quercy, terre médiocre, sèche et montagneuse, mais d'où l'on descend en Guyenne. Édouard était alors empêtré dans les guerres de Galles et d'Écosse, où il ne gagnait que de la gloire. C'eût été beaucoup, il est

1. Montpellier était en même temps un fief de l'évêché de Maguelone. L'évêque, fatigué de la résistance des bourgeois et de l'appui qu'ils trouvaient dans le roi de France, vendit tous ses droits à ce dernier. Ces droits, jusque-là jugés invalides, parurent alors assez bons pour servir à dépouiller le vieux Jacques.

vrai, de fonder l'unité britannique, de se fermer dans l'île. Édouard y fit d'héroïques efforts, et commit aussi d'incroyables barbaries. Mais il eut beau briser les harpes de Galles, tuer les bardes, il eut beau faire périr le roi David du supplice des traîtres, et transporter à Westminster le palladium de l'Écosse, la fameuse pierre de Scone, il ne put rien finir ni dans l'île ni sur le continent. Chaque fois qu'il regardait vers la France et voulait y passer, il apprenait quelque mauvaise nouvelle du Border écossais ou des Marches de Galles, quelque nouveau tour de Leolyn ou de Wallace. Wallace était encouragé par Philippe-le-Bel, le chef héroïque des clans par le roi procureur. Celui-ci n'avait que faire de bouger. Il lui suffisait de relancer Édouard par ses limiers d'Écosse. Il le laissait volontiers s'immortaliser dans les déserts de Galles et de Northumberland, procédait contre lui à son aise, et le condamnait par défaut.

Ainsi, quand il le vit occupé à contenir l'Écosse sous Baillol, il le somma de répondre des pirateries de ses Gascons sur nos Normands. Il ajourna ce roi, ce conquérant, à venir s'expliquer par-devant ce qu'il appelait le tribunal des pairs. Il le menaça, puis il l'amusa, lui offrit une princesse de France pour prix d'une soumission fictive, d'une simple saisie, qui arrangerait tout. L'arrangement fut que l'Anglais ouvrît ses places, que Philippe les gardât, et retirât ses offres. Cette grande province, ce royaume de Guyenne, fut escamoté.

Édouard cria en vain. Il demanda et obtint contre Philippe l'alliance du roi des Romains, Adolphe de Nassau, celle des ducs de Bretagne et de Brabant, des comtes de Flandre, de Bar et de Gueldres. Il écrivit humblement à ses sujets de Guyenne, leur demandant pardon d'avoir consenti à la saisie[1]. Mais, trop occupé en Écosse, il ne

1. *App.* 10.

vint pas lui-même en Guyenne, et son parti n'éprouva que des revers. Philippe eut pour lui le pape (Boniface VIII), qui lui devait la tiare, et qui, pour lui donner un allié, délia le roi d'Écosse des serments qu'il avait prêtés au roi d'Angleterre. Enfin, il fit si bien que les Flamands, mécontents de leur comte, l'appelèrent à leur secours. Pour soutenir la guerre, les deux rois comptaient sur la Flandre. La grasse Flandre était la tentation naturelle de ces gouvernements voraces. Tout ce monde de barons, de chevaliers, que les rois de France sevraient de croisades et de guerres privées, la Flandre était leur rêve, leur poésie, leur Jérusalem. Tous étaient prêts à faire un joyeux pèlerinage aux magasins de Flandre, aux épices de Bruges, aux fines toiles d'Ypres, aux tapisseries d'Arras.

Il semble que Dieu ait fait cette bonne Flandre, qu'il l'ait placée entre tous pour être mangée des uns ou des autres. Avant que l'Angleterre fût cette chose colossale que nous voyons, la Flandre était une Angleterre ; mais de combien déjà inférieure et plus incomplète ! Drapiers sans laine, soldats sans cavalerie, commerçants sans marine. Et aujourd'hui, ces trois choses, bestiaux, chevaux, marine, c'est justement le nerf de l'Angleterre ; c'est la matière, le véhicule, la défense de son industrie.

Ce n'est pas tout. Ce nom, les Flandres, n'exprime pas un peuple, mais une réunion de plusieurs pays fort divers, une collection de tribus et de villes. Rien n'est moins homogène. Sans parler de la différence de race et de langue, il y a toujours eu haine de ville à ville, haine entre les villes et les campagnes, haine de classes, haine de métiers, haine entre le souverain et le peuple[1]. Dans un pays où la femme héritait et transférait la souveraineté, le souverain était souvent

1. « Quis Flandriæ posset nocere, si duæ illæ civitates (Bruges et Gand) concordes inter se forent. » (Meyer.)

un mari étranger. La sensualité flamande, la matérialité de ce peuple de chair, apparaît dans la précoce indulgence de la coutume de Flandre pour la femme et pour le bâtard[1]. La femme flamande amena ainsi par mariage des maîtres de toute nation, un Danois, un Alsacien ; puis un voisin du Hainaut, puis un prince de Portugal, puis des Français de diverses branches : Dampierre (Bourbon), Louis de Mâle (Capet), Philippe-le-Hardi (Valois) ; enfin Autriche, Espagne, Autriche encore. Voici maintenant la Flandre sous un Saxon (Cobourg).

La Flandre se plaignait du comte français Gui Dampierre. Philippe s'offrit comme protecteur aux Flamands. Gui s'adressa aux Anglais, et voulut donner sa fille Philippa au fils d'Édouard. Ce mariage contre le roi de France ne pouvait, selon la loi féodale, se faire sans l'assentiment du roi de France, suzerain de Gui Dampierre. Philippe cependant ne réclama pas ; il déclara hypocritement qu'étant parrain de la jeune fille, il ne pouvait lui laisser passer le détroit sans l'embrasser[2]. Refuser, c'était déclarer la guerre, et trop tôt. Venir, c'était risquer de rester à Paris. Gui vint en effet et resta. Le père et la fille furent retenus à la Tour du Louvre. Philippe enleva à Édouard son allié et sa femme, comme il avait fait la Guyenne. Le comte s'échappa, il est vrai, dans la suite. La jeune fille mourut, au grand dommage de Philippe, qui avait intérêt à garder un tel otage et qu'on accusa de sa mort.

Édouard croyait avoir ameuté tout le monde contre son déloyal ennemi. L'empereur Adolphe de Nassau, pauvre petit prince, malgré son titre, eût volontiers guerroyé aux gages d'Édouard, comme autrefois Othon de Brunswick pour Jean, comme plus tard Maximilien pour Henri VIII à

1. *App.* 11.
2. Oudegherst.

cent écus par jour. Les comtes de Savoie, d'Auxerre, Montbéliard, Neuchâtel, ceux de Hainaut et de Gueldres, le duc de Brabant, les évêques de Liège et d'Utrecht, l'archevêque de Cologne, tous promettaient d'attaquer Philippe, tous recevaient l'argent anglais, et tous restèrent tranquilles, excepté le comte de Bar. Édouard les payait pour agir, Philippe pour se reposer.

La guerre se faisait ainsi sans bruit ni bataille. C'était une lutte de corruption, une bataille d'argent, à qui serait le premier ruiné. Il fallait donner aux amis, donner aux ennemis. Faibles et misérables étaient les ressources des rois d'alors pour suffire à de telles dépenses. Édouard et Philippe chassèrent, il est vrai, les juifs, en gardant leurs biens[1]. Mais le juif est glissant; il ne se laisse pas prendre. Il écoulait de France, et trouvait moyen d'emporter. Le roi de France, qui avait des banquiers italiens pour ministres, s'avisa, sans doute par leur conseil, de rançonner les Italiens, les Lombards, qui exploitaient la France, et qui étaient comme une variété de l'espèce juive. Puis, pour atteindre plus sûrement encore tout ce qui achetait et vendait, le roi essaya pour la première fois de ce triste moyen si employé dans le quatorzième siècle, l'altération de la monnaie. C'était un impôt facile et tacite, une banqueroute secrète au moins dans les premiers moments. Mais bientôt tous en profitaient; chacun payait ses dettes en monnaie faible. Le roi y gagnait moins que la foule des débiteurs sans foi. Enfin, l'on eut recours à un moyen plus direct, l'impôt universel de la maltôte[2].

Ce vilain nom, trouvé par le peuple, fut accepté hardiment du roi même. C'était un dernier moyen, une invention par laquelle, s'il restait encore quelque substance,

1. Édouard, en 1289; Philippe, en 1290.

2. Guillaume de Nangis.

quelque peu à sucer dans la moelle du peuple, on y pouvait atteindre. Mais on eut beau presser et tordre. Le patient était si sec, que la nouvelle machine n'en put exprimer presque rien. Le roi d'Angleterre ne tirait rien des siens non plus. Sa détresse le désespérait ; dans l'un de ses parlements on le vit pleurer.

Entre ce roi affamé et ce peuple étique, il y avait pourtant quelqu'un de riche. Ce quelqu'un, c'était l'Église. Archevêques et évêques, chanoines et moines, moines anciens de Saint-Benoît, moines nouveaux dits mendiants, tous étaient riches et luttaient d'opulence. Tout ce monde tonsuré croissait des bénédictions du ciel et de la graisse de la terre. C'était un petit peuple heureux, obèse et reluisant, au milieu du grand peuple affamé qui commençait à le regarder de travers.

Les évêques allemands étaient des princes et levaient des armées. L'Église d'Angleterre possédait, dit-on, la moitié des terres de l'île. Elle avait, en 1337, sept cent trente mille marcs de revenus. Aujourd'hui, il est vrai, l'archevêque de Cantorbery ne reçoit par an que douze cent mille francs, et celui d'York huit cent mille. Lorsque la Restauration préparait l'expédition d'Espagne, en 1822, l'on apprit que l'archevêque de Tolède faisait distribuer chaque jour à la porte de ses fermes et de ses palais dix mille soupes, et celui de Séville six mille[1].

La confiscation de l'Église fut la pensée des rois depuis le treizième siècle, la cause principale de leurs luttes contre les papes ; toute la différence, c'est que les protestants prirent, et que les catholiques se firent donner. Henri VIII employa le schisme, François Ier le Concordat.

1. J'aurais peine à croire ce chiffre, s'il n'avait été affirmé en ma présence par le ministre même qui avait fait prendre ces informations. – Ajoutons que l'un des couvents récemment supprimés à Madrid (San Salvador) avait deux millions de biens et un seul religieux.

Qui donc, au quatorzième siècle, du roi ou de l'Église, devait désormais exploiter la France? telle était la question. Déjà, lorsque Philippe mit sur le peuple le terrible impôt de la maltôte, lorsqu'il altéra les monnaies, lorsqu'il dépouilla les Lombards, sujets ou banquiers du Saint-Siège, il frappait Rome directement ou indirectement, il la ruinait, il lui coupait les vivres[1].

Boniface usa enfin de représailles. En 1296, dans sa bulle *Clericis laïcos,* il déclare excommuniés de fait tout prêtre qui payera, tout laïque qui exigera subvention, prêt ou don sans l'autorisation du Saint-Siège; et cela sans qu'aucun rang, aucun privilège puisse les excepter. Il annulait ainsi un privilège important de nos rois, qui, tout excommuniés qu'ils étaient comme rois, pouvaient toujours, dans leur chapelle et portes closes, entendre la messe et communier.

Au même moment, sous prétexte de la guerre d'Angleterre, Philippe défendait d'exporter du royaume or, argent, armes, etc. C'était frapper Rome bien plus que l'Angleterre.

Rien de plus mystiquement hautain, de plus paternellement hostile que la bulle en réponse: «Dans la douceur d'un ineffable amour *(Ineffabilis amoris dulcedine sponso suo)*, l'Église, unie au Christ, son époux, en a reçu les dons, les grâces les plus amples, spécialement le don de liberté. Il a voulu que l'adorable épouse régnât, comme mère, sur les peuples fidèles. Qui donc ne redoutera de l'offenser, de la provoquer? Qui ne sentira qu'il offense l'époux dans l'épouse? Qui osera porter atteinte aux libertés ecclésias-

1. Édouard Ier s'y était pris plus rudement encore; sur le refus du clergé de payer un impôt, il le mit en quelque sorte hors la loi, lâchant les soldats contre les prêtres, et défendant aux juges de recevoir les plaintes de ceux-ci. (Knygthon.) – Philippe-le-Bel, au moins, y mettait des formes: «Comme ce qui est donné vaut mieux et est plus agréable à Dieu et aux hommes que ce qui est exigé, nous exhortons votre charité à nous donner cette aide de la double dîme ou cinquième.»

tiques, contre son Dieu et son Seigneur ? Sous quel bouclier se cachera-t-il, pour que le marteau de la puissance d'en haut ne le réduise en poudre et en cendre ?... Ô mon fils, ne détourne point l'oreille de la voix paternelle, etc. »

Il engage ensuite le roi à bien examiner sa situation : « Tu n'as point considéré avec prudence les régions et les royaumes qui entourent le tien, les volontés de ceux qui les gouvernent, ni peut-être les sentiments de tes sujets dans les diverses parties de tes États. Lève les yeux autour de toi, et regarde, et réfléchis. Songe que les royaumes des Romains, des Anglais, de l'Espagne, t'entourent de toutes parts ; songe à leur puissance, à la bravoure, à la multitude de leurs habitants, et tu reconnaîtras aisément que ce n'était pas le temps, que ce n'était pas le jour d'attaquer, d'offenser et nous et l'Église par de telles piqûres... Juge toi-même quelles ont dû être les pensées du Siège apostolique, lorsque dans ces jours même où nous étions occupés de l'examen et de la discussion des miracles qu'on attribue à l'invocation de ton aïeul de glorieuse mémoire, tu nous as envoyé de tels dons qui provoquent la colère de Dieu, et méritent, je ne dis pas seulement notre indignation, mais celle de l'Église elle-même...

« Dans quel temps tes ancêtres et toi-même avez-vous eu recours à ce Siège, sans que votre pétition fût écoutée ? Et si une grave nécessité menaçait de nouveau ton royaume, non seulement le Saint-Siège t'accorderait les subventions des prélats et des personnes ecclésiastiques ; mais, si le cas l'exigeait, il étendrait ses mains jusqu'aux calices, aux croix et aux vases sacrés, plutôt que de ne pas défendre efficacement un tel royaume, qui est si cher au Saint-Siège, et qui lui a été si longtemps dévoué... Nous exhortons donc Ta Sérénité royale, la prions et l'engageons à recevoir avec respect les médicaments que t'offre une main paternelle, à acquiescer à des avis salutaires pour toi et pour ton royaume, à corriger tes erreurs, et à ne point laisser séduire ton âme par une fausse contagion. Conserve notre bienveillance et celle du Saint-Siège, conserve une bonne renommée parmi les hommes, et ne nous force point à recourir à d'autres remèdes, à des remèdes inusités ; lors même que la justice nous y forcerait, nous en ferait un devoir, nous ne les emploierions qu'à regret et malgré nous[1]. »

Ces graves paroles, mêlées de douceur et de menaces, devaient faire impression. Aucun pontife n'avait été jusque-là plus partial pour nos rois que Boniface. La maison de France l'avait fait pape, il est vrai ; mais, en retour, il la faisait reine, autant qu'il était en lui. Il avait appelé en Italie Charles-de-Valois, et, en attendant l'empire latin de Constantinople, il l'avait créé comte de Romagne, capitaine du patrimoine de saint Pierre, seigneur de la marche d'Ancône. Il obtint aux princes français le trône de Hongrie ; il fit ce qu'il put pour leur procurer le trône impérial et celui de Castille. En 1298, pris pour arbitre entre les rois de France et d'Angleterre, il essaya de les rapprocher par des mariages, et, par une sentence provisoire, il ajourna les restitutions que Philippe devait à l'Anglais.

La papauté, toute vieillie qu'elle était déjà, apparaissait encore comme l'arbitre du monde. Boniface VIII avait été appelé à juger entre la France et l'Angleterre, entre l'Angleterre et l'Écosse, entre Naples et l'Aragon, entre les empereurs Adolphe de Nassau et Albert d'Autriche. N'y avait-il pas lieu pour le pape de se faire illusion sur ses forces réelles ?

L'infatuation fut au comble, lorsqu'en l'an 1300 Boniface promit rémission des péchés à tous ceux qui viendraient visiter pendant trente jours les églises des Saints-Apôtres. Ce Jubilé rappelait tout à la fois celui des juifs et les fêtes séculaires de Rome païenne. On sait que le Jubilé

1. Dupuy, *Différ.*

mosaïque, revenant tous les cinquante ans, devait rendre la liberté aux esclaves, les terres aliénées à leur premier possesseur ; il devait annuler l'histoire, défaire le temps, pour ainsi dire, au nom du seul Éternel. La vieille Rome, dans un tout autre point de vue, emprunta des Étrusques la doctrine des Âges[1] ; mais ce ne fut point pour y reconnaître la mobilité de ce monde, la mortalité des empires. Rome se croyait Dieu, elle se jugeait immortelle comme invincible, et, au retour de chaque siècle, solennisait son éternité.

En l'an 1300, la foi était grande encore. La foule fut prodigieuse à Rome[2]. On compta les pèlerins par cent mille, et bientôt il n'y eut plus moyen de compter. Ni les maisons, ni les églises ne suffirent à les recevoir ; ils campèrent par les rues et les places, sous des abris construits à la hâte, sous des toiles, sous des tentes et sous la voûte du ciel. On eût dit que, les temps étant accomplis, la chrétienté venait par-devant son juge dans la vallée de Josaphat.

Pour se représenter l'effet de ce prodigieux spectacle, il faut encore voir Rome, toute déchue qu'elle est, il faut la voir pendant les fêtes de Pâques. On oublierait presque que c'est bien là la triste Rome, la veuve de deux antiquités.

Quel qu'ait été le motif de Boniface VIII, fiscal ou politique, je ne lui en veux pas pour cette invention du Jubilé. Des milliers d'hommes l'en ont, j'en suis sûr, remercié du cœur. C'était mettre une pierre sur la route du temps, placer un point d'arrêt dans sa vie, entre les regrets du passé et les espérances d'un meilleur, d'un moins regrettable avenir ; c'était s'arrêter en montant cette rude pente, souffler un peu à midi, *Nel mezzo cammin di nostra vita.*

1. Voy. mon *Histoire romaine.*

2. Au point qu'il y eut famine. Voyez le livre du cardinal de Saint-Georges, neveu de Boniface : *De Jubilæo.*

Ces âges candides croyaient qu'on pouvait fuir le mal en changeant de lieu, voyager du péché à la sainteté, laisser le diable avec l'habit qu'on dépose pour prendre celui du pèlerin. N'est-ce donc pas quelque chose d'échapper à l'influence des lieux, des habitudes, de se dépayser, de s'orienter à une vie nouvelle ? N'y a-t-il pas une mauvaise puissance d'infatuation et d'aveuglement dans ces lieux où le cœur se prend, que ce soit les Charmettes de Jean-Jacques, ou la Pinada de Byron, ou ce lac d'Aix-la-Chapelle dont, selon la tradition, Charlemagne fut ensorcelé ?

Ne nous étonnons pas si nos aïeux aimèrent tant les pèlerinages, s'ils attribuèrent à la visite des lointains sanctuaires une vertu de régénération. « Le vieillard, tout blanc et chenu, se sépare des lieux où il a fourni sa carrière, et de sa famille alarmée qui se voit privée d'un père chéri. – Vieux, faible et sans haleine, il se traîne comme il peut, s'aidant de bon vouloir, tout rompu qu'il est par les ans, par la fatigue du chemin. – Il vient à Rome pour y voir la semblance de Celui que, là-haut encore, il espère bien revoir au ciel...[1]. »

Mais il en est qui n'arrivent pas, qui restent en chemin... La plupart de nos lecteurs se rappellent ici ce petit tableau de Robert, la pèlerine romaine assise dans la campagne aride ; elle ne voit ni ses pieds ensanglantés, ni son nourrisson sur ses genoux, altéré et haletant, pourvu qu'elle atteigne la colline bénie qui plane au loin à l'horizon : *Monte di gioja !...*

Et quand le but du voyage, c'était Rome ! quand au renouvellement du siècle, au moment solennel où sonnait une heure de la vie du monde, on atteignait la grande ville, et que ces monuments, ces vieux tombeaux, jusque-là seulement ouïs et célébrés, on les voyait, on les touchait ; alors, se retrouvant contemporain de tous les siècles, et des

1. Pétrarque.

consuls et des martyrs, ayant de station en station, du Colisée au Capitole et du Panthéon à Saint-Pierre, revécu toute l'histoire, ayant vu toute mort et toute ruine, on s'en allait, on se remettait en marche vers la patrie, vers le tombeau natal, mais avec moins de regret, et d'avance tout consolé de mourir.

L'Église, comme ces milliers d'hommes qui venaient la visiter, trouva dans ce Jubilé de l'an 1300 le point culminant de sa vie historique. La descente commença dès lors. Dans cette foule même se trouvaient les hommes redoutables qui allaient ouvrir un monde nouveau. Les uns, froids et impitoyables politiques, comme l'historien Jean Villani ; les autres, chagrins et superbes, comme Dante, qui, lui aussi, allait se faire son Jubilé. Le pape avait appelé à Rome tous les vivants ; le poète convoqua dans sa *Comédie* tous les morts ; il fit la revue du monde fini, le classa, le jugea. Le moyen âge, comme l'antiquité, comparut devant lui. Rien ne lui fut caché. Le mot du sanctuaire fut dit et profané. Le sceau fut enlevé, brisé : on ne l'a pas retrouvé depuis. Le moyen âge avait vécu ; la vie est un mystère, qui périt lorsqu'il achève de se révéler. La révélation, ce fut la *Divina Commedia*, la cathédrale de Cologne, les peintures du Campo Santo de Pise. L'art vient ainsi terminer, fermer une civilisation, la couronner, la mettre glorieusement au tombeau.

N'accusons pas le pape, si cet octogénaire, vieil avocat, et nourri dans les ruses et les plus prosaïques intrigues[1], se laissa gagner lui-même à la grandeur, à la poésie de ce moment, où il vit le genre humain réuni à Rome et à genoux devant lui... Il est d'ailleurs une sombre puissance de vertige dans cette ville tragique. Les souverains de Rome, ses Empereurs, ont paru souvent comme fous. Et même au

1. *App.* 12.

quatorzième siècle, Cola Rienzi, le fils d'une blanchisseuse, devenu tribun de Rome, ne tournait-il pas son épée vers les trois parties du globe, en disant : « Ceci et ceci, cela encore, est à moi ? »

À plus forte raison, le pape se croyait-il le maître du monde. Lorsque Albert d'Autriche se fit empereur par la mort d'Adolphe de Nassau, Boniface, indigné, mit la couronne sur sa tête, saisit une épée, et s'écria : « C'est moi qui suis César, c'est moi qui suis l'empereur, c'est moi qui défendrai les droits de l'Empire. » Au Jubilé de 1300, il parut, au milieu de cette multitude de toute nation, avec les insignes impériaux ; il fit porter devant lui l'épée et le sceptre sur la boule du monde, et un héraut allait criant : « Il y a ici deux épées ; Pierre, tu vois ici ton successeur ; et vous, ô Christ ! regardez votre vicaire. » Il expliquait ainsi les deux épées qui se trouvèrent dans le lieu où Jésus-Christ fit la Cène avec ses apôtres.

Cette outrecuidance pontificale devait perpétuer la guerre des deux puissances, ecclésiastique et civile. La lutte qui semblait finie avec la maison de Souabe, est reprise par celle de France. Guerre d'idées, non de personnes, de nécessité, non de volonté. Le pieux Louis IX la commence, le sacrilège Philippe IV la continue.

« Reconnaître deux puissances et deux principes, dit Boniface dans sa bulle *Unam sanctamn,* c'est être hérétique et manichéen... » Mais le monde du moyen âge est manichéen, il mourra tel ; toujours il sentira en lui la lutte des deux principes. – *Que cherches-tu ? – La paix.* C'est le mot du monde. L'homme est double ; il y a en lui le Pape et l'Empereur[1].

La paix ! Elle est dans l'harmonie, sans doute ; mais, d'âge en âge, on l'a cherchée dans l'unité. Dès le second

1. *App.* 13.

siècle, saint Irénée écrit contre les Gnostiques son livre : De l'unité du principe du monde : *De Monarchia*. C'est encore le titre de Dante : *De Monarchia* : De l'unité du monde social[1].

Le livre de Dante est bizarre. Sa formule, c'est la paix, comme condition du développement, la paix sous un monarque unique. Ce monarque, possédant tout, ne peut rien désirer, et partant, il est impeccable. Ce qui fait le mal, c'est la concupiscence ; où il n'y a plus limite, que désirer ? quelle concupiscence peut naître[2] ? tel est le raisonnement de Dante. Reste à prouver que cet idéal peut être réel, que ce réel est le peuple romain[3] ; qu'enfin le peuple romain a transmis sa souveraineté à l'empereur d'Allemagne.

Ce livre est une belle épitaphe gibeline pour l'Empire allemand : l'Empire en 1300, ce n'est plus exclusivement l'Allemagne : c'est désormais tout empire, toute royauté ; c'est le pouvoir civil en tout pays, surtout en France. Les deux adversaires sont maintenant l'Église et le fils aîné de l'Église. Des deux côtés, prétentions sans bornes : deux infinis en face. Le roi, s'il n'est pas le seul roi, est du moins le plus grand roi du monde ; le plus révéré encore depuis saint Louis. Fils aîné de l'Église, il veut être plus âgé que sa mère : « Avant qu'il n'y eût des clercs, dit-il, le roi avait en garde le royaume de France[4]. »

La querelle s'était déjà émue à l'occasion des biens d'Église ; mais il y avait d'autres motifs d'irritation. Boniface avait décidé entre Philippe et Édouard, non comme ami et

1. *App.* 14.
2. *App.* 15.
3. Il le prouve : 1° par l'origine de Romulus, descendant tout à la fois d'Europe et d'Atlas (l'Afrique) ; 2° par les miracles que Dieu a faits pour Rome : ainsi les ancilia de Numa, les oies du Capitole, etc. ; 3° par la bonté que Rome a montrée au monde, en voulant bien le conquérir, etc.
4. « Antequam essent clerici, rex Franciæ habebat custodiam regni sui, et poterat statuta facere. »

personne privée, mais comme pape. Le comte d'Artois, indigné de la partialité du pontife pour les Flamands, arracha la bulle au légat et la jeta au feu. En représailles, Boniface favorisa Albert d'Autriche contre Charles-de-Valois, qui prétendait à la couronne impériale. De son côté, Philippe mit la main sur les régales de Laon, de Poitiers et de Reims. Il accueillait les mortels ennemis de Boniface, les Colonna, ces rudes gibelins, ces chefs des brigands romains contre les papes.

L'explosion eut lieu au sujet d'un bien mal acquis, que depuis un siècle se disputaient le pape et le roi. Je parle de cette sanglante dépouille du Languedoc. Boniface VIII paya pour Innocent III. L'hommage de Narbonne, rendu directement au roi par le vicomte, était vivement réclamé par l'archevêque (1300). L'archevêque eût voulu s'arranger. Le pape le menaça d'excommunication, s'il traitait sans la permission du Saint-Siège. Il cita à Rome l'homme du roi, et, de plus, menaça Philippe, s'il ne se désistait du comté de Melgueil, dont ses officiers dépouillaient l'église de Maguelone.

Ce n'est pas tout : le pape avait, malgré Philippe, créé, dans ce dangereux Languedoc, à la porte du comte de Foix et du roi d'Aragon, un nouvel évêché pris sur le diocèse de Toulouse, l'évêché de Pamiers. Il avait fait évêque un homme à lui, Bernard de Saisset. Ce fut justement ce Saisset qu'il envoya au roi, pour lui rappeler sa promesse d'aller à la croisade, et le sommer de mettre en liberté le comte de Flandre et sa fille. De telles paroles ne se disaient pas impunément à Philippe-le-Bel.

Ce Saisset, qui parlait si hardiment, était déjà désigné au roi, par l'évêque de Toulouse, comme l'auteur d'un vaste complot qui eût enlevé tout le Midi aux Français. Saisset appartenait à la famille des anciens vicomtes de Toulouse. Il était l'ami de tous les hommes distingués, de toute la noblesse municipale de cette grande cité. Il rêvait la fondation d'un royaume de Languedoc au profit du comte de Foix, ou du comte de Comminges, qui descendait des Raimonds de Toulouse, tant regrettés de leurs anciens sujets[1].

Ces grands seigneurs du Midi n'avaient ni les forces, ni l'amour du pays, ni la hauteur de courage, qu'une telle entreprise eût demandés. Le comte de Comminges se signa, en entendant des propositions si hardies : « Ce Saisset est un diable, dit-il, plutôt qu'un homme[2]. » Le comte de Foix joua un rôle plus odieux. Il reçut les confidences de Saisset, pour les transmettre au roi par l'évêque de Toulouse[3]. On sut par lui que Saisset se chargeait de demander pour le fils du comte de Foix la fille du roi d'Aragon, qui, disait-il, était son ami. Il avait dit encore : « Les Français ne feront jamais de bien, mais plutôt du mal au pays. » Il ne voulait pas terminer avec le comte de Foix les démêlés de son évêché, à moins que ce seigneur ne s'arrangeât avec les comtes d'Armagnac et de Comminges, et ne réunît ainsi tout le pays sous son influence.

On attribuait à Saisset des mots piquants contre le roi : « Votre roi de France, disait-il, est un faux monnayeur. Son argent n'est que de l'ordure... Ce Philippe-le-Bel n'est ni un homme, ni même une bête ; c'est une image, et rien de plus... Les oiseaux, dit la fable, se donnèrent pour roi le *duc*, grand et bel oiseau, il est vrai, mais le plus vil de tous. La pie vint un jour se plaindre au roi de l'épervier, et le roi ne répondit rien *(nisi quod flevit)*. Voilà votre roi de France ; c'est le plus bel homme qu'on puisse voir, mais il ne sait que regarder les gens... Le monde est aujourd'hui comme mort et détruit, à cause de la malice de cette cour... Mais saint Louis m'a dit

1. *App.* 16.

2. « Iste non est homo, sed diabolus », témoignage du comte lui-même.

3. Cet évêque de Toulouse était détesté dans son diocèse comme Français, comme étranger à la langue du pays.

plus d'une fois que la royauté de France périrait en celui qui est le dixième roi, à partir d'Hugues-Capet. »

Deux commissaires de Philippe, un laïque et un prêtre, étant venus en Languedoc pour instrumenter contre Saisset, il comprit son danger et voulut se sauver à Rome. Les hommes du roi ne lui en laissèrent pas le temps. Ils le prirent de nuit, dans son lit, et l'enlevèrent à Paris, avec ses serviteurs, qui furent mis à la torture. Cependant le roi envoyait au pape, non pour se justifier d'avoir violé les privilèges de l'Église, mais pour demander la dégradation de l'évêque, avant de le mettre à mort. La lettre du roi respire une étrange soif de sang : « Le roi requiert le souverain pontife d'appliquer tel remède, d'exercer le dû de son office, de telle sorte que cet homme de mort *(dictus vir mortis)*, dont la vie souille même le lieu qu'il habite, il le prive de tout ordre, le dépouille de tout privilège clérical, et que le seigneur roi puisse, de ce traître à Dieu et aux hommes, de cet homme enfoncé dans la profondeur du mal, endurci et sans espoir de correction, que le roi en puisse par voie de justice faire à Dieu un excellent sacrifice. Il est si pervers que tous les éléments doivent lui manquer dans la mort, puisqu'il offense Dieu et toute créature[1]. »

Le pape réclama l'évêque, déclara suspendre le privilège qu'avaient les rois de France de ne pouvoir être excommuniés et convoqua le clergé de France à Rome pour le 1er novembre de l'année suivante. Enfin il adressa au roi la bulle *Ausculta, fili* : « Écoute, mon fils, les conseils d'un père tendre... » Le pape commençait par ces paroles irritantes, dont ses adversaires surent bien profiter : « Dieu nous a constitué, quoique indigne, au-dessus des rois et des royaumes, nous imposant le joug de la servitude apos-

1. Imitation pédantesque d'un passage du discours de Cicéron, *Pro Roscio Amerino,* sur le supplice du parricide.

tolique, pour arracher, détruire, disperser, dissiper, et pour édifier et planter sous son nom et par sa doctrine... » Du reste, la bulle était, sous forme paternelle, une récapitulation de tous les griefs du pape et de l'Église.

Le chancelier Pierre Flotte se chargea de porter la réponse au pape. La réponse, c'était que le roi ne lâchait pas son prisonnier, qu'il le remettait seulement à garder à l'archevêque de Narbonne, que l'or et l'argent ne sortiraient plus de France, que les prélats n'iraient point à Rome. Ce fut une rude insulte pour le pape encore triomphant de son Jubilé, quand ce petit avocat borgne[1] vint lui parler si librement. L'altercation fut violente. Le pape le prit de haut : « Mon pouvoir, dit-il, renferme les deux. » Pierre Flotte répondit par un aigre distinguo : « Oui, mais votre pouvoir est verbal, celui du roi réel. » Le Gascon Nogaret, qui était venu avec Pierre Flotte, ne put se contenir ; il parla avec la violence et l'emportement méridional sur les abus de la cour pontificale, sur la conduite même du pape. Ils sortirent ainsi de Rome, enragés dans leur haine d'avocats contre les prêtres, ayant outragé le pape, et sûrs de périr s'ils ne le prévenaient.

Pour soulever tout le monde contre Boniface, il fallait tirer quelques propositions bien claires et bien choquantes du doucereux bavardage où la cour de Rome aimait à noyer sa pensée. Ils arrangèrent donc entre eux une brutale petite bulle où le pape exprimait crûment toutes ses prétentions. En même temps, ils faisaient courir une fausse réponse à la fausse bulle, où le roi parlait au pape avec une violence et une grossièreté populacières. Cette réponse, bien entendu, n'était pas destinée à être envoyée, mais elle devait avoir deux effets. D'abord elle avilissait le pouvoir sacro-saint, auquel on jetait

1. « Belial ille, Petrus Flote, semi vivens corpore, menteque totaliter excæcatus. » (Bulle de Boniface aux prélats de France.)

impunément cette boue. Ensuite, elle indiquait que le roi se sentait fort, ce qui est le moyen de l'être en effet.

« Boniface, évêque, serviteur des serviteurs de Dieu, à Philippe, roi des Francs. Crains Dieu et observe ses commandements. Nous voulons que tu saches que tu nous es soumis dans le temporel comme dans le spirituel ; que la collation des bénéfices et des prébendes ne t'appartient point ; que si tu as la garde des bénéfices vacants, c'est pour en réserver les fruits aux successeurs. Que si tu en as conféré quelqu'un, nous déclarons cette collation invalide, et nous la révoquons si elle a été exécutée, déclarant hérétiques tous ceux qui pensent autrement. Donné au Latran, aux nones de décembre, l'an 7 de notre pontificat. » C'est la date de la bulle *Ausculta, fili.*

« Philippe, par la grâce de Dieu, roi des Français, à Boniface, qui se donne pour pape, peu ou point de salut. Que ta Très grande Fatuité sache que nous ne sommes soumis à personne pour le temporel ; que la collation des églises et des prébendes vacantes nous appartient par le droit royal ; que les fruits en sont à nous ; que les collations faites et à faire par nous sont valides au passé et à l'avenir ; que nous maintiendrons leurs possesseurs de tout notre pouvoir, et que nous tenons pour fous et insensés ceux qui croiront autrement. »

Ces étranges paroles qui eussent, un siècle plus tôt, armé tout le royaume contre le roi, furent bien reçues de la noblesse et du peuple des villes. On fit alors un pas de plus ; on compromit directement la noblesse avec le pape. Le 11 février 1302, en présence du roi et d'une foule de seigneurs et de chevaliers, au milieu du peuple de Paris, la petite bulle fut brûlée, et cette exécution fut ensuite criée à son de trompe par toute la ville[1]. Encore deux cents ans, un

1. *App.* 17.

moine allemand fera de son autorité privée ce que Pierre Flotte et Nogaret font maintenant au nom du roi de France.

Mais il fallait engager tout le royaume dans la querelle. Le pape avait convoqué les prélats à Rome pour le 1er novembre; le roi convoqua les États pour le 10 avril; non plus les États du clergé et de la noblesse, non plus les États du Midi, comme saint Louis les avait rassemblés, mais les États du Midi et du Nord, les États des trois ordres: clergé, noblesse et bourgeoisie des villes. Ces États généraux de Philippe-le-Bel sont l'ère nationale de la France, son acte de naissance. Elle a été ainsi baptisée dans la basilique de Notre-Dame, où s'assemblèrent ces premiers États[1]. De même que le Saint-Siège, au temps de Grégoire VII et d'Alexandre III, s'était appuyé sur le peuple, l'ennemi du Saint-Siège appelle maintenant le peuple à lui. Ces bourgeois, maires, échevins, consuls des villes, sous quelque forme humble et servile qu'ils viennent d'abord répéter les paroles du roi et des nobles, ils n'en sont pas moins la première apparition du peuple.

Pierre Flotte ouvrit les États (10 avril 1302) d'une manière habile et hardie. Il attaqua les premières paroles de la bulle *Ausculta, fili*: « Dieu nous a constitué au-dessus des rois et des royaumes... » Puis il demanda si les Français pouvaient, sans lâcheté, se soumettre à ce que leur royaume, toujours libre et indépendant, fût ainsi placé dans le vasselage du pape. C'était confondre adroitement la dépendance morale et religieuse avec la dépendance politique, toucher la fibre féodale, réveiller le mépris de l'homme d'armes contre le prêtre. Le bouillant comte

1. Ont-ils été les premiers ? M. de Stadler signale des assemblées partielles en 1294, et une assemblée générale à Paris en 1295. Philippe-le-Bel avait déjà plus d'une fois demandé des subsides à des assemblées de députés des trois ordres, soit sous la forme d'États provinciaux, soit sous la forme d'États généraux.

d'Artois, qui déjà avait arraché au légat et déchiré la bulle *Ausculta,* prit la parole et dit que, s'il convenait au roi d'endurer ou de dissimuler les entreprises du pape, les seigneurs ne les souffriraient pas. Cette flatterie brutale, sous forme de liberté et de hardiesse, fut applaudie des nobles. En même temps, on leur fit signer et sceller une lettre en langue vulgaire ; non au pape, mais aux cardinaux. La lettre était probablement tout écrite d'avance par les soins du chancelier, car elle est datée du 10 avril, du jour même où les États furent assemblés. Dans cette longue épître, les seigneurs, après avoir souhaité aux cardinaux « continuel accroissement de charité, d'amour et de toutes bonnes aventures à leur désir », déclarent que, quant aux dommages que « celuy qui en présent est ou siège du gouvernement de l'Église », dit être faits par le roi, ils ne veulent, « ne eux, ne les universités, ne li peuple du royaume, avoir ne correction ne amende, par autre fors que par ledit nostre Sire le Roi ». Ils accusent « cil qui à présent siet ou siège du gouvernement de l'Église » de tirer beaucoup d'argent de la conférence et collation des archevêques, évêques et autres bénéficiers, « si que li mêmes peuples, qui leur est soubgez, soient grevez et rançonnez. Ne li prélas ne poent donner leurs bénéfices *aux nobles* clercs et autres bien nez et bien lettrez de leurs dioceses, *de qui antecessours les églises sont fondées* ». Les seigneurs signèrent certainement de grand cœur ce dernier mot où l'habile rédacteur insinuait que les bénéfices, fondés pour la plupart par leurs ancêtres, devaient être donnés à leurs cadets ou à leurs créatures, ainsi que cela se fait en Angleterre, surtout depuis la Réforme. C'était attacher à la défaite du pape le retour des biens immenses dont les seigneurs s'étaient dépouillés pour l'Église dans les âges de ferveur religieuse[1].

1. *App.* 18.

La lettre des bourgeois fut calquée sur celle des nobles, si nous en jugeons par la réponse des cardinaux. Mais elle n'a pas été conservée, soit qu'on n'ait daigné en tenir compte, soit qu'on ait craint que le dernier des trois ordres ne tirât plus tard avantage du langage hardi qu'on lui avait permis de prendre dans cette occasion.

La lettre des membres du clergé est tout autrement modérée et douce. D'abord elle est adressée au pape : « Sanctissimo patri ac domino suo carissimo... » Ils exposent les griefs du roi et réclament son indépendance quant au temporel. Ils ont fait tout ce qu'ils ont pu pour l'adoucir ; ils l'ont supplié de permettre qu'ils allassent aux pieds de la béatitude apostolique. Mais la réponse est venue du roi et des barons qu'on ne leur permettrait aucunement de sortir du royaume. Ils sont tenus au roi par leur serment de fidélité à la conservation de sa personne, de ses honneurs et libertés, à celle des droits du royaume, *d'autant plus que nombre d'entre eux tiennent des duchés, comtés, baronies et autres fiefs*. Enfin, dans cette nécessité extrême, ils ont recours à la providence de Sa Sainteté, « avec des paroles pleines de larmes et des sanglots mêlés de pleurs, implorant sa clémence paternelle, etc. ».

Cette lettre, si différente de l'autre, contient pourtant également le grand grief de la noblesse : « Les prélats n'ont plus de quoi donner, pas même de quoi *rendre*, aux nobles *dont les ancêtres ont fondé les églises*[1]. »

Pendant que la lutte s'engageait ainsi contre le pape, une grande et terrible nouvelle avait compliqué l'embarras. Les États s'étaient assemblés le 10 avril. Mais, le 21 mars, le massacre des Vêpres siciliennes s'était renouvelé à Bruges. Quatre mille Français avaient été égorgés dans cette ville.

1. *App.* 19.

La noblesse était réunie aux États. Il ne s'agissait que de la faire chevaucher vers la Flandre, tout animée de colère qu'elle était déjà, toute gonflée d'orgueil féodal, et de lui faire gagner une belle bataille sur les Flamands, qui eût été une victoire sur le pape. Pierre Flotte, si engagé dans cette cause, ne pouvait perdre le roi de vue. Tout chancelier qu'il était et homme de robe longue, il monta à cheval avec les hommes d'armes.

Les Flamands, qui avaient appelé les Français, en étaient cruellement punis. La malveillance mutuelle avait éclaté dès le premier jour. Édouard ayant laissé le comte à ses propres forces pour faire tête à Wallace, les Français le poussèrent de place en place et lui persuadèrent de se livrer à Philippe, qui le traiterait bien. Le bon traitement fut de rentrer dans la prison du Louvre, où déjà sa fille était morte.

Le roi des Français n'avait eu qu'à prendre paisiblement possession des Flandres. Il ne soupçonnait pas lui-même l'importance de sa conquête. Quand il mena la reine avec lui voir ces riches et fameuses villes de Gand et de Bruges, ils en furent éblouis, effrayés. Les Flamands allèrent au-devant en nombre innombrable, curieux de voir un roi. Ils vinrent bien vêtus[1], gros et gras, chargés de lourdes chaînes d'or. Ils croyaient faire honneur et plaisir à leur nouveau seigneur. Ce fut tout le contraire. La reine ne leur pardonna pas d'être si braves, aux femmes encore moins : « Ici, dit-elle avec dépit, je n'aperçois que des reines. »

Le gouverneur royal Châtillon s'attacha à les guérir de cet orgueil, de cette richesse insolente. Il leur ôta leurs élections municipales et le maniement de leurs affaires ; c'était mettre les riches contre soi. Puis il frappa les pauvres : il mit

1. « Tricolori vestitu... Primates inter se dissidentes duos habebant, colores, multitudo addidit tertium. » (Meyer.)

l'impôt d'un quart sur le salaire quotidien de l'ouvrier. Le Français, habitué à vexer nos petites communes, ne savait pas quel risque il y avait à mettre en mouvement ces prodigieuses fourmilières, ces formidables guêpiers de Flandre. Le lion couronné de Gand, qui dort aux genoux de la Vierge[1], dormait mal et s'éveillait souvent. La cloche de Roland sonnait pour l'émeute plus fréquemment que pour le feu. – *Roland ! Roland ! tintement, c'est incendie ! volée, c'est soulèvement*[2] *!*

Il n'était pas difficile de prévoir. Le peuple commençait à parler bas, à s'assembler à la tombée du jour[3]. Il n'y avait pas vingt ans qu'avaient eu lieu les Vêpres siciliennes.

D'abord trente chefs de métiers vinrent se plaindre à Châtillon de ce qu'on ne payait pas les ouvrages commandés pour le roi. Le grand seigneur, habitué aux droits de corvée et de pourvoierie, trouva la réclamation insolente et les fit arrêter. Le peuple en armes les délivra et tua quelques hommes, au grand effroi des riches, qui se déclarèrent pour les gens du roi. L'affaire fut portée au parlement. Voilà le parlement de Paris qui juge la Flandre, comme tout à l'heure il jugeait le roi d'Angleterre.

Le parlement décida que les chefs de métiers devaient rentrer en prison. Parmi les chefs se trouvaient deux hommes aimés du peuple, le doyen des bouchers et celui des tisserands. Celui-ci, Peter Kœnig (Pierre-le-Roi), était un homme pauvre et de mauvaise mine, petit et borgne, mais un homme de tête, un rude harangueur de carrefour[4]. Il entraîna les gens de métiers hors de Bruges, leur fit massacrer tous les Français dans les villes et châteaux voisins.

1. *App.* 20.
2. *App.* 21.
3. « Convenire, conferre, colloqui inter se sub crepusculum noctis multitudo. » (Meyer.)
4. *App.* 22.

Puis ils rentrèrent la nuit. Des chaînes étaient tendues pour empêcher les Français de *courir la ville* ; chaque bourgeois s'était chargé de dérober au cavalier logé chez lui sa selle et sa bride. Le 21 mars 1302, tous les gens du peuple se mettent à battre leurs chaudrons ; un boucher frappe le premier, les Français sont partout attaqués, massacrés. Les femmes étaient les plus furieuses à les jeter par les fenêtres ; ou bien on les menait aux halles, où ils étaient égorgés. Le massacre dura trois jours ; douze cents cavaliers, deux mille sergents à pied y périrent.

Après cela, il fallait vaincre ; les gens de Bruges marchèrent d'abord sur Gand, dans l'espoir que cette grande ville se joindrait à eux. Mais les Gantais furent retenus par leurs gros fabricants[1], peut-être aussi par la jalousie de Gand contre Bruges. Les Brugeois n'eurent pour eux, outre le Franc de Bruges, qu'Ypres, l'Écluse, Newport, Berghes, Furnes et Gravelines, qui les suivirent de gré ou de force. Ils avaient mis à la tête de leurs milices un fils du comte de Flandre et un de ses petits-fils, qui était clerc, et qui se défroqua pour se battre avec eux.

Ils étaient dans Courtrai, lorsque l'armée française vint camper en face. Ces artisans, qui n'avaient guère combattu en rase campagne, auraient peut-être reculé volontiers. Mais la retraite était trop dangereuse dans une grande plaine et devant toute cette cavalerie. Ils attendirent donc bravement. Chaque homme avait mis devant lui à terre son *guttentag* ou pieu ferré. Leur devise était belle : *Scilt und vriendt*, lion ami et mon bouclier. Ils voulurent communier ensemble, et se firent dire la messe. Mais, comme ils ne pouvaient tous recevoir l'eucharistie, chaque homme se baissa, prit de la terre et en mit dans sa bouche[2]. Les chevaliers qu'ils avaient

1. *App.* 23.
2. *App.* 24.

avec eux, pour les encourager, renvoyèrent leurs chevaux ; et en même temps qu'ils se faisaient ainsi fantassins, ils firent chevaliers les chefs des métiers. Ils savaient tous qu'ils n'avaient pas de grâce à attendre. On répétait que Châtillon arrivait avec des tonneaux pleins de cordes pour les étrangler. La reine avait, disait-on, recommandé aux Français que quand ils tueraient les porcs flamands, ils n'épargnassent pas les truies flamandes[1].

Le connétable Raoul de Nesle proposait de tourner les Flamands et de les isoler de Courtrai. Mais le cousin du roi, Robert d'Artois, qui commandait l'armée, lui dit brutalement : « Est-ce que vous avez peur de ces lapins, ou bien avez-vous de leur poil ? » Le connétable, qui avait épousé une fille du comte de Flandre, sentit l'outrage et répondit fièrement : « Sire, si vous venez où j'irai, vous irez bien avant ! » En même temps il se lança en aveugle à la tête des cavaliers dans une poussière de juillet (11 juillet 1302). Chacun s'efforçant de le suivre et craignant de rester à la queue, les derniers poussaient les premiers ; ceux-ci, approchant des Flamands, trouvèrent, ce qu'on trouve partout dans ce pays coupé de fossés et de canaux, un fossé de cinq brasses de large[2]. Ils y tombèrent, s'y entassèrent ; le fossé étant en demi-lune, il n'y avait pas moyen de s'écouler par les côtés. Toute la chevalerie de France vint s'enterrer là : Artois, Châtillon, Nesle, Brabant, Eu, Aumale, Dammartin, Dreux, Soissons, Tancarville, Vienne, Melun, une foule d'autres, le chancelier aussi, qui sans doute ne comptait pas périr en si glorieuse compagnie.

Les Flamands tuaient à leur aise ces cavaliers désarçonnés ; ils les choisissaient dans le fossé. Quand les cuirasses

1. *App.* 25.

2. Oudegherst ne parle pas du fossé, sans doute pour rehausser la gloire des Flamands.

résistaient, ils les assommaient avec des maillets de plomb ou de fer[1]. Ils avaient parmi eux bon nombre de moines ouvriers[2], qui s'acquittaient en conscience de cette sanglante besogne. Un seul de ces moines prétendit avoir assommé quarante chevaliers et quatorze cents fantassins ; évidemment le moine se vantait. Quatre mille éperons dorés (un autre dit sept cents), furent pendus dans la cathédrale de Courtrai. Triste dépouille qui porta malheur à la ville. Quatre-vingts ans après, Charles VI vit les éperons et fit massacrer tous les habitants.

Cette terrible défaite, qui avait exterminé toute l'avant-garde de l'armée de France, c'est-à-dire la plupart des grands seigneurs, cette bataille qui ouvrait tant de successions, qui faisait tomber tant de fiefs à des mineurs sous la tutelle du roi, affaiblit pour un moment sa puissance militaire sans doute, mais elle ne lui ôta rien de sa vigueur contre le pape. En un sens, la royauté en était plutôt fortifiée. Qui sait si le pape n'eût trouvé moyen de tourner contre le roi quelques-uns de ces grands feudataires qui avaient signé, il est vrai, la fameuse lettre ; mais qui, revenant tous de la guerre de Flandre, revenant riches et vainqueurs, eussent moins craint la royauté ?

Il renonçait à confondre les deux puissances, comme il avait paru vouloir le faire jusque-là. Mais lorsqu'on eut appris à Rome la défaite de Philippe à Courtrai, la cour pontificale changea de langage ; un cardinal écrivit au duc de Bourgogne que le roi était excommunié pour avoir défendu aux prélats de venir à Rome, que le pape ne pouvait écrire à un excommunié, qu'il fallait avant tout qu'il fît pénitence. Cependant les prélats, ralliés au pape par la défaite du roi, partirent pour Rome au nombre de qua-

1. *App.* 26.
2. Meyer.

rante-cinq. C'était comme une désertion en masse de l'Église gallicane. Le roi perdait d'un coup tous ses évêques, de même qu'il venait de perdre presque tous ses barons à Courtrai[1].

Ce gouvernement de gens de loi montra une vigueur et une activité extraordinaires. Le 23 mars, une grande ordonnance très populaire fut proclamée pour la réformation du royaume. Le roi y promit bonne administration, justice égale, répression de la vénalité, protection aux ecclésiastiques, égards aux privilèges des barons, garantie des personnes, des biens, des coutumes. Il promettait la douceur, et il s'assurait la force. Il releva le Châtelet et sa police armée, ses sergents ; sergents à pied, sergents à cheval, sergents à la douzaine, sergents du guet.

Les deux adversaires, près de se choquer, ne voulurent laisser rien derrière eux. Ils sacrifièrent tout à l'intérêt de cette grande lutte. Le pape s'accommoda avec Albert d'Autriche, et le reconnut pour empereur. Il lui fallait quelqu'un à opposer au roi de France. Le roi acheta la paix aux Anglais par l'énorme sacrifice de la Guyenne (20 mai). Quelle dut être sa douleur, quand il lui fallut rendre à son ennemi ce riche pays, ce royaume de Bordeaux !

Mais c'est qu'il fallait vaincre ou périr[2]. Le 12 mars, l'homme même du roi, le successeur de Pierre Flotte, ce hardi Gascon Nogaret lut et signa un furieux manifeste contre Boniface[3].

« Le glorieux prince des apôtres, le bienheureux Pierre, parlant en esprit, nous a dit que, tout comme aux temps

1. *App.* 27.

2. Déjà on avait mis en avant un Normand, maître Pierre Dubois, avocat au bailliage de Coutances, qui donna contre le pape une consultation triplement bizarre pour le style, l'érudition et la logique. *App.* 28.

3. Dans la suscription, il se fait appeler *Chevalier et vénérable professeur en droit.* Il s'était fait faire chevalier, en effet, par le roi, en 1297. Mais il n'a pas osé ici, dans une assemblée de la noblesse, signer lui-même cette qualité.

anciens, de même dans l'avenir, il viendra de faux prophètes qui souilleront la voie de vérité, et qui, dans leur avarice, dans leurs fallacieuses paroles, trafiqueront de nous-mêmes, à l'exemple de ce Balaam qui aima le salaire de l'iniquité. Balaam eut pour correction et avertissement une bête qui, prenant la voix humaine, proclama la folie du faux prophète... Ces choses annoncées par le père et patriarche de l'Église, nous les voyons de nos yeux réalisées à la lettre. En effet, dans la chaire du bienheureux Pierre siège ce maître de mensonges, qui, quoique *Mal-faisant* de toute manière, se fait appeler *Boniface*[1]. Il n'est pas entré par la porte du bercail du Seigneur, ni comme pasteur et ouvrier, mais plutôt comme voleur et brigand... Le véritable époux vivant encore (Célestin V), il n'a pas craint de violer l'Épouse d'un criminel embrassement. Le véritable époux, Célestin, n'a pas consenti à ce divorce. En effet, comme disent les lois humaines : *Rien de plus contraire au consentement que l'erreur*... Celui-là ne peut épouser, qui, du vivant d'un premier mari non indigne, a souillé le mariage d'adultère. Or, comme ce qui se commet contre Dieu fait tort et injure à tous, et que dans un si grand crime on admet à témoigner le premier venu, *même la femme, même une personne infâme* ; moi donc, ainsi que la bête qui, par la vertu du Seigneur, prit la voix d'homme parfait pour reprendre la folie du faux prophète prêt à maudire le peuple béni, j'adresse à vous ma supplique, très excellent prince, seigneur Philippe, par la grâce de Dieu roi de France, pour qu'à l'exemple de l'ange qui présenta l'épée nue à ce maudisseur du peuple de Dieu, vous qui êtes oint pour l'exécution de la justice, vous opposiez l'épée à cet autre et plus funeste Balaam, et l'empêchiez de consommer le mal qu'il prépare au peuple. »

1. *App.* 29.

Rien ne fut décidé. Le roi louvoyait encore. Il permit à trois évêques d'excuser la défense qu'il avait faite aux prélats. Le pape envoya un légat, sans doute pour tâter le clergé de France, et voir s'il voudrait remuer. Mais rien ne bougea. Le roi dit au légat qu'il prendrait pour arbitres les ducs de Bretagne et de Bourgogne ; c'était flatter la noblesse et s'en assurer ; du reste, il ne cédait rien. Alors le pape adressa au légat un bref dans lequel il déclarait que le roi avait encouru l'excommunication, comme ayant empêché les prélats de se rendre à Rome.

Le légat laissa le bref et s'enfuit. Le roi saisit deux prêtres qui l'avaient apporté avec le légat et les ecclésiastiques qui le copiaient. Le bref était du 13 avril. Deux mois après (jour pour jour), les deux avocats qui succédaient à Pierre Flotte agirent contre Boniface : Plasian accusa, Nogaret exécuta. Le premier, en présence des barons assemblés en États au Louvre, prononça un réquisitoire contre Boniface[1] et un appel au prochain concile. Aux accusations précédentes, Plasian ajoutait celle d'hérésie. Le roi souscrivit à l'appel, et Nogaret partit pour l'Italie.

Pour soutenir cette démarche définitive, le roi ne se contenta pas de l'assentiment collectif des États. Il adressa des lettres individuelles aux prélats, aux églises, aux villes, aux universités ; ces lettres furent portées de province en province par le vicomte de Narbonne et par l'accusateur même, Plasian[2]. Le roi prie et requiert de consentir au concile : *Nos requirentes consentire.* Il n'eût pas été sûr de refuser en face à l'accusateur. Il rapporta plus de sept

1. *App.* 30.

2. Le prieur et le couvent des Frères Prêcheurs de Montpellier ayant répondu qu'ils ne pouvaient adhérer sans l'ordre exprès de leur prieur général, qui était à Paris, les agents du roi dirent qu'ils voulaient savoir l'intention de chacun *en particulier et en secret.* Les religieux persistant, les agents leur enjoignirent de sortir sous trois jours du royaume. Ils en dressèrent acte.

cents adhésions. Tout le monde avait souscrit, ceux même qui, l'année précédente, après la défaite du roi à Courtrai, s'étaient malgré lui rendus près du pape. La saisie du temporel des quarante-cinq avait suffi pour les convertir au parti du roi. Sauf Cîteaux, que le pape avait gagné par une faveur récente et qui se partagea, tous donnèrent à Plasian des lettres d'adhésion au concile.

Les corps les plus favorisés des papes se déclarèrent pour le roi, l'université de Paris, les dominicains de la même ville, les mineurs[1] de Touraine. Quelques-uns, comme un prieur de Cluny et un templier, adhèrent, mais *sub protestationibus*[2].

Le pape leur faisait encore grand'peur. Il fallait en retour que le roi donnât des lettres par lesquelles lui, la reine et les jeunes princes s'engageaient à défendre tel ou tel qui avait adhéré au concile[3]. C'était comme une assurance mutuelle que le roi et les corps du royaume se donnaient dans ce péril[4].

Le 15 août, Boniface déclara par une bulle qu'au pape seul il appartenait de convoquer un concile. Il répondit aux accusations de Plasian et de Nogaret, particulièrement au reproche d'hérésie. À cette occasion, il disait : « Qui a jamais ouï dire que, je ne dis pas dans notre famille, mais dans notre pays natal, dans la Campanie, il y ait jamais eu un hérétique ? » C'était attaquer indirectement Plasian et Nogaret, qui étaient justement des pays albigeois. On disait même que le grand-père de Nogaret avait été brûlé.

Les deux accusateurs savaient bien tout ce qu'ils avaient à craindre. L'acharnement du pape contre Pierre Flotte

1. *App.* 31.
2. Dupuy.
3. Dupuy.
4. Voy. tous ces actes dans Dupuy.

devait les éclairer. Avant la bataille de Courtrai, Boniface avait, dans son discours aux cardinaux, tout rejeté sur celui-ci, annonçant qu'il se réservait de le punir spirituellement et temporellement[1]. C'était ouvrir au roi un moyen de finir la querelle par le sacrifice du chancelier. Il périt à Courtrai ; mais combien ses deux successeurs n'avaient pas plus à craindre, après leurs audacieuses accusations ! Aussi dès le 7 mars, cinq jours avant la première requête, Nogaret s'était fait donner des pouvoirs illimités du roi, un véritable blanc-seing, pour traiter, et pour *faire tout ce qui serait à propos*[2]. Il partit pour l'Italie avec cette arme, personnellement intéressé à s'en servir pour la perte du pape. Il prit poste à Florence près du banquier du roi de France, qui devait lui donner tout l'argent qu'il demanderait. Il avait avec lui le gibelin des gibelins, le proscrit et la victime de Boniface, un homme voué et damné pour la mort du pape, Sciarra Colonna. C'était un homme précieux pour un coup. Ce roi des montagnards sabins, des *banditi* de la campagne romaine, savait si bien ce que le pape eût fait de lui, qu'étant tombé dans les mains des corsaires, il rama pour eux pendant plusieurs années, plutôt que de dire son nom et de risquer d'être vendu à Boniface[3].

Après la bulle du 15 août, on devait croire que Boniface allait lancer la sentence qui avait mis tant de rois hors du trône, et déclarer les sujets de Philippe déliés de leur serment envers lui. Réconcilié avec l'empereur Albert, il savait à qui donner la France. Il allait peut-être renouveler contre la maison de Capet la tragique histoire de la maison de Souabe. La bulle était prête en effet dès le 5 septembre. Il

1. « Et volumus quod Achitophel iste Petrus puniatur *temporaliter et spiritualiter*, sed rogamus Deum quod reservet eum nobis puniendum, sicut justum est. » (Dupuy.)

2. *App.* 32.

3. Pétrarque.

fallait la prévenir, émousser cette arme dans les mains du pape en lui signifiant l'appel au concile. Il fallait lui signifier cet appel à Anagni, dans sa ville natale, où il s'était réfugié au milieu de ses parents, de ses amis, au milieu d'un peuple qui venait de traîner dans la boue les lis et le drapeau de France[1]. Nogaret n'était pas homme de guerre, mais il avait de l'argent. Il se ménagea des intelligences dans Anagni, et pour dix mille florins (nous avons la quittance[2]), il s'assura de Supino, capitaine de Ferentino, ville ennemie d'Anagni. « Supino s'engagea pour la vie ou la mort dudit Boniface[3]. » Colonna donc et Supino, avec trois cents cavaliers et beaucoup de gens à pied, de leurs clients ou des soldats de France, introduisirent Nogaret dans Anagni aux cris de : Meure le pape, vive le roi de France[4] ! La commune sonne la cloche, mais elle prend justement pour capitaine un ennemi de Boniface[5], qui donne la main aux assaillants, et se met à piller les palais des cardinaux : ils se sauvèrent par les latrines. Les gens d'Anagni, ne pouvant empêcher le pillage, se mettent à piller de compagnie. Le pape, près d'être forcé dans son palais, obtient un moment de trêve, et fait avertir la commune ; la commune s'excuse. Alors cet homme si fier s'adressa à Colonna lui-même. Mais celui-ci voulait qu'il abdiquât et se rendît à discrétion. « Hélas ! dit Boniface, voilà de dures paroles[6] ! » Cependant ses ennemis avaient brûlé une église qui défendait le palais. Le neveu du pape abandonna son oncle et traita pour lui-même. Ce dernier coup brisa le vieux pape. Cet homme de quatre-

1. *App.* 33.
2. Dupuy.
3. *App.* 34.
4. « Muoia papa Bonifacio, è viva il rè di Francia. » (Villani.)
5. « Pulsata communi campana, et tractatu habito, elegerunt sibi capitaneum quemdam Arnulphum... Qui quidem... illis ignorantibus, domini papæ exstitit capitalis inimicus. » (Walsingham.)
6. « Heu me ! durus est hic sermo ! »

vingt-six ans se mit à pleurer[1]. Cependant les portes craquent, les fenêtres se brisent, la foule pénètre. On menace, on outrage le vieillard. Il ne répond rien. On le somme d'abdiquer. « Voilà mon cou, voilà ma tête », dit-il.

Selon Villani, il aurait dit à l'approche de ses ennemis : « Trahi comme Jésus, je mourrai, mais je mourrai pape. » Et il aurait pris le manteau de saint Pierre, mis la couronne de Constantin sur sa tête, et pris dans sa main les clefs et la crosse.

On dit que Colonna frappa le vieillard à la joue de son gantelet de fer[2]. Nogaret lui adressa des paroles qui valaient un glaive : « Ô toi, chétif pape, confesse et regarde de monseigneur le roy de France la bonté qui tant loing est de toy son royaume, te garde par moy et défend[3]. » Le pape répondit avec courage : « Tu es de famille hérétique, c'est de toi que j'attends le martyre[4]. »

Colonna aurait volontiers tué Boniface ; l'homme de loi l'en empêcha[5]. Cette brusque mort l'eût trop compromis. Il ne fallait pas que le prisonnier mourût entre ses mains. Mais, d'autre part, il n'était guère possible de le mener jusqu'en France[6]. Boniface refusait de rien manger, craignant le poison. Ce refus dura trois jours, au bout desquels le peuple d'Anagni, s'apercevant du petit nombre d'étrangers, s'ameuta, chassa les Français et délivra son pape.

On l'apporta sur la place, qui pleurait comme un enfant. Selon le récit passionné de Walsingham, « il remercia Dieu et le peuple de sa délivrance, et dit : Bonnes gens,

1. Flevit amare.
2. *App.* 35.
3. *Chron. de Saint-Denis.*
4. Dupuy.
5. *Lettres justificatives de Nogaret.* (Dupuy.)
6. Nogaret l'avait menacé de le faire conduire, lié et garrotté, à Lyon, où il serait jugé et déposé par le concile général. (Villani.)

vous avez vu comme mes ennemis ont enlevé tous mes biens et ceux de l'Église. Me voilà pauvre comme Job. Je vous dis en vérité que je n'ai rien à manger ni à boire. S'il est quelque bonne femme qui veuille me faire aumône de pain ou de vin, ou d'un peu d'eau au défaut de vin, je lui donnerai la bénédiction de Dieu et la mienne. Quiconque m'apportera la moindre chose pour subvenir à mes besoins, je l'absoudrai de tout péché.... Tout le peuple se mit à crier : Vive le saint-père ! Les femmes coururent en foule au palais pour y porter du pain, du vin ou de l'eau ; ne trouvant point de vases, elles versaient dans un coffre... Chacun pouvait entrer, et parlait avec le pape comme avec tout autre pauvre[1].

« Le pape donna au peuple l'absolution de tout péché, sauf le pillage des biens de l'Église et des cardinaux. Pour ce qui était à lui, il le leur laissa. On lui en rapporta cependant quelque chose. Il protesta ensuite devant tous qu'il voulait avoir paix avec les Colonna et tous ses ennemis. Puis il partit pour Rome avec une grande foule de gens armés ». Mais lorsqu'il arriva à Saint-Pierre et qu'il ne fut plus soutenu par le sentiment du péril, la peur et la faim dont il avait souffert, la perte de son argent, l'insolente victoire de ses ennemis, cette humiliation infinie d'une puissance infinie, tout cela lui revint à la fois ; sa tête octogénaire n'y tint pas : il perdit l'esprit.

Il s'était confié aux Orsini, comme ennemis des Colonna. Mais il fut ou crut être encore arrêté par eux. Soit qu'ils voulussent cacher au peuple le scandale d'un pape hérétique, soit qu'ils s'entendissent avec les Colonna pour le retenir prisonnier, Boniface ayant voulu sortir pour se réfugier chez d'autres barons, les deux cardinaux Orsini lui barrèrent le passage et le firent rentrer. La folie devint

1. *App.* 36.

rage, et dès lors il repoussa tout aliment. Il écumait et grinçait des dents. Enfin, un de ses amis, Jacobo de Pise, lui ayant dit : « Saint-Père, recommandez-vous à Dieu, à la vierge Marie, et recevez le corps du Christ », Boniface lui donna un soufflet, et cria en mêlant les deux langues : *Allonta de Dio et de Sancta Maria, nolo, nolo.* Il chassa deux frères mineurs qui lui apportaient le viatique, et il expira au bout d'une heure sans communion ni confession. Ainsi se serait vérifié le mot que son prédécesseur Célestin avait dit de lui : « Tu as monté comme un renard ; tu régneras comme un lion ; tu mourras comme un chien[1]. »

On trouve d'autres détails, mais plus suspects encore, dans une pièce où respire une haine furieuse, et qui semble avoir été fabriquée par les Plasian et les Nogaret pour la faire courir dans le peuple, immédiatement après l'événement : « La vie, état et condition du pape Maléface, racontée par des gens dignes de foi. Le 9 octobre, le Pharaon, sachant que son heure approchait, confessa qu'il avait eu des démons familiers, qui lui avaient fait faire tous ses crimes. Le jour et la nuit qui suivirent, on entendit tant de tonnerres, tant d'horribles tempêtes, on vit une telle multitude d'oiseaux noirs aux effroyables cris, que tout le peuple consterné criait : "Seigneur Jésus, ayez pitié, ayez pitié, ayez pitié de nous !" Tous affirmaient que c'étaient bien les démons d'enfer qui venaient chercher l'âme de ce Pharaon. Le 10, comme ses amis lui contaient ce qui s'était passé, et l'avertissaient de songer à son âme... lui, enveloppé du démon, furieux et grinçant des dents, il se jeta sur le prêtre comme pour le dévorer. Le prêtre s'enfuit à toutes jambes jusqu'à l'église... Puis, sans mot dire, il se tourna de l'autre côté... Comme on le portait à sa chaise, on le vit jeter les yeux sur la pierre de son anneau et s'écrier : "Ô vous,

1. Dupuy.

malins esprits enfermés dans cette pierre, vous qui m'avez séduit... pourquoi m'abandonnez-vous maintenant?" Et il jeta au loin son anneau. Son mal et sa rage croissant, endurci dans son iniquité, il confirma tous ses actes contre le roi de France et ses serviteurs, et les publia de nouveau... Ses amis, pour calmer ses douleurs, lui avaient amené le fils de maître Jacques de Pise, qu'il aimait auparavant à tenir dans ses bras, comme pour se glorifier dans le péché... mais à la vue de l'enfant, il se jeta sur lui, et, si on ne l'eût enlevé, il lui aurait arraché le nez avec les dents. Finalement ledit Pharaon, ceint de tortures par la vengeance divine, mourut le 2 sans confession, sans marque de foi; et ce jour, il y eut tant de tonnerres, de tempêtes, de dragons dans l'air, vomissant la flamme, tant d'éclairs et de prodiges, que le peuple romain croyait que la ville entière allait descendre dans l'abîme[1]. »

Dante, malgré sa violente invective contre les bourreaux du pontife, lui marque sa place en enfer. Au chant XIX de l'*Inferno*, Nicolas III, plongé la tête en bas dans les flammes, entend parler et s'écrie: « Est-ce donc déjà toi, debout là-haut? est-ce donc déjà toi, Boniface? L'arrêt m'a donc menti de plusieurs années. Es-tu donc sitôt rassasié de ce pourquoi tu n'as pas craint de ravir par mal engin la belle Épouse, pour en faire ravage et ruine? »

Le successeur de Boniface, Benoît XI, homme de bas lieu, mais d'un grand mérite, que les Orsini avaient fait pape, ne se sentait pas bien fort à son avènement. Il reçut de bonne grâce les félicitations du roi de France, apportées

1. Dupuy, *Preuves*. Walsingham, qui écrit sous une influence contraire, exagère plutôt le crime des ennemis de Boniface. Selon lui, Colonna, Supino et le sénéchal du roi de France, ayant saisi le pape, le mirent sur un cheval sans frein, la face tournée vers la queue, et le firent courir presque jusqu'au dernier souffle; puis ils l'auraient fait mourir de faim sans le peuple d'Anagni.

par Plasian, par l'accusateur même du dernier pape. Philippe sentait que son ennemi n'était pas tellement mort, qu'il ne pût frapper quelque nouveau coup. Il poussait la guerre à outrance ; il envoya au pape un mémoire contre Boniface, qui pouvait passer pour une amère satire de la cour de Rome[1]. Il s'écrivit lui-même par ses gens de loi une *Supplication du pueuble de France au Roy contre Boniface*. Cet acte important, rédigé en langue vulgaire, était plutôt un appel du roi au peuple qu'une supplique du peuple au roi.

Benoît, au contraire, avait paru vouloir d'abord étouffer cette grande affaire, en pardonnant à tous ceux qui y avaient trempé ; il n'exceptait que Nogaret. Mais leur pardonner, c'était les déclarer coupables. Il atteignit de cette clémence offensante le roi, les Colonna, les prélats qui ne s'étaient pas rendus à la sommation de Boniface.

Philippe, alors accablé par la guerre de Flandre, avait beaucoup à craindre. La meilleure partie des cardinaux refusait d'adhérer à son appel au concile. Le pape devenait menaçant. Le roi en était à désirer l'absolution, qu'il avait d'abord dédaignée. La demanda-t-il sérieusement, on serait tenté d'en douter quand on voit que la demande fut portée au pape par Plasian et Nogaret. Celui-ci s'était probablement donné cette mission pour rompre un arrangement qui ne pouvait se faire qu'à ses dépens. Le choix seul d'un tel ambassadeur était sinistre. Le pape éclata et lança une furieuse bulle d'excommunication : « Flagitiosum scelus et scelestum flagitium, quod quidam sceleratissimi viri, summum audentes nefas in personam bonæ memoriæ Bonifacii P. VIII[2]... »

Le roi semblait compris dans cette bulle. Elle fut rendue le 7 juin 1304. Le 4 juillet, Benoît était mort. On dit qu'une

1. *App.* 37.
2. Dupuy.

jeune femme voilée, qui se donnait pour converse de Sainte-Pétronille à Pérouse, vint lui présenter à table une corbeille de *figues-fleurs*[1]. Il en mangea sans défiance, se trouva mal et mourut en quelques jours. Les cardinaux, craignant de découvrir trop aisément le coupable, ne firent aucune poursuite.

Cette mort vint à point pour Philippe. La guerre de Flandre l'avait mis à bout. Il n'avait pu, en 1303, empêcher les Flamands d'entrer en France, de brûler Térouanne et d'assiéger Tournai[2]. Il n'avait sauvé cette ville qu'en demandant une trêve, en mettant en liberté le vieux Guy, qui devait rentrer en prison si la paix ne se faisait pas. Le vieillard remercia ses braves Flamands, bénit ses fils, et revint mourir à quatre-vingts ans dans sa prison de Compiègne.

En 1304, au moment même où le pape mourait si à propos, Philippe fit un effort désespéré pour finir la guerre. Il avait extorqué quelque argent en vendant des privilèges, surtout en Languedoc, favorisant ainsi les communes du Midi pour écraser celles du Nord. Il loua des Génois, et avec leurs galères il gagna une bataille navale devant Ziriksée (août). Les Flamands n'en étaient pas plus abattus. Ils se croyaient soixante mille. C'était la Flandre au complet pour la première fois ; toutes les milices des villes étaient réunies, celles de Gand et de Bruges, celles d'Ypres, de Lille et de Courtrai. À leur tête étaient trois fils du vieux comte, son cousin Guillaume de Juliers et plusieurs barons des Pays-Bas et d'Allemagne. Philippe, ayant forcé le passage de la Lys, les trouva à Mons-en-Puelle, dans une formidable enceinte de voitures et de chariots. Il envoya contre eux, non plus sa gendarmerie comme à Courtrai, mais des piétons gascons, qui, toute la journée sous un

1. C'est-à-dire de la première récolte.
2. *App.* 38.

soleil ardent, les tinrent en alerte, sans manger ni boire ; les vivres étaient sur les chariots. Ce jeûne les outra, ils perdirent patience, et le soir par leurs trois portes se lancèrent tous ensemble sur les Français. Ceux-ci ne songeaient plus à eux ; le roi était désarmé et allait se mettre à table. D'abord, ce choc de sangliers renversa tout. Mais quand les Flamands entrèrent dans les tentes, et qu'ils virent tant de choses bonnes à prendre, il n'y eut pas moyen de les retenir ensemble, chacun voulut faire sa main. Cependant les Français se rallièrent ; la cavalerie écrasa les pillards ; ils laissèrent six mille hommes sur la place.

Le roi alla mettre le siège devant Lille, ne doutant pas de la soumission des Flamands. Il fut bien étonné quand il les vit revenir soixante mille, comme s'ils n'avaient pas perdu un seul homme. Il pleut des Flamands, disait-il. Les grands de France, qui ne se souciaient pas de se battre avec ces désespérés, conseillèrent au roi de traiter avec eux. Il fallut leur rendre leur comte, fils du vieux Gui, et promettre au petit-fils le comté de Rethel, héritage de sa femme. Philippe gardait la Flandre française et devait recevoir deux cent mille livres.

Rien n'était fini. Il n'était pas spécifié s'il gardait cette province comme gage ou comme acquisition ; quant à l'argent, il ne le tenait pas. D'autre part, l'affaire du pape était gâtée plus qu'arrangée. C'était un triste bonheur que la mort subite de Benoît XI[1].

Une disette, un imprudent maximum, une perquisition des blés, tout cela animait le peuple. On commençait à parler. Un clerc de l'Université parla haut et fut pendu. Une pauvre béguine de Metz, qui avait fondé un ordre de religieuses, eut révélation des châtiments que le ciel réservait aux mauvais rois. Charles-de-Valois la fit prendre, et

1. *App.* 39.

pour lui faire dire que ces prophéties étaient soufflées par le diable, il lui fit brûler les pieds. Mais chacun crut à la prédiction, quand on vit, l'année suivante, une comète apparaître avec un éclat horrible[1].

Philippe-le-Bel était revenu vainqueur et ruiné. Il se rendit solennellement à Notre-Dame, parmi le peuple affamé et les malédictions à voix basse. Il entra à cheval dans l'église, et pour remercier Dieu d'avoir échappé quand les Flamands l'avaient surpris, il y voua dévotement son effigie équestre et armée de toutes pièces. On la voyait encore à Notre-Dame peu de temps avant la Révolution, à côté du colossal Saint Christophe.

Nogaret ne s'oublia pas ; il triompha aussi à sa manière. Nous avons quittance de lui, prouvant que ses appointements furent portés de cinq cents à huit cents livres[2].

1. C'est la comète de Halley, qui reparaît à des intervalles de soixante-quinze à soixante-seize ans. *App.* 40.

2. D. Vaissette.

CHAPITRE III

L'or. – Le fisc. – Les Templiers.

« L'or, dit Christophe Colomb, est une chose excellente. Avec de l'or, on forme des trésors. Avec de l'or, on fait tout ce qu'on désire en ce monde. On fait même arriver les âmes en paradis[1]. »

L'époque où nous sommes parvenus doit être considérée comme l'avènement de l'or. C'est le dieu du monde nouveau où nous entrons. – Philippe-le-Bel, à peine monté sur le trône, exclut les prêtres de ses conseils, pour y faire entrer les banquiers[2].

Gardons-nous de dire du mal de l'or. Comparé à la propriété féodale, à la terre, l'or est une forme supérieure de la richesse. Petite chose, mobile, échangeable, divisible, facile à manier, facile à cacher, c'est la richesse subtilisée déjà ; j'allais dire spiritualisée. Tant que la richesse fut immobile, l'homme, rattaché par elle à la terre et comme enraciné, n'avait guère plus de locomotion que la glèbe sur laquelle il rampait. Le propriétaire était une dépendance du sol ; la terre emportait l'homme. Aujourd'hui c'est tout le

1. Lettre de Christophe Colomb à Ferdinand et Isabelle, après son quatrième voyage. (Navarette.)

2. Philippe-le-Bel emploie pendant tout son règne, comme ministres, les deux banquiers florentins Biccio et Musciato, fils de Guido Franzesi.

contraire, il enlève la terre, concentrée et résumée par l'or. Le docile métal sert toute transaction ; il suit, facile et fluide, toute circulation commerciale, administrative. Le gouvernement, obligé d'agir au loin, rapidement, de mille manières, a pour principal moyen d'action les métaux précieux. La création soudaine d'un gouvernement, au commencement du quatorzième siècle, crée un besoin subit, infini, de l'argent et de l'or.

Sous Philippe-le-Bel, le fisc, ce monstre, ce géant, naît altéré, affamé, endenté. Il crie en naissant, comme le Gargantua de Rabelais : À manger, à boire ! L'enfant terrible, dont on ne peut soûler la faim atroce, mangera, au besoin de la chair et boira du sang. C'est le cyclope, l'ogre, la gargouille dévorante de la Seine. La tête du monstre s'appelle grand conseil, ses longues griffes sont au parlement, l'organe digestif est la chambre des comptes. Le seul aliment qui puisse l'apaiser, c'est celui que le peuple ne peut lui trouver. Fisc et peuple n'ont qu'un cri, c'est l'or.

Voyez, dans Aristophane, comment l'aveugle et inerte Plutus est tiraillé par ses adorateurs. Ils lui prouvent sans peine qu'il est le dieu des dieux. Et tous les dieux lui cèdent. Jupiter avoue qu'il meurt de faim sans lui[1] ; Mercure quitte son métier de dieu, se met au service de Plutus, tourne la broche et lave la vaisselle.

Cette intronisation de l'or à la place de Dieu se renouvelle au quatorzième siècle. La difficulté est de tirer cet or paresseux des réduits obscurs où il dort. Ce serait une curieuse histoire que celle du *thesaurus,* depuis le temps où il se tenait tapi sous le dragon de Colchos, des Hespérides ou des Niebelungen, depuis son sommeil au temple de Delphes, au palais de Persépolis. Alexandre, Carthage,

1. *App.* 41.

Rome, l'éveillent et le secouent[1]. Au moyen âge, il est déjà rendormi dans les églises, où, pour mieux reposer, il prend forme sacrée, croix, chapes, reliquaires. Qui sera assez hardi pour le tirer de là, assez clairvoyant pour l'apercevoir dans la terre où il aime à s'enfouir ? Quel magicien évoquera, profanera cette chose sacrée qui vaut toutes choses, cette toute-puissance aveugle que donne la nature ?

Le moyen âge ne pouvait atteindre sitôt la grande idée moderne : *l'homme sait créer la richesse,* il change une vile matière en objet précieux, lui donnant la richesse qu'il a en lui, celle de la forme, de l'art, celle d'une volonté intelligente. Il chercha d'abord la richesse moins dans la forme que dans la matière. Il s'acharna sur cette matière, tourmenta la nature d'un amour furieux, lui demanda ce qu'on demande à ce qu'on aime, la vie même, l'immortalité[2]. Mais, malgré les merveilleuses fortunes des Lulle, des Flamel, l'or tant de fois trouvé n'apparaissait que pour fuir, laissant le souffleur hors d'haleine ; il fuyait, fondait impitoyablement, et avec lui la substance de l'homme, son âme, sa vie, mise au fond du creuset[3].

Alors l'infortuné, cessant d'espérer dans le pouvoir humain, se reniait lui-même, abdiquait tout bien, âme et

1. Chacune des grandes révolutions du monde est aussi l'époque des grandes apparitions de l'or. Les Phocéens le font sortir de Delphes, Alexandre de Persépolis ; Rome le tire des mains du dernier successeur d'Alexandre ; Cortès l'enlève de l'Amérique. Chacun de ces moments est marqué par un changement subit, non seulement dans le prix des denrées, mais aussi dans les idées et dans les mœurs.

2. Le dernier but de l'alchimie n'était pas tant de trouver l'or que d'obtenir l'or pur, l'or potable, le breuvage d'immortalité. On racontait la merveilleuse histoire d'un bouvier de Sicile du temps du roi Guillaume, qui, ayant trouvé dans la terre un flacon d'or, but la liqueur qu'il renfermait et revint à la jeunesse. (Roger Bacon, *Opus majus.)*

3. Quelques-uns se vantèrent de n'avoir point soufflé pour rien. Raymond Lulle, dans leurs traditions, passe en Angleterre, et, pour encourager le roi à la croisade, lui fabrique dans la Tour de Londres pour six millions d'or. On en fit des Nobles à la rose, *qu'on appelle encore aujourd'hui Nobles de Raymond. App.*42.

Dieu. Il appelait le mal, le Diable. Roi des abîmes souterrains, le Diable était sans doute le monarque de l'or. Voyez à Notre-Dame de Paris, et sur tant d'autres églises, la triste représentation du pauvre homme qui donne son âme pour de l'or, qui s'inféode au Diable, s'agenouille devant la Bête, et baise la griffe velue...

Le Diable, persécuté avec les Manichéens et les Albigeois, chassé, comme eux, des villes, vivait alors au désert. Il cabalait sur la prairie avec les sorcières de Macbeth. La sorcellerie, avorton dégoûtant des vieilles religions vaincues, avait pourtant cela d'être un appel, non pas seulement à la nature, comme l'alchimie, mais déjà à la volonté ; à la volonté mauvaise, au Diable, il est vrai. C'était un mauvais industrialisme, qui, ne pouvant tirer de la volonté les trésors que contient son alliance avec la nature, essayait de gagner, par la violence et le crime, ce que le travail, la patience, l'intelligence, peuvent seuls donner.

Au moyen âge, celui qui sait où est l'or, le véritable alchimiste, le vrai sorcier, c'est le juif ; ou le demi-juif, le Lombard[1]. Le juif, l'homme immonde, l'homme qui ne peut toucher denrée ni femme qu'on ne la brûle, l'homme d'outrage, sur lequel tout le monde crache[2], c'est à lui qu'il faut s'adresser.

Sale et prolifique nation, qui par-dessus toutes les autres eut la force multipliante, la force qui engendre, qui féconde à volonté les brebis de Jacob ou les sequins de Shylock. Pendant tout le moyen âge, persécutés, chassés, rappelés,

1. Dans l'usure, les juifs, dit-on, ne faisaient qu'imiter les Lombards, leurs prédécesseurs. (Muratori.)

2. À Toulouse, on les souffletait trois fois par an, pour les punir d'avoir autrefois livré la ville aux Sarrasins ; sous Charles-le-Chauve, ils réclamèrent inutilement. – À Béziers, on les chassait à coups de pierres pendant toute la Semaine Sainte. Ils s'en rachetèrent en 1160. – Ils commencèrent, sous le règne de Philippe-Auguste, à porter la rouelle jaune, et le concile de Latran en fit une loi à tous les juifs de la chrétienté (canon 68).

ils ont fait l'indispensable intermédiaire entre le fisc et la victime du fisc, entre l'agent et le patient, pompant l'or d'en bas, et le rendant au roi par en haut avec laide grimace[1]... Mais il leur en restait toujours quelque chose... Patients, indestructibles, ils ont vaincu par la durée[2]. Ils ont résolu le problème de volatiliser la richesse ; affranchis par la lettre de change, ils sont maintenant libres, ils sont maîtres ; de soufflets en soufflets, les voilà au trône du monde[3].

Pour que le pauvre homme s'adresse au juif, pour qu'il approche de cette sombre petite maison si mal famée, pour qu'il parle à cet homme qui, dit-on, crucifie les petits enfants, il ne faut pas moins que l'horrible pression du fisc. Entre le fisc qui veut sa moelle et son sang, et le Diable qui veut son âme, il prendra le juif pour milieu.

Quand donc il avait épuisé sa dernière ressource, quand son lit était vendu, quand sa femme et ses enfants, couchés à terre, tremblaient de fièvre ou criaient du pain, alors, tête

1. Souvent ils firent l'objet de traités entre seigneurs. Dans l'ordonnance de 1230, il est dit « que personne dans notre royaume ne retienne le juif d'un autre seigneur ; partout où quelqu'un retrouvera son juif, il pourra le reprendre comme son esclave (tanquam proprium servum), quelque long séjour qu'il ait fait sur les terres d'un autre seigneur. » On voit en effet dans les *Établissements* que les meubles des juifs appartenaient aux barons. Peu à peu le juif passa au roi, comme la monnaie et les autres droits fiscaux.

2. Patiens, quia æternus... – C'est l'usage que les juifs se tiennent sur le passage de chaque nouveau pape, et lui présentent leur loi. Est-ce un hommage ou un reproche de la vieille loi à la nouvelle, de la mère à la fille ?... – « Le jour de son couronnement, le pape Jean XXIII chevaucha avec sa mitre papale de rue en rue dans la ville de Boulogne-la-Grasse, faisant le signe de la croix jusques en la rue où demeuroient les juifs, lesquels offrirent par écrit leur loi, laquelle, de sa propre main, il prit et reçut, et puis la regarda, et tantôt la jeta derrière lui, en disant : "Votre loi est bonne, mais d'icelle la nôtre est meilleure." Et lui parti de là, les juifs le suivoient le cuidant atteindre, et fut toute la couverture de son cheval déchirée ; et le pape jetoit, par toutes les rues où il passoit, monnoie, c'est à savoir deniers qu'on appelle quatrins et mailles de Florence ; et y avoit devant lui et derrière lui deux cents hommes d'armes, et avoit chacun en sa main une masse de cuir dont ils frappoient les juifs, tellement que c'étoit grand'joie à voir. » (Monstrelet.)

3. *App.* 43.

basse et plus courbé que s'il eût porté sa charge de bois, il se dirigeait lentement vers l'odieuse maison, et il y restait longtemps à la porte avant de frapper. Le juif ayant ouvert avec précaution la petite grille, un dialogue s'engageait, étrange et difficile. Que disait le chrétien? « Au nom de Dieu! – Le juif l'a tué, ton Dieu. – Par pitié! Quel chrétien a jamais eu pitié du juif? Ce ne sont pas des mots qu'il faut. Il faut un gage. – Que peut donner celui qui n'a rien? Le juif lui dira doucement: Mon ami, conformément aux ordonnances du Roi, notre Sire, je ne prête ni sur habit sanglant, ni sur fer de charrue... Non, pour gage, je ne veux que vous-même. Je ne suis pas des vôtres, mon droit n'est pas le droit chrétien. C'est un droit plus antique *(in partes secanto)*. Votre chair répondra. Sang pour or, comme vie pour vie. Une livre de votre chair, que je vais nourrir de mon argent, une livre seulement de votre belle chair[1]... » L'or que prête le meurtrier du Fils de l'Homme ne peut être qu'un or meurtrier, anti-humain, anti-divin, ou, comme on disait dans ce temps-là, *Anti-Christ*[2]. Voilà l'or *Anti-Christ* comme Aristophane nous montrait tout à l'heure dans Plutus l'*Anti-Jupiter*.

Cet Anti-Christ, cet anti-dieu, doit dépouiller Dieu, c'est-à-dire l'Église; l'Église séculière, les prêtres, le Pape; l'Église régulière, les moines, les Templiers.

La mort scandaleusement prompte de Benoît XI fit tomber l'Église dans la main de Philippe-le-Bel; elle le mit à même de faire un pape, de tirer la papauté de Rome, de

1. Shakespeare, *The Merchant of Venice,* acte 1, sc. III: « Let the forfeit be nominated for an equal pound *of your fair flesh,* to be cut and taken, in what part of your body pleaseath me. » *App.* 44.

2. J'insiste avec M. Beugnot sur ce point important: les juifs ne connurent pas l'usure aux dixième et onzième siècles, c'est-à-dire aux époques où on leur permit l'industrie (1860).

l'amener en France, pour, en cette geôle, la faire travailler à son profit, lui dicter des bulles lucratives, exploiter l'infaillibilité, constituer le Saint-Esprit comme scribe et percepteur pour la maison de France.

Après la mort de Benoît, les cardinaux s'étaient enfermés en conclave à Pérouse. Mais les deux partis, le français et l'anti-français, se balançaient si bien qu'il n'y avait pas moyen d'en finir. Les gens de la ville, dans leur impatience, dans leur *furie* italienne de voir un pape fait à Pérouse, n'y trouvèrent autre remède que d'affamer les cardinaux. Ceux-ci convinrent qu'un des deux partis désignerait trois candidats, et que l'autre parti choisirait. Ce fut au parti français à choisir, et il désigna un Gascon, Bertrand de Gott, archevêque de Bordeaux. Bertrand s'était montré jusque-là ennemi du roi, mais on savait qu'il était avant tout ami de son intérêt, et l'on espérait bien le convertir.

Philippe, instruit par ses cardinaux et muni de leurs lettres, donne rendez-vous au futur élu près de Saint-Jean-d'Angely, dans une forêt. Bertrand y court plein d'espérance. Villani parle de cette entrevue secrète comme s'il y était. Il faut lire ce récit d'une maligne naïveté :

« Ils entendirent ensemble la messe et se jurèrent le secret. Alors le roi commença à parlementer en belles paroles, pour le réconcilier avec Charles-de-Valois. Ensuite il lui dit : "Vois, archevêque, j'ai en mon pouvoir de te faire pape, si je veux ; c'est pour cela que je suis venu vers toi ; car, si tu me promets de me faire six grâces que je te demanderai, je t'assurerai cette dignité, et voici qui te prouvera que j'en ai le pouvoir." Alors il lui montra les lettres et délégations de l'un et de l'autre collège. Le Gascon, plein de convoitise, voyant ainsi tout à coup qu'il dépendait entièrement du roi de le faire pape, se jeta, comme éperdu de joie, aux pieds de Philippe, et dit : "Monseigneur, c'est à présent que je vois que tu m'aimes plus qu'homme qui vive, et que tu veux me rendre le bien pour le mal. Tu dois commander, moi, obéir, et toujours j'y serai disposé." Le roi le releva, le baisa à la bouche, et lui dit : "Les six grâces spéciales que je te demande sont les suivantes : la première, que tu me réconcilies parfaitement avec l'Église, et me fasses pardonner le méfait que j'ai commis en arrêtant le pape Boniface ; la seconde, que tu rendes la communion à moi et à tous les miens ; la troisième, que tu m'accordes les décimes du clergé dans mon royaume pour cinq ans, afin d'aider aux dépenses faites en la guerre de Flandre ; la quatrième, que tu détruises et annules la mémoire du pape Boniface ; la cinquième, que tu rendes la dignité de cardinal à messer Jacobo et messer Piero de la Colonne, que tu les remettes en leur état, et qu'avec eux tu fasses cardinaux certains miens amis. Pour la sixième grâce et promesse, je me réserve d'en parler en temps et lieu : car c'est chose grande et secrète." L'archevêque promit tout par serment sur le Corpus Domini, et de plus il donna pour otages son frère et deux de ses neveux. Le roi, de son côté, promit et jura qu'il le ferait élire pape[1]. »

Le pape de Philippe-le-Bel, avouant hautement sa dépendance, déclara qu'il voulait être couronné à Lyon (14 nov. 1305). Ce couronnement, qui commençait la captivité de l'Église, fut dignement solennisé. Au moment où le cortège passait, un mur chargé de spectateurs s'écroule, blesse le roi et tue le duc de Bretagne. Le pape fut renversé, la tiare tomba. Huit jours après, dans un banquet du pape, ses gens et ceux des cardinaux prennent querelle, un frère du pape est tué.

Cependant la honte du marché devenait publique. Clément payait comptant. Il donnait en payement ce qui n'était pas à lui, en exigeant des décimes du clergé : décimes au roi

1. *App.* 45.

de France, décimes au comte de Flandre pour qu'il s'acquitte envers le roi, décimes à Charles-de-Valois pour une croisade contre l'Empire grec. Le motif de la croisade était étrange ; ce pauvre empire, au dire du pape, était faible, et ne rassurait pas assez la chrétienté contre les infidèles.

Clément, ayant payé, croyait être quitte et n'avoir plus qu'à jouir en acquéreur et propriétaire, *à user et abuser*. Comme un baron faisait *chevauchée* autour de sa terre pour exercer son droit de gîte et de pourvoierie, Clément se mit à voyager à travers l'Église de France. De Lyon, il s'achemina vers Bordeaux, mais par Mâcon, Bourges et Limoges, afin de ravager plus de pays. Il allait, prenant et dévorant, d'évêché en évêché, avec une armée de familiers et de serviteurs. Partout où s'abattait cette nuée de sauterelles, la place restait nette. Ancien archevêque de Bordeaux, le rancuneux pontife ôta à Bourges sa primatie sur la capitale de la Guyenne. Il s'établit chez son ennemi, l'archevêque de Bourges, comme un garnisaire ou *mangeur* d'office[1], et il s'y hébergea de telle sorte qu'il le laissa ruiné de fond en comble ; ce primat des Aquitaines serait mort de faim, s'il n'était venu à la cathédrale, parmi ses chanoines, recevoir aux distributions ecclésiastiques la portion congrue[2].

Dans les vols de Clément, le meilleur était pour une femme qui rançonnait le pape, comme lui l'Église. C'était la véritable Jérusalem où allait l'argent de la croisade. La belle Brunissende Talleyrand de Périgord lui coûtait, disait-on, plus que la terre sainte.

Clément allait être bientôt cruellement troublé dans cette douce jouissance des biens de l'Église. Les décimes en perspective ne répondaient pas aux besoins actuels du fisc royal. Le pape gagna du temps en lui donnant les juifs, en auto-

1. Ces mots sont synonymes dans la langue de ce temps.
2. Contin. G. de Nangis.

risant le roi à les saisir L'opération se fit en un même jour avec un secret et une promptitude qui font honneur aux gens du roi. Pas un juif, dit-on, n'échappa. Non content de vendre leurs biens, le roi se chargea de poursuivre leurs débiteurs, déclarant que leurs écritures suffisaient pour titres de créances, que l'écrit d'un juif faisait foi pour lui.

Le juif ne rendant pas assez, il retomba sur le chrétien. Il altéra encore les monnaies, augmentant le titre et diminuant le poids ; avec deux livres il en payait huit. Mais, quand il s'agissait de recevoir, il ne voulait de sa monnaie que pour un tiers ; deux banqueroutes en sens inverse. Tous les débiteurs profitèrent de l'occasion. Ces monnaies de diverse valeur sous même titre faisaient naître des querelles sans nombre. On ne s'entendait pas : c'était une Babel. La seule chose à quoi le peuple s'accorda (voilà donc qu'il y a un peuple), ce fut à se révolter. Le roi s'était sauvé au Temple. Ils l'y auraient suivi, si on ne les eût amusés en chemin à piller la maison d'Étienne Barbet, un financier à qui l'on attribuait l'altération des monnaies. L'émeute finit ainsi. Le roi fit pendre des centaines d'hommes aux arbres des routes autour de Paris. L'effroi le rapprocha des nobles. Il leur rendit le combat judiciaire, autrement dit l'impunité. C'était une défaite pour le gouvernement royal. Le roi des légistes abdiquait la loi, pour reconnaître les décisions de la force. Triste et douteuse position, en législation comme en finances. Repoussé de l'Église aux juifs, de ceux-ci aux communes, des communes flamandes il retombait sur le clergé.

Le plus net des trésors de Philippe, son patrimoine à exploiter, le fonds sur lequel il comptait, c'était son pape. S'il l'avait acheté, ce pape, s'il l'engraissait de vols et de pillages, ce n'était point pour ne s'en pas servir, mais bien pour en tirer parti, pour lui lever, comme le juif, une livre de chair sur tel membre qu'il voudrait.

Il avait un moyen infaillible de presser et de pressurer le

pape, un tout-puissant épouvantail, savoir, le procès de Boniface VIII. Ce qu'il demandait à Clément, c'était précisément le suicide de la papauté. Si Boniface était hérétique et faux pape, les cardinaux qu'il avait faits étaient de faux cardinaux. Benoît XI et Clément, élus par eux, étaient à leur tour faux papes et sans droit, et non seulement eux, mais tous ceux qu'ils avaient choisis ou confirmés dans les dignités ecclésiastiques ; non seulement leurs choix, mais leurs actes de toute espèce. L'Église se trouvait enlacée dans une illégalité sans fin. D'autre part, si Boniface avait été vrai pape, comme tel il était infaillible, ses sentences subsistaient, Philippe-le-Bel restait condamné.

À peine intronisé, Clément eut à entendre l'aigre et impérieuse requête de Nogaret, qui lui enjoignait de poursuivre son prédécesseur. Le marché à peine conclu, le Diable demandait son payement. Le servage de l'homme vendu commençait ; cette âme, une fois garrottée des liens de l'injustice, ayant reçu le mors et le frein, devait être misérablement chevauchée jusqu'à la damnation.

Plutôt que de tuer ainsi la papauté en droit, Clément avait mieux aimé la livrer en fait. Il avait créé d'un coup douze cardinaux dévoués au roi, les deux Colonna, et dix Français ou Gascons. Ces douze, joint à ce qui restait des douze du même parti, dont on avait surpris la nomination à Célestin, assuraient a jamais au roi l'élection des papes futurs. Clément constituait ainsi la papauté entre les mains de Philippe ; concession énorme, et qui pourtant ne suffit point.

Il crut qu'il fléchirait son maître en faisant un pas de plus. Il révoqua une bulle de Boniface, la bulle *Clericis laïcos*, qui fermait au roi la bourse du clergé. La bulle *Unam sanctam* contenait l'expression de la suprématie pontificale. Clément la sacrifia, et ce ne fut pas assez encore.

Il était à Poitiers, inquiet et malade de corps et d'esprit. Philippe-le-Bel vint l'y trouver avec de nouvelles exigences.

Il lui fallait une grande confiscation, celle du plus riche des ordres religieux, de l'ordre du Temple. Le pape, serré entre deux périls, essaya de donner le change à Philippe en le comblant de toutes les faveurs qui étaient au pouvoir du Saint-Siège. Il aida son fils Louis-Hutin à s'établir en Navarre ; il déclara son frère Charles-de-Valois chef de la croisade. Il tâcha enfin de s'assurer la protection de la maison d'Anjou, déchargeant le roi de Naples d'une dette énorme envers l'Église, canonisant un de ses fils, adjugeant à l'autre le trône de Hongrie.

Philippe recevait toujours, mais il ne lâchait pas prise. Il entourait le pape d'accusations contre le Temple. Il trouva dans la maison même de Clément un Templier qui accusait l'ordre. En 1306, le roi voulant lui envoyer des commissaires pour obtenir une décision, le malheureux pape donne, pour ne pas les recevoir, la plus ridicule excuse : « De l'avis des médecins, nous allons au commencement de septembre prendre quelques drogues préparatives, et ensuite une médecine qui, selon les susdits médecins, doit, avec l'aide de Dieu, nous être fort utile[1]. »

Ces pitoyables tergiversations durèrent longtemps. Elles auraient duré toujours, si le pape n'eût appris tout à coup que le roi faisait arrêter partout les Templiers, et que son confesseur, moine dominicain et grand inquisiteur de France, procédait contre eux sans attendre d'autorisation.

Qu'était-ce donc que le Temple ? Essayons de le dire en peu de mots :

À Paris, l'enceinte du Temple comprenait tout le grand quartier, triste et mal peuplé, qui en a conservé le nom[2].

1. *App.* 46.

2. La Coulture du Temple, contiguë à celle de Saint-Gervais, comprenait presque tout le domaine des Templiers, qui s'étendait le long de la rue du Temple, depuis la rue Sainte-Croix ou les environs de la rue de la Verrerie jusqu'au delà des murs, des fossés et de la porte du Temple. (Sauval.)

C'était un tiers du Paris d'alors. À l'ombre du Temple et sous sa puissante protection vivait une foule de serviteurs, de familiers, d'affiliés et aussi de gens condamnés ; les maisons de l'ordre avaient droit d'asile. Philippe-le-Bel lui-même en avait profité en 1306, lorsqu'il était poursuivi par le peuple soulevé. Il restait encore, à l'époque de la Révolution, un monument de cette ingratitude royale, la grosse tour à quatre tourelles bâtie en 1222. Elle servit de prison à Louis XVI.

Le Temple de Paris était le centre de l'ordre, son trésor ; les chapitres généraux s'y tenaient. De cette maison dépendaient toutes les *provinces* de l'ordre : Portugal, Castille et Léon, Aragon, Majorque, Allemagne, Italie, Pouille et Sicile, Angleterre et Irlande. Dans le Nord, l'Ordre Teutonique était sorti du Temple, comme en Espagne d'autres ordres militaires se formèrent de ses débris. L'immense majorité des Templiers étaient Français, particulièrement les grands maîtres. Dans plusieurs langues, on désignait les chevaliers par leur nom français : *Frieri del Tempio*, φρεριοι τοῦ Τεμπλοῦ.

Le Temple, comme tous les ordres militaires, dérivait de Cîteaux. Le réformateur de Cîteaux, saint Bernard, de la même plume qui commentait le *Cantique des cantiques*, donna aux chevaliers leur règle enthousiaste et austère. Cette règle, c'était l'exil et la guerre sainte jusqu'à la mort. Les Templiers devaient toujours accepter le combat, fût-ce d'un contre trois, ne jamais demander quartier, ne point donner de rançon, *pas un pan de mur, pas un pouce de terre*. Ils n'avaient pas de repos à espérer. On ne leur permettait pas de passer dans des ordres moins austères.

« Allez heureux, allez paisibles, leur dit saint Bernard ; chassez d'un cœur intrépide les ennemis de la croix de Christ, bien sûrs que ni la vie ni la mort ne pourront vous mettre hors l'amour de Dieu qui est en Jésus. En tout péril, redites-vous la parole : *Vivants ou morts, nous sommes au Seigneur...* Glorieux les vainqueurs, heureux les martyrs ! »

Voici la rude esquisse qu'il nous donne de la figure du Templier : « Cheveux tondus, poil hérissé, souillé de poussière ; noir de fer, noir de hâle et de soleil... Ils aiment les chevaux ardents et rapides, mais non parés, bigarrés, caparaçonnés... Ce qui charme dans cette foule, dans ce torrent qui coule à la terre sainte, c'est que vous n'y voyez que des scélérats et des impies. Christ d'un ennemi se fait un champion ; du persécuteur Saül il fait un saint Paul... » Puis dans un éloquent itinéraire, il conduit les guerriers pénitents de Bethléem au Calvaire, de Nazareth au Saint-Sépulcre.

Le soldat a la gloire, le moine le repos. Le Templier abjurait l'un et l'autre. Il réunissait ce que les deux vies ont de plus dur, les périls et les abstinences. La grande affaire du moyen âge fut longtemps la guerre sainte, la croisade ; l'idéal de la croisade semblait réalisé dans l'ordre du Temple. C'était la croisade devenue fixe et permanente.

Associés aux Hospitaliers dans la défense des saints lieux, ils en différaient en ce que la guerre était plus particulièrement le but de leur institution. Les uns et les autres rendaient les plus grands services. Quel bonheur n'était-ce pas pour le pèlerin qui voyageait sur la route poudreuse de Jaffa à Jérusalem, et qui croyait à tout moment voir fondre sur lui les brigands arabes, de rencontrer un chevalier, de reconnaître la secourable croix rouge sur le manteau blanc de l'ordre du Temple ! En bataille, les deux ordres fournissaient alternativement l'avant-garde et l'arrière-garde. On mettait au milieu les croisés nouveaux venus et peu habitués aux guerres d'Asie. Les chevaliers les entouraient, les protégeaient, dit fièrement un des leurs, *comme une mère son enfant*[1]. Ces auxiliaires passagers reconnaissaient ordinaire-

1. « Sicut mater infantem ». (Lettre de Jacques Molay.)

ment assez mal ce dévouement. Ils servaient moins les chevaliers qu'ils ne les embarrassaient. Orgueilleux et fervents à leur arrivée, bien sûrs qu'un miracle allait se faire exprès pour eux, ils ne manquaient pas de rompre les trêves ; ils entraînaient les chevaliers dans des périls inutiles, se faisaient battre, et partaient, leur laissant le poids de la guerre et les accusant de les avoir mal soutenus. Les Templiers formaient l'avant-garde à Mansourah, lorsque ce jeune fou de comte d'Artois s'obstina à la poursuite, malgré leur conseil, et se jeta dans la ville ; ils le suivirent par honneur et furent tous tués.

On avait cru avec raison ne pouvoir jamais faire assez pour un ordre si dévoué et si utile. Les privilèges les plus magnifiques leur furent accordés. D'abord ils ne pouvaient être jugés que par le pape ; mais un juge placé si loin et si haut n'était guère réclamé ; ainsi les Templiers étaient juges dans leurs causes. Ils pouvaient encore y être témoins, tant on avait foi dans leur loyauté ! Il leur était défendu d'accorder aucune de leurs commanderies à la sollicitation des grands ou des rois. Ils ne pouvaient payer ni droit, ni tribut, ni péage.

Chacun désirait naturellement participer à de tels privilèges. Innocent III lui-même voulut être affilié à l'ordre ; Philippe-le-Bel le demanda en vain.

Mais quand cet ordre n'eût pas eu ces grands et magnifiques privilèges, on s'y serait présenté en foule. Le Temple avait pour les imaginations un attrait de mystère et de vague terreur. Les réceptions avaient lieu dans les églises de l'ordre, la nuit et portes fermées. Les membres inférieurs en étaient exclus. On disait que si le roi de France lui-même y eût pénétré, il n'en serait pas sorti.

La forme de réception était empruntée aux rites dramatiques et bizarres, aux *mystères* dont l'Église antique ne craignait pas d'entourer les choses saintes. Le récipiendaire était présenté d'abord comme un pécheur, un mauvais chrétien, un renégat. Il reniait, à l'exemple de saint Pierre ; le reniement, dans cette pantomime, s'exprimait par un acte[1], cracher sur la croix. L'ordre se chargeait de réhabiliter ce renégat, de l'élever d'autant plus haut que sa chute était plus profonde. Ainsi dans la Fête des fols ou idiots *(fatuorum)*, l'homme offrait l'hommage même de son imbécillité, de son infamie, à l'Église qui devait le régénérer. Ces comédies sacrées, chaque jour moins comprises, étaient de plus en plus dangereuses, plus capables de scandaliser un âge prosaïque, qui ne voyait que la lettre et perdait le sens du symbole.

Elles avaient ici un autre danger. L'orgueil du Temple pouvait laisser dans ces formes une équivoque impie. Le récipiendaire pouvait croire qu'au delà du christianisme vulgaire, l'ordre allait lui révéler une religion plus haute, lui ouvrir un sanctuaire derrière le sanctuaire. Ce nom du Temple n'était pas sacré pour les seuls chrétiens. S'il exprimait pour eux le Saint-Sépulcre, il rappelait aux juifs, aux musulmans, le temple de Salomon[2]. L'idée du Temple, plus haute et plus générale que celle même de l'Église, planait en quelque sorte par-dessus toute religion. L'Église datait, et le Temple ne datait pas. Contemporain de tous les âges, c'était comme un symbole de la perpétuité religieuse. Même après la ruine des Templiers, le Temple subsiste, au moins comme tradition, dans les enseignements d'une foule de sociétés secrètes, jusqu'aux Rose-Croix, jusqu'aux Francs-Maçons[3].

L'Église est la maison du Christ, le Temple celle du Saint-Esprit. Les gnostiques prenaient pour leur grande

1. *App.* 47.
2. *App.* 48.
3. *App.* 49.

fête, non pas Noël ou Pâques, mais la Pentecôte, le jour où l'Esprit descendit. Jusqu'à quel point ces vieilles sectes subsistèrent-elles au moyen âge ? Les Templiers y furent-ils affiliés ? De telles questions, malgré les ingénieuses conjectures des modernes, resteront toujours obscures dans l'insuffisance des monuments[1].

Ces doctrines intérieures du Temple semblent tout à la fois vouloir se montrer et se cacher. On croit les reconnaître, soit dans les emblèmes étranges sculptés au portail de quelques églises, soit dans le dernier cycle épique du moyen âge, dans ces poèmes où la chevalerie épurée n'est plus qu'une odyssée, un voyage héroïque et pieux à la recherche du Graal. On appelait ainsi la sainte coupe qui reçut le sang du Sauveur. La simple vue de cette coupe prolonge la vie de cinq cents années. Les enfants seuls peuvent en approcher sans mourir. Autour du Temple qui la contient, veillent en armes les Templistes ou chevaliers du Graal[2].

Cette chevalerie plus qu'ecclésiastique, ce froid et trop pur idéal, qui fut la fin du moyen âge et sa dernière rêverie, se trouvait, par sa hauteur même, étranger à toute réalité, inaccessible à toute pratique. Le templiste resta dans les poèmes, figure nuageuse et quasi divine. Le Templier s'enfonça dans la brutalité.

Je ne voudrais pas m'associer aux persécuteurs de ce grand ordre. L'ennemi des Templiers les a lavés sans le vouloir ; les tortures par lesquelles il leur arracha de honteux aveux semblent une présomption d'innocence. On est tenté de ne pas croire des malheureux qui s'accusent dans les gênes. S'il y eut des souillures, on est tenté de ne plus les voir, effacées qu'elles furent dans la flamme des bûchers.

1. *App.* 50.
2. Voyez mon *Histoire de France*, t. II.

Il subsiste cependant de graves aveux, obtenus hors de la question et des tortures. Les points mêmes qui ne furent pas prouvés n'en sont pas moins vraisemblables pour qui connaît la nature humaine, pour qui considère sérieusement la situation de l'ordre dans ses derniers temps.

Il était naturel que le relâchement s'introduisît parmi des moines guerriers, des cadets de la noblesse, qui couraient les aventures loin de la chrétienté, souvent loin des yeux de leurs chefs, entre les périls d'une guerre à mort et les tentations d'un climat brûlant, d'un pays d'esclaves, de la luxurieuse Syrie. L'orgueil et l'honneur les soutinrent tant qu'il y eut espoir pour la terre sainte. Sachons-leur gré d'avoir résisté si longtemps, lorsqu'à chaque croisade leur attente était si tristement déçue, lorsque toute prédiction mentait, que les miracles promis s'ajournaient toujours. Il n'y avait pas de semaine que la cloche de Jérusalem ne sonnât l'apparition des Arabes dans la plaine désolée. C'était toujours aux Templiers, aux Hospitaliers à monter à cheval, à sortir des murs... Enfin ils perdirent Jérusalem, puis Saint-Jean-d'Acre. Soldats délaissés, sentinelles perdues, faut-il s'étonner si, au soir de cette bataille de deux siècles, les bras leur tombèrent ?

La chute est grave après les grands efforts. L'âme montée si haut dans l'héroïsme et la sainteté tombe bien lourde en terre... Malade et aigrie, elle se plonge dans le mal avec une faim sauvage, comme pour se venger d'avoir cru.

Telle paraît avoir été la chute du Temple. Tout ce qu'il y avait eu de saint en l'ordre devint péché et souillure. Après avoir tendu de l'homme à Dieu, il tourna de Dieu à la bête[1]. Les pieuses agapes, les fraternités héroïques,

1. Sans parler de notre dicton populaire : « Boire comme un Templier », les Anglais en avaient un autre : « Dum erat juvenis sæcularis, omnes pueri clamabant publice et vulgariter unus ad alterum : Custodiatis vobis ab osculo Templariorum. » (Conc. Britann.)

couvrirent de sales amours de moines[1]. Ils cachèrent l'infamie en s'y mettant plus avant. Et l'orgueil y trouvait encore son compte ; ce peuple éternel, sans famille ni génération charnelle, recruté par l'élection et l'esprit, faisait montre de son mépris pour la femme[2], se suffisant à lui-même et n'aimant rien hors de soi.

Comme ils se passaient de femmes, ils se passaient aussi de prêtres, péchant et se confessant entre eux[3]. Et ils se passèrent de Dieu encore. Ils essayèrent des superstitions orientales, de la magie sarrasine. D'abord symbolique, le reniement devint réel ; ils abjurèrent un Dieu qui ne donnait pas la victoire ; ils le traitèrent comme un allié infidèle qui les trahissait, l'outragèrent, crachèrent sur la croix.

Leur vrai dieu, ce semble, devint l'ordre même. Ils adorèrent le Temple et les Templiers, leurs chefs, comme Temples vivants. Ils symbolisèrent par les cérémonies les plus sales et les plus repoussantes le dévouement aveugle, l'abandon complet de la volonté. L'ordre, se serrant ainsi, tomba dans une farouche religion de soi-même, dans un satanique égoïsme. Ce qu'il y a de souverainement diabolique dans le Diable, c'est de s'adorer.

Voilà, dira-t-on, des conjectures. Mais elles ressortent trop naturellement d'un grand nombre d'aveux obtenus sans avoir recours à la torture, particulièrement en Angleterre[4].

Que tel ait été d'ailleurs le caractère général de l'ordre, que les statuts soient devenus expressément honteux et impies, c'est ce que je suis loin d'affirmer. De telles choses ne s'écrivent pas. La corruption entre dans un ordre par

1. *App.* 51.
2. *App.* 52.
3. *App.* 53.
4. Les dépositions les plus sales, et qui paraîtraient avec le plus de vraisemblance dictées par la question, sont celles des témoins anglais, qui pourtant n'y furent pas soumis. *App.* 54.

connivence mutuelle et tacite. Les formes subsistent, changeant de sens, et perverties par une mauvaise interprétation que personne n'avoue tout haut.

Mais quand même ces infamies, ces impiétés auraient été universelles dans l'ordre, elles n'auraient pas suffi pour entraîner sa destruction. Le clergé les aurait couvertes et étouffées[1], comme tant d'autres désordres ecclésiastiques. La cause de la ruine du Temple, c'est qu'il était trop riche et trop puissant. Il y eut une autre cause plus intime, mais je la dirai tout à l'heure.

À mesure que la ferveur des guerres saintes diminuait en Europe, à mesure qu'on allait moins à la croisade, on donnait davantage au Temple pour s'en dispenser. Les affiliés de l'ordre étaient innombrables. Il suffisait de payer deux ou trois deniers par an. Beaucoup de gens offraient tous leurs biens, leurs personnes mêmes. Deux comtes de Provence se donnèrent ainsi. Un roi d'Aragon légua son royaume (Alphonse-le-Batailleur, 1131-1132) ; mais le royaume n'y consentit pas.

On peut juger du nombre prodigieux des possessions des Templiers par celui des terres, des fermes, des forts ruinés qui, dans nos villes ou nos campagnes, portent encore le nom du Temple. Ils possédaient, dit-on, plus de neuf mille manoirs dans la chrétienté[2]. En une seule province d'Espagne, au royaume de Valence, ils avaient dix-sept places fortes. Ils achetèrent argent comptant le royaume de Chypre, qu'ils ne purent, il est vrai, garder.

Avec de tels privilèges, de telles richesses, de telles possessions, il était bien difficile de rester humbles[3]. Richard

1. Voy. entre autres *Henri IV et Richelieu*, ch. XVI, XIX, XX, et *Richelieu et la Fronde*, ch. IX.

2. *App.* 55.

3. Dans leurs anciens statuts on lit : « Regula pauperum commilitonum templi Salomonis. »

Cœur-de-Lion disait en mourant: «Je laisse mon avarice aux moines de Cîteaux, ma luxure aux moines gris, ma superbe aux Templiers.»

Au défaut de musulmans, cette milice inquiète et indomptable guerroyait contre les chrétiens. Ils firent la guerre au roi de Chypre et au prince d'Antioche. Ils détrônèrent le roi de Jérusalem Henri II et le duc de Croatie. Ils ravagèrent la Thrace et la Grèce. Tous les croisés qui revenaient de Syrie ne parlaient que des trahisons des Templiers, de leurs liaisons avec les infidèles[1]. Ils étaient notoirement en rapport avec les Assassins de Syrie[2]; le peuple remarquait avec effroi l'analogie de leur costume avec celui des sectateurs du Vieux de la Montagne. Ils avaient accueilli le soudan dans leurs maisons, permis le culte mahométan, averti les infidèles de l'arrivée de Frédéric II[3]. Dans leurs rivalités furieuses contre les Hospitaliers, ils avaient été jusqu'à lancer des flèches dans le Saint-Sépulcre[4]. On assurait qu'ils avaient tué un chef musulman qui voulait se faire chrétien pour ne plus leur payer tribut.

La maison de France particulièrement croyait avoir à se plaindre des Templiers. Ils avaient tué Robert de Brienne à Athènes. Ils avaient refusé d'aider à la rançon de saint Louis[5]. En dernier lieu, ils s'étaient déclarés pour la maison d'Aragon contre celle d'Anjou.

Cependant la terre sainte avait été définitivement perdue en 1191, et la croisade terminée. Les chevaliers revenaient inutiles, formidables, odieux. Ils rapportaient au milieu de

1. «Et Acre une cité trahirent-ils par leur grand mesprison.» *(Chron. de Saint-Denys.)*

2. Voy. Hammer.

3. Dupuy.

4. En 1259, l'animosité fut poussée à un tel excès, qu'ils se livrèrent une bataille dans laquelle les Templiers furent taillés en pièces. Les historiens disent qu'il n'en échappa qu'un seul.

5. *App.* 56.

ce royaume épuisé, et sous les yeux d'un roi famélique, un monstrueux trésor de cent cinquante mille florins d'or, et en argent la charge de dix mulets[1]. Qu'allaient-ils faire en pleine paix de tant de forces et de richesses ? Ne seraient-ils pas tentés de se créer une souveraineté dans l'Occident, comme les chevaliers Teutoniques l'ont fait en Prusse, les Hospitaliers dans les îles de la Méditerranée, et les Jésuites au Paraguay[2]. S'ils s'étaient unis aux Hospitaliers, aucun roi du monde n'eût pu leur résister[3]. Il n'était point d'État où ils n'eussent des places fortes. Ils tenaient à toutes les familles nobles. Ils n'étaient guère en tout, il est vrai, plus de quinze mille chevaliers ; mais c'étaient des hommes aguerris, au milieu d'un peuple qui ne l'était plus, depuis la cessation des guerres des seigneurs. C'étaient d'admirables cavaliers, les rivaux des Mameluks, aussi intelligents, lestes et rapides que la pesante cavalerie féodale était lourde et inerte. On les voyait partout orgueilleusement chevaucher sur leurs admirables chevaux arabes, suivis chacun d'un écuyer, d'un page, d'un servant d'armes, sans compter les esclaves noirs. Ils ne pouvaient varier leurs vêtements, mais ils avaient de précieuses armes orientales, d'un acier de fine trempe et damasquinées richement.

Ils sentaient bien leur force. Les Templiers d'Angleterre avaient osé dire au roi Henri III : « Vous serez roi tant que vous serez juste. » Dans leur bouche, ce mot était une menace. Tout cela donnait à penser à Philippe-le-Bel.

Il en voulait à plusieurs d'entre eux de n'avoir souscrit l'appel contre Boniface qu'avec réserve, *sub protestationibus*.

1. Arch. du Vatican, Rayn.

2. Ces ordres également puissants furent également attaqués. Les évêques livoniens portèrent contre les chevaliers Teutoniques des accusations non moins graves. De Jean XXII à Innocent VI, les Hospitaliers eurent à soutenir les mêmes attaques. Les Jésuites y succombèrent.

3. En Castille, les Templiers, les Hospitaliers et les chevaliers de Saint-Jacques avaient un traité de garantie contre le roi même.

Ils avaient refusé d'admettre le roi dans l'ordre. Ils l'avaient refusé, et ils l'avaient servi, double humiliation. Il leur devait de l'argent[1] ; le Temple était une sorte de banque, comme l'ont été souvent les temples de l'antiquité[2]. Lorsqu'en 1306, il trouva un asile chez eux contre le peuple soulevé, ce fut sans doute pour lui une occasion d'admirer ces trésors de l'ordre ; les chevaliers étaient trop confiants, trop fiers pour lui rien cacher.

La tentation était forte pour le roi[3]. Sa victoire de Mons-en-Puelle l'avait ruiné. Déjà contraint de rendre la Guyenne, il l'avait été encore de lâcher la Flandre flamande. Sa détresse pécuniaire était extrême, et pourtant il lui fallut révoquer un impôt contre lequel la Normandie s'était soulevée. Le peuple était déjà si ému, qu'on défendit les rassemblements de plus de cinq personnes. Le roi ne pouvait sortir de cette situation désespérée que par quelque grande confiscation. Or, les juifs ayant été chassés, le coup ne pouvait frapper que sur les prêtres ou sur les nobles, ou bien sur un ordre qui appartenait aux uns ou aux autres, mais qui, par cela même, n'appartenant exclusivement ni à ceux-ci, ni à ceux-là, ne serait défendu par personne. Loin d'être défendus, les Templiers furent plutôt attaqués par leurs défenseurs naturels. Les moines les poursuivirent. Les nobles, les plus grands seigneurs de France, donnèrent par écrit leur adhésion au procès.

Philippe-le-Bel avait été élevé par un dominicain. Il avait pour confesseur un dominicain. Longtemps ces moines avaient été amis des Templiers, au point même qu'ils s'étaient engagés à solliciter de chaque mourant qu'ils confesseraient un legs pour le Temple[4]. Mais peu à peu les

1. *App.* 57.
2. Mitford.
3. *App.* 58.
4. Statuts du chapitre général des Dominicains en 1245.

deux ordres étaient devenus rivaux. Les dominicains avaient un ordre militaire à eux, les *Cavalieri gaudenti*[1], qui ne prit pas grand essor. À cette rivalité accidentelle il faut ajouter une cause fondamentale de haine. Les Templiers étaient nobles ; les dominicains, les Mendiants, étaient en grande partie roturiers, quoique dans le tiers-ordre ils comptassent des laïques illustres et même des rois.

Dans les Mendiants, comme dans les légistes conseillers de Philippe-le-Bel, il y avait contre les nobles, les hommes d'armes, les chevaliers, un fonds commun de malveillance, un levain de haine niveleuse. Les légistes devaient haïr les Templiers comme moines ; les dominicains les détestaient comme gens d'armes, comme moines mondains, qui réunissaient les profits de la sainteté et l'orgueil de la vie militaire. L'ordre de saint Dominique, inquisiteur dès sa naissance, pouvait se croire obligé en conscience de perdre en ses rivaux des mécréants, doublement dangereux, et par l'importation des superstitions sarrasines, et par leurs liaisons avec les mystiques occidentaux, qui ne voulaient plus adorer que le Saint-Esprit.

Le coup ne fut pas imprévu, comme on l'a dit. Les Templiers eurent le temps de le voir venir[2]. Mais l'orgueil les perdit ; ils crurent toujours qu'on n'oserait.

Le roi hésitait en effet. Il avait d'abord essayé des moyens indirects. Par exemple, il avait demandé à être admis dans l'ordre. S'il y eût réussi, il se serait probablement fait grand maître, comme fit Ferdinand-le-Catholique

1. Voyez l'histoire de cet ordre, par le dominicain Federici, 1787. Ils profitèrent pourtant des biens du Temple ; plusieurs Templiers passèrent dans leur ordre.

2. Ils avaient de sombres pressentiments. Un Templier anglais rencontrant un chevalier nouvellement reçu : « Es ne frater noster receptus in ordine ? Cui respondens, ita. Et ille : Si sederes super campanile Sancti Pauli Londini, non posses videre majora infortunia quam tibi contingent antequam moriaris. » (Concil. Brit.)

pour les ordres militaires d'Espagne. Il aurait appliqué les biens du Temple à son usage, et l'ordre eût été conservé.

Depuis la perte de la terre sainte, et même antérieurement, on avait fait entendre aux Templiers qu'il serait urgent de les réunir aux Hospitaliers[1]. Réuni à un ordre plus docile, le Temple eût présenté peu de résistance aux rois.

Ils ne voulurent point entendre à cela. Le grand maître, Jacques Molay, pauvre chevalier de Bourgogne, mais vieux et brave soldat qui venait de s'honorer en Orient par les derniers combats qu'y rendirent les chrétiens, répondit que saint Louis avait, il est vrai, proposé autrefois la réunion des deux ordres, mais que le roi d'Espagne n'y avait point consenti ; que pour que les Hospitaliers fussent réunis aux Templiers, il faudrait qu'ils s'amendassent fort ; que les Templiers étaient plus exclusivement fondés pour la guerre[2]. Il finissait par ces paroles hautaines : « On trouve beaucoup de gens qui voudraient ôter aux religieux leurs biens, plutôt que de leur en donner... Mais si l'on fait cette union des deux ordres, cette Religion sera si forte et si puissante qu'elle pourra bien défendre ses droits contre toute personne au monde. »

Pendant que les Templiers résistaient si fièrement à toute concession, les mauvais bruits allaient se fortifiant. Eux-mêmes y contribuaient. Un chevalier disait à Raoul de Presles, l'un des hommes les plus graves du temps, « que dans le chapitre général de l'ordre il y avait une chose si secrète, que si pour son malheur quelqu'un la voyait, fût-ce le roi de France, nulle crainte de tourment n'empêcherait ceux du chapitre de le tuer, selon leur pouvoir[3] ».

1. Le concile de Saltzbourg, tenu en 1272, et plusieurs autres assemblées ecclésiastiques, avaient proposé cette réunion.

2. *App*. 59.

3. Dupuy. *App*. 60.

Un Templier nouvellement reçu avait protesté contre la forme de réception devant l'official de Paris[1]. Un autre s'en était confessé à un cordelier, qui lui donna pour pénitence de jeûner tous les vendredis un an durant sans chemise. Un autre enfin, qui était de la maison du pape, « lui avait ingénument confessé tout le mal qu'il avait reconnu en son ordre, en présence d'un cardinal son cousin, qui écrivit à l'instant cette déposition ».

On faisait en même temps courir des bruits sinistres sur les prisons terribles où les chefs de l'ordre plongeaient les membres récalcitrants. Un des chevaliers déclara « qu'un de ses oncles était entré dans l'ordre sain et gai, avec chiens et faucons ; au bout de trois jours, il était mort ».

Le peuple accueillait avidement ces bruits, il trouvait les Templiers trop riches[2] et peu généreux. Quoique le grand maître dans ses interrogatoires vante la munificence de l'ordre, un des griefs portés contre cette opulente corporation, c'est « que les aumônes ne s'y faisaient pas comme il convenait[3] ».

Les choses étaient mûres. Le roi appela à Paris le grand maître et les chefs ; il les caressa, les combla, les endormit. Ils vinrent se faire prendre au filet comme les protestants à la Saint-Barthélemy.

Il venait d'augmenter leurs privilèges[4]. Il avait prié le grand maître d'être parrain d'un de ses enfants. Le 12 octobre, Jacques Molay, désigné par lui avec d'autres grands personnages, avait tenu le poêle à l'enterrement de la belle-

1. C'est le premier des cent quarante déposants. Dupuy a tronqué le passage. Voy. le ms. aux Archives du royaume, K. 413.

2. Tosjors achetaient sans vendre...
Tant va pot à eau qu'il brise.
Chron. en vers, citée par Rayn.

3. En Écosse, on leur reprochait, outre leur cupidité, de n'être pas hospitaliers. *App.* 61.

4. *App.* 62.

sœur de Philippe. Le 13, il fut arrêté avec les cent quarante Templiers qui étaient à Paris. Le même jour, soixante le furent à Beaucaire, puis une foule d'autres par toute la France. On s'assura de l'assentiment du peuple et de l'Université[1]. Le jour même de l'arrestation, les bourgeois furent appelés par paroisses et par confréries au jardin du roi dans la Cité ; des moines y prêchèrent. On peut juger de la violence de ces prédications populaires par celle de la lettre royale, qui courut par toute la France : « Une chose amère, une chose déplorable, une chose horrible à penser, terrible à entendre ! chose exécrable de scélératesse, détestable d'infamie !... Un esprit doué de raison compatit et se trouble dans sa compassion, en voyant une nature qui s'exile elle-même hors des bornes de la nature, qui oublie son principe, qui méconnaît sa dignité, qui, prodigue de soi, s'assimile aux bêtes dépourvues de sens ; que dis-je ? qui dépasse la brutalité des bêtes elles-mêmes !... » On juge de la terreur et du saisissement avec lesquels une telle lettre fut recue de toute âme chrétienne. C'était comme un coup de trompette du jugement dernier.

Suivait l'indication sommaire des accusations : reniement, trahison de la chrétienté au profit des infidèles, initiation dégoûtante, prostitution mutuelle ; enfin, le comble de l'horreur, cracher sur la croix[2] !

Tout cela avait été dénoncé par des Templiers. Deux chevaliers, un Gascon et un Italien, en prison pour leurs méfaits, avaient, disait-on, révélé tous les secrets de l'ordre.

Ce qui frappait le plus l'imagination, c'étaient les bruits étranges qui couraient sur une idole qu'auraient adorée les Templiers. Les rapports variaient. Selon les uns, c'était une tête barbue ; d'autres disaient une tête à trois faces. Elle

1. *App.* 63.
2. *App.* 64.

avait, disait-on encore, des yeux étincelants. Selon quelques-uns, c'était un crâne d'homme. D'autres y substituaient un chat[1].

Quoi qu'il en fût de ces bruits, Philippe-le-Bel n'avait pas perdu de temps. Le jour même de l'arrestation, il vint de sa personne s'établir au Temple avec son trésor et son Trésor des chartes, avec une armée de gens de loi, pour instrumenter, inventorier. Cette belle saisie l'avait fait riche tout d'un coup.

1. *App.* 65.

CHAPITRE IV

Suite. – Destruction de l'ordre du Temple (1307-1314).

L'étonnement du pape fut extrême, quand il apprit que le roi se passait de lui, dans la poursuite d'un ordre qui ne pouvait être jugé que par le Saint-Siège. La colère lui fit oublier sa servilité ordinaire, sa position précaire et dépendante au milieu des États du roi. Il suspendit les pouvoirs des juges ordinaires, archevêques et évêques, ceux même des inquisiteurs.

La réponse du roi est rude. Il écrit au pape : Que Dieu déteste les tièdes ; que ces lenteurs sont une sorte de connivence avec les crimes des accusés ; que le pape devrait plutôt exciter les évêques. « Ce serait une grave injure aux prélats de leur ôter le ministère qu'ils tiennent de Dieu. Ils n'ont pas mérité cet outrage ; ils ne le supporteront pas ; le roi ne pourrait le tolérer sans violer son serment... Saint-Père, quel est le sacrilège qui osera vous conseiller de mépriser ceux que Jésus-Christ envoie, ou plutôt Jésus lui-même ?... Si l'on suspend les inquisiteurs, l'affaire ne finira jamais... Le roi n'a pas pris la chose en main comme accusateur, mais comme champion de la foi et défenseur de l'Église, dont il doit rendre compte à Dieu[1]. »

1. *App.* 66.

Philippe laissa croire au pape qu'il allait lui remettre les prisonniers entre les mains ; il se chargeait seulement de garder les biens pour les appliquer au service de la terre sainte (25 décembre 1307). Son but était d'obtenir que le pape rendît aux évêques et aux inquisiteurs leurs pouvoirs qu'il avait suspendus. Il lui envoya soixante-douze Templiers à Poitiers, et fit partir de Paris les principaux de l'ordre ; mais il ne les fit pas avancer plus loin que Chinon. Le pape s'en contenta ; il obtint les aveux de ceux de Poitiers. En même temps, il leva la suspension des juges ordinaires, se réservant seulement le jugement des chefs de l'ordre.

Cette molle procédure ne pouvait satisfaire le roi. Si la chose eût été traînée ainsi à petit bruit, et pardonnée comme au confessionnal, il n'y avait pas moyen de garder les biens. Aussi pendant que le pape s'imaginait tout tenir dans ses mains, le roi faisait instrumenter à Paris par son confesseur, inquisiteur général de France. On obtint sur-le-champ cent quarante aveux par les tortures ; le fer et le feu y furent employés[1]. Ces aveux une fois divulgués, le pape ne pouvait plus arranger la chose. Il envoya deux cardinaux à Chinon demander aux chefs, au grand maître, si tout cela était vrai ; les cardinaux leur persuadèrent d'avouer, et ils s'y résignèrent[2]. Le pape, en effet, les réconcilia, et les recommanda au roi. Il croyait les avoir sauvés.

Philippe le laissait dire et allait son chemin. Au commencement de 1308, il fit arrêter par son cousin le roi de Naples tous les Templiers de Provence[3]. À Pâques, les États du royaume furent assemblés à Tours. Le roi s'y fit adresser un discours singulièrement violent contre le

1. *App.* 67.

2. *App.* 68.

3. Charles-le-Boiteux écrit à ses officiers en leur adressant des *lettres encloses* : « À ce jour que je vous marque, avant qu'il soit clair, voire plutôt en pleine nuict, vous les ouvrirez. 13 janvier 1308. »

clergé : « Le peuple du royaume de France adresse au roi d'instantes supplications... Qu'il se rappelle que le prince des fils d'Israël, Moïse, l'ami de Dieu, à qui le Seigneur parlait face à face, voyant l'apostasie des adorateurs du veau d'or, dit : Que chacun prenne le glaive et tue son proche parent... Il n'alla pas pour cela demander le consentement de son frère Aaron, constitué grand prêtre par l'ordre de Dieu... Pourquoi donc le roi très chrétien ne procéderait-il pas de même, *même contre tout le clergé*, si le clergé errait ainsi ou soutenait ceux qui errent[1] ? »

À l'appui de ce discours, vingt-six princes et seigneurs se constituèrent accusateurs, et donnèrent procuration pour agir contre les Templiers par-devant le pape et le roi. La procuration est signée des ducs de Bourgogne et de Bretagne, des comtes de Flandre, de Nevers et d'Auvergne, du vicomte de Narbonne, du comte Talleyrand de Périgord. Nogaret signe hardiment entre Lusignan et Coucy[2].

Armé de ces adhésions, « le roi, dit Dupuy, alla à Poitiers, accompagné d'une grande multitude de gens, qui étaient ceux de ses procureurs que le roi avait retenus près de lui pour prendre avis sur les difficultés qui pourraient survenir[3] ».

En arrivant, il baisa humblement les pieds au pape. Mais celui-ci vit bientôt qu'il n'obtiendrait rien. Philippe ne pouvait entendre à aucun ménagement. Il lui fallait traiter rigoureusement les personnes pour pouvoir garder les biens. Le pape, hors de lui, voulait sortir de la ville, échapper à son tyran ; qui sait même s'il n'aurait pas fui hors de France ? Mais il n'était pas homme à partir sans son argent. Quand il se présenta aux portes avec ses mulets, ses ba-

1. Raynouard.
2. Dupuy.
3. Dupuy.

gages, ses sacs, il ne put passer ; il vit qu'il était prisonnier du roi, non moins que les Templiers. Plusieurs fois, il essaya de fuir, toujours inutilement. Il semblait que son tout-puissant maître s'amusât des tortures de cette âme misérable qui se débattait encore.

Clément resta donc et parut se résigner. Il rendit, le 1er août 1308, une bulle adressée aux archevêques et aux évêques. Cette pièce est singulièrement brève et précise, contre l'usage de la cour de Rome. Il est évident que le pape écrit malgré lui, et qu'on lui pousse la main. Quelques évêques, selon cette bulle, avaient écrit qu'ils ne savaient comment on devait traiter les accusés qui s'obstineraient à nier, et ceux qui rétracteraient leurs aveux. « Ces choses, dit le pape, n'étaient pas laissées indécises par le droit écrit, dont nous savons que plusieurs d'entre vous ont pleine connaissance ; nous n'entendons pour le présent faire en cette affaire un nouveau droit, et nous voulons que vous procédiez selon que le droit exige. »

Il y avait ici une dangereuse équivoque : *jura scripta* s'entendait-il du droit romain, ou du droit canonique, ou des règlements de l'inquisition ?

Le danger était d'autant plus réel, que le roi ne se dessaisissait pas des prisonniers pour les remettre au pape, comme il le lui avait fait espérer. Dans l'entrevue, il l'amusa encore, il lui promit les biens, pour le consoler de n'avoir pas les personnes ; ces biens devaient être réunis à ceux que le pape désignerait. C'était le prendre par son faible ; Clément était fort inquiet de ce que ces biens allaient devenir[1].

Le pape avait rendu (5 juillet 1308) aux juges ordinaires, archevêques et évêques, leurs pouvoirs un instant suspendus. Le 1er août encore, il écrivait qu'on pouvait suivre le droit commun. Et le 12, il remettait l'affaire à

1. *App.* 69.

une commission. Les commissaires devaient instruire le procès dans la province de Sens, à Paris, évêché dépendant de Sens. D'autres commissaires étaient nommés pour en faire autant dans les autres parties de l'Europe, pour l'Angleterre l'archevêque de Cantorbéry, pour l'Allemagne ceux de Mayence, de Cologne et de Trèves. Le jugement devait être prononcé d'alors en deux ans, dans un concile général, hors de France, à Vienne, en Dauphiné, sur terre d'Empire.

La commission, composée principalement d'évêques[1], était présidée par Gilles d'Aiscelin, archevêque de Narbonne, homme doux et faible, de grandes lettres et de peu de cœur. Le roi et le pape, chacun de leur côté, croyaient cet homme tout à eux. Le pape crut calmer plus sûrement encore le mécontentement de Philippe en adjoignant à la commission le confesseur du roi, moine dominicain et grand inquisiteur de France, celui qui avait commencé le procès avec tant de violence et d'audace.

Le roi ne réclama pas. Il avait besoin du pape. La mort de l'empereur Albert d'Autriche (1er mai 1308) offrait à la maison de France une haute perspective. Le frère de Philippe, Charles-de-Valois, dont la destinée était de demander tout et de manquer tout, se porta pour candidat à l'Empire. S'il eût réussi, le pape devenait à jamais serviteur et serf de la maison de France. Clément écrivit pour Charles-de-Valois ostensiblement, secrètement contre lui.

Dès lors il n'y avait plus de sûreté pour le pape sur les terres du roi. Il parvint à sortir de Poitiers, et se jeta dans Avignon (mars 1309). Il s'était engagé à ne pas quitter la France et, de cette façon, il ne violait pas, il éludait sa promesse. Avignon c'était la France, et ce n'était pas la France. C'était une frontière, une position mixte, une sorte d'asile, comme fut Genève pour Calvin, Ferney pour Voltaire.

1. *App.* 70.

Avignon dépendait de plusieurs et de personne. C'était terre d'Empire, un vieux municipe, une république sous deux rois. Le roi de Naples comme comte de Provence, le roi de France comme comte de Toulouse, avaient chacun la seigneurie d'une moitié d'Avignon. Mais le pape allait y être bien plus roi qu'eux, lui dont le séjour attirerait tant d'argent dans cette petite ville.

Clément se croyait libre, mais traînait sa chaîne. Le roi le tenait toujours par le procès de Boniface. À peine établi dans Avignon, il apprend que Philippe lui fait amener par les Alpes une armée de témoins. À leur tête marchait ce capitaine de Ferentino, ce Raynaldo de Supino qui avait été dans l'affaire d'Anagni le bras droit de Nogaret. À trois lieues d'Avignon, les témoins tombèrent dans une embuscade qui leur avait été dressée. Raynaldo se sauva à grand'peine à Nîmes, et fit dresser acte, par les gens du roi, de ce guet-apens[1].

Le pape écrivit bien vite à Charles-de-Valois pour le prier de calmer son frère. Il écrivit au roi lui-même (23 août 1309), que si les témoins étaient retardés dans leur chemin, ce n'était pas sa faute, mais celle des gens du roi qui devraient pourvoir à leur sûreté. Philippe lui reprochait d'ajourner indéfiniment l'examen des témoins, vieux et malades, et d'attendre qu'ils fussent morts. Des partisans de Boniface avaient, disait-on, tué ou torturé des témoins ; un de ceux-ci avait été trouvé mort dans son lit. Le pape répond qu'il ne sait rien de tout cela ; ce qu'il sait, c'est que pendant ce long procès les affaires des rois, des prélats, du monde entier, dorment et attendent. Un des témoins qui, dit-on, a disparu, se trouve précisément en France et chez Nogaret.

Le roi avait dénoncé au pape certaines lettres injurieuses. Le pape répond qu'elles sont, pour le latin et

1. Dupuy.

l'orthographe, manifestement indignes de la cour de Rome. Il les a fait brûler. Quant à en poursuivre les auteurs, *une expérience récente a prouvé que ces procès subits contre des personnages importants ont une triste et dangereuse issue*[1].

Cette lettre du pape était une humble et timide profession d'indépendance à l'égard du roi, une révolte à genoux. L'allusion aux Templiers qui la termine, indiquait assez l'espoir que plaçait le pape dans les embarras où ce procès devait jeter Philippe-le-Bel.

La commission pontificale, rassemblée le 7 août 1309, à l'évêché de Paris, avait été entravée longtemps. Le roi n'avait pas plus envie de voir justifier les Templiers que le pape de condamner Boniface. Les témoins à charge contre Boniface étaient maltraités à Avignon, les témoins à décharge dans l'affaire des Templiers étaient torturés à Paris. Les évêques n'obéissaient point à la commission pontificale, et ne lui envoyaient point les prisonniers[2]. Chaque jour la commission assistait à une messe, puis siégeait ; un huissier criait à la porte de la salle : « Si quelqu'un veut défendre l'ordre de la milice du Temple, il n'a qu'à se présenter. » Mais personne ne se présentait. La commission revenait le lendemain, toujours inutilement.

Enfin, le pape ayant, par une bulle (13 septembre 1309), ouvert l'instruction du procès contre Boniface, le roi permit, en novembre, que le grand maître du Temple fût amené devant les commissaires[3]. Le vieux chevalier

1. *App.* 71.

2. *App.* 72.

3. « Le même jour, avant lui, le 22 novembre, se présenta devant les évêques un homme en habit séculier, lequel déclara s'appeler Jean de Melos (et non Molay, comme disent Raynouard et Dupuy), avoir été Templier dix ans et avoir quitté l'ordre, quoique, disait-il, il n'y eût vu aucun mal. Il déclarait venir pour faire et dire tout ce qu'on voudrait. Les commissaires lui demandèrent s'il voulait défendre l'ordre, qu'ils étaient prêts à l'entendre bénignement. Il répondit qu'il n'était venu pour autre chose, mais qu'il voudrait bien savoir auparavant

montra d'abord beaucoup de fermeté. Il dit que l'ordre était privilégié du Saint-Siège, et qu'il lui semblait bien étonnant que l'Église romaine voulût procéder subitement à sa destruction, lorsqu'elle avait sursis à la déposition de l'empereur Frédéric II pendant trente-deux ans.

Il dit encore qu'il était prêt à défendre l'ordre, selon son pouvoir ; qu'il se regarderait lui-même comme un misérable, s'il ne défendait un ordre dont il avait reçu tant d'honneur et d'avantages ; mais qu'il craignait de n'avoir pas assez de sagesse et de réflexion, qu'il était prisonnier du roi et du pape, qu'il n'avait pas quatre deniers à dépenser pour la défense, pas d'autre conseil qu'un frère servant ; qu'au reste, la vérité paraîtrait, non seulement par le témoignage des Templiers, mais par celui des rois, princes, prélats, ducs, comtes et barons, dans toutes les parties du monde.

Si le grand maître se portait ainsi pour défenseur de l'ordre, il allait prêter une grande force à la défense et sans doute compromettre le roi. Les commissaires l'engagèrent à délibérer mûrement. Ils lui firent lire sa déposition devant les cardinaux. Cette déposition n'émanait pas directement de lui-même ; par pudeur ou pour tout autre motif, il avait renvoyé les cardinaux à un frère servant qu'il chargeait de parler pour lui. Mais lorsqu'il fut devant la commission, et que les gens d'Église lui lurent à haute voix ces tristes aveux, le vieux chevalier ne put entendre de sang-froid de telles choses dites en face. Il fit le signe de la croix, et dit que si les seigneurs commissaires du pape[1] eussent été autres personnes, il aurait eu quelque chose à leur dire. Les

ce qu'on voulait faire de l'ordre. Et il ajoutait. "Ordonnez de moi ce que vous voudrez ; mais faites-moi donner mes nécessités, car je suis bien pauvre." – Les commissaires voyant à sa figure, à ses gestes et à ses paroles que c'était un homme simple et un esprit faible, ne procédèrent pas plus avant, mais le renvoyèrent à l'évêque de Paris, qui, disaient-ils, l'accueillerait avec bonté et lui ferait donner de la nourriture ». (Process. ms.)

1. M. Raynouard dit les cardinaux, mais à tort.

commissaires répondirent qu'ils n'étaient pas gens à relever un gage de bataille. – « Ce n'est pas là ce que j'entends, dit le grand maître, mais plût à Dieu qu'en tel cas on observât contre les pervers la coutume des Sarrasins et des Tartares ; ils leur tranchent la tête ou les coupent par le milieu. »

Cette réponse fit sortir les commissaires de leur douceur ordinaire. Ils répondirent avec une froide dureté : « Ceux que l'Église trouve hérétiques, elle les juge hérétiques, et abandonne les obstinés au tribunal séculier. »

L'homme de Philippe-le-Bel, Plasian, assistait à cette audience, sans y avoir été appelé. Jacques Molay, effrayé de l'impression que ses paroles avaient produite sur ces prêtres, crut qu'il valait mieux se confier à un chevalier. Il demanda la permission de conférer avec Plasian ; celui-ci l'engagea, en ami, à ne pas se perdre, et le décida à demander un délai jusqu'au vendredi suivant. Les évêques le lui donnèrent, et ils lui en auraient donné davantage de grand cœur[1].

Le vendredi, Jacques reparut, mais tout changé. Sans doute Plasian l'avait travaillé dans sa prison. Quand on lui demanda de nouveau s'il voulait défendre l'ordre, il répondit humblement qu'il n'était qu'un pauvre chevalier illettré ; qu'il avait entendu lire une bulle apostolique où le pape se réservait le jugement des chefs de l'ordre ; que, pour le présent, il ne demandait rien de plus.

On lui demanda expressément s'il voulait défendre l'ordre. Il dit que non ; il priait seulement les commissaires d'écrire au pape qu'il le fît venir au plus tôt devant lui. Il ajoutait avec la naïveté de l'impatience et de la peur : « Je suis mortel, les autres aussi ; nous n'avons à nous que le moment présent. »

Le grand maitre, abandonnant ainsi la défense, lui ôtait

1. *App.* 73.

l'unité et la force qu'elle pouvait recevoir de lui. Il demanda seulement à dire trois mots en faveur de l'ordre. D'abord, qu'il n'y avait nulle église où le service divin se fît plus honorablement que dans celles des Templiers. Deuxièmement, qu'il ne savait nulle religion où il se fît plus d'aumônes qu'en la religion du Temple ; qu'on y faisait trois fois la semaine l'aumône à tout venant. Enfin, qu'il n'y avait, à sa connaissance, nulle sorte de gens qui eussent tant versé de sang pour la foi chrétienne, et qui fussent plus redoutés des infidèles ; qu'à Mansourah, le comte d'Artois les avait mis à l'avant-garde, et que s'il les avait crus...

Alors une voix s'éleva : « Sans la foi, tout cela ne sert de rien au salut. »

Nogaret, qui se trouvait là, prit aussi la parole : « J'ai ouï dire qu'en les chroniques qui sont à Saint-Denis, il était écrit qu'au temps du sultan de Babylone, le maître d'alors et les autres grands de l'ordre avaient fait hommage à Saladin, et que le même Saladin, apprenant un grand échec de ceux du Temple, avait dit publiquement que cela leur était advenu en châtiment d'un vice infâme, et de leur prévarication contre leur loi. »

Le grand maître répondit qu'il n'avait jamais ouï dire pareille chose ; qu'il savait seulement que le grand maître d'alors avait maintenu les trêves, parce qu'autrement il n'aurait pu garder tel ou tel château. Jacques Molay finit par prier humblement les commissaires et le chancelier Nogaret qu'on lui permît d'entendre la messe et d'avoir sa chapelle et ses chapelains. Ils le lui promirent en louant sa dévotion.

Ainsi commençaient en même temps les deux procès du Temple et de Boniface VIII. Ils présentaient l'étrange spectacle d'une guerre indirecte du roi et du pape. Celui-ci, forcé par le roi de poursuivre Boniface, était vengé par les dépositions des Templiers contre la barbarie avec laquelle les gens du roi avaient dirigé les premières procédures. Le roi déshonorait la papauté, le pape déshonorait la royauté. Mais le roi avait la force ; il empêchait les évêques d'envoyer aux commissaires du pape les Templiers prisonniers, et en même temps il poussait sur Avignon des nuées de témoins qu'on lui ramassait en Italie. Le pape, en quelque sorte assiégé par eux, était condamné à entendre les plus effrayantes dépositions contre l'honneur du pontificat.

Plusieurs des témoins s'avouaient infâmes et détaillaient tout au long dans quelles saletés ils avaient trempé en commun avec Boniface[1]. L'une de leurs dépositions les moins dégoûtantes, de celles qu'on peut traduire, c'est que Boniface avait fait tuer son prédécesseur ; il aurait dit à l'un de ces misérables : « Ne reparais pas devant moi avant d'avoir tué Célestin. » Le même Boniface aurait fait un sabbat, un sacrifice au diable. Ce qui est plus vraisemblable dans ce vieux légiste italien, dans ce compatriote de l'Arétin et de Machiavel, c'est qu'il était incrédule, impie et cynique en ses paroles... Des gens ayant peur dans un orage, et disant que c'était la fin du monde, il aurait dit : « Le monde a toujours été et sera toujours.

– Seigneur on assure qu'il y aura une résurrection ?

– Avez-vous jamais vu ressusciter personne ? »

Un homme, lui apportant des figues de Sicile, lui disait : « Si j'étais mort en mon voyage, Christ eût eu pitié de moi. » À quoi Boniface aurait répondu : « Va, je suis bien plus puissant que ton Christ ; moi, je puis donner des royaumes. »

Il parlait de tous les mystères avec une effroyable impiété, il disait de la Vierge : *« Non credo in Mariola ! Mariola ! Mariola ! »* Et ailleurs : « Nous ne croyons plus ni l'ânesse ni l'ânon[2]. »

1. Dupuy.
2. *App.* 74.

Ces bouffonneries ne sont pas bien prouvées. Ce qui l'est mieux et ce qui fut peut-être plus funeste à Boniface, c'est sa tolérance. Un inquisiteur de Calabre avait dit : « Je crois que le pape favorise les hérétiques, car il ne nous permet plus de remplir notre office. » Ailleurs ce sont des moines qui font poursuivre leur abbé pour hérésie ; il est convaincu par l'inquisition. Mais le pape s'en moque : « Vous êtes des idiots, leur dit-il ; votre abbé est un savant homme, et il pense mieux que vous : allez et croyez comme il croit. »

Après tous ces témoignages, il fallut que Clément V endurât face à face l'insolence de Nogaret (16 mars 1310). Il vint en personne à Avignon, mais accompagné de Plasian et d'une bonne escorte de gens armés. Nogaret, ayant pour lui le roi et l'épée, était l'oppresseur de son juge.

Dans les nombreux factums qu'il avait déjà lancés, on trouve la substance de ce qu'il put dire au pape ; c'est un mélange d'humilité et d'insolence, de servilisme monarchique et de républicanisme classique, d'érudition pédantesque et d'audace révolutionnaire. On aurait tort d'y voir un petit Luther. L'amertume de Nogaret ne rappelle pas les belles et naïves colères du bonhomme de Wittemberg, dans lequel il y avait tout ensemble un enfant et un lion ; c'est plutôt la bile amère et recuite de Calvin, cette haine à la quatrième puissance...

Dans son premier factum, Nogaret avait déclaré ne pas lâcher prise. L'action contre l'hérésie, dit-il, ne s'éteint point par la mort, *morte non exstinguitur*. Il demandait que Boniface fût exhumé et brûlé.

En 1318, il veut bien se justifier ; mais c'est qu'il est d'une bonne âme de craindre la faute, même où il n'y a pas faute ; ainsi firent Job, l'Apôtre et saint Augustin... Ensuite, il sait des gens qui, par ignorance, sont scandalisés à cause de lui ; il craint, s'il ne se justifie, que ces gens-là ne se damnent en pensant mal de lui, Nogaret. Voilà pourquoi il supplie, demande, postule et *requiert comme droit,* avec larmes et gémissements, mains jointes, genoux en terre... En cette humble posture, il prononce, en guise de justification, une effroyable invective contre Boniface. Il n'y a pas moins de soixante chefs d'accusation.

Boniface, dit-il encore, ayant décliné le jugement et repoussé la convocation du concile, était, par cela seul, contumace et convaincu. Nogaret n'avait pas une minute à perdre pour accomplir son mandat. À défaut de la puissance ecclésiastique ou civile, il fallait bien que le corps de l'Église fût défendu par un catholique quelconque ; tout catholique est tenu d'exposer sa vie pour l'Église. « Moi donc, Guillaume Nogaret, homme privé, et non pas seulement homme privé, mais chevalier, tenu, par devoir de chevalerie, à défendre la république, il m'était permis, il m'était imposé de résister au susdit tyran pour la vérité du Seigneur. – Item, comme ainsi soit que chacun est tenu de défendre sa patrie, *au point qu'on mériterait récompense si, en cette défense, on tuait son père*[1], il m'était loisible, que dis-je ? obligatoire, de défendre ma patrie, le royaume de France, qui avait à craindre le ravage, le glaive, etc. »

Puis donc que Boniface sévissait contre l'Église et contre lui-même, *more furiosi,* il fallait bien lui lier les pieds et les mains. Ce n'était pas là acte d'ennemi, bien au contraire.

Mais voilà qui est plus fort. C'est Nogaret qui a sauvé la vie à Boniface, et il a encore sauvé un de ses neveux. Il n'a laissé donner à manger au pape que par gens à qui il se fiait. Aussi Boniface délivré lui a donné l'absolution. À Anagni même, Boniface a prêché devant une grande multitude que tout ce qui lui était arrivé par Nogaret ou ses gens lui était venu du Seigneur.

1. « Pro qua defensione si patrem occidat, meritum habet, nec pœnas meretur. » (Dupuy.)

Cependant le procès du Temple avait commencé à grand bruit, malgré la désertion du grand maître. Le 28 mars 1310, les commissaires se firent amener dans le jardin de l'évêché les chevaliers qui déclaraient vouloir défendre l'ordre ; la salle n'eût pu les contenir : ils étaient cinq cent quarante-six. On leur lut en latin les articles de l'accusation. On voulait ensuite les leur lire en français. Mais ils s'écrièrent que c'était bien assez de les avoir entendus en latin, qu'ils ne se souciaient pas que l'on traduisît de pareilles turpitudes en langue vulgaire. Comme ils étaient si nombreux, pour éviter le tumulte, on leur dit de déléguer des procureurs, de nommer quelques-uns d'entre eux qui parleraient pour les autres. Ils auraient voulu parler tous, tant ils avaient repris courage. « Nous aurions bien dû aussi, s'écrièrent-ils, n'être torturés que par procureurs[1]. » Ils déléguèrent pourtant deux d'entre eux, un chevalier, frère Raynaud de Pruin, et un prêtre, frère Pierre de Boulogne, procureur de l'ordre près la cour pontificale. Quelques autres leur furent adjoints.

Les commissaires firent ensuite recueillir par toutes les maisons de Paris qui servaient de prison aux Templiers[2], les dépositions de ceux qui voudraient défendre l'ordre. Ce fut un jour affreux qui pénétra dans les prisons de Philippe-le-Bel. Il en sortit d'étranges voix, les unes fières et rudes, d'autres pieuses, exaltées, plusieurs naïvement douloureuses. Un des chevaliers dit seulement : « Je ne puis pas plaider à moi seul contre le pape et le roi de France[3]. » Quelques-uns remettent pour toute déposition une prière à

1. *App.* 75.

2. Les uns étaient gardés au Temple, les autres à Saint-Martin-des-Champs, d'autres à l'hôtel du comte de Savoie et dans diverses maisons particulières. (Process. ms.)

3. « Respondit quod nolebat litigare cum Dominis papa et rege Franciæ. » (Process. ms.)

la Sainte Vierge : « Marie, étoile des mers, conduis-nous au port du salut[1]... » Mais la pièce la plus curieuse est une protestation en langue vulgaire, où, après avoir soutenu l'innocence de l'ordre, les chevaliers nous font connaître leur humiliante misère, le triste calcul de leurs dépenses[2]. Étranges détails et qui font un cruel contraste avec la fierté et la richesse tant célébrée de cet ordre !... Les malheureux, sur leur pauvre paye de douze deniers par jour, étaient obligés de payer le passage de l'eau pour aller subir leurs interrogatoires dans la Cité, et de donner encore de l'argent à l'homme qui ouvrait ou rivait leurs chaînes.

Enfin les défenseurs présentèrent un acte solennel au nom de l'ordre. Dans cette protestation singulièrement forte et hardie, ils déclarent ne pouvoir se défendre sans le grand maître, ni autrement que devant le concile général. Ils soutiennent « que la Religion du Temple est sainte, pure et immaculée devant Dieu et son Père[3]. L'institution régulière, l'observance salutaire, y ont *toujours* été, y sont *encore* en vigueur. Tous les frères n'ont qu'une profession de foi qui dans tout l'univers a été, est *toujours observée de tous*, depuis la fondation jusqu'au jour présent. Et qui dit ou croit autrement, erre totalement, pèche mortellement ». C'était une affirmation bien hardie de soutenir que *tous* étaient restés fidèles aux règles de la fondation primitive ; qu'il n'y avait eu nulle déviation, nulle corruption. Lorsque le juste pèche sept fois par jour, cet ordre superbe se trouvait pur et sans péché. Un tel orgueil faisait frémir.

Ils ne s'en tenaient pas là. Ils demandaient que les frères apostats fussent mis sous bonne garde jusqu'à ce qu'il apparût s'ils avaient porté un vrai témoignage.

1. *App.* 76.
2. *App.* 77.
3. *App.* 78.

Ils auraient voulu encore qu'aucun laïque n'assistât aux interrogatoires. Nul doute en effet que la présence d'un Plasian, d'un Nogaret, n'intimidât les accusés et les juges.

Ils finissent par dire que la commission pontificale ne peut aller plus avant : « Car enfin nous ne sommes pas en lieu sûr ; nous sommes et avons toujours été au pouvoir de ceux qui suggèrent des choses fausses au seigneur roi. Tous les jours, par eux ou par d'autres, de vive voix, par lettres ou messages, ils nous avertissent de ne pas rétracter les fausses dépositions qui ont été arrachées par la crainte ; qu'autrement nous serons brûlés[1]. »

Quelques jours après, nouvelle protestation, mais plus forte encore, moins apologétique que menaçante et accusatrice. « Ce procès, disent-ils, a été soudain, violent, inique et injuste ; ce n'est que violence atroce, intolérable erreur... Dans les prisons et les tortures, beaucoup et beaucoup sont morts ; d'autres en resteront infirmes pour leur vie ; plusieurs ont été contraints de mentir contre eux-mêmes et contre leur ordre. Ces violences et ces tourments leur ont totalement enlevé le libre arbitre, c'est-à-dire tout ce que l'homme peut avoir de bon. Qui perd le libre arbitre, perd tout bien, science, mémoire et intellect[2]... Pour les pousser au mensonge, au faux témoignage, on leur montrait des lettres où pendait le sceau du roi, et qui leur garantissaient la conservation de leurs membres, de la vie, de la liberté ; on promettait de pourvoir soigneusement à ce qu'ils eussent de bons revenus pour leur vie ; on leur assurait d'ailleurs que l'ordre était condamné sans remède... »

Quelque habitué que l'on fût alors à la violence des procédures inquisitoriales, à l'immoralité des moyens employés communément pour faire parler les accusés, il était impos-

1. « ... Quia si recesserunt, prout dicunt, comburentur omnino. »
2. Dupuy.

sible que de telles paroles ne soulevassent les cœurs ! Mais ce qui en disait plus que toutes les paroles, c'était le pitoyable aspect des prisonniers, leur face pâle et amaigrie, les traces hideuses des tortures... L'un d'eux, Humbert Dupuy, le quatorzième témoin, avait été torturé trois fois, retenu trente-six semaines au fond d'une tour infecte, au pain et à l'eau. Un autre avait été pendu par les parties génitales. Le chevalier Bernard Dugué (de Vado), dont on avait tenu les pieds devant un feu ardent, montrait deux os qui lui étaient tombés des talons.

C'étaient là de cruels spectacles. Les juges mêmes, tout légistes qu'ils étaient, et sous leur sèche robe de prêtre, étaient émus et souffraient. Combien plus le peuple, qui chaque jour voyait ces malheureux passer l'eau en barque, pour se rendre dans la Cité, au palais épiscopal, où siégeait la Commission ! L'indignation augmentait contre les accusateurs, contre les Templiers apostats. Un jour, quatre de ces derniers se présentent devant la commission, gardant encore la barbe, mais portant leurs manteaux à la main. Ils les jettent aux pieds des évêques, et déclarent qu'ils renoncent à l'habit du Temple. Mais les juges ne les virent qu'avec dégoût ; ils leur dirent qu'ils fissent dehors ce qu'ils voudraient.

Le procès prenait une tournure fâcheuse pour ceux qui l'avaient commencé avec tant de précipitation et de violence. Les accusateurs tombaient peu à peu à la situation d'accusés. Chaque jour les dépositions de ceux-ci révélaient les barbaries, les turpitudes de la première procédure. L'intention du procès devenait visible. On avait tourmenté un accusé pour lui faire dire à combien montait le trésor rapporté de la terre sainte. Un trésor était-il un crime, un titre d'accusation ?

Quand on songe au grand nombre d'affiliés que le Temple avait dans le peuple, aux relations des chevaliers avec la noblesse dont ils sortaient tous, on ne peut douter que le roi ne fût effrayé de se voir engagé si avant. Le but honteux, les moyens atroces, tout avait été démasqué. Le peuple, troublé et inquiet dans sa croyance depuis la tragédie de Boniface VIII, n'allait-il pas se soulever? Dans l'émeute des monnaies, le Temple avait été assez fort pour protéger Philippe-le-Bel; aujourd'hui tous les amis du Temple étaient contre lui...

Ce qui aggravait encore le danger, c'est que dans les autres contrées de l'Europe[1] les décisions des conciles étaient favorables aux Templiers. Ils furent déclarés innocents, le 17 juin 1310 à Ravenne, le 1er juillet à Mayence, le 21 octobre à Salamanque. Dès le commencement de l'année, on pouvait prévoir ces jugements et la dangereuse réaction qui s'ensuivrait à Paris. Il fallait la prévenir, se réfugier dans l'audace. Il fallait à tout prix prendre en main le procès, le brusquer, l'étouffer.

Au mois de février 1310, le roi s'était arrangé avec le pape. Il avait déclaré s'en remettre à lui pour le jugement de Boniface VIII. En avril, il exigea en retour que Clément nommât à l'archevêché de Sens le jeune Marigni, frère du fameux Enguerrand, vrai roi de France sous Philippe-le-Bel. Le 10 mai, l'archevêque de Sens assemble à Paris un concile provincial, et y fait paraître les Templiers. Voilà deux tribunaux qui jugent en même temps les mêmes accusés, en vertu de deux bulles du pape. La commission alléguait la bulle qui lui attribuait le jugement[2]. Le concile s'en rapportait à la bulle précédente, qui avait rendu aux juges

1. Le roi d'Angleterre s'était d'abord déclaré assez hautement pour l'ordre; soit par sentiment de justice, soit par opposition à Philippe-le-Bel, il avait écrit, le 4 décembre 1307, aux rois de Portugal, de Castille, d'Aragon et de Sicile, en faveur des Templiers, les conjurant de ne point ajouter foi à tout ce que l'on débitait contre eux en France. (Dupuy.)

2. *App.* 79.

ordinaires leurs pouvoirs, d'abord suspendus. Il ne reste point d'acte de ce concile, rien que le nom de ceux qui siégèrent et le nombre de ceux qu'ils firent brûler.

Le 10 mai, le dimanche, jour où la commission était assemblée, les défenseurs de l'ordre s'étaient présentés devant l'archevêque de Narbonne et les autres commissaires pontificaux pour porter appel. L'archevêque de Narbonne répondit qu'un tel appel ne regardait ni lui ni ses collègues ; qu'ils n'avaient pas à s'en mêler, puisque ce n'était pas de leur tribunal que l'on appelait ; que s'ils voulaient parler pour la défense de l'ordre, on les entendrait volontiers.

Les pauvres chevaliers supplièrent qu'au moins on les menât devant le concile pour y porter leur appel, en leur donnant deux notaires qui en dresseraient acte authentique ; ils priaient la commission, ils priaient même les notaires présents. Dans leur appel qu'ils lurent ensuite, ils se mettaient sous la protection du pape, dans les termes les plus pathétiques. « Nous réclamons les saints Apôtres, nous les réclamons encore une fois, c'est avec la dernière instance que nous les réclamons. » Les malheureuses victimes sentaient déjà les flammes, et se serraient à l'autel qui ne pouvait les protéger.

Tout le secours que leur avait ménagé ce pape sur lequel ils comptaient, et dont ils se recommandaient comme de Dieu, fut une timide et lâche consultation, où il avait essayé d'avance d'interpréter le mot de *relaps*, dans le cas où l'on voudrait appliquer ce nom à ceux qui avaient rétracté leurs aveux : « Il semble en quelque sorte contraire à la raison de juger de tels hommes comme relaps... En telles choses douteuses, il faut restreindre et modérer les peines. »

Les commissaires pontificaux n'osèrent faire valoir cette consultation. Ils répondirent, le dimanche soir, qu'ils éprouvaient grande compassion pour les défenseurs de l'ordre et les autres frères ; mais que l'affaire dont s'occupait l'archevêque de Sens et ses suffragants était tout autre que la leur ; qu'ils ne savaient ce qui se faisait dans ce concile ; que si la commission était autorisée par le Saint-Siège, l'archevêque de Sens l'était aussi ; que l'une n'avait nulle autorité sur l'autre ; *qu'au premier coup d'œil* ils ne voyaient rien à objecter à l'archevêque de Sens ; que toutefois ils aviseraient.

Pendant que les commissaires avisaient, ils apprirent que cinquante-quatre Templiers allaient être brûlés. Un jour avait suffi pour éclairer suffisamment l'archevêque de Sens et ses suffragants. Suivons pas à pas le récit des notaires de la commission pontificale, dans sa simplicité, terrible.

« Le mardi 12, pendant l'interrogatoire du frère Jean Bertaud[1], il vint à la connaissance des commissaires que cinquante-quatre Templiers allaient être brûlés[2]. Ils chargèrent le prévôt de l'église de Poitiers et l'archidiacre d'Orléans, clerc du roi, d'aller dire à l'archevêque de Sens et à ses suffragants de délibérer mûrement et de différer, attendu que les frères morts en prison affirmaient, disait-on, sur le péril de leurs âmes, qu'ils étaient faussement accusés. Si cette exécution avait lieu, elle empêcherait les commissaires de procéder en leur office, les accusés étant tellement effrayés qu'ils semblaient hors de sens. En outre, l'un des commissaires les chargea de signifier à l'archevêque que frère Raynaud de Pruin, Pierre de Boulogne, prêtre, Guillaume de Chambonnet et Bertrand de Sartiges, chevaliers, avaient interjeté certain appel par-devant les commissaires. »

Il y avait là une grave question de juridiction. Si le concile et l'archevêque de Sens reconnaissaient la validité

1. Nom presque illisible dans le texte. La main tremble évidemment. Plus haut, le notaire a bien écrit : Bertaldi.

2. « Quod LIIII ex Templariis... erant dicta die comburendi... » [Proces. ms., folio 72 (feuille coupée par la moitié)].

d'un appel porté devant la commission papale, ils avouaient la supériorité de ce tribunal, et les libertés de l'Église gallicane étaient compromises. D'ailleurs sans doute les ordres du roi pressaient ; le jeune Marigni, créé archevêque tout exprès, n'avait pas le temps de disputer. Il s'absenta pour ne pas recevoir les envoyés de la Commission ; puis quelqu'un (on ne sait qui) révoqua en doute qu'ils eussent parlé au nom de la commission ; Marigni douta aussi, et l'on passa outre[1].

Les Templiers, amenés le dimanche devant le concile, avaient été jugés le lundi ; les uns, qui avouaient, mis en liberté ; d'autres, qui avaient toujours nié, emprisonnés pour la vie ; ceux qui rétractaient leurs aveux, déclarés relaps. Ces derniers, au nombre de cinquante-quatre, furent dégradés le même jour par l'évêque de Paris et livrés au bras séculier. Le mardi, ils furent brûlés à la porte Saint-Antoine. Ces malheureux avaient varié dans les prisons, mais ils ne varièrent point dans les flammes, ils protestèrent jusqu'au bout de leur innocence. La foule était muette et comme stupide d'étonnement[2].

Qui croirait que la commission pontificale eut le cœur de s'assembler le lendemain, de continuer cette inutile procédure, d'interroger pendant qu'on brûlait ?

« Le mardi 13 mai, par-devant les commissaires, fut amené frère Aimeri de Villars-le-Duc, barbe rase, sans manteau, ni habit du Temple, âgé, comme il disait, de cinquante ans, ayant été environ huit années dans l'ordre comme frère servant, et vingt comme chevalier. Les seigneurs commissaires lui expliquèrent les articles sur lesquels il devait être interrogé. Mais ledit témoin, pâle et

1. *App.* 80.

2. « Constanter et perseveranter in abnegatione communi perstiterunt... non absque multa admiratione stuporeque vehementi. » (Contin. G. de Nang.)

tout épouvanté[1], déposant sous serment et au péril de son âme, demandant, s'il mentait, à mourir subitement, et à être, d'âme et de corps, en présence même de la commission, soudain englouti en enfer, se frappant la poitrine des poings, fléchissant les mains vers l'autel, dit que toutes les erreurs imputées à l'ordre étaient de toute fausseté, quoiqu'il en eût confessé quelques-unes au milieu des tortures auxquelles l'avaient soumis Guillaume de Marcillac et Hugues de Celles, chevaliers du roi. Il ajoutait pourtant qu'*ayant vu emmener sur des charrettes, pour être brûlés, cinquante-quatre frères de l'ordre,* qui n'avaient pas voulu confesser lesdites erreurs, et AYANT ENTENDU DIRE QU'ILS AVAIENT ÉTÉ BRÛLÉS, lui qui craignait, s'il était brûlé, de n'avoir pas assez de force et de patience, il était prêt à confesser et jurer par crainte, devant les commissaires ou autres, toutes les erreurs imputées à l'ordre, à dire même, si l'on voulait, *qu'il avait tué Notre-Seigneur*... Il suppliait et conjurait lesdits commissaires et nous, notaires présents, de ne point révéler aux gens du roi ce qu'il venait de dire, craignant, disait-il, que s'ils en avaient connaissance, il ne fût livré au même supplice que les cinquante-quatre Templiers... – Les commissaires, voyant le péril qui menaçait les déposants s'ils continuaient à les entendre pendant cette terreur, et mus encore par d'autres causes, résolurent de surseoir pour le présent.»

La commission semble avoir été émue de cette scène terrible. Quoiqu'affaiblie par la désertion de son président, l'archevêque de Narbonne, et de l'évêque de Bayeux, qui ne venaient plus aux séances, elle essaya de sauver, s'il en était encore temps, les trois principaux défenseurs.

«Le lundi 18 mai, les commissaires pontificaux chargèrent le prévôt de l'église de Poitiers et l'archidiacre d'Orléans d'aller trouver de leur part le vénérable père en

1. *App.* 81.

Dieu le seigneur archevêque de Sens et ses suffragants, pour réclamer les défenseurs, Pierre de Boulogne, Guillaume de Chambonnet et Bertrand de Sartiges, de sorte qu'ils pussent être amenés sous bonne garde toutes les fois qu'ils le demanderaient, pour la défense de l'ordre. » Les commissaires avaient bien soin d'ajouter « qu'ils ne voulaient faire aucun empêchement à l'archevêque de Sens et à son concile, mais seulement décharger leur conscience.

« Le soir, les commissaires se réunirent à Sainte-Geneviève, dans la chapelle de Saint-Éloi, et reçurent des chanoines qui venaient de la part de l'archevêque de Sens. L'archevêque répondait qu'il y avait deux ans que le procès avait été commencé contre les chevaliers ci-dessus nommés, comme membres particuliers de l'ordre, qu'il voulait le terminer selon la forme du mandat apostolique. Que du reste il n'entendait aucunement troubler les commissaires en leur office[1]. » Effroyable dérision !

« Les envoyés de l'archevêque de Sens s'étant retirés, on amena devant les commissaires Raynaud de Pruin, Chambonnet et Sartiges, lesquels annoncèrent qu'on avait séparé d'eux Pierre de Boulogne sans qu'ils sussent pourquoi, ajoutant qu'ils étaient gens simples, sans expérience, d'ailleurs stupéfaits et troublés, en sorte qu'ils ne pouvaient rien ordonner ni dicter pour la défense de l'ordre sans le conseil dudit Pierre. C'est pourquoi ils suppliaient les commissaires de le faire venir, de l'entendre, et de savoir comment et pourquoi il avait été retiré d'eux, et s'il voulait persister dans la défense de l'ordre ou l'abandonner. Les commissaires ordonnèrent au prévôt de Poitiers et à Jehan de Teinville, que le lendemain au matin ils amenassent ledit frère en leur présence. »

Le lendemain, on ne voit pas que Pierre de Boulogne ait

1. *App.* 82.

comparu. Mais une foule de Templiers vinrent déclarer qu'ils abandonnaient la défense. Le samedi, la commission, délaissée encore par un de ses membres, s'ajourna au 3 novembre suivant.

À cette époque, les commissaires étaient moins nombreux encore. Ils se trouvaient réduits à trois. L'archevêque de Narbonne avait quitté Paris *pour le service du roi.* L'évêque de Bayeux était près du pape *de la part du roi.* L'archidiacre de Maguelone était malade. L'évêque de Limoges s'était mis en route pour venir, *mais le roi lui avait fait dire* qu'il fallait surseoir encore jusqu'au prochain parlement[1]. Les membres présents firent pourtant demander à la porte de la salle si quelqu'un avait quelque chose à dire pour l'ordre du Temple. Personne ne se présenta.

Le 27 décembre, les commissaires reprirent les interrogatoires et redemandèrent les deux principaux défenseurs de l'ordre. Mais le premier de tous, Pierre de Boulogne, avait disparu. Son collègue, Raynaud de Pruin, ne pouvait plus répondre, disait-on, ayant été dégradé par l'archevêque de Sens. Vingt-six chevaliers, qui déjà avaient fait serment comme devant déposer, furent retenus par les gens du roi, et ne purent se présenter.

C'est une chose admirable qu'au milieu de ces violences, et dans un tel péril, il se soit trouvé un certain nombre de chevaliers pour soutenir l'innocence de l'ordre ; mais ce courage fut rare. La plupart étaient sous l'impression d'une profonde terreur[2].

1. « Intellecto per litteras regias quod non expediebat. »

2. On peut en juger par la déposition de Jean de Pollencourt, le trente-septième déposant. Il déclare d'abord s'en tenir à ses premiers aveux. Les commissaires, le voyant tout pâle et tout effrayé, lui disent de ne songer qu'à dire la vérité et à sauver son âme ; qu'il ne court aucun péril à dire la vérité devant eux ; qu'ils ne révéleront pas ses paroles, ni eux, ni les notaires présents. Alors il révoque sa déposition, et déclare même s'en être confessé à un frère mineur, qui lui a enjoint de ne plus porter de faux témoignages.

La perte des Templiers était partout poursuivie avec acharnement dans les conciles provinciaux[1] ; neuf Chevaliers venaient encore d'être brûlés à Senlis. Les interrogatoires avaient lieu sous la terreur des exécutions. Le procès était étouffé dans les flammes... La commission continua ses séances jusqu'au 11 juin 1311. Le résultat de ses travaux est consigné dans un registre[2], qui finit par ces paroles : « Pour surcroît de précaution, nous avons déposé ladite procédure, rédigée par les notaires en acte authentique, dans le trésor de Notre-Dame de Paris, pour n'être exhibée à personne que sur lettres spéciales de Votre Sainteté. »

Dans tous les États de la chrétienté, on supprima l'ordre comme inutile ou dangereux. Les rois prirent les biens ou les donnèrent aux autres ordres. Mais les individus furent ménagés. Le traitement le plus sévère qu'ils éprouvèrent fut d'être emprisonnés dans des monastères, souvent dans leurs propres couvents. C'est l'unique peine à laquelle on condamna en Angleterre les chefs de l'ordre qui s'obstinaient à nier.

Les Templiers furent condamnés en Lombardie et en Toscane, justifiés à Ravenne et à Bologne[3]. En Castille, on les jugea innocents. Ceux d'Aragon, qui avaient des places fortes, s'y jetèrent et firent résistance, principalement dans leur fameux fort de Moncon[4]. Le roi d'Aragon emporta ces forts, et ils n'en furent pas plus mal traités. On créa l'ordre

1. Aux conciles de Sens, Senlis, Reims, Rouen, etc., et devant les évêques d'Amiens, Cavaillon, Clermont, Chartres, Limoges, Puy, Mans, Mâcon, Maguelone, Levers, Orléans, Périgord, Poitiers, Rodez, Saintes, Soissons, Toul, Tours, etc.

2. *App.* 83.

3. Mayence, 1er juillet ; Ravenne, 17 juin ; Salamanque, 21 octobre 1310. Les Templiers d'Allemagne se justifièrent à la manière des francs-juges westphaliens. Ils se présentèrent en armes par-devant les archevêques de Mayence et de Trèves, affirmèrent leur innocence, tournèrent le dos au tribunal, et s'en allèrent paisiblement. *App.* 84.

4. *Monsgaudii*, la Montagne de la joie.

de Monteza, où ils entrèrent en foule. En Portugal, ils recrutèrent les ordres d'Avis et du Christ. Ce n'était pas dans l'Espagne, en face des Maures, sur la terre classique de la croisade, qu'on pouvait songer à proscrire les vieux défenseurs de la chrétienté[1].

La conduite des autres princes, à l'égard des Templiers, faisait la satire de Philippe-le-Bel. Le pape blâma cette douceur ; il reprocha aux rois d'Angleterre, de Castille, d'Aragon et de Portugal de n'avoir pas employé les tortures. Philippe l'avait endurci, soit en lui donnant part aux dépouilles, soit en lui abandonnant le jugement de Boniface. Le roi de France s'était décidé à céder quelque peu sur ce dernier point. Il voyait tout remuer autour de lui. Les États sur lesquels il étendait son influence semblaient près d'y échapper. Les barons anglais voulaient renverser le gouvernement des favoris d'Édouard II, qui les tenait humiliés devant la France. Les Gibelins d'Italie appelaient le nouvel empereur, Henri de Luxembourg, pour détrôner le petit-fils de Charles d'Anjou, le roi Robert, grand clerc et pauvre roi, qui n'était habile qu'en astrologie. La maison de France risquait de perdre son ascendant dans la chrétienté. L'Empire, qu'on avait cru mort, menaçait de revivre. Dominé par ces craintes, Philippe permit à Clément de déclarer que Boniface n'était point hérétique[2], en assurant toutefois que le roi avait agi sans malignité, qu'il eût plutôt, comme un autre Sem, caché la honte, la nudité paternelle... Nogaret lui-même est absous, à condition qu'il ira à la croisade (s'il y a croisade), et qu'il servira toute sa vie à la terre sainte ; en attendant, il fera tel et tel pèlerinage. Le continuateur de Nangis ajoute malignement une autre condition, c'est que Nogaret fera le pape son héritier.

1. *App.* 85.
2. *App.* 86.

Il y eut ainsi compromis. Le roi cédant sur Boniface, le pape lui abandonna les Templiers. Il livrait les vivants pour sauver un mort. Mais ce mort était la papauté elle-même.

Ces arrangements faits en famille, il restait à les faire approuver par l'Église. Le concile de Vienne s'ouvrit le 16 octobre 1312, concile œcuménique, où siégèrent plus de trois cents évêques ; mais il fut plus solennel encore par la gravité des matières que par le nombre des assistants.

D'abord on devait parler de la délivrance des saints lieux. Tout concile en parlait, chaque prince prenait la croix, et tous restaient chez eux. Ce n'était qu'un moyen de tirer de l'argent[1].

Le concile avait à régler deux grandes affaires : celle de Boniface, et celle du Temple. Dès le mois de novembre, neuf chevaliers se présentèrent aux prélats, s'offrant bravement à défendre l'ordre, et déclarant que quinze cents ou deux mille des leurs étaient à Lyon ou dans les montagnes voisines, tout prêts à les soutenir. Effrayé de cette déclaration, ou plutôt de l'intérêt qu'inspirait le dévouement des neuf, le pape les fit arrêter[2].

Dès lors il n'osa plus rassembler le concile. Il tint les évêques inactifs tout l'hiver, dans cette ville étrangère, loin de leur pays et de leurs affaires, espérant sans doute les vaincre par l'ennui et les pratiquant un à un.

Le concile avait encore un objet, la répression des mystiques, béghards et franciscains *spirituels*. Ce fut une triste chose de voir devant le pape de Philippe-le-Bel, aux genoux de Bertrand de Gott, le pieux et enthousiaste Ubertino, le premier auteur connu d'une Imitation de Jésus-Christ[3].

1. *App.* 87.

2. Voy. la lettre de Clément V au roi de France, 11 nov. 1311.

3. L'*Imitation de Jésus-Christ* est le sujet commun d'une foule de livres au quatorzième siècle. Le livre que nous connaissons sous ce titre est venu le dernier ; c'est le plus raisonnable de tous, mais non peut-être le plus éloquent. *App.* 88.

Toute la grâce qu'il demandait pour lui et ses frères, les Franciscains réformés, c'était qu'on ne les forçât pas de rentrer dans les couvents trop relâchés, trop riches, où ils ne se trouvaient pas assez pauvres à leur gré.

L'Imitation pour ces mystiques, c'était la charité et la pauvreté. Dans l'ouvrage le plus populaire de ce temps, dans la *Légende dorée,* un saint donne tout ce qu'il a, sa chemise même ; il ne garde que son Évangile. Mais un pauvre survenant encore, le saint donne l'Évangile...[1].

La pauvreté, sœur de la charité, était alors l'idéal des Franciscains[2]. Ils aspiraient à ne rien posséder. Mais cela n'est pas si facile que l'on croit. Ils mendiaient, ils recevaient ; le pain même reçu pour un jour, n'est-ce pas une possession ? Et quand les aliments étaient assimilés, mêlés à leur chair, pouvait-on dire qu'ils ne fussent à eux ?... Plusieurs s'obstinaient à le nier[3]. Bizarre effort pour échapper vivant aux conditions de la vie.

Cela pouvait paraître ou sublime ou risible ; mais au premier coup d'œil, on n'en voyait pas le danger. Cependant, faire de la pauvreté absolue la loi de l'homme, n'était-ce pas condamner la propriété ? précisément comme, à la même époque, les doctrines de fraternité idéale et d'amour sans borne annulaient le mariage, cette autre base de la société civile.

À mesure que l'autorité s'en allait, que le prêtre tombait dans l'esprit des peuples, la religion, n'étant plus contenue dans les formes, se répandait en mysticisme[4].

Les *Petits Frères* (fraticelli) mettaient en commun les

1. *App.* 89.

2. Dante célèbre le mariage de la pauvreté et de saint François. Ubertino dit ce mot : « La lampe de la foi, la pauvreté... »

3. *App.* 90.

4. Ceux qu'on avait nommés les priants (beghards) défendaient la prière comme inutile : « Où est l'esprit, disaient-ils, là est la liberté. » *App.* 91.

biens et les femmes. À l'aurore de l'âge de charité, disaient-ils, on ne pouvait rien garder pour soi. Dans l'Italie, où l'imagination est impatiente, au Piémont, pays d'énergie, ils entreprirent de fonder sur une montagne[1] la première cité vraiment fraternelle. Ils y soutinrent un siège, sous leur chef, le brave et éloquent Dulcino. Sans doute, il y avait quelque chose en cet homme : lorsqu'il fut pris et déchiré avec des tenailles ardentes, sa belle Margareta refusa tous les chevaliers qui voulaient la sauver en l'épousant, et aima mieux partager cet effroyable supplice.

Les femmes tiennent une grande place dans l'histoire de la religion à cette époque. Les grands saints sont des femmes : sainte Brigitte et sainte Catherine de Sienne. Les grands hérétiques sont aussi des femmes. En 1310, en 1315, on voit, selon le Continuateur de Nangis, des femmes d'Allemagne ou des Pays-Bas enseigner que l'âme, anéantie dans l'amour du Créateur peut laisser faire le corps, sans plus s'en soucier. Déjà (1300) une Anglaise était venue en France, persuadée qu'elle était le Saint-Esprit incarné pour la rédemption des femmes ; on la croyait volontiers ; elle était belle et de doux langage[2].

Le mysticisme des Franciscains n'était guère moins alarmant[3]. Le pape devait condamner leur trop rigoureuse

1. Montagne appelée depuis Monte Gazari. Il y vint beaucoup de croisés de Verceil et de Novare, de toute la Lombardie, de Vienne, de Savoie, de Provence et de France. Des femmes se cotisèrent et envoyèrent cinq cents « balistarii » contre ces hérétiques. (Benv. d'Imola.)

2. *App.* 92.

3. Eux aussi avaient prêché que l'âge d'amour commençait. Depuis la venue du Christ jusqu'à son retour devaient s'écouler sept âges, « le sixième, âge de rénovation évangélique, d'extirpation de la secte antichrétienne sous les pauvres volontaires, ne possédant rien en cette vie. Cet âge avait commencé à saint François, l'homme séraphique, l'ange du sixième sceau de l'Apocalypse. » – Il semblait qu'il fût comme une nouvelle incarnation de Jésus (Jesus Franciscum generans), et sa règle comme un nouvel Évangile. (Ubertino.)

logique, leur charité, leur pauvreté absolue. L'idéal devait être condamné, l'idéal des vertus chrétiennes !

Chose dure et odieuse à dire ! combien plus choquante encore, quand la condamnation partait de la bouche d'un Clément V ou d'un Jean XXII. Quelque morte que pût être la conscience de ces papes, ne devaient-ils pas se troubler et souffrir en eux-mêmes, quand il leur fallait juger, proscrire, ces malheureux sectaires, cette folle sainteté, dont tout le crime était de vouloir être pauvres, de jeûner, de pleurer d'amour, de s'en aller pieds nus par le monde, de jouer, innocents comédiens, le drame suranné de Jésus[1] ?

L'affaire des Templiers fut reprise au printemps. Le roi mit la main sur Lyon, leur asile. Les bourgeois l'avaient appelé contre leur archevêque ; cette ville impériale était délaissée de l'Empire, et elle convenait trop bien au roi, non seulement comme le nœud de la Saône et du Rhône, la pointe de la France à l'est, la tête de route vers les Alpes ou la Provence, mais surtout comme asile de mécontents, comme nid d'hérétiques. Philippe y tint une assemblée de notables. Puis il vint au concile avec ses fils, ses princes et un grand cortège de gens armés ; il siégea à côté du pape, un peu au-dessous.

Jusque-là, les évêques s'étaient montrés peu dociles : ils s'obstinaient à vouloir entendre la défense des Templiers. Les prélats d'Italie, moins un seul ; ceux d'Espagne, ceux d'Allemagne et de Danemark ; ceux d'Angleterre, d'Écosse et d'Irlande ; les Français même, sujets de Philippe (sauf les

1. Ubertino, dans son désir de *représenter* l'Évangile, assure qu'il en avait senti et revêtu spirituellement tous les personnages, qu'il se figurait être, tantôt le serviteur ou le frère du Sauveur, tantôt le bœuf, l'âne ou le foin, quelquefois le petit Jésus. Il assistait au supplice, se croyant la pécheresse Madeleine ; puis il devenait Jésus sur la croix et criant à son Père. Enfin l'esprit l'enlevait dans la gloire de l'Ascension.

archevêques de Reims, de Sens et de Rouen), déclarèrent qu'ils ne pouvaient condamner sans entendre[1].

Il fallut donc qu'après avoir assemblé le concile, le pape s'en passât. Il assembla ses évêques les plus sûrs, et quelques cardinaux, et dans ce consistoire il abolit l'ordre, de son autorité pontificale[2]. L'abolition fut prononcée ensuite en présence du roi et du concile. Aucune réclamation ne s'éleva.

Il faut avouer que ce procès n'était pas de ceux qu'on peut juger. Il embrassait l'Europe entière; les dépositions étaient par milliers, les pièces innombrables; les procédures avaient différé dans les différents États. La seule chose certaine, c'est que l'ordre était désormais inutile, et de plus dangereux. Quelque peu honorables qu'aient été ses secrets motifs, le pape agit sensément. Il déclare, dans sa bulle explicative, que les informations ne sont pas assez sûres, qu'il n'a pas le droit de juger, mais que l'ordre est suspect: *ordinem valde suspectum*[3] Clément XIV n'agit pas autrement à l'égard des Jésuites.

Clément V s'efforça ainsi de couvrir l'honneur de l'Église. Il falsifia secrètement les registres de Boniface[4], mais il ne révoqua par-devant le concile qu'une seule de ses bulles *(Clericis laïcos)*, celle qui ne touchait point la doctrine, mais qui empêchait le roi de prendre l'argent du clergé.

Ainsi, ces grandes querelles d'idées et de principes retombèrent aux questions d'argent. Les biens du Temple

1. Walsingham.

2. La plupart des historiens ont cru que l'ordre avait été jugé par le concile; la bulle d'abolition n'a été imprimée pour la première fois que trois siècles après, en 1606. *App.* 93.

3. *App.* 94.

4. On trouve aujourd'hui en blanc, dans ces registres, les pages qui ont été raturées très adroitement.

devaient être employés à la délivrance de la terre sainte et donnés aux Hospitaliers[1]. On accusa même cet ordre d'avoir acheté l'abolition du Temple. S'il le fit, il fut bien trompé. Un historien assure qu'il en fut bientôt appauvri. Jean XXII se plaignait, en 1316, de ce que le roi se payait de la garde des Templiers en saisissant les biens mêmes des Hospitaliers[2]. En 1317, ils furent trop heureux de donner quittance finale aux administrateurs royaux des biens du Temple. Le pape s'affligeait, en 1309, de n'avoir encore qu'un peu de mobilier, *pas même de quoi couvrir les frais.* Mais il n'eut pas finalement à se plaindre[3].

Restait une triste partie de la succession du Temple, la plus embarrassante. Je parle des prisonniers que le roi gardait à Paris, particulièrement du grand maître. Écoutons, sur ce tragique événement, le récit de l'historien anonyme, du continuateur de Guillaume de Nangis :

« Le grand maître du ci-devant ordre du Temple et trois autres Templiers, le Visitateur de France, les maîtres de Normandie et d'Aquitaine, sur lesquels le pape s'était réservé de prononcer définitivement[4], comparurent par-devant l'archevêque de Sens, et une assemblée d'autres prélats et docteurs en droit divin et en droit canon, convoqués spécialement dans ce but à Paris sur l'ordre du pape, par l'évêque d'Albano et deux autres cardinaux légats. Comme les quatre susdits avouaient les crimes dont ils étaient chargés, publiquement et solennellement, et qu'ils

1. Cependant en Aragon, Jean XXII, à la requête du roi, applique les biens du Temple, non aux Hospitaliers, mais au nouvel ordre de Monteza (monastère fortifié du royaume de Valence, dépendance de Calatrava).

2. *App.* 95.

3. « Modica bona mobilia... quæ ad sumptus et expensas... sufficere minime potuerunt. » Avignon, mai 1309. – Cependant le roi de Naples Charles II lui avait cédé la moitié des meubles que les Templiers possédaient en Provence.

4. « ... Personas reservatas ut nosti... vivæ vocis oraculo... » (1310, nov., *Archives.*)

persévéraient dans cet aveu et paraissaient vouloir y persévérer jusqu'à la fin, après mûre délibération du conseil, sur la place du parvis de Notre-Dame, le lundi après la Saint-Grégoire, ils furent condamnés à être emprisonnés pour toujours et murés. Mais comme les cardinaux croyaient avoir mis fin à l'affaire, voilà que tout à coup, sans qu'on pût s'y attendre, deux des condamnés, le maître d'Outremer et le maître de Normandie, se défendant opiniâtrement contre le cardinal qui venait de parler et contre l'archevêque de Sens, en reviennent à renier leur confession et tous leurs aveux précédents, sans garder de mesure, au grand étonnement de tous. Les cardinaux les remirent au prévôt de Paris, qui se trouvait présent, pour les garder jusqu'à ce qu'ils en eussent plus pleinement délibéré le lendemain. Mais dès que le bruit en vint aux oreilles du roi, qui était alors dans son palais royal, ayant communiqué avec les siens, *sans appeler les clercs,* par un avis prudent, vers le soir du même jour, il les fit brûler tous deux sur le même bûcher dans une petite île de la Seine, entre le jardin royal et l'église des Frères Ermites de Saint-Augustin. Ils parurent soutenir les flammes avec tant de fermeté et de résolution, que la constance de leur mort et leurs dénégations finales frappèrent la multitude d'admiration et de stupeur. Les deux autres furent enfermés, comme le portait leur sentence[1]. »

Cette exécution, à l'insu des juges, fut évidemment un assassinat. Le roi, qui, en 1310, avait au moins réuni un concile pour faire périr les cinquante-quatre, dédaigna ici toute apparence de droit et n'employa que la force. Il n'avait pas même ici l'excuse du danger, la raison d'État, celle du *Salus populi,* qu'il inscrivait sur ses monnaies[2]. Non, il consi-

1. *App.* 96.

2. Il y a des monnaies de Philippe-le-Bel qui représentent la Salutation angélique, avec cette légende : « Salus populi. »

déra la dénégation du grand maître comme un outrage personnel, une insulte à la royauté, tant compromise dans cette affaire. Il le frappa sans doute comme *reum læsæ majestatis*[1].

Maintenant comment expliquer les variations du grand maître et sa dénégation finale ? Ne semble-t-il pas que, par fidélité chevaleresque, par orgueil militaire, il ait couvert à tout prix l'honneur de l'ordre ? que la *superbe* du Temple se soit réveillée au dernier moment ? que le vieux chevalier laissé sur la brèche comme dernier défenseur ait voulu, au péril de son âme, rendre à jamais impossible le jugement de l'avenir sur cette obscure question ?

On peut dire aussi que les crimes reprochés à l'ordre étaient particuliers à telle province du Temple, à telle maison, que l'ordre en était innocent ; que Jacques Molay, après avoir avoué comme homme et par humilité, put nier comme grand maître.

Mais il y a autre chose à dire. Le principal chef d'accusation, le reniement[2], reposait sur une équivoque. Ils pouvaient avouer qu'ils avaient renié, sans être en effet apostats. Ce reniement, plusieurs le déclarèrent, était symbolique ; c'était une imitation du reniement de saint Pierre, une de ces pieuses comédies dont l'Église antique entourait les actes les plus sérieux de la religion[3], mais dont la tradi-

1. *App.* 97.

2. Ce reniement fait penser aux mots : Offrez à Dieu votre incrédulité. – Dans toute initiation, le récipiendaire est présenté comme un vaurien, afin que l'initiation ait tout l'honneur de sa régénération morale. Voyez l'*initiation des tonneliers allemands* (notes de l'*Introd. à l'Hist. univ.*) : « Tout à l'heure, dit le parrain de l'apprenti, je vous amenais une *peau de chèvre*, un meurtrier de cerceaux, un gâte-bois, un batteur de pavés, traître aux maîtres et aux compagnons ; maintenant j'espère..., etc. » *App.* 98.

3. Un des témoins dépose que, comme il se refusait à renier Dieu et à cracher sur la croix, Raynaud de Brignolles, qui le recevait, lui dit en riant : « Sois tranquille, ce n'est qu'une farce : Non cures, quia non est nisi quædam trufa. » (Rayn.) Le précepteur d'Aquitaine, dans son importante déposition, que nous transcrirons en partie, nous a conservé, avec le récit d'une cérémonie de ce genre, une tradition sur son origine. *App.* 99.

tion commençait à se perdre au quatorzième siècle. Que cette cérémonie ait été quelquefois accomplie avec une légèreté coupable, ou même avec une dérision impie, c'était le crime de quelques-uns et non la règle de l'ordre.

Cette accusation est pourtant ce qui perdit le Temple. Ce ne fut pas seulement l'infamie des mœurs; elle n'était pas générale[1]. Ce ne fut pas l'hérésie, les doctrines gnostiques; vraisemblablement les chevaliers s'occupaient peu de dogme. La vraie cause de leur ruine, celle qui mit tout le peuple contre eux, qui ne leur laissa pas un défenseur parmi tant de familles nobles auxquelles ils appartenaient, ce fut cette monstrueuse accusation d'avoir renié et craché sur la croix. Cette accusation est justement celle qui fut avouée du plus grand nombre. La simple énonciation du fait éloignait d'eux tout le monde; chacun se signait et ne voulait plus rien entendre.

Ainsi l'ordre qui avait représenté au plus haut degré le génie symbolique du moyen âge mourut d'un symbole non compris[2]. Cet événement n'est qu'un épisode de la guerre éternelle que soutiennent l'un contre l'autre l'esprit et la lettre, la poésie et la prose. Rien n'est cruel, ingrat, comme la prose, au moment où elle méconnaît les vieilles et vénérables formes poétiques, dans lesquelles elle a grandi.

Le symbolisme occulte et suspect du Temple n'avait rien à espérer au moment où le symbolisme pontifical, jusque-là révéré du monde entier, était lui-même sans pouvoir. La poésie mystique de l'*Unam sanctam*, qui eût fait tressaillir tout le douzième siècle, ne disait plus rien aux

1. Pourtant mes études pour le deuxième volume du procès m'ont livré des actes accablants. C'étaient les mœurs de l'Église, prêtres et moines. Voy. le cartulaire de Saint-Bertin pour le onzième et le douzième siècle, Eudes Rigaud pour le treizième. (1860.)

2. *App.* 100.

contemporains de pierre Flotte et de Nogaret. Ni la *colombe*, ni l'*arche*, ni la *tunique sans couture*, tous ces innocents symboles ne pouvaient plus défendre la papauté. Le glaive spirituel était émoussé. Un âge prosaïque et froid commençait, qui n'en sentait plus le tranchant[1].

Ce qu'il y a de tragique ici, c'est que l'Église est tuée par l'Église. Boniface est moins frappé par le gantelet de Colonna que par l'adhésion des gallicans à l'appel de Philippe-le-Bel. Le Temple est poursuivi par les inquisiteurs, aboli par le pape ; les dépositions les plus graves contre les Templiers sont celles des prêtres[2]. Nul doute que le pouvoir d'absoudre qu'usurpaient les chefs de l'ordre, ne leur ait fait des ecclésiastiques d'irréconciliables ennemis[3].

Quelle fut sur les hommes d'alors l'impression de ce grand suicide de l'Église, les inconsolables tristesses de Dante le disent assez. Tout ce qu'on avait cru ou révéré, papauté, chevalerie, croisade, tout semblait finir. Le moyen âge est déjà une seconde antiquité qu'il faut avec Dante chercher chez les morts. Le dernier poète de l'âge symbolique[4] vit assez pour pouvoir lire la prosaïque allégorie du *Roman de la Rose*. L'allégorie tue le symbole, la prose la poésie.

1. *App.* 101.

2. Et aussi, je crois, des frères servants. La plupart des deux cents témoins interrogés par la commission pontificale sont qualifiés *servants*, servientes.

3. *App.* 102.

4. M. Fauriel a fort bien établi que le grand poète théologien ne fut jamais populaire en Italie. Les Italiens du quatorzième siècle, hommes d'affaires et qui succédaient aux juifs, furent antidantesques.

CHAPITRE V

Suite de Philippe-le-Bel. Ses trois fils (1314-1328).
– Procès. – Institutions.

La fin du procès du Temple fut le commencement de vingt autres. Les premières années du quatorzième siècle ne sont qu'un long procès. Ces hideuses tragédies avaient troublé les imaginations, effarouché les âmes. Il y eut comme une épidémie de crimes. Des supplices atroces, obscènes, qui étaient eux-mêmes des crimes, les punissaient et les provoquaient.

Mais les crimes eussent-ils manqué, ce gouvernement de robe longue, de *jugeurs,* ne pouvait s'arrêter aisément, une fois en train de juger. L'humeur militante des gens du roi, si terriblement éveillée par leurs campagnes contre Boniface et contre le Temple, ne pouvait plus se passer de guerre. Leur guerre, leur passion, c'était un grand procès, un grand et terrible procès, des crimes affreux, étranges, punis dignement par de grands supplices. Rien n'y manquait, si le coupable était un personnage. Le populaire apprenait alors à révérer la robe ; le bourgeois enseignait à ses enfants à ôter le chaperon devant Messires, à s'écarter devant leur mule, lorsqu'au soir, par les petites rues de la Cité, ils revenaient attardés de quelque fameux jugement[1].

1. Voy. la mort du président Minart.

Les accusations vinrent en foule, ils n'eurent point à se plaindre : empoisonnements, adultères, faux, sorcellerie surtout. Cette dernière était mêlée à toutes, elle en faisait l'attrait et l'horreur. Le juge frissonnait sur son siège lorsqu'on apportait au tribunal les pièces de conviction, philtres, amulettes, crapauds, chats noirs, images percées d'aiguilles... Il y avait en ces causes une violente curiosité, un âcre plaisir de vengeance et de peur. On ne s'en rassasiait pas. Plus on brûlait, plus il en venait.

On croirait volontiers que ce temps est le règne du Diable, n'étaient les belles ordonnances qui y apparaissent par intervalles, et y font comme la part de Dieu... L'homme est violemment disputé par les deux puissances. On croit assister au drame de Bartole : l'homme par-devant Jésus, le Diable demandeur, la Vierge défendeur. Le Diable réclame l'homme comme sa chose, *alléguant la longue possession*. La Vierge prouve qu'il n'y a pas *prescription*, et montre que l'autre abuse des textes[1].

La Vierge a forte partie à cette époque. Le Diable est lui-même du siècle, il en réunit les caractères, les mauvaises industries. Il tient du juif et de l'alchimiste, du scolastique et du légiste.

La diablerie, comme science, avait dès lors peu de progrès à faire. Elle se formait comme art. La démonologie enfantait la sorcellerie. Il ne suffisait pas de pouvoir distinguer et classer des légions de diables, d'en savoir les noms, les professions, les tempéraments[2] ; il fallait apprendre à les faire servir aux usages de l'homme. Jusque-là on avait

1. Rien de plus fréquent dans les hagiographes que cette lutte pour l'âme convertie, ou plutôt ce procès simulé où le Diable vient malgré lui rendre témoignage à la puissance du repentir. *App.* 103.

2. « Agnei, lucifugi, etc. » (M. Psellus.) Cet auteur byzantin est du onzième siècle. (Edid. *Gaulminus*, 1615, in-12.) – Bodin, dans son livre *De Præstigiis*, imprimé à Bâle en 1578, a dressé l'inventaire de la monarchie diabolique avec les noms et surnoms de 72 princes et de 7 405 926 diables.

étudié les moyens de les chasser; on chercha désormais ceux de les faire venir. Cet effroyable peuple de tentateurs s'accrut sans mesure. Chaque clan d'Écosse, chaque grande maison de France, d'Allemagne, chaque homme presque avait le sien. Ils accueillaient toutes les demandes secrètes qu'on ne peut faire à Dieu, écoutaient tout ce qu'on n'ose dire[1]... On les trouvait partout[2]. Leur vol de chauve-souris obscurcissait presque la lumière et le jour de Dieu. On les avait vus enlever en plein jour un homme qui venait de communier, et qui se faisait garder par ses amis, cierges allumés[3].

Le premier de ces vilains procès de sorcellerie, où il n'y avait des deux côtés que malhonnêtes gens, est celui de Guichard, évêque de Troyes, accusé d'avoir, par engin et maléfice, procuré la mort de la femme de Philippe-le-Bel. Cette mauvaise femme, qui avait recommandé l'égorgement des Flamandes (voyez plus haut), est celle aussi qui, selon une tradition plus célèbre que sûre, se faisait amener, la nuit, des étudiants à la tour de Nesle, pour les faire jeter à l'eau quand elle s'en était servie. Reine de son chef pour la Navarre, comtesse de Champagne, elle en voulait à l'évêque, qui pour finance avait sauvé un homme qu'elle haïssait. Elle faisait ce qu'elle pouvait pour ruiner Guichard. D'abord, elle l'avait fait chasser du conseil et forcé de résider en Champagne. Puis elle avait dit qu'elle perdrait son comté de Champagne, ou lui son évêché. Elle le poursuivait pour je ne sais quelle restitution. Guichard demanda d'abord à une sorcière un moyen de se faire aimer de la

1. La sorcellerie naît surtout des misères de ce temps si manichéen. Des monastères elle avait passé dans les campagnes. Voir, sur le Diable, l'*An mil*, tome II; sur les sorcières, *Renaissance*, Introduction; sur le sabbat au moyen âge, *Henri IV et Richelieu*, ch. XVII et XVIII. Le sabbat au moyen âge est une révolte nocturne de serfs contre le Dieu du prêtre et du seigneur. (1860.)

2. Plusieurs furent accusés d'en avoir vendu en bouteilles. « Plût à Dieu, dit sérieusement Leloyer, que cette denrée fût moins commune dans le commerce! »

3. *Mém. de Luther.*

reine, puis un moyen de la faire mourir. Il alla, dit-on, la nuit chez un ermite pour maléficier la reine et l'*envoûter*. On fit une reine de cire, avec l'assistance d'une sage-femme ; on la baptisa Jeanne, avec parrain et marraine, et on la piqua d'aiguilles. Cependant la vraie Jeanne ne mourait pas. L'évêque revint plus d'une fois à l'ermitage, espérant s'y mieux prendre. L'ermite eut peur, se sauva et dit tout. La reine mourut peu après. Mais soit qu'on ne pût rien prouver, soit que Guichard eût trop d'amis en cour, son affaire traîna. On le retint en prison[1].

Le Diable, entre autres métiers, faisait celui d'entremetteur. Un moine, dit-on, trouva moyen par lui de salir toute la maison de Philippe-le-Bel. Les trois princesses ses belles-filles, épouses de ses trois fils, furent dénoncées et saisies[2]. On arrêta en même temps deux frères, deux chevaliers normands qui étaient attachés au service des princesses. Ces malheureux avouèrent dans les tortures que, depuis trois ans, ils péchaient avec leurs jeunes maîtresses, « et même dans les plus saints jours[3] ». La pieuse confiance du moyen âge, qui ne craignait pas d'enfermer une grande dame avec ses chevaliers dans l'enceinte d'un château, d'une étroite tour, le vasselage qui faisait aux jeunes hommes un devoir féodal des soins les plus doux, était une dangereuse épreuve pour la nature humaine, quand la religion faiblissait[4]. Le *Petit Jehan de Saintré*, ce conte ou cette histoire du temps de Charles VI, ne dit que trop bien tout cela.

1. La dénonciation avait été d'autant mieux accueillie que Guichard passait pour être fils d'un démon, d'un incube. (*Archives*, section hist. J. 433.)

2. Marguerite, fille du duc de Bourgogne ; Jeanne et Blanche, filles du comte de Bourgogne (Franche-Comté). « Mulierculis... adhuc ætate juvenculis. » (Contin. G. de Nangis.)

3. « Pluribus lotis et temporibus sacrosanctis. »

4. Jean de Meung Clopinel, qui, dit-on, par ordre de Philippe-le-Bel, allongea de dix-huit mille vers le trop long *Roman de la Rose*, exprime brutalement ce qu'il pense des dames de ce siècle. On conte que ces dames, pour venger leur

Que la faute fût réelle ou non, la punition fut atroce. Les deux chevaliers, amenés sur la place du Martroi, près l'orme Saint-Gervais, y furent écorchés vifs, châtrés, décapités, pendus par les aisselles. De même que les prêtres cherchaient, pour venger Dieu, des supplices infinis, le roi, ce nouveau dieu du monde, ne trouvait point de peines assez grandes pour satisfaire à sa majesté outragée. Deux victimes ne suffirent pas. On chercha des complices. On prit un huissier du palais, puis une foule d'autres, hommes ou femmes, nobles ou roturiers ; les uns furent jetés à la Seine, les autres mis à mort secrètement.

Des trois princesses, une seule échappa. Philippe-le-Long, son mari, n'avait garde de la trouver coupable ; il lui aurait fallu rendre la Franche-Comté qu'elle lui avait apportée en dot. Pour les deux autres, Marguerite et Blanche, épouses de Louis-Hutin et de Charles-le-Bel, elles furent honteusement tondues et jetées dans un château fort. Louis, à son avènement, fit étrangler la sienne (15 avril 1315), afin de pouvoir se remarier. Blanche, restée seule en prison, fut bien plus malheureuse[1].

Une fois dans cette voie de crimes, l'essor étant donné aux imaginations, toute mort passe pour empoisonnement ou maléfice. La femme du roi est empoisonnée, sa sœur aussi. L'empereur Henri VII le sera dans l'hostie. Le comte de Flandre manque de l'être par son fils. Philippe-le-Bel l'est, dit-on, par ses ministres, par ceux qui perdaient le plus à sa mort, et non seulement Philippe, mais son père,

réputation d'honneur et de modestie, attendirent le poète, verges en main, et qu'elles voulaient le fouetter. Il aurait échappé en demandant pour grâce unique que la plus outragée frappât la première. *App.* 104.

1. Elle fut, dit brutalement le moine historien, engrossée par son geôlier ou par d'autres. – D'après ce qu'on sait des princes de ce temps, on croirait aisément que la pauvre créature, dont la première faiblesse n'était pas bien prouvée, fut mise à la discrétion d'un homme chargé de l'avilir. *App.* 105.

mort trente ans auparavant. On remonterait volontiers plus haut pour trouver des crimes[1].

Tous ces bruits effrayaient le peuple. Il aurait voulu apaiser Dieu et faire pénitence. Entre les famines et les banqueroutes des monnaies, entre les vexations du Diable et les supplices du roi, ils s'en allaient par les villes, pleurant, hurlant, en sales processions de pénitents tout nus, de flagellants obscènes ; mauvaises dévotions qui menaient au péché.

Tel était le triste état du monde, lorsque Philippe et son pape s'en allèrent en l'autre chercher leur jugement. Jacques Molay les avait, dit-on, de son bûcher, ajournés à un an pour comparaître devant Dieu. Clément partit le premier. Il avait peu auparavant vu en songe tout son palais en flammes. « Depuis, dit son biographe, il ne fut plus gai et ne dura guère[2]. »

Sept mois après, ce fut le tour de Philippe. Il mourut dans sa maison de Fontainebleau. Il est enterré[3] dans la petite église d'Avon.

Quelques-uns le font mourir à la chasse, renversé par un sanglier. Dante, avec sa verve de haine, ne trouve pas, pour le dire, de mot assez bas : « Il mourra d'un coup de couenne, le faux-monnayeur[4] ! »

Mais l'historien français, contemporain, ne parle point de cet accident. Il dit que Philippe s'éteignit, sans fièvre, sans mal visible, au grand étonnement des médecins. Rien n'indiquait qu'il dût mourir sitôt ; il n'avait que quarante-six ans. Cette belle et muette figure avait paru impassible au milieu de tant d'événements. Se crut-il secrètement frappé par la malédiction de Boniface ou du grand maître ? ou

1. *App.* 106.
2. À sa mort, il demeura quelque temps comme abandonné. *App.* 107.
3. À côté de Monaldeschi.
4. *App.* 108.

bien plutôt le fut-il par la confédération des grands du royaume, qui se forma contre lui l'année même de sa mort? Les barons et les nobles l'avaient suivi à l'aveugle contre le pape; ils n'avaient pas fait entendre un mot en faveur de leurs frères, des cadets de la noblesse; je parle des Templiers. Les atteintes portées à leurs droits de justice et de monnaie leur firent perdre patience. Au fond, le roi des légistes, l'ennemi de la féodalité, n'avait pas d'autre force militaire à lui opposer que la force féodale. C'était un cercle vicieux d'où il ne pouvait plus sortir. La mort le tira d'affaire.

Quelle part eut-il réellement aux grands événements de son règne, on l'ignore. Seulement, on le voit parcourir sans cesse le royaume. Il ne se fait rien de grand en bien ou en mal qu'il n'y soit en personne: à Courtrai et à Mons-en-Puelle (1302, 1304), à Saint-Jean-d'Angely, à Lyon (1305), à Poitiers et à Vienne (1308, 1313).

Ce prince paraît avoir été rangé et régulier. Nulle trace de dépense privée. Il comptait avec son trésorier tous les vingt-cinq jours.

Fils d'une Espagnole, élevé par le dominicain Egidio de Rome, de la maison de Colonna, il eut quelque chose du sombre esprit de saint Dominique, comme saint Louis la douceur mystique de l'ordre de Saint-François. Egidio avait écrit pour son élève un livre *De regimine principum*, et il n'eut pas de peine à lui inculquer le dogme du droit illimité des rois[1].

Philippe s'était fait traduire la *Consolation* de Boèce, les livres de Vegèce sur l'art militaire, et les lettres d'Abailard et d'Héloïse[2]. Les infortunes universitaires et amoureuses du

1. *App.* 109.

2. C'est l'auteur du *Roman de la Rose*, Jean de Meung, qui lui avait traduit ces livres. – La confiance que lui accordait le roi ne l'avait pas empêché de tracer dans le *Roman de la Rose* ce rude tableau de la royauté primitive:

Ung grant villain entre eulx esleurent,
Le plus corsu de quanqu'ils furent,
Le plus ossu, te le greigneur,

célèbre professeur, si maltraité des prêtres, étaient un texte populaire au milieu de cette grande guerre du roi contre le clergé. Philippe-le-Bel s'appuyait sur l'Université de Paris[1]; il caressait cette turbulente république, et elle le soutenait. Tandis que Boniface cherchait à s'attacher les Mendiants, l'Université les persécutait par son fameux docteur Jean *Pique-Ane (Pungensasinum*[2]*)*, champion du roi contre le pape. Au moment où les Templiers furent arrêtés, Nogaret réunit tout le peuple universitaire au Temple, maîtres et écoliers, théologiens et *artistes,* pour leur lire l'acte d'accusation. C'était une force que d'avoir pour soi un tel corps, et dans la capitale. Aussi le roi ne souffrit pas que Clément V érigeât les écoles d'Orléans en université, et créât une rivale à son Université de Paris[3].

Ce règne est une époque de fondation pour l'Université. Il s'y fonde plus de collèges que dans tout le treizième siècle, et les plus célèbres collèges[4]. La femme de Philippe-

Et le firent prince et seigneur.
Cil jura que droit leur tiendroit,
Se chacun en droit soy luy livre
Des biens dont il se puisse vivre...
De là vint le commencement
Aux roys et princes terriens
Selon les livres anciens.

Rom. de la Rose, v. 1064. *App.* 110.

1. « En celle année s'esmeut gran'dissension en les Recteur, maistres et escholiers de l'Université de Paris, et le prévost dudit lieu, parce que ledit prévost avoit fait pendre un clerc de ladite Université. Adonc cessa la lecture de toutes facultez, jusques à tant que ledit prévost l'amenda et répara grandement l'offense, et entre autres choses fut condamné ledit prévost à le dépendre et le baiser. Et convint que ledit prévost allast en Avignon vers le pape, pour soy faire absoudre. » 1285. (Nicolas Gilles.)

2. *App.* 111.

3. *Ord.*, I, 502. Le roi déclare qu'il n'y aura pas de professeurs de théologie.

4. Aux collèges de Navarre et de Montaigu, il faut ajouter le collège d'Harcourt (1280); *la Maison du cardinal* (1303); le collège de Bayeux (1308). – 1314, collège de Laon; 1317, collège de Narbonne; 1319, collège de Tréguier; 1317-1321, collège de Cornouailles; 1326, collège du Plessis, collège des Écossais;

le-Bel, malgré sa mauvaise réputation, fonde le collège de Navarre (1304), ce séminaire de gallicans, d'où sortirent d'Ailly, Gerson et Bossuet. Les conseillers de Philippe-le-Bel, qui avaient aussi beaucoup à expier, font presque tous de semblables fondations. L'archevêque Gilles d'Aiscelin, le faible et servile juge des Templiers, fonda ce terrible collège, la plus pauvre et la plus démocratique des écoles universitaires, ce Mont-Aigu, où l'esprit et les dents, selon le proverbe, étaient également aigus[1]. Là, s'élevaient, sous l'inspiration de la famine, les *pauvres* écoliers, les *pauvres* maîtres[2], qui rendirent illustres le nom de *Cappets*[3] ; chétive nourriture, mais amples privilèges ; ils ne dépendaient, pour la confession, ni de l'évêque de Paris ni même du pape.

Que Philippe-le-Bel ait été ou non un méchant homme ou un mauvais roi, on ne peut méconnaître en son règne la grande ère de l'ordre civil en France, la fondation de la monarchie moderne. Saint Louis est encore un roi féodal. On peut mesurer d'un seul mot tout le chemin qui se fit de l'un à l'autre. Saint Louis assembla les députés des villes du Midi, Philippe-le-Bel ceux des États de France. Le premier fit des établissements pour ses domaines, le second des ordonnances pour le royaume. L'un posa en principe la suprématie de la justice royale sur celle des seigneurs, l'appel au roi ; il essaya de modérer les guerres privées par la *quarantaine* et l'*assurement*. Sous Philippe-le-Bel, l'appel au roi se trouve si bien établi que le plus indépendant des grands feudataires, le duc de Bretagne, demande, comme

1329, collège de Marmoutiers ; 1332, un nouveau collège de Narbonne, fondé en exécution du testament de Jeanne de Bourgogne ; 1334, collège des Lombards ; 1334, collège de Tours ; 1336, collège de Lisieux ; 1337, collège d'Autun, etc.

1. Mons acutus, dentes acuti, ingenium acutum.

2. *App.* 112.

3. *App.* 113.

grâce singulière, d'en être exempté[1]. Le parlement de Paris écrit pour le roi au plus éloigné des barons, au comte de Comminges, ce petit roi des hautes Pyrénées, les paroles suivantes qui, un siècle plus tôt, n'eussent pas même été comprises : « Dans tout le royaume la connaissance et la punition du port d'armes n'appartient qu'à nous[2]. »

Au commencement de ce règne, la tendance nouvelle s'annonce fortement. Le roi veut exclure les prêtres de la justice et des charges municipales[3]. Il protège les juifs[4] et les hérétiques, il augmente la taxe royale sur les amortissements, sur les acquisitions d'immeubles par les églises[5]. Il défend les guerres privées, les tournois. Cette défense motivée sur le besoin que le roi a de ses hommes pour la guerre de Flandre, est souvent répétée ; une fois même, le roi ordonne à ses prévôts d'arrêter ceux qui vont aux tournois. À chaque campagne, il lui fallait faire la *presse,* et réunir malgré elle cette indolente chevalerie qui se souciait peu des affaires du roi et du royaume[6].

Ce gouvernement ennemi de la féodalité et des prêtres, n'avait pas d'autre force militaire que les seigneurs, ni guère d'argent que par l'Église. De là plusieurs contradictions, plus d'un pas en arrière.

En 1287, le roi permet aux nobles de poursuivre leurs serfs fugitifs dans les villes. Peut-être en effet était-il besoin de ralentir ce grand mouvement du peuple vers les villes, d'empêcher la désertion des campagnes[7]. Les villes auraient

1. *Ord.*, I, 329.
2. *Olim Parliamenti.*
3. *App.* 114.
4. *App.* 115.
5. *App.* 116.
6. *App.* 117.
7. *App.* 118.

tout absorbé ; la terre serait restée déserte, comme il arriva dans l'empire romain.

En 1290, le clergé arracha au roi une charte exorbitante, inexécutable, qui eût tué la royauté. Les principaux articles étaient que les prélats *jugeraient des testaments, des legs, des douaires*, que les baillis et gens du roi ne demeureraient pas sur terres d'Église, que les évêques seuls pourraient arrêter les ecclésiastiques, que les clercs ne plaideraient point en cour laïque pour les actions personnelles, quand même ils y seraient obligés par lettres du roi (c'était l'impunité des prêtres) ; que les prélats ne payeraient pas pour les biens acquis à leurs églises ; que les juges locaux ne connaîtraient point des dîmes, c'est-à-dire que le clergé jugerait seul les abus fiscaux du clergé.

En 1291, Philippe-le-Bel avait violemment attaqué la tyrannie de l'inquisition dans le Midi. En 1298, au commencement de la guerre contre le pape, il seconde l'intolérance des évêques, il ordonne aux seigneurs et aux juges royaux de leur livrer les hérétiques, pour qu'ils les condamnent et les punissent sans appel. L'année suivante, il promet que les baillis ne vexeront plus les églises de saisies violentes ; ils ne saisiront qu'un manoir à la fois, etc.[1].

Il fallait aussi satisfaire les nobles. Il leur accorda une ordonnance contre leurs créanciers, contre les usuriers juifs. Il garantit leurs droits de chasse. Les collecteurs royaux n'exploiteront plus les successions des bâtards et des aubains sur les terres des seigneurs haut-justiciers : « *À moins*, ajoute prudemment le roi, *qu'il ne soit constaté par idoine personne que nous avons bon droit de percevoir*[2]. »

En 1302, après la défaite de Courtrai, le roi osa beaucoup. Il prit pour la monnaie la moitié de toute vaisselle

1. *App.* 119.
2. *App.* 120.

d'argent[1] (les baillis et gens du roi devaient donner tout) ; il saisit le temporel des prélats partis pour Rome[2] ; enfin il imposa les nobles battus et humiliés à Courtrai : le moment était bon pour les faire payer[3].

En 1303, pendant la crise, lorsque Nogaret eut accusé Boniface (12 mars), lorsque l'excommunication pouvait d'un moment à l'autre tomber sur la tête du roi, il promit tout ce qu'on voulut. Dans son ordonnance de réforme (fin mars), il s'engageait envers les nobles et prélats *à ne rien acquérir* sur leurs terres[4]. Toutefois il y mettait encore une réserve qui annulait tout : « *Sinon en cas qui touche notre droit royal*[5]. » Dans la même ordonnance, se trouvait un règlement relatif au parlement ; parmi les privilèges, l'organisation du corps qui devait détruire privilèges et privilégiés[6].

Dans les années qui suivent, il laisse les évêques rentrer au parlement. Toulouse recouvre sa justice municipale ; les nobles d'Auvergne obtiennent qu'on respecte leurs justices, qu'on réprime les officiers du roi, etc. Enfin en 1306,

1. « Signifiez à tous, par cri général, sans faire mention de prélats ni de barons, c'est à savoir que toutes manières de gens apportent la moitié de leur vaissellement d'argent blanc ». (*Ord.*, I, 317.)

2. L'irritation semble avoir été grande contre les prêtres ; le roi est obligé de défendre aux Normands de crier : « *Haro sur les clercs !* » (*Ord.*, I, 318.) *App.* 121.

3. *Ord.*, fin 1302.

4. Le roi déclare qu'en réformation de son royaume, il prend les églises sous sa protection et entend les faire jouir de leurs franchises ou privilèges comme au temps de son aïeul saint Louis. En conséquence, s'il lui arrive de prononcer quelque saisie sur un prêtre, son bailli ne devra y procéder qu'après mûre enquête, et la saisie ne dépassera jamais le taux de l'amende. On recherchera par tout le royaume les bonnes coutumes qui existaient au temps de saint Louis pour les rétablir. Si les prélats ou barons ont au parlement quelque affaire, ils seront traités honnêtement, expédiés promptement. (*Ord.*, I, 357.)

5. *App.* 122.

6. Nul doute que le parlement ne remonte plus haut. On en trouve la première trace dans l'ordonnance dite testament de Philippe-Auguste (1190). Si pourtant l'on considère l'importance toute nouvelle que le parlement prit sous Philippe-le-Bel, on ne s'étonnera pas que la plupart des historiens l'en aient nommé le fondateur. *App.* 123.

lorsque l'émeute des monnaies force le roi de se réfugier au Temple, ne comptant plus sur les bourgeois, il rend aux nobles le gage de bataille, la preuve par duel, au défaut de témoins[1].

La grande affaire des Templiers (1308-9) le força encore à lâcher la main. Il renouvela les promesses de 1303, régla la comptabilité des baillis, s'engagea à ne plus taxer les censiers des nobles, mit ordre aux violences des seigneurs, promit aux Parisiens de modérer son droit de prise et de pourvoierie, aux Bretons de faire de la bonne monnaie, aux Poitevins d'abattre les fours des faux-monnayeurs. Il confirma les privilèges de Rouen. Tout à coup charitable et aumônier, il voulait employer le droit de chambellage à marier de pauvres filles nobles ; il donnait libéralement aux hôpitaux les pailles dont on jonchait les logis royaux dans ses fréquents voyages.

L'hypocrisie de ce gouvernement n'est en rien plus remarquable que dans les affaires des monnaies. Il est curieux de suivre d'année en année les mensonges, les tergiversations du royal faux-monnayeur[2]. En 1295, il avertit le peuple qu'il va faire une monnaie « où il manquera peut-être quelque chose pour le titre ou le poids, mais qu'il dédommagera ceux qui en prendront ; sa chère épouse, la reine Jeanne de Navarre, veut bien qu'on y affecte les revenus de la Normandie ». En 1305, il fait crier par les rues à son de trompe que sa nouvelle monnaie est aussi bonne que celle de saint Louis. Il avait ordonné plusieurs fois aux monnayeurs de tenir secrètes les falsifications. Plus tard, il fait entendre que ses monnaies ont été altérées par d'autres, et ordonne de détruire les fours où l'*on avait fait de la fausse monnaie*. En 1310 et 1311, craignant la comparaison des

1. *App.* 124.
2. *App.* 125.

monnaies étrangères, il en défend l'importation. En 1311, il défend de peser ou d'essayer les monnaies royales.

Nul doute qu'en tout ceci le roi ne fût convaincu de son droit, qu'il ne considérât comme un attribut de sa toute-puissance d'augmenter à volonté la valeur des monnaies. Le comique, c'est de voir cette toute-puissance, cette divinité, obligée de ruser avec la méfiance du peuple; la religion naissante de la royauté a déjà ses incrédules.

Enfin la royauté elle-même semble douter de soi. Cette fière puissance, ayant été au bout de la violence et de la ruse, fait un aveu implicite de sa faiblesse; elle en appelle à la liberté. On a vu quelles paroles hardies le roi se fit adresser et dans la fameuse *supplique du pueble de France*, et dans le discours des députés des États de 1308. Mais rien n'est plus remarquable que les termes de l'ordonnance par laquelle il confirme l'affranchissement des serfs du Valois, accordé par son frère: «Attendu que toute créature humaine qui est formée à l'image nostre Seigneur, doie généralement estre franche par droit naturel, et en aucuns pays de cette naturelle liberté ou franchise, par le joug de la servitude qui tant est haineuse, soit si effaciée et obscurcie que les hommes et les fames qui habitent èz lieux et pays dessusditz, en leur vivant sont réputés ainsi comme morts, et à la fin de leur douloureuse et chétive vie, si estroitement liés et demenés, que des biens que Dieu leur a presté en cest siècle ils ne peuvent en leur darnière volonté disposer ne ordener[1]... »

Ces paroles devaient sonner mal aux oreilles féodales. Elles semblaient un réquisitoire contre le servage, contre la tyrannie des seigneurs. La plainte qui jamais n'avait osé s'élever, pas même à voix basse, voilà qu'elle éclatait et tombait d'en haut comme une condamnation. Le roi étant

1. *Ord.*, ann. 1311.

venu à bout de tous ses ennemis, avec l'aide des seigneurs, ne gardait plus de ménagement pour ceux-ci. Le 13 juin 1313, il leur défendit de faire aucune monnaie jusqu'à ce qu'ils eussent lettres du roi qui les y autorisassent.

Cette ordonnance combla la mesure. Quelque terreur que dût inspirer le roi après l'affaire du Temple, les grands se décidèrent à risquer tout et à prendre un parti. La plupart des seigneurs du Nord et de l'Est (Picardie, Artois, Ponthieu, Bourgogne et Forez) formèrent une confédération contre le roi : « À tous ceux qui verront, orront (ouïront) ces présentes lettres, li nobles et *li communs* de Champagne, pour nous, pour les pays de Vermandois et *pour nos alliés et adjoints* étant dedans les points du royaume de France, salut. Sachent tuis que comme très excellent et très puissant prince, notre très cher et redouté sire, Philippe, par la grâce de Dieu, roi de France, ait fait et relevé plusieurs tailles, subventions, exactions non deus, changement de monnoyes, et plusieurs aultres choses qui ont été faites, par quoi li nobles et li communs ont été moult grevés, appauvris... Et il n'apert pas qu'ils soient tournez en l'honneur et proufit du roy ne dou royalme, ne en deffension dou proufit commun. Desquels griefs nous avons plusieurs fois requis et supplié humblement et dévotement ledit sire li roy, que ces choses voulist défaire et délaisser ; de quoy rien n'en ha fait. Et encore en cette présente année courant, par l'an 1314, lidit nos sire le roy ha fait impositions non deuement, sur li nobles et li communs du royalme, et subventions lesquelles il s'est efforcé de lever ; laquelle chose ne pouvons souffrir ne soutenir en bonne conscience, car ainsi perdrions nos honneurs, franchises et libertés ; et nous et cis qui après nous verront *(viendront)*... Avons juré et promis par nos serments, leaument et en bonne foy, par *(pour)* nous et nos hoirs aux comtés d'Auxerre et de Tonnerre, aux nobles et aux communs desdits comtés, leurs alliés et adjoints, que nos, en la subvention de la présente année, et tous autres griefs et noveletés non deuement faites et à faire, au temps présent et avenir, que li roi de France, nos sires, ou aultre, lor voudront faire, lor aiderions, et secourerons à nos propres coustes et dépens[1]... »

Cet acte semblerait une réponse aux dangereuses paroles du roi sur le servage. Le roi dénonçait les seigneurs, ceux-ci le roi. Les deux forces qui s'étaient unies pour dépouiller l'Église, s'accusaient maintenant l'une l'autre par-devant le peuple, qui n'existait pas encore comme peuple, et qui ne pouvait répondre.

Le roi, sans défense contre cette confédération, s'adressa aux villes. Il appela leurs députés à venir aviser avec lui sur le fait des monnaies (1314). Ces députés, dociles aux influences royales, demandèrent *que le roi empêchât pendant onze ans les barons de faire de la monnaie*, pour en fabriquer lui-même de bonne, sur laquelle il ne gagnerait rien.

Philippe-le-Bel meurt au milieu de cette crise (1314). L'avènement de son fils Louis X, si bien nommé *Hutin* (désordre, vacarme), est une réaction violente de l'esprit féodal, local, provincial, qui veut briser l'unité faible encore, une demande de démembrement, une réclamation du chaos[2].

Le duc de Bretagne veut juger sans appel, l'échiquier de Rouen sans appel. Amiens ne veut plus que les sergents du roi fassent d'ajournement chez les seigneurs, ni que les prévôts tirent aucun prisonnier de leurs mains. Bourgogne et

1. Boulainvilliers.
2. Voyez comme le Continuateur de Nangis change de langage tout à coup, comme il devient hardi, comme il élève la voix. Fol. 69-70. *App.* 126.

Nevers exigent que le roi respecte la justice féodale, « qu'il n'affige plus ses pannonceaux » aux tours, aux barrières des seigneurs.

La demande commune des barons, c'est que le roi n'ait plus de rapport avec leurs hommes. Les nobles de Bourgogne se chargent de punir eux-mêmes leurs officiers. La Champagne et le Vermandois interdisent au roi de faire assigner les vassaux inférieurs.

Les provinces les plus éloignées l'une de l'autre, le Périgord, Nîmes et la Champagne, s'accordent pour se plaindre de ce que le roi veut taxer les censiers des nobles.

Amiens voudrait que les baillis ne fissent ni emprisonnement, ni saisie, qu'après condamnation. Bourgogne, Amiens, Champagne, demandent unanimement le rétablissement du gage de bataille, du combat judiciaire.

Le roi n'acquerra plus ni fief, ni avouerie, sur les terres des seigneurs, en Bourgogne, Tours et Nevers, non plus qu'en Champagne (sauf les cas de succession ou de confiscation).

Le jeune roi octroie et signe tout. Il y a seulement trois points où il hésite et veut ajourner. Les seigneurs de Bourgogne réclament contre le roi la juridiction sur les *rivières, les chemins et les lieux consacrés*. Ceux de Champagne doutent que le roi ait le droit de les mener à la guerre *hors de leur province*. Ceux d'Amiens, avec la violence picarde, requièrent sans détour *que tous les gentilshommes puissent guerroyer les uns aux autres, ne donner trêves, mais chevaucher, aller, venir et estre à arme en guerre et forfaire les uns aux autres...* À ces demandes insolentes et absurdes, le roi répond seulement : « *Nous ferons voir les registres de Monseigneur saint Loys et bailler ausdits nobles deus bonnes personnes, tiels comme il nous nommerons de nostre conseil, pour savoir et enquérir diligemment la vérité dudit article...* »

La réponse était assez adroite. Ils demandaient tous

qu'on revînt *aux bonnes coutumes de saint Louis*; ils oubliaient que saint Louis s'était efforcé d'empêcher les guerres privées. Mais par ce nom de saint Louis ils n'entendaient autre chose que la vieille indépendance féodale, le contraire du gouvernement quasi légal, vénal et tracassier de Philippe-le-Bel.

Les grands détruisaient pièce à pièce tout ce gouvernement du feu roi. Mais ils ne le croyaient pas mort tant qu'ils n'avaient pas fait périr son *alter ego*, son *maire du palais*, Enguerrand de Marigni, qui dans les dernières années avait été *coadjuteur et recteur du royaume*, qui s'était laissé dresser une statue au Palais à côté de celle du roi. Son vrai nom était Le Portier; mais il acheta avec une terre le nom de Marigni. Ce Normand, personnage *gracieux et cauteleux*[1], mais apparemment non moins silencieux que son maître, n'a point laissé d'acte; il semble qu'il n'ait écrit ni parlé. Il fit condamner les Templiers par son frère qu'il avait fait tout exprès archevêque de Sens. Il eut sans doute la part principale aux affaires du roi avec les papes; mais il s'y prit si bien qu'il passa pour avoir laissé Clément V échapper de Poitiers[2]. Le pape lui en sut gré probablement; et d'autre part, il put faire croire au roi que le pape lui serait plus utile à Avignon, dans une apparente indépendance, que dans une captivité qui eût révolté le monde chrétien.

Ce fut au Temple, au lieu même où Marigni avait installé son maître pour dépouiller les Templiers, que le jeune roi Louis vint entendre l'accusation solennelle portée contre Marigni[3]. L'accusateur était le frère de Philippe-le-Bel, ce violent Charles-de-Valois, homme remuant et médiocre

1. « Gratiosus, cautus et sapiens. » (Cont. G. de Nangis.)

2. Ses ennemis l'en accusèrent. – On disait encore qu'il avait, pour de l'argent, procuré une trêve au comte de Flandre.

3. Les modernes ont ajouté beaucoup de circonstances sur la rupture de Charles-de-Valois et de Marigni, un démenti, un soufflet, etc.

qui se portait pour chef des barons. Né si près du trône de France, il avait couru toute la chrétienté pour en trouver un autre, tandis qu'un petit chevalier de Normandie régnait à côté de Philippe-le-Bel. Il ne faut pas s'étonner s'il était enragé d'envie.

Il n'eût pas été difficile à Marigni de se défendre, si l'on eût voulu l'entendre. Il n'avait rien fait, sinon d'être la pensée, la conscience de Philippe-le-Bel. C'était pour le jeune roi comme s'il eût jugé l'âme de son père. Aussi voulait-il seulement éloigner Marigni, le reléguer dans l'île de Chypre, et le rappeler plus tard. Pour le perdre, il fallut que Charles-de-Valois eût recours à la grande accusation du temps, dont personne ne se tirait. On découvrit, ou l'on supposa, que la femme ou la sœur de Marigni, pour provoquer sa délivrance, ou maléficier le roi, avait fait faire par un Jacques de Lor certaines petites figures : « Ledit Jacques, jeté en prison, se pend de désespoir, et ensuite sa femme et les sœurs d'Enguerrand sont mises en prison ; et Enguerrand lui-même, jugé en présence des chevaliers, est pendu à Paris au gibet des voleurs. Cependant il ne reconnut rien des susdits maléfices, et dit seulement que pour les exactions et les altérations de monnaie il n'en avait point été le seul auteur... C'est pourquoi sa mort, dont beaucoup ne conçurent point entièrement les causes, fut matière à grande admiration et stupeur. »

« Pierre de Latilly, évêque de Châlons, soupçonné de la mort du roi de France Philippe et de son prédécesseur, fut par ordre du roi retenu en prison au nom de l'archevêque de Reims. Raoul de Presles, avocat général *(advocatus præcipuus)* au parlement, également suspect et retenu pour semblable soupçon, fut enfermé dans la prison de Sainte-Geneviève à Paris, et torturé par divers supplices. Comme on ne pouvait arracher de sa bouche aucun aveu sur les crimes dont on le chargeait, quoiqu'il eût enduré les tourments plus divers et les plus douloureux, on finit par le laisser aller ; grande partie de ses biens tant meubles qu'immeubles ayant été ou donnés, ou perdus, ou pillés[1]. »

Ce n'était rien d'avoir pendu Marigni, emprisonné Raoul de Presles, ruiné Nogaret, comme ils firent plus tard. Le légiste était plus vivace que les barons ne supposaient. Marigni renaît à chaque règne, et toujours on le tue en vain. Le vieux système, ébranlé par secousses, écrase chaque fois un ennemi. Il n'en est pas plus fort. Toute l'histoire de ce temps est dans le combat à mort du légiste et du baron.

Chaque avènement se présente comme une restauration des *bons vieux* us de saint Louis, comme une expiation du règne passé. Le nouveau roi, compagnon et ami des princes et des barons, commence comme premier baron, comme *bon et rude justicier*, à faire pendre les meilleurs serviteurs de son prédécesseur. Une grande potence est dressée ; le peuple y suit de ses huées l'homme du peuple, l'homme du roi, le pauvre roi roturier qui porte à chaque règne les péchés de la royauté. Après saint Louis, le barbier La Brosse ; après Philippe-le-Bel, Marigni ; après Philippe-le-Long, Gérard Guecte ; après Charles-le-Bel, le trésorier Remy... Il meurt illégalement, mais non injustement. Il meurt souillé des violences d'un système imparfait où le mal domine encore le bien. Mais en mourant, il laisse à la royauté qui le frappe ses instruments de puissance, au peuple qui le maudit des institutions d'ordre et de paix.

Peu d'années s'étaient écoulées que le corps de Marigni fut respectueusement descendu de Montfaucon et reçut la sépulture chrétienne. Louis-Hutin légua dix mille livres aux fils de Marigni. Charles-de-Valois, dans sa dernière maladie, crut devoir, pour le bien de son âme, réhabiliter sa victime. Il fit distribuer de grandes aumônes, en recom-

1. *App.* 127.

mandant de dire aux pauvres : « Priez Dieu pour monseigneur Enguerrand de Marigni, et pour monseigneur Charles-de-Valois. »

La meilleure vengeance de Marigni, c'est que la royauté, si forte sous lui, tomba après lui dans la plus déplorable faiblesse. Louis-Hutin, avant besoin d'argent pour la guerre de Flandre, traita comme d'égal à égal avec la ville de Paris. Les nobles de Champagne et de Picardie se hâtèrent de profiter du droit de guerre privée qu'ils venaient de reconquérir, et firent la guerre à la comtesse d'Artois, sans s'inquiéter du jugement du roi qui lui avait adjugé ce fief. Tous les barons s'étaient remis à battre monnaie. Charles-de-Valois, l'oncle du roi, leur en donnait l'exemple. Mais au lieu d'en frapper seulement pour leurs terres, conformément aux ordonnances de Philippe-le-Hardi et Philippe-le-Bel, ils faisaient la fausse monnaie en grand et lui donnaient cours par tout le royaume.

Il fallut bien alors que le roi se réveillât et revînt au gouvernement de Marigni et de Philippe-le-Bel. Il décria les monnaies des barons (19 novembre 1315) et ordonna qu'elles n'auraient cours que chez eux[1]. Il fixa les rapports de la monnaie royale avec treize monnaies différentes que trente et un évêques ou barons avaient droit de frapper sur leurs terres. Quatre-vingts seigneurs avaient eu ce droit du temps de saint Louis.

Le jeune roi féodal humanisé par le besoin d'argent ne dédaigna pas de traiter avec les serfs et avec les juifs. La fameuse ordonnance de Louis-Hutin, pour l'affranchissement des serfs de ses domaines, est entièrement conforme à celle de Philippe-le-Bel pour le Valois, que nous avons citée. « Comme selon le droit de nature chacun doit naistre franc ; et par aucuns usages et coustumes, qui de grant

1. *App.* 128.

ancienneté ont esté introduites et gardées jusques cy en nostre royaume et par avanture pour le meffet de leurs prédécesseurs, moult de personnes de nostre commun pueple, soient encheües en lien de servitudes et de diverses conditions, qui moult nous desplaît : Nous considérants que nostre royaume est dit, et nommé le royaume des Francs, et voullants que la chose en vérité soit accordant au nom, et que la condition des gents amende de nous et la venüe de nostre nouvel gouvernement ; par délibération de nostre grant conseil avons ordené et ordenons, que generaument, par tout nostre royaume, de tant comme il peut appartenir à nous et à nos successeurs, telles servitudes soient ramenées à franchises, et à tous ceus qui de origine, ou ancienneté, ou de nouvel par mariage, ou par residence de lieus de serve condition, sont encheües, ou pourroient enchoir ou lien de servitudes, franchise soit donnée à bonnes et convenables conditions[1]. »

Il est curieux de voir le fils de Philippe-le-Bel vanter aux serfs la liberté. Mais c'est peine perdue. Le marchand a beau enfler la voix et grossir le mérite de sa marchandise, les pauvres serfs n'en veulent pas. Ils étaient trop pauvres, trop humbles, trop courbés vers la terre. S'ils avaient enfoui dans cette terre quelque mauvaise pièce de monnaie, ils n'avaient garde de l'en tirer pour acheter un parchemin. En vain le roi se fâche de les voir méconnaître une telle grâce. Il finit par ordonner aux commissaires chargés de l'affranchissement d'estimer les biens des serfs qui aimeraient mieux « demeurer en la chétivité de servitude », et les taxent « si suffisamment et si grandement, comme la condition et richesse des personnes pourront bonnement souffrir et la nécessité de nostre guerre le requiert ».

C'est toutefois un grand spectacle de voir prononcer du

1. *Ord.*, I, p. 583.

haut du trône la proclamation du droit imprescriptible de tout homme à la liberté. Les serfs n'achètent pas, mais ils se souviendront et de cette leçon royale, et du dangereux appel qu'elle contient contre les seigneurs[1].

Le règne court et obscur de Philippe-le-Long n'est guère moins important pour le droit public de la France que celui même de Philippe-le-Bel.

D'abord son avènement à la couronne tranche une grande question. Louis-Hutin laissant sa femme enceinte, son frère Philippe est régent et curateur au ventre. L'enfant meurt en naissant, Philippe se fait roi au préjudice d'une fille de son frère. La chose semblait d'autant plus surprenante que Philippe-le-Bel avait soutenu le droit des femmes dans les successions de Franche-Comté et d'Artois. Les barons auraient voulu que les filles fussent exclues des fiefs et qu'elles succédassent à la couronne de France ; leur chef, Charles-de-Valois, favorisait sa petite-nièce contre Philippe son neveu[2].

Philippe assembla les États, et gagna sa cause, qui au fond était bonne, par des raisons absurdes. Il allégua en sa faveur la vieille loi allemande des Francs qui excluait les filles *de la terre salique*. Il soutint que la couronne de France était un trop noble fief pour *tomber en quenouille*, argument féodal dont l'effet fut pourtant de ruiner la féodalité. Tandis que le progrès de l'équité civile, l'introduction du droit romain, ouvraient les successions aux filles, que les fiefs devenaient féminins et passaient de famille en famille, la couronne ne sortit point de la même maison, immuable

1. *App.* 129.

2. « N'étant revenu à Paris qu'un mois après la mort de Louis X, il trouva son oncle, le comte de Valois, à la tête d'un parti prêt à lui disputer la régence. La bourgeoisie de Paris prit les armes sous la conduite de Gaucher de Châtillon, et chassa les soldats du comte de Valois, qui s'étaient déjà emparés du Louvre. » (Félibien.)

au milieu de la mobilité universelle. La maison de France recevait du dehors la femme, l'élément mobile et variable, mais elle conservait dans la série des mâles l'élément fixe de la famille, l'identité du paterfamilias. La femme change de nom et de pénates. L'homme habitant la demeure des aïeux, reproduisant leur nom, est porté à suivre leurs errements. Cette transmission invariable de la couronne dans la ligne masculine a donné plus de suite à la politique de nos rois ; elle a balancé utilement la légèreté de notre oublieuse nation.

En repoussant ainsi le droit des filles au moment même où il triomphait peu à peu dans les fiefs, la couronne prenait ce caractère, de recevoir toujours sans donner jamais. À la même époque, une révocation hardie de toute donation depuis saint Louis[1] semble contenir le principe de l'inaliénabilité du domaine. Malheureusement l'esprit féodal qui reprit force sous les Valois à la faveur des guerres, provoqua de funestes créations d'apanages, et fonda au profit des branches diverses de la famille royale une féodalité princière aussi embarrassante pour Charles VI et Louis XI, que l'autre l'avait été pour Philippe-le-Bel.

Cette succession contestée, cette malveillance des seigneurs, jette Philippe-le-Long dans les voies de Philippe-le-Bel. Il flatte les villes, Paris, l'Université surtout, la grande puissance de Paris. Il se fait jurer fidélité par les nobles, *en présence des maîtres de l'Université qui approuvent*[2]. Il veut que ses bonnes villes soient *garnies d'armeures* ; que les bourgeois aient des armes *en lieu sûr* ; il leur nomme un capitaine *en chaque baillie ou contrée* (1316, 12 mars). Senlis, Amiens et le Vermandois, Caen, Rouen, Gisors, le Cotentin

1. *App.* 130.
2. Cont. G. de Nang.

et le pays de Caux, Orléans, Sens et Troyes sont spécialement désignés.

Philippe-le-Long aurait voulu (dans un but, il est vrai, fiscal) établir l'uniformité de mesures et de monnaies; mais ce grand pas ne pouvait se faire encore[1].

Il fait quelques efforts pour régulariser un peu la comptabilité. Les receveurs doivent, toute dépense payée, envoyer le reste au Trésor du roi, mais secrètement, *et sans que personne sache l'heure ni le jour.* Les baillis et sénéchaux doivent venir compter tous les ans à Paris. Les trésoriers compteront deux fois l'année. L'on spécifiera en quelle monnaie se font les payements. Les *jugeurs* des comptes jugeront de suite... *Et le roi saura combien il a à recevoir.*

Parmi les règlements de finance, nous trouvons cet article: « *Tous gages des chastiaux* qui ne sont en frontière, *cessent* du tout des-ores-en-avant[2]. » Ce mot contient un fait immense. La paix intérieure commence pour la France, au moins jusqu'aux guerres des Anglais.

La garantie de cette paix intérieure, c'est l'organisation d'un fort pouvoir judiciaire. Le parlement se constitue. Une ordonnance détermine dans quelle proportion les clercs et les laïques doivent y entrer; la majorité est assurée aux laïques. Quant aux conseillers étrangers aux corps et appelés temporairement, Philippe-le-Long répète l'exclusion déjà prononcée, contre les prélats, par Philippe-le-Bel: « Il n'aura nulz Prélaz députez en parlement, *car le Roy fait conscience de eus empeschier ou gouvernement de leurs experituautez.* »

Si l'on veut savoir avec quelle vigueur agissait le parlement de Paris, il faut lire, dans le Continuateur de Nangis, l'histoire de Jordan de Lille, « seigneur gascon fameux par sa haute naissance, mais ignoble par ses brigandages... ». Il

1. *App.* 131.
2. *App.* 132.

n'en avait pas moins obtenu la nièce du pape, et par le pape le pardon du roi. Il n'en usa que « pour accumuler les crimes, meurtres et viols, nourrissant des bandes d'assassins, ami des brigands, rebelle au roi. Il aurait peut-être échappé encore. Un homme du roi était venu le trouver ; il le tua du bâton même où il portait les armes du roi, insigne de son ministère. Appelé en jugement, il vint à Paris suivi d'un brillant cortège de comtes et de barons des plus nobles d'Aquitaine... Il n'en fut pas moins jeté dans les prisons du Châtelet, condamné à mort par les Maîtres du parlement, et, la veille de la Trinité, traîné à la queue des chevaux et pendu au commun patibulaire[1] ».

Le parlement qui défend si vigoureusement l'honneur du roi, est lui-même un vrai roi sous le rapport judiciaire. Il porte le costume royal, la longue robe, la pourpre et l'hermine. Ce n'est pas, comme il semble, l'ombre, l'effigie du roi ; c'est plutôt sa pensée, sa volonté constante, immuable et vraiment royale. Le roi veut que la justice suive son cours : « Non contrestant toutes concessions, ordonnances, et lettres royaux à ce contraire. » Ainsi le roi se défie du roi, il se reconnaît mieux en son parlement qu'en lui-même. Il distingue en lui un double caractère ; il se sent roi, et il se sent homme, et le roi ordonne de désobéir à l'homme.

Beaucoup de textes d'ordonnances en ce sens honorent la sagesse des conseillers qui les dictèrent. Le roi cherche à mettre une barrière à sa libéralité. Il exprime la crainte que l'on n'arrache des dons excessifs à sa faiblesse, à son inattention ; que pendant qu'il dort ou repose, le privilège et l'usurpation ne soient que trop bien éveillés[2].

Ainsi, en 1318, il parle de certains droits féodaux : « ... lesquels on nous demande souvent, et sont de plus

1. Contin. G. de Nang.
2. *App.* 133.

grande valeur *que nous ne croyons*, nous devons être avisés, si quelqu'un nous les demande[1] ».

Ailleurs, il recommande aux receveurs de *n'avertir* personne des recettes extraordinaires, ou « aventures qui nous échoiront, *à ce que nous ne puissions être requis de les donner* ».

Ces aveux de faiblesse et d'ignorance que les conseillers du roi lui faisaient faire, pour être si naïfs, n'en sont pas moins respectables. Il semble que la royauté nouvelle, devenue tout d'un coup la providence d'un peuple, sente la disproportion de ses moyens et de ses devoirs. Ce contraste se marque d'une manière bizarre dans l'ordonnance de Philippe-le-Long « Sur le gouvernement de son hostel et le bien de son royaume ». Il établit d'abord dans un noble préambule que Messire Dieu a institué les rois sur la terre pour que, bien ordonnés en leurs personnes, ils ordonnent et gouvernent dûment leur royaume. Il annonce ensuite qu'il entend la messe tous les matins, et défend qu'on l'interrompe pendant la messe pour lui présenter des requêtes. Nulle personne ne pourra lui parler à la chapelle, « si ce n'estoit notre confesseur, lequel pourra parler à nous des choses qui toucheront notre conscience ». Il pourvoit ensuite à la garde de sa personne royale : « Que nulle personne mescongnüe, ne garçon de petit estat, ne entre en notre garde-robe, ne mettent main, ne soient à nostre lit faire, et qu'on n'i soffre mettre draps estrangers. » La terreur des empoisonnements et des maléfices est un trait de cette époque.

Après ces détails de ménage, viennent des règlements sur le conseil, le trésor, le domaine, etc. L'État apparaît ici comme un simple apanage royal, le royaume comme un accessoire de l'*Hostel*[2]. – On sent partout la petite sagesse

1. *App.* 134.
2. *App.* 135.

des *gens du roi*, cette honnêteté bourgeoise, exacte et scrupuleuse dans le menu, flexible dans le grand. Nul doute que cette ordonnance ne nous donne l'idéal de la royauté selon les gens de robe, le modèle qu'ils présentaient au roi féodal pour en faire un vrai roi comme ils le concevaient.

Ces essais estimables d'ordre et de gouvernement ne changeaient rien aux souffrances du peuple. Sous Louis-Hutin, une horrible mortalité avait enlevé, dit-on, le tiers de la population du Nord[1]. La guerre de Flandre avait épuisé les dernières ressources du pays. En 1320, il fallut bien finir cette guerre. La France avait assez à faire chez elle. L'excès de la misère exaltant les esprits, un grand mouvement avait lieu dans le peuple. Comme au temps de saint Louis, une foule de pauvres gens, de paysans, de bergers ou *pastoureaux*, comme on les appelait, s'attroupent et disent qu'ils veulent aller outre-mer, que c'est par eux qu'on doit recouvrer la terre sainte. Leurs chefs étaient un prêtre dégradé et un moine apostat. Ils entraînèrent beaucoup de gens simples, jusqu'à des enfants qui fuyaient la maison paternelle. Ils demandaient d'abord ; puis ils prirent. On en arrêta ; mais ils forçaient les prisons, et délivraient les leurs. Au Châtelet, ils jetèrent du haut des degrés le prévôt qui voulait leur défendre les portes ; puis, ils s'allèrent mettre en bataille au Pré-aux-Clercs, et sortirent tranquillement de Paris ; on se garda bien de les en empêcher. Ils s'en allèrent vers le Midi, égorgeant partout les juifs, que les gens du roi tâchaient en vain de défendre. Enfin à Toulouse, on réunit des troupes, on fondit sur les pastoureaux ; on les pendit par vingt et par trente ; le reste se dissipa[2].

1. Cont. G. de Nang.
2. *App.* 136.

Ces étranges émigrations du peuple indiquaient moins de fanatisme que de souffrance et de misère. Les seigneurs, ruinés par les mauvaises monnaies, pressurés par l'usure, retombaient sur le paysan. Celui-ci n'en était pas encore au temps de la Jacquerie ; il n'était pas assez osé pour se tourner contre son seigneur. Il fuyait plutôt et massacrait les juifs. Ils étaient si détestés que beaucoup de gens se scandalisèrent de voir les gens du roi prendre leur défense. Les villes commerçantes du Midi les jalousaient cruellement. C'était précisément l'époque où, comme financiers, collecteurs, percepteurs, ils commençaient à régner sur l'Espagne. Aimés des rois pour leur adresse et leur servilité, ils s'enhardissaient chaque jour, jusqu'à prendre le titre de Don. Dès le temps de Louis-le-Débonnaire, l'évêque Agobart avait écrit un traité *De insolentia Judæorum.* Sous Philippe-Auguste, on avait vu avec étonnement un juif bailli du roi. En 1267, le pape avait été obligé de lancer une bulle contre les chrétiens qui judaïsaient[1].

Philippe-le-Bel les avait chassés ; mais ils étaient rentrés à petit bruit. Louis-Hutin leur avait assuré un séjour de douze ans. Aux termes de son ordonnance, on doit leur rendre leurs privilèges, si on les retrouve ; on leur restituera leurs livres, leurs synagogues, leurs cimetières, sinon le roi les leur payera. Deux auditeurs sont nommés pour connaître des héritages vendus à moitié prix par les juifs dans la précipitation de leur fuite. Le roi s'associe à eux pour le recouvrement de leurs dettes dont il doit avoir les deux tiers[2]. – Les nobles débiteurs qui avaient eu le crédit d'obtenir de Philippe-le-Bel qu'on cesserait de rechercher les créances des juifs se voyaient de nouveau à leur merci. Les écritures des juifs faisant foi en justice, ils pouvaient à leur gré désigner

1. *App.* 137.
2. *Ord.*, I, p. 595.

au fisc ses victimes. Le juif, ulcéré par tant d'injures, était à même de se venger au nom du roi.

La vieille haine étant ainsi irritée, enragée par la crainte, on était prêt à tout faire contre eux. Au milieu des grandes mortalités produites par la misère, le bruit se répand tout à coup que les juifs et les lépreux ont empoisonné les fontaines. Le sire de Parthenay écrit au roi qu'*un grand lépreux*, saisi dans sa terre, avoue qu'un riche juif lui a donné de l'argent et remis certaines drogues. Ces drogues se composaient de sang humain, d'urine, à quoi on ajoutait le corps du Christ ; le tout séché et broyé, mis en un sachet avec un poids, était jeté dans les fontaines ou les puits. Déjà, en Gascogne, plusieurs lépreux avaient été provisoirement brûlés. Le roi, effrayé du nouveau mouvement qui se préparait, revint précipitamment de Poitou en France, ordonnant que les lépreux fussent partout arrêtés.

Personne ne doutait de cet horrible accord entre les lépreux et les juifs. « Nous-mêmes, dit le chroniqueur du temps, en Poitou, dans un bourg de notre vasselage, nous avons de nos yeux vu un de ces sachets. Une lépreuse qui passait, craignant d'être prise, jeta derrière elle un chiffon lié qui fut aussitôt porté en justice, et l'on y trouva une tête de couleuvre, des pattes de crapaud et comme des cheveux de femme enduits d'une liqueur noire et puante, chose horrible à voir et à sentir. Le tout, mis dans un grand feu, ne put brûler, preuve sûre que c'était un violent poison... Il y eut bien des discours, bien des opinions. La plus probable, c'est que le roi des Maures de Grenade, se voyant avec douleur si souvent battu, imagina de s'en venger en machinant avec les juifs la perte des chrétiens. Mais les juifs, trop suspects eux-mêmes, s'adressèrent aux lépreux... Ceux-ci, le diable aidant, furent persuadés par les juifs. Les principaux lépreux tinrent quatre conciles, pour ainsi parler, et le diable, par les juifs, leur fit entendre que, puisque les lépreux étaient réputés personnes si abjectes et comptés pour rien, il serait bon de faire en sorte que tous les chrétiens mourussent ou devinssent lépreux. Cela leur plut à tous ; chacun, de retour, le redit aux autres... Un grand nombre, leurrés par de fausses promesses de royaumes, comtés et autres biens temporels, disaient et croyaient fermement que la chose se ferait ainsi[1]. »

La vengeance du roi de Grenade est évidemment fabuleuse. La culpabilité des juifs est improbable : ils étaient alors favorisés du roi, et l'usure leur fournissait une vengeance plus utile. Quant aux lépreux, le récit n'est pas si étrange que l'ont jugé les historiens modernes. De coupables folies pouvaient fort bien tomber dans l'esprit de ces tristes solitaires. L'accusation était du moins spécieuse. Les juifs et les lépreux avaient un trait commun aux yeux du peuple, leur saleté, leur vie à part. La maison du lépreux n'était pas moins mystérieuse et mal famée que celle du juif. L'esprit ombrageux de ces temps s'effarouchait de tout mystère, comme un enfant qui a peur la nuit et qui frappe d'autant plus fort ce qui lui tombe sous la main. L'institution des léproseries, ladreries, maladreries, ce sale résidu des croisades, était mal vue, mal voulue, tout comme l'ordre du Temple, depuis qu'il n'y avait plus rien à faire pour la terre sainte. Les lépreux eux-mêmes, désormais sans doute négligés, avaient dû perdre la résignation religieuse qui, dans les siècles précédents, leur faisait prendre en bonne part la mort anticipée à laquelle on les condamnait ici-bas.

Les rituels pour la séquestration des lépreux différaient peu des offices des morts. Sur deux tréteaux devant l'autel, on tendait un drap noir, le lépreux dressé se tenait dessous agenouillé et y entendait dévotement la messe. Le prêtre,

1. *App.* 138.

prenant un peu de terre dans son manteau, en jetait sur l'un des pieds du lépreux[1]. Puis il le mettait hors de l'église, *s'il ne faisait trop fort temps de pluie*; il le menait à sa maisonnette au milieu des champs, et lui faisait les défenses: «Je te défends que tu n'entres en l'église... ne en compagnie de gens. Je te défends que tu ne voises hors de ta maison sans ton habit de ladre, etc.» Et ensuite: «Recevez cet habit, et le vestez en signe d'humilité... Prenez ces gants... Recevez cette cliquette en signe qu'il vous est défendu de parler aux personnes, etc. Vous ne vous fâcherez point pour être ainsi séparé des autres... Et quant à vos petites nécessités, les gens de bien y pourvoyront, et Dieu ne vous délaissera...» On lit encore dans un vieux rituel des lépreux ces tristes paroles: «Quand il avendra que le mesel sera trespassé de ce monde, il doit être enterré en la maisonnette, et non pas au cimetière[2].»

D'abord on avait douté si les femmes pouvaient suivre leurs maris devenus lépreux, ou rester dans le siècle et se remarier. L'Église décida que le mariage était indissoluble; elle donna à ces infortunés cette immense consolation. Mais alors que devenait la mort simulée? que signifiait le linceul? Ils vivaient, ils aimaient, ils se perpétuaient, ils formaient un peuple... Peuple misérable, il est vrai, envieux, et pourtant envié... Oisifs et inutiles, ils semblaient une charge, soit qu'ils mendiassent, soit qu'ils jouissent des riches fondations du siècle précédent.

On les crut volontiers coupables. Le roi ordonna que ceux qui seraient convaincus fussent brûlés, sauf les lépreuses enceintes, dont on attendrait l'accouchement; les autres lépreux devaient être enfermés dans les léproseries.

1. *App.* 139.

2. Ce n'était point cependant un signe de réprobation. Mort au monde, il semblait avoir fait son purgatoire ici-bas; et en quelques lieux on célébrait sur lui l'office du confesseur: «Os justi meditabitur sapientiam.»

Quant aux juifs, on les brûla sans distinction, surtout dans le Midi. « À Chinon, on creusa en un jour une grande fosse, on y mit du feu copieusement, et on en brûla cent soixante, hommes et femmes, pêle-mêle. Beaucoup d'eux et d'elles, chantant et comme à des noces, sautaient dans la fosse. Mainte veuve y fit jeter son enfant avant elle, de peur qu'on ne l'enlevât pour le baptiser. À Paris, on brûla seulement les coupables. Les autres furent bannis à toujours, quelques-uns plus riches réservés jusqu'à ce qu'on connût leurs créances et qu'on pût les affecter au fisc royal avec le reste de leurs biens. Il y eut pour le roi environ cent cinquante mille livres. »

« On assure qu'à Vitry quarante juifs, en la prison du roi, voyant bien qu'ils allaient mourir, et ne voulant pas tomber dans les mains des incirconcis, s'accordèrent unanimement à se faire tuer par un de leurs vieillards qui passait pour une bonne et sainte personne, et qu'ils appelaient leur père. Il n'y consentit pas, à moins qu'on ne lui adjoignît un jeune homme. Tous les autres étant morts, les deux restant, chacun voulait mourir de la main de l'autre. Le vieillard l'emporta, et obtint à force de prières que le jeune le tuerait. Alors le jeune, se voyant seul, ramassa l'or et l'argent qu'il trouva sur les morts, se fit une corde avec des habits, et se laissa glisser du haut de la tour. Mais la corde était trop courte, le poids de l'or trop lourd, il se cassa la jambe, fut pris, avoua et mourut ignominieusement[1].

Philippe-le-Long ne profita pas de la dépouille des lépreux et des juifs plus longtemps que son père n'avait fait de celle des Templiers. La même année 1321, au mois d'août, la fièvre le prit, sans que les médecins pussent deviner la cause du mal ; il languit cinq mois et mourut. « Quelques-uns doutent s'il ne fut pas frappé ainsi à cause

1. *App.* 140.

des malédictions de son peuple, pour tant d'extorsions inouïes, sans parler de celles qu'il préparait. Pendant sa maladie, les exactions se ralentirent, sans cesser entièrement. »

Son frère Charles lui succéda, sans plus se soucier des droits de la fille de Philippe que Philippe n'avait eu égard à ceux de la fille de Louis.

L'époque de Charles-le-Bel est aussi pauvre de faits pour la France qu'elle est riche pour l'Allemagne, l'Angleterre et la Flandre. Les Flamands emprisonnent leur comte. Les Allemands se partagent entre Frédéric d'Autriche et Louis de Bavière, qui fait son rival prisonnier à Mulhdorf. Dans ce déchirement universel, la France semble forte par cela seul qu'elle est une. Charles-le-Bel intervient en faveur du comte de Flandre. Il entreprend, avec l'aide du pape, de se faire empereur. Sa sœur Isabeau se fait effectivement reine d'Angleterre par le meurtre d'Édouard II.

Terrible histoire que celle des enfants de Philippe-le-Bel ! Le fils aîné fait mourir sa femme. La fille fait mourir son mari.

Le roi d'Angleterre, Édouard II, né parmi les victoires de son père et promis aux Gallois pour réaliser leur Arthur, n'en était pas moins toujours battu. En France, il laissait entamer la Guyenne et promettait de venir rendre hommage. En Angleterre, il était malmené par Robert Bruce ; mais il le poursuivait en cour de Rome. Il avait demandé au pape s'il ne pouvait, sans péché, se frotter d'une huile merveilleuse qui donnait du courage. Sa femme le méprisait. Mais il n'aimait pas les femmes ; il se consolait plutôt de ses mésaventures avec de beaux jeunes gens. La reine, par représailles, s'était livrée au baron Mortimer. Les barons, qui détestaient les mignons du roi, lui tuèrent d'abord son brillant Gaveston, hardi Gascon, beau cavalier, qui s'amusait dans les tournois à jeter par terre les plus graves lords, les plus nobles seigneurs. Spencer, qui succéda à Gaveston, ne fut pas moins haï.

L'Angleterre se trouvant désarmée par ces discordes, le roi de France profita du moment et s'empara de l'Agénois[1]. Isabeau vint en France avec son jeune fils pour réclamer, disait-elle. Mais c'est contre son mari qu'elle réclama. Charles-le-Bel, ne voulant pas s'embarquer en son nom dans une affaire aussi hasardeuse qu'une invasion de l'Angleterre, défendit à ses chevaliers de prendre le parti de la reine[2]. Il fit même croire qu'il voulait l'arrêter et la renvoyer à son mari. En vrai fils de Philippe-le-Bel, il ne lui donna pas d'armée, mais de l'argent pour en avoir une. Cet argent fut prêté par les Bardi, banquiers florentins. D'autre part, le roi de France envoyait des troupes en Guyenne pour réprimer, disait-il, quelques aventuriers gascons.

Le comte de Hainaut donna sa fille en mariage au jeune fils d'Isabeau, et le frère du comte se chargea de conduire la petite troupe qu'elle avait levée. De grandes forces n'auraient pu que nuire, en alarmant les Anglais. Édouard était désarmé, livré d'avance. Il envoya sa flotte contre elle ; mais la flotte n'avait garde de la rencontrer. Il dépêcha Robert de Watteville avec des troupes, qui se réunirent à elle. Il implora les gens de Londres ; ceux-ci répondirent prudemment « qu'ils avaient privilège de ne point sortir en bataille ; qu'ils ne recevraient pas d'étrangers, mais bien volontiers le roi, la reine et le prince royal ». Non moins prudemment les gens d'Église accueillaient la reine à son arrivée. L'archevêque de Cantorbéry prêcha sur ce texte : « La voix du peuple est la voix de Dieu. » L'évêque d'Hereford sur cet autre : « C'est au chef que j'ai mal, *Caput meum doleo*[3]. »

1. *App.* 141.
2. *App.* 142.
3. Il concluait que le seul moyen de guérir le corps était de lui couper la tête.

Enfin l'évêque d'Oxford prit le texte de la *Genèse* : « Je mettrai inimitié entre toi et la femme, et elle t'écrasera la tête. » Prophétie homicide qui se vérifia.

Cependant la reine s'avançait avec son fils et sa petite troupe. Elle venait comme une femme malheureuse qui veut seulement éloigner de son mari les mauvais conseillers qui le perdent. C'était grande pitié de la voir si dolente et si éplorée. Tout le monde était pour elle. Elle eut bientôt entre ses mains Édouard et Spencer. On lui amena ce Spencer qu'elle haïssait tant ; elle en rassasia ses yeux. Puis, devant le palais, sous les croisées de la reine, on lui fit subir, avant la mort, d'obscènes mutilations.

Pour le moment, elle n'osait pas en faire plus. Elle avait peur, elle tâtait le peuple, elle ménageait son mari. Elle pleurait, et tout en pleurant elle agissait. Mais rien ne semblait se faire par elle, tout par justice et régulièrement. Édouard était resté en possession de la couronne royale ; cela arrêtait tout. Trois comtes, deux barons, deux évêques et le procureur du parlement, Guillaume Trussel, vinrent au château de Kenilworth, faire entendre au prisonnier que s'il ne se dépêchait de livrer la couronne, il n'y gagnerait rien, qu'il risquerait plutôt de faire perdre le trône à son fils, que le peuple pourrait fort bien choisir un roi hors de la famille royale. Édouard pleura, s'évanouit et finit par livrer la couronne. Alors le procureur dressa et prononça la formule, qu'on a gardée comme bon précédent : « Moi Guillaume Trussel, procureur du parlement, au nom de tous les hommes d'Angleterre, je te reprends l'hommage que je t'avais fait, à toi, Édouard. De ce temps en avant, je te défie, je te prive de tout pouvoir royal. Désormais, je ne t'obéis plus comme à un roi. »

Édouard croyait au moins vivre ; on n'avait pas encore tué de roi. Sa femme le flattait toujours. Elle lui écrivait des choses tendres, elle lui envoyait de beaux habits.

Cependant un roi déposé est bien embarrassant. D'un moment à l'autre il pouvait être tiré de prison. Dans leur anxiété, Isabeau et Mortimer demandèrent avis à l'évêque d'Hereford. Ils n'en tirèrent qu'une parole équivoque : *Edwardum occidere nolite timere bonum est.* C'était répondre sans répondre. Selon que la virgule était placée ici ou là, on pouvait lire dans ce douteux oracle la mort ou la vie. Ils lurent la mort. La reine se mourait de peur tant que son mari était en vie. On envoya à la prison un nouveau gouverneur, John Maltravers ; nom sinistre, mais l'homme était pire.

Maltravers fit longuement goûter au prisonnier les affres de la mort ; il s'en joua pendant quelques jours, peut-être dans l'espoir qu'il se tuerait lui-même. On lui faisait la barbe à l'eau froide, on le couronnait de foin ; enfin, comme il s'obstinait à vivre, ils lui jetèrent sur le dos une lourde porte, pesèrent dessus, et l'empalèrent avec une broche toute rouge. Le fer était mis, dit-on, dans un tuyau de corne, de manière à tuer sans laisser trace. Le cadavre fut exposé aux regards du peuple, honorablement enterré, et une messe fondée. Il n'y avait nulle marque de blessure, mais les cris avaient été entendus ; la contraction de la face dénonçait l'horrible invention des assassins[1].

Charles-le-Bel ne profita pas de cette révolution. Lui-même il mourut presque en même temps qu'Édouard, ne laissant qu'une fille. Un cousin succéda. Toute cette belle famille de princes qui avaient siégé près de leur père au concile de Vienne était éteinte, conformément à ce qu'on racontait des malédictions de Boniface.

1. *App.* 143.

LIVRE VI

CHAPITRE PREMIER

L'Angleterre. – Philippe-de-Valois (1328-1349).

Cette mémorable époque, qui met l'Angleterre si bas et la France d'autant plus haut, présente néanmoins dans les deux pays deux événements analogues. En Angleterre, les barons ont renversé Édouard II. En France, le parti féodal met sur le trône la branche féodale des Valois.

Le jeune roi d'Angleterre, petit-fils de Philippe-le-Bel par sa mère, après avoir d'abord réclamé, vient faire hommage à Amiens. Mais l'Angleterre humiliée n'en a pas moins en elle les éléments de succès qui vont bientôt la faire prévaloir sur la France.

Le nouveau gouvernement anglais, intimement lié avec la Flandre, appelle à lui les étrangers. Il renouvelle la charte commerciale qu'Édouard Ier avait accordée aux marchands de toute nation. La France, au contraire, ne peut prendre part au mouvement nouveau du commerce. Un mot sur cette grande révolution. Elle explique seule les événements qui vont suivre. Le secret des batailles de Créci, de Poitiers, est au comptoir des marchands de Londres, de Bordeaux et de Bruges.

En 1291, la terre sainte est perdue, l'âge des croisades fini. En 1298, le Vénitien Marco Polo, le Christophe Colomb de l'Asie, dicte la relation d'un voyage, d'un séjour de vingt ans à la Chine et au Japon[1]. Pour la première fois, on apprend qu'à douze mois de marche au delà de Jérusalem, il y a des royaumes, des nations policées. Jérusalem n'est plus le centre du monde, ni celui de la pensée humaine. L'Europe perd la terre sainte ; mais elle voit la terre[2].

En 1321, paraît le premier ouvrage d'économie politique et commerciale : *Secreta fidelium crucis*[3], par le Vénitien Sanuto. – Vieux titre, pensée nouvelle. L'auteur propose contre l'Égypte, non pas une croisade, mais plutôt un blocus commercial et maritime. Ce livre est bizarre dans la forme. Le passage des idées religieuses à celles du commerce s'accomplit gauchement. Le Vénitien, qui peut-être ne veut que rendre à Venise ce qu'elle a perdu par le retour des Grecs à Constantinople, donne d'abord tous les textes sacrés qui recommandent au bon chrétien la conquête de Jérusalem ; puis le catalogue raisonné des épices dont la terre sainte est l'entrepôt : poivre, encens, gingembre ; il qualifie les denrées et les cote article par

1. Comme Christophe Colomb, il eut ses contradicteurs. Mais le retour de Colomb mit fin à tous les doutes : ils commencèrent au retour de Polo. Son traducteur latin en appelle au témoignage du père et de l'oncle de Polo, compagnons de son voyage.

2. Marco Polo, captif à Gênes, dictait aux compatriotes de Christophe Colomb le livre qui inspira à ce dernier sa grande entreprise.

3. *Livre des secrets des fidèles de la Croix. App.* 144.

article. Il calcule avec une précision admirable les frais de transport[1], etc.

Une grande croisade commence en effet dans le monde, mais d'un genre tout nouveau. Celle-ci, moins poétique, n'est pas en quête de la sainte lance, du Graal, ni de l'empire de Trébizonde. Si nous arrêtons un vaisseau en mer, nous n'y trouverons plus un cadet de France qui cherche un royaume[2], mais bien plutôt quelque Génois ou Vénitien qui nous débitera volontiers du sucre et de la cannelle. Voilà le héros du monde moderne ; non moins héros que l'autre ; il risquera pour gagner un sequin autant que Richard Cœur-de-Lion pour Saint-Jean-d'Acre. Le croisé du commerce a sa croisade en tout sens, sa Jérusalem partout.

La nouvelle religion, celle de la richesse, la foi en l'or, a ses pèlerins, ses moines, ses martyrs. Ceux-ci osent et souffrent, comme les autres. Ils veillent, ils jeûnent, ils s'abstiennent. Ils passent leurs belles années sur les routes périlleuses, dans les comptoirs lointains, à Tyr, à Londres, à Novogorod. Seuls et célibataires, enfermés dans des quartiers fortifiés, ils couchent en armes sur leurs comptoirs, parmi leurs dogues énormes[3] ; presque toujours pillés hors des villes, dans les villes souvent massacrés.

Ce n'était pas chose facile de commercer alors. Le marchand qui avait navigué heureusement d'Alexandrie à Venise, sans mauvaise rencontre, n'avait encore rien fait. Il lui fallait, pour vendre à bon profit, s'enfoncer dans le Nord. Il fallait que la marchandise s'acheminât, par le Tyrol, par les rives agrestes du Danube, vers Augsbourg

1. Il montre la supériorité de la route d'Égypte sur celle de Syrie. Puis il propose contre le soudan d'Égypte, non pas une croisade, mais un simple blocus. Le blocus ruinera le soudan et par suite le monde mahométan, dont l'Égypte est le cœur. *App.* 145.

2. Dans la quatrième croisade.

3. Sartorius.

ou Vienne ; qu'elle descendît sans encombre entre les forêts sombres et les sombres châteaux du Rhin ; qu'elle parvînt à Cologne, la ville sainte. C'était là que le marchand rendait grâces à Dieu[1]. Là se rencontraient le Nord et le Midi : les gens de la Hanse y traitaient avec les Vénitiens. – Ou bien encore, il appuyait à gauche. Il pénétrait en France, sur la foi du bon comte de Champagne. Il déballait aux vieilles foires de Troyes, à celles de Lagny, de Bar-sur-Aube, de Provins[2]. De là, en peu de journées, mais non sans risque, il pouvait atteindre Bruges, la grande station des Pays-Bas, la ville aux dix-sept nations[3].

Mais cette route de France ne fut plus tenable, lorsque Philippe-le-Bel, devenu, par sa femme, maître de la Champagne, porta ses ordonnances contre les Lombards, brouilla les monnaies, se mêla de régler l'intérêt qu'on payait aux foires[4]. Puis vint Louis-Hutin, qui mit des droits sur tout ce qui pouvait s'acheter ou se vendre. Cela suffisait pour fermer les comptoirs de Troyes. Il n'avait pas besoin d'interdire, comme il fit, tout trafic « avec les Flamands, les Génois, les Italiens et les Provençaux ».

Plus tard, le roi de France s'aperçut qu'il avait tué sa poule aux œufs d'or. Il abaissa les droits, rappela les marchands[5].

1. Ulmann.

2. Crosley.

3. Hallam.

4. Les foires de Champagne étaient plus anciennes que le comté même. Il en est fait mention dès l'an 427, dans une lettre de Sidoine Apollinaire à saint Loup. Elles se perpétuèrent toujours florissantes, sans que personne gênât leurs transactions. L'ordonnance de Philippe-le-Bel est le titre royal le plus ancien qui les concerne.

5. Voyez les ordonnances de Charles-le-Bel et de Philippe-de-Valois. Ce qui acheva la ruine des foires de Champagne, ce fut la rivalité de Lyon. Quand aux tracasseries fiscales s'ajoutèrent les alarmes et les pillages de la guerre intérieure, Troyes fut désertée, et Lyon s'ouvrit comme un asile au commerce. Il fallut abolir les foires de Lyon pour rendre quelque vie aux foires de Champagne. En 1486, des quatre foires de Lyon, deux furent transférées à Bourges et deux à Troyes ; mais elles tombèrent dès que Lyon eut obtenu de rouvrir ses marchés.

Mais il leur avait lui-même enseigné à prendre une autre route. Ils allèrent désormais en Flandre par l'Allemagne, ou par mer. Ce fut pour Venise l'occasion d'une navigation plus hardie, qui, par l'Océan, la mit en rapport direct avec les Flamands et les Anglais.

Le royaume de France, dans sa grande épaisseur, restait presque impénétrable au commerce. Les routes étaient trop dangereuses, les péages trop nombreux. Les seigneurs pillaient moins ; mais les agents du roi les avaient remplacés. Pillé comme un marchand, était un mot proverbial[1]. La main royale couvrait tout ; mais on ne la sentait guère que par la griffe du fisc. Si l'ordre venait, c'était par saisie universelle. Le sel, l'eau, l'air, les rivières, les forêts, les gués, les défilés, rien n'échappait à l'ubiquité fiscale.

Tandis que les monnaies variaient continuellement en France, elles changeaient peu en Angleterre. Le roi de France avait échoué dans l'entreprise d'établir l'uniformité des mesures. C'est un des principaux articles de la charte que le roi d'Angleterre accorda aux étrangers. Dans cette charte, le roi déclare qu'il a grande sollicitude des marchands qui visitent ou habitent l'Angleterre, Allemands, Français, Espagnols, Portugais, Navarrais, Lombards, Toscans, Provençaux, Catalans, Gascons, Toulousains, Cahorcins, Flamands, Brabançons, et autres. Il leur assure protection, bonne et prompte justice, bon poids, bonne mesure. Les juges qui feront tort à un marchand seront punis, même après l'avoir indemnisé. Les étrangers auront un juge à Londres, pour leur rendre justice sommaire. Dans les causes où ils seront intéressés, le jury sera mi-parti d'Anglais et d'hommes de leur nation[2].

1. « ... Qu'ils en fissent leur profit comme d'un marchand. » (Comines.)

2. Peu après, les privilèges des villes qui auraient entravé ce libre commerce sont déclarés nuls et sans force. Le roi et les barons ne s'inquiétaient pas si la concurrence des étrangers nuisait aux Anglais. (Rymer.) *App.* 146.

Même avant cette charte les étrangers affluaient en Angleterre. Lorsqu'on voit quel essor le commerce y avait pris dès le treizième siècle, on s'étonne peu qu'au quatorzième un marchand anglais ait invité et traité cinq rois[1]. Les historiens du moyen âge parlent du commerce anglais comme on pourrait faire aujourd'hui.

« Ô Angleterre, les vaisseaux de Tharsis, vantés dans l'Écriture, pouvaient-ils se comparer aux tiens ?... Les aromates t'arrivent des quatre climats du monde. Pisans, Génois et Vénitiens t'apportent le saphir et l'émeraude que roulent les fleuves du Paradis. L'Asie pour la pourpre, l'Afrique pour le baume, l'Espagne pour l'or, l'Allemagne pour l'argent, sont tes humbles servantes. La Flandre, ta fileuse, t'a tissu de ta laine des habits précieux. La Gascogne te verse ses vins. Les îles, de l'Ourse aux Hyades, toutes, elles t'ont servi... Plus heureuse, toutefois, par ta fécondité ; les flancs des nations la bénissent, réchauffés des toisons de tes brebis[2] ! »

La laine et la viande, c'est ce qui a fait primitivement l'Angleterre et la race anglaise. Avant d'être pour le monde la grande manufacture des fers et des tissus, l'Angleterre a été une manufacture de viande. C'est de temps immémorial un peuple *éleveur* et pasteur, une race nourrie de chair. De là cette fraîcheur de teint, cette beauté, cette force. Leur plus grand homme, Shakespeare, fut d'abord un boucher.

Qu'on me permette, à cette occasion, d'indiquer ici une impression personnelle.

J'avais vu Londres et une grande partie de l'Angleterre et de l'Écosse ; j'avais admiré plutôt que compris. Au retour seulement, comme j'allais d'York à Manchester, coupant l'île dans sa largeur, alors enfin j'eus une véritable intuition

1. Hallam.
2. Mathieu de Westminster.

de l'Angleterre. C'était au matin, par un froid brouillard ; elle m'apparaissait non plus seulement environnée, mais couverte, noyée de l'Océan. Un pâle soleil colorait à peine moitié du paysage. Les maisons neuves en briques rouges auraient tranché durement sur le gazon vert, si la brume flottante n'eût pris soin d'harmoniser les teintes. Pardessus les pâturages couverts de moutons, flambaient les rouges cheminées des usines. Pâturage, labourage, industrie, tout était là dans un étroit espace, l'un sur l'autre, nourri l'un par l'autre ; l'herbe vivant de brouillard, le mouton d'herbe, l'homme de sang.

Sous ce climat absorbant, l'homme, toujours affamé, ne peut vivre que par le travail. La nature l'y contraint. Mais il le lui rend bien ; il la fait travailler elle-même ; il la subjugue par le fer et le feu. Toute l'Angleterre halète de combat. L'homme en est comme effarouché. Voyez cette face rouge, cet air bizarre... On le croirait volontiers ivre. Mais sa tête et sa main sont fermes. Il n'est ivre que de sang et de force. Il se traite comme sa machine à vapeur, qu'il charge et nourrit à l'excès, pour en tirer tout ce qu'elle peut rendre d'action et de vitesse.

Au moyen âge, l'Anglais était à peu près ce qu'il est, trop nourri, poussé à l'action, et guerrier faute d'industrie.

L'Angleterre, déjà agricole, ne fabriquait pas encore. Elle donnait la matière ; d'autres l'employaient. La laine était d'un côté du détroit, l'ouvrier de l'autre. Le boucher anglais, le drapier flamand, étaient unis, au milieu des querelles des princes, par une alliance indissoluble. La France voulut la rompre, et il lui en coûta cent ans de guerre. Il s'agissait pour le roi de la succession de France, pour le peuple de la liberté du commerce, du libre marché des laines anglaises. Assemblées autour du sac de laine, les communes marchandaient moins les demandes du roi, elles lui votaient volontiers des armées.

Le mélange d'industrialisme et de chevalerie donne à toute cette histoire un aspect bizarre. Ce fier Édouard III qui sur la Table ronde a *juré le héron* de conquérir la France[1], cette chevalerie gravement folle qui, par suite d'un vœu, garde un œil couvert de drap rouge[2], ils ne sont pas tellement fous qu'ils servent à leurs frais. La simplicité des croisades n'est point de cet âge. Ces chevaliers au fond sont les agents mercenaires, les commis voyageurs des marchands de Londres et de Gand. Il faut qu'Édouard s'humanise, qu'il mette bas l'orgueil, qu'il tâche de plaire aux drapiers et aux tisserands, qu'il donne la main à son compère le brasseur Artevelde, qu'il harangue le populaire du haut du comptoir d'un boucher[3].

Les nobles tragédies du quatorzième siècle ont leur partie comique. Dans les plus fiers chevaliers il y a du Falstaff. En France, en Italie, en Espagne, dans les beaux climats du Midi, les Anglais se montrent non moins gloutons que vaillants. C'est l'Hercule *bouphage.* Ils viennent, à la lettre, manger le pays. Mais, en représailles, ils sont vaincus par les fruits et les vins. Leurs princes meurent d'indigestion, leurs armées de dysenterie.

Lisez après cela Froissart, ce Walter Scott du moyen âge ; suivez-le dans ses éternels récits d'aventures et d'apertises d'armes. Contemplez dans nos musées ces lourdes et brillantes armures du quatorzième siècle... Ne semble-t-il pas que ce soit la dépouille de Renaud ou de Roland ?... Ces épaisses cuirasses pourtant, ces forteresses mouvantes d'acier, font surtout honneur à la prudence de ceux qui s'en

1. *App.* 147.

2. « Il y avoit dans la suite de l'évêque de Lincoln plusieurs bacheliers qui avoient chacun un œil couvert de drap vermeil, pourquoi il n'en put voir ; et disoit-on que ceux avoient voué entre dames de leur pays que jamais ne verroient que d'un œil jusqu'à ce qu'ils auroient fait aucunes prouesses au royaume de France. » (Froissart.)

3. *Idem.*

affublaient... Toutes les fois que la guerre devient métier et marchandises, les armes défensives s'alourdissent ainsi. Les marchands de Carthage, ceux de Palmyre, n'allaient pas autrement à la guerre[1].

Voilà l'étrange caractère de ce temps, guerrier et mercantile. L'histoire d'alors est épopée et conte, roman d'Arthur, farce de Pathelin. Toute l'époque est double et louche. Les contrastes dominent; partout prose et poésie se démentant, se raillant l'une l'autre. Les deux siècles d'intervalle entre les songes de Dante et les songes de Shakespeare font eux-mêmes l'effet d'un songe. C'est le *Rêve d'une nuit d'été,* où le poète mêle à plaisir les artisans et les héros; le noble Thésée y figure à côté du menuisier Bottom, dont les belles oreilles d'âne tournent la tête à Titania.

Pendant que le jeune Édouard III commence tristement son règne par un hommage à la France, Philippe-de-Valois ouvre le sien au milieu des fanfares. Homme féodal, fils du féodal Charles-de-Valois, sorti de cette branche amie des seigneurs, il est soutenu par eux. Ces seigneurs et Charles-de-Valois lui-même avaient pourtant appuyé le droit des femmes à la mort de Louis-Hutin; ils avaient désiré alors que la couronne, traitée comme un fief féminin, passât par mariage à diverses familles et qu'ainsi elle restât faible. Ils oublièrent cette politique lorsque le droit des mâles amena au trône un des leurs, le fils même de leur chef, de Charles-de-Valois. Ils comptaient bien qu'il allait réparer les injustes violences des règnes précédents; qu'il allait, par exemple, rendre la Franche-Comté et l'Artois à ceux qui les réclamaient en vain depuis si longtemps. Robert d'Artois, croyant avoir enfin cause gagnée, aida puissamment à l'élévation de Philippe.

1. Pour Carthage. Voy. Plutarque, *Vie de Timoléon*. Pour Palmyre, ma *Vie de Zénobie*, *Biogr. Univ.*

Le nouveau roi se montra d'abord assez complaisant pour les seigneurs. Il commença par les dispenser de payer leurs dettes[1]. En signe de gracieux avènement et de bonne justice, il fit accrocher à un gibet tout neuf le trésorier de son prédécesseur[2]. C'était, nous l'avons dit, l'usage de ce temps. Mais comme un roi vraiment justicier est le protecteur naturel des faibles et des affligés, Philippe accueillit le comte de Flandre malmené par les gens de Bruges, tout ainsi que Charles-le-Bel avait consolé la bonne reine Isabeau.

C'était une fête d'étrenner la jeune royauté par une guerre contre ces bourgeois. La noblesse suivit le roi de grand cœur. Cependant les gens de Bruges et d'Ypres, quoique abandonnés de ceux de Gand, ne se troublèrent pas. Bien armés et en bon ordre, ils vinrent au-devant, jusqu'à Cassel, qu'ils voulaient défendre (23 août). Les insolents avaient mis sur leur drapeau un coq et cette devise goguenarde :

Quand ce coq icy chantera,
Le Roy trouvé cy entrera[3].

Ce ne fut pas le cœur qui leur manqua pour tenir leur parole, mais la persistance et la patience. Pendant que les deux armées étaient en présence et se regardaient, les Flamands sentaient que leurs affaires étaient en souffrance, que les métiers d'Ypres ne battaient pas, que les ballots attendaient sur le marché de Bruges. L'âme de ces marchands était restée au comptoir. Chaque jour, à la fumée de leurs villages incendiés, ils calculaient et ce qu'ils per-

1. « Ils prétendaient qu'il y avait une conjuration des hommes du bas état pour ruiner la noblesse française, et en conséquence ils obtinrent d'abord un ordre du roi pour que tous leurs créanciers fussent mis en prison et leurs biens séquestrés ; puis vint l'ordonnance qui réduisit toutes leurs dettes aux trois quarts, à quatre mois de terme, sans intérêt. » (Contin. G. de Nangis. – *Ord.*, t. II.)

2. Pierre Remy.

3. « Appelant ledict Roy Philippe *roy trouvé.* » (Oudegherst.)

daient et ce qu'ils manquaient à gagner. Ils n'y tinrent plus, ils voulurent en finir par une bataille. Leur chef, Zanekin (Petit Jean) s'habille en marchand de poisson, et va voir le camp français. Personne n'y songeait à l'ennemi. Les seigneurs en belles robes causaient, se conviaient, se faisaient des visites. Le roi dînait, lorsque les Flamands fondent sur le camp, renversent tout, et percent jusqu'à la tente royale[1]. Même précipitation des Flamands qu'à Mons-en-Puelle, même imprévoyance du côté des Français. La chose ne tourna pas mieux pour les premiers. Ces gros Flamands, soit brutal orgueil de leur force, soit prudence de marchands, ou ostentation de richesse, s'étaient avisés de porter à pied de lourdes cuirasses de cavaliers. Ils étaient bien défendus, il est vrai, mais ils bougeaient à peine. Leurs armures suffisaient pour les étouffer. On en jeta treize mille par terre, et le comte, rentrant dans ses États, en fit périr dix mille en trois jours.

C'était certainement alors un grand roi que le roi de France. Il venait de replacer la Flandre dans sa dépendance. Il avait reçu l'hommage du roi d'Angleterre pour ses provinces françaises. Ses cousins régnaient à Naples et en Hongrie. Il protégeait le roi d'Écosse. Il avait autour de lui comme une cour de rois, ceux de Navarre, de Majorque, de Bohême, souvent celui d'Écosse. Le fameux Jean de Bohême, de la maison de Luxembourg, dont le fils fut empereur sous le nom de Charles IV, déclarait ne pouvoir vivre qu'à Paris, *le séjour le plus chevaleresque du monde*. Il voltigeait par toute l'Europe, mais revenait toujours à la cour du grand roi de France. Il y avait là une fête éternelle, toujours des joutes, des tournois, la réalisation des romans de chevalerie, le roi Arthur et la Table ronde.

Pour se figurer cette royauté, il faut voir Vincennes, le

1. *App.* 148.

Windsor des Valois. Il faut le voir non tel qu'il est aujourd'hui, à demi rasé; mais comme il était quand ses quatre tours, par leurs ponts-levis, vomissaient aux quatre vents[1] les escadrons panachés, blasonnés, des grandes armées féodales, lorsque quatre rois, descendant en lice, joutaient par-devant le roi très chrétien; lorsque cette noble scène s'encadrait dans la majesté d'une forêt, que des chênes séculaires s'élevaient jusqu'aux créneaux, que les cerfs bramaient la nuit au pied des tourelles, jusqu'à ce que le jour et le cor vinssent les chasser dans la profondeur des bois... Vincennes n'est plus rien, et pourtant, sans parler du donjon, je vois d'ici la petite tour de l'horloge qui n'a pas moins encore de onze étages d'ogives.

Au milieu de toute cette pompe féodale, qui charmait les seigneurs, ils eurent bientôt lieu de s'apercevoir que le fils de leur ami Charles-de-Valois ne régnerait pas autrement que les fils de Philippe-le-Bel. Ce règne chevaleresque commença par un ignoble procès; le château royal fut bientôt un greffe, où l'on comparait des écritures et jugeait des faux. Le procès n'allait pas à moins qu'à perdre et déshonorer un des grands barons, un prince du sang, celui même qui avait le plus contribué à l'élévation de Philippe, son cousin, son beau-frère, Robert d'Artois. On vit en ce procès ce qu'il y avait de plus humiliant pour les grands seigneurs, un des leurs faussaire et sorcier. Ces deux crimes appartiennent proprement à ce siècle. Mais il manquait jusque-là de les trouver dans un chevalier, dans un homme de ce rang.

Robert se plaignait depuis vingt-six ans d'avoir été supplanté dans la possession de l'Artois par Mahaut, sœur cadette de son père, femme du comte de Bourgogne. Philippe-le-Bel avait soutenu Mahaut et les deux filles de

1. *App.* 149.

Mahaut, qu'avaient épousées ses fils avec cette dot magnifique de l'Artois et de la Franche-Comté[1]. À la mort de Louis-Hutin, Robert, profitant de la réaction féodale, se jeta sur l'Artois. Mais il fallut qu'il lâchât prise. Philippe-le-Long marchait contre lui. Il attendit donc que tous les fils de Philippe-le-Bel fussent morts, qu'un fils de Charles-de-Valois parvînt au trône. Personne n'eut plus de part que Robert à ce dernier événement[2]. Philippe-de-Valois, en reconnaissance, lui confia le commandement de l'avant-garde dans la campagne de Flandre, et donna le titre de pairie à son comté de Beaumont. Il avait épousé la sœur du roi, Jeanne-de-Valois; celle-ci ne se contentait pas d'être comtesse de Beaumont: elle espérait que son frère rendrait l'Artois à son mari. Elle disait que le roi ferait justice à Robert, s'il pouvait produire quelque pièce nouvelle, *quelque petite qu'elle fût.*

La comtesse Mahaut, avertie du danger, s'empressa de venir à Paris. Mais elle y mourut presque en arrivant. Ses droits passaient à sa fille, veuve de Philippe-le-Long. Elle mourut trois mois après sa mère[3]. Robert n'avait plus d'adversaire que le duc de Bourgogne, époux de Jeanne, fille de Philippe-le-Long et petite-fille de Mahaut. Le duc était lui-même frère de la femme du roi. Le roi l'admit à la jouissance du comté; mais en même temps il réservait à Robert le droit de proposer ses raisons[4].

1. *App.* 150.
2. *App.* 151.
3. Le bruit commun était que Mahaut avait été *enherbée.* Quant à Jeanne, sa fille, «si fut une nuit avec ses dames en son déduit, et leur prit talent de boire clarey, et elle avoit un bouteiller qu'on appeloit Huppin, qui avoit esté avec la comtesse sa mère... Tantost que la Royne fut en son lict, si luy prit la maladie de la mort, et assez tost rendit son esprit, et lui coula le venin par les yeux, par la bouche, par le nez et par les oreilles, et devint son corps tout taché de blanc et de noir.» *(Chron. de Flandre.)*
4. *App.* 152.

Ni les pièces ni les témoins ne manquèrent à Robert. La comtesse Mahaut avait eu pour principal conseiller l'évêque d'Arras. L'évêque étant mort et laissant beaucoup de biens, la comtesse poursuivit en restitution la maîtresse de l'évêque, une certaine dame Divion, femme d'un chevalier[1]. Celle-ci s'enfuit à Paris avec son mari. Elle y était à peine que Jeanne-de-Valois, qui savait qu'elle avait tous les secrets de l'évêque d'Arras, la pressa de livrer les papiers qu'elle pouvait avoir gardés ; la Divion prétendit même que la princesse la menaçait de la faire noyer ou brûler. La Divion n'avait point de pièces ; elle en fit : d'abord une lettre de l'évêque d'Arras où il demandait pardon à Robert d'Artois d'avoir soustrait les titres. Puis une charte de l'aïeul de Robert, qui assurait l'Artois à son père. Ces pièces et d'autres à l'appui furent fabriquées à la hâte par un clerc de la Divion, et elle y plaqua de vieux sceaux. Elle avait eu soin d'envoyer demander à l'abbaye de Saint-Denis quels étaient les pairs à l'époque des actes supposés. À cela près, on ne prit pas de grandes précautions. Les pièces qui existent encore au Trésor des Chartes sont visiblement fausses[2]. À cette époque de calligraphie, les actes importants étaient écrits avec un tout autre soin.

Robert produisait à l'appui de ces pièces cinquante-cinq témoins. Plusieurs affirmaient qu'Enguerrand de Marigni allant à la potence, et déjà dans la charrette, avait avoué sa complicité avec l'évêque d'Arras dans la soustraction des titres.

Robert soutint mal ce roman. Sommé par le procureur du roi, en présence du roi même, de déclarer s'il comptait faire usage de ces pièces équivoques, il dit oui d'abord, et puis non. La Divion avoua tout, ainsi que les témoins. Ces

1. *App.* 153.
2. *Archives,* section hist., J, 439.

aveux sont extrêmement naïfs et détaillés. Elle dit entre autres choses qu'elle alla au Palais de Justice pour savoir si l'on pouvait contrefaire les sceaux ; que la charte qui fournit les sceaux fut achetée cent écus à un bourgeois ; que les pièces furent écrites en son hôtel, place Baudoyer, par un clerc qui avait grand'peur, et qui, pour déguiser son écriture, se servit d'une plume d'airain, etc. La malheureuse eut beau dire qu'elle avait été forcée par madame Jeanne-de-Valois elle n'en fut pas moins brûlée, au Marché aux pourceaux, près la porte Saint-Honoré[1]. Robert, qui était accusé en outre d'avoir empoisonné Mahaut et sa fille, n'attendit pas le jugement. Il se sauva à Bruxelles[2], puis à Londres près du roi d'Angleterre. Sa femme, sœur du roi, fut comme reléguée en Normandie. Sa sœur, comtesse de Foix, fut accusée d'impudicité, et Gaston, son fils, autorisé à l'enfermer au château d'Orthez. Le roi croyait avoir tout à craindre de cette famille. Robert, en effet, avait envoyé des assassins pour tuer le duc de Bourgogne, le chancelier, le grand trésorier et quelques autres de ses ennemis[3]. Contre l'assassinat du moins on pouvait se garder ; mais que faire contre la sorcellerie ? Robert essayait d'*envoûter* la reine et son fils[4].

Cet acharnement du roi à poursuivre l'un des premiers

1. Jeannette, sa servante, y subit quatre ans après le même supplice. Quant aux faux témoins, les principaux furent attachés au pilori, vêtus de chemises toutes parsemées de langues rouges. *(Archives.)*

2. ... Il resta assez longtemps en Brabant ; le duc lui avait conseillé de quitter Bruxelles pour Louvain, et avait promis dans le contrat de mariage de son fils avec Marie de France que Robert sortirait de ses États. Cependant il se tint encore quelque temps sur ces frontières, allant de château en château ; « et bien le savoit le duc de Brabant ». L'avoué de Huy lui avait donné son chapelain, frère Henri, pour le guider et « aller à ses besognes en ce sauvage pays ». Réfugié au château d'Argenteau, et forcé d'en sortir « pour la ribauderie de son valet », il se dirigea vers Namur, et dut parlementer longtemps pour y être reçu ; il lui fallut attendre dans une pauvre maison, que le comte, son cousin, fût parti pour aller rejoindre le roi de Bohême.

3. *App.* 154.

4. *App.* 155.

barons du royaume, à le couvrir d'une honte qui rejaillissait sur tous les seigneurs, était de nature à affaiblir leurs bonnes dispositions pour le fils de Charles-de-Valois. Les bourgeois, les marchands, devaient être encore bien plus mécontents. Le roi avait ordonné à ses baillis de taxer dans les marchés les denrées et les salaires, de manière à les faire baisser de moitié. Il voulait ainsi payer toutes choses à moitié prix, tandis qu'il doublait l'impôt, refusant de rien recevoir autrement qu'en forte monnaie[1].

L'un des sujets du roi de France, et celui peut-être qui souffrait le plus, c'était le pape. Le roi le traitait moins en sujet qu'en esclave. Il avait menacé Jean XXII de le faire poursuivre comme hérétique par l'Université de Paris. Sa conduite à l'égard de l'empereur était singulièrement machiavélique : tout en négociant avec lui, il forçait le pape de lui faire une guerre de bulles ; il aurait voulu se faire lui-même empereur. Benoît XII avoua en pleurant aux ambassadeurs impériaux que le roi de France l'avait menacé de le traiter plus mal que ne l'avait été Boniface VIII[2], s'il absolvait l'empereur. Le même pape se défendit avec peine contre une nouvelle demande de Philippe, qui eût assuré sa toute-puissance et l'abaissement de la papauté. Il voulait que le pape lui donnât pour trois ans la disposition de tous les bénéfices de France, et pour dix le droit de lever les décimes de la croisade par toute la chrétienté[3]. Devenu col-

1. Nov. 1330. *Ord.*, II.

2. *App.* 156.

3. Il attachait à son départ pour la croisade vingt-sept conditions, entre autres le rétablissement du royaume d'Arles en faveur de son fils, la concession de la couronne d'Italie à Charles, comte d'Alençon, son frère ; la libre disposition du fameux trésor de Jean XXII. Il ajournait à trois ans son départ, et comme il pouvait survenir dans l'intervalle quelque obstacle qui le forçât à renoncer à son expédition, le droit d'en juger la validité devait être remis à deux prélats de son royaume. (Villani.) Après bien des négociations, le pape lui accorda pour six ans les décimes du royaume de France.

lecteur de cet impôt universel, Philippe eût partout envoyé ses agents, et peut-être enveloppé l'Europe dans le réseau de l'administration et de la fiscalité françaises.

Philippe-de-Valois, en quelques années, avait su mécontenter tout le monde, les seigneurs par l'affaire de Robert d'Artois, les bourgeois et marchands par son maximum et ses monnaies, le pape par ses menaces, la chrétienté entière par sa duplicité à l'égard de l'empereur et par sa demande de lever dans tous les États les décimes de la croisade.

Tandis que cette grande puissance se minait ainsi elle-même, l'Angleterre se relevait. Le jeune Édouard III avait vengé son père, fait mourir Mortimer, enfermé sa mère Isabeau. Il avait accueilli Robert d'Artois, et refusait de le livrer. Il commençait à chicaner sur l'hommage qu'il avait rendu à la France. Les deux puissances se firent d'abord la guerre en Écosse. Philippe secourut les Écossais, qui n'en furent pas moins battus. En Guyenne, l'attaque fut plus directe. Le sénéchal du roi de France expulsa les Anglais des possessions contestées.

Mais le grand mouvement partit de la Flandre, de la ville de Gand. Les Flamands se trouvaient alors sous un comte tout français, Louis de Nevers, qui n'était comte que par la bataille de Cassel et l'humiliation de son pays. Louis ne vivait qu'à Paris, à la cour de Philippe-de-Valois. Sans consulter ses sujets, il ordonna que les Anglais fussent arrêtés dans toutes les villes de Flandre. Édouard fit arrêter les Flamands en Angleterre[1]. Le commerce, sans lequel les deux pays ne pouvaient vivre, se trouva rompu tout d'un coup.

Attaquer les Anglais par la Guyenne et par la Flandre, c'était les blesser par leurs côtés les plus sensibles, leur ôter le drap et le vin. Ils vendaient leurs laines à Bruges pour

1. Mais en même temps il écrivit au comte et aux bourgmestres des trois grandes villes pour se plaindre de cette violence. (Oudegherst.)

acheter du vin à Bordeaux. D'autre part, sans laine anglaise les Flamands ne savaient que faire. Édouard, ayant défendu l'exportation des laines, réduisit la Flandre au désespoir, et la força de se jeter dans ses bras[1].

D'abord une foule d'ouvriers flamands passèrent en Angleterre. On les y attirait à tout prix. Il n'y a sorte de flatteries, de caresses, qu'on n'employât auprès d'eux. Il est curieux de voir dès ce temps-là jusqu'où ce peuple si fier descend dans l'occasion, lorsque son intérêt le demande. « Leurs habits seront beaux, écrivaient les Anglais en Flandre, leurs compagnes de lit encore plus belles[2]. » Ces émigrations qui continuent pendant tout le quatorzième siècle ont, je crois, modifié singulièrement le génie anglais. Avant qu'elles aient eu lieu, rien n'annonce dans les Anglais cette patience industrieuse que nous leur voyons aujourd'hui. Le roi de France, en s'efforçant de séparer la Flandre et l'Angleterre, ne fit autre chose que provoquer les émigrations flamandes, et fonder l'industrie anglaise.

Cependant la Flandre ne se résigna pas. Les villes éclatèrent. Elles haïssaient le comte de longue date, soit parce qu'il soutenait les campagnes contre le monopole des villes[3], soit parce qu'il admettait les étrangers, les Français, au partage de leur commerce[4].

Les Gantais qui, sans doute, se repentaient de n'avoir pas soutenu ceux d'Ypres et de Bruges à la bataille de Cassel, prirent pour chef en 1337 le brasseur Jacquemart Artevelde. Soutenu par les corps de métiers, principalement par les foulons et ouvriers en drap, Artevelde organisa une

1. *App.* 157.

2. Walsingham dit pourtant qu'on leur interdit pendant trois ans encore l'entrée de l'Angleterre : « Ut sic retunderetur superbia Flandritorum, *qui plus saccos quam Anglos* venerabantur. » Anno 1337.

3. Meyer, anno 1322.

4. *App.* 158.

vigoureuse tyrannie[1]. Il fit assembler à Gand les gens des trois grandes villes, « et leur montra que sans le roi d'Angleterre, ils ne pouvoient vivre. Car toute Flandre estoit fondée sur draperie, et sans laine on ne pouvoit draper. Et pour ce, louoit qu'on teinst le roy d'Angleterre à amy ».

Édouard était un bien petit prince pour s'opposer à cette grande puissance de Philippe-de-Valois ; mais il avait pour lui les vœux de la Flandre et l'unanimité des Anglais. Les seigneurs vendeurs des laines et les marchands qui en trafiquaient, tous demandaient la guerre. Pour la rendre plus populaire encore, il fit lire dans les paroisses une circulaire au peuple, l'informant de ses griefs contre Philippe et des avances qu'il avait faites inutilement pour la paix[2].

Il est curieux de comparer l'administration des deux rois au commencement de cette guerre. Les actes du roi d'Angleterre deviennent alors infiniment nombreux. Il ordonne que tout homme prenne les armes de seize ans à soixante. Pour mettre le pays à l'abri des flottes françaises et des incursions écossaises, il organise des signaux sur toutes les côtes. Il loue des Gallois et leur donne un *uniforme.* Il se procure de l'artillerie ; il profite le premier de cette grande et terrible invention. Il pourvoit à la marine, aux vivres. Il écrit des menaces aux comtes qui doivent préparer le passage, à l'archevêque de Cantorbéry des consolations et des flatteries pour le peuple : « Le peuple de notre royaume, nous en convenons avec douleur, est chargé jusqu'ici de divers fardeaux, taillages et impositions. La nécessité de nos affaires nous empêche de le soulager. Que Votre Grâce soutienne donc ce peuple dans la bénignité, l'humilité et la patience[3], etc. »

1. *App.* 159.
2. *App.* 160.
3. Rymer, ann. 1338.

Le roi de France n'a pas, à beaucoup près, autant de détails à embrasser. La guerre est encore pour lui une affaire féodale. Les seigneurs du Midi obtiennent qu'il leur rende le droit de guerre privée et qu'il respecte leurs justices[1]. Mais, en même temps, les nobles veulent être payés pour servir le roi ; ils demandent une solde, ils tendent la main, ces fiers barons. Le chevalier banneret aura vingt sols par jour, le chevalier dix[2], etc. C'était le pire des systèmes, système tout à la fois féodal et mercenaire, et qui réunissait les inconvénients des deux autres.

Tandis que le roi d'Angleterre renouvelle la charte commerciale qui assure la liberté du négoce aux marchands étrangers, le roi de France ordonne aux Lombards de venir à ses foires de Champagne et prétend leur tracer la route par laquelle ils y viendront[3].

Les Anglais partirent pleins d'espérance (1338). Ils se sentaient appelés par toute la chrétienté. Leurs amis des Pays-Bas leur promettaient une puissante assistance. Les seigneurs leur étaient favorables, et Artevelde leur répondait des trois grandes villes. Les Anglais, qui ont toujours cru qu'on pouvait tout faire avec de l'argent, se montrèrent à leur arrivée magnifiques et prodigues. « Et n'épargnoient ni or ni argent, non plus que s'il leur plût des nues, et donnoient grands joyaux aux seigneurs et dames et demoiselles, pour acquérir la louange de ceux et de celles entre qui ils conversoient ; et tant faisoient qu'ils l'avoient et étoient prisés de tous et de toutes, et mêmement du commun peuple à qui ils ne donnoient rien, pour le bel état qu'ils menoient[4]. »

1. *Ord.*, II, ann. 1330, ann. 1333.
2. *Ord.*, II, ann. 1338.
3. Aigues-Mortes, Carcassonne, Beaucaire, Mâcon.
4. Froissart.

Quelle que fût l'admiration des gens des Pays-Bas pour leurs grands amis d'Angleterre, Édouard trouva chez eux plus d'hésitation qu'il ne s'y attendait. Les seigneurs dirent d'abord qu'ils étaient prêts à le seconder, mais qu'il était juste que le plus considérable, le duc de Brabant se déclarât le premier. Le duc de Brabant demanda un délai, et finit par consentir. Alors ils dirent au roi d'Angleterre qu'il ne leur fallait plus qu'une chose, pour se décider : c'était que l'empereur défiât le roi de France ; car enfin, disaient-ils, nous sommes sujets de l'Empire. Au reste, l'empereur avait un trop juste sujet de guerre, puisque le Cambrésis, terre d'Empire, était envahi par Philippe-de-Valois.

L'empereur Louis de Bavière avait d'autres motifs plus personnels pour se déclarer. Persécuté par les papes français, il ne parlait de rien moins que d'aller avec une armée se faire absoudre à Avignon. Édouard alla le trouver à la diète de Coblentz. Dans cette grande assemblée où l'on voyait trois archevêques, quatre ducs, trente-sept comtes, une foule de barons, l'Anglais apprit à ses dépens ce que c'était que la morgue et la lenteur allemandes. L'empereur voulait d'abord lui accorder la faveur de lui baiser les pieds. Le roi d'Angleterre, par-devant ce suprême juge, se porta pour accusateur de Philippe-de-Valois. L'empereur, une main sur le globe, l'autre sur le sceptre, tandis qu'un chevalier lui tenait sur la tête une épée nue, défia le roi de France, le déclara déchu de la protection de l'Empire, et donna gracieusement à Édouard le diplôme de vicaire impérial sur la rive gauche du Rhin. Au reste, ce fut tout ce que l'Anglais put en tirer. L'empereur réfléchit, eut des scrupules, et au lieu de s'engager dans cette dangereuse guerre de France, il s'achemina vers l'Italie. Mais Philippe-de-Valois le fit arrêter au passage des Alpes par un fils du roi de Bohême.

Le roi d'Angleterre, revenant avec son diplôme, demanda au duc de Brabant où il pourrait l'exhiber aux seigneurs des Pays-Bas. Le duc assigna pour l'assemblée la petite ville de Herck sur la frontière de Brabant. « Quand tous furent là venus, sachez que la ville fut grandement pleine de seigneurs, de chevaliers, d'écuyers et de toutes autres manières de gens ; et la halle de la ville où l'on vendait pain et chair, qui guères ne valaient, encourtinée de beaux draps comme la chambre du roi ; et fut le roi anglois assis, la couronne d'or moult riche et moult noble sur son chef, plus haut cinq pieds que nul des autres, sur un banc d'un boucher, là où il tailloit et vendoit sa chair. Oncques telle halle ne fut à si grand honneur[1] ».

Pendant que tous les seigneurs rendaient hommage sur ce banc de boucher au nouveau vicaire impérial, le duc de Brabant faisait dire au roi de France de ne rien croire de ce qu'on pouvait dire contre lui. Édouard défiant Philippe en son nom et au nom des seigneurs, le duc déclara qu'il aimait mieux faire porter à part son défi. Enfin, quand Édouard le pria de le suivre devant Cambrai, il assura qu'aussitôt qu'il le saurait devant cette ville, il irait l'y retrouver avec douze cents bonnes lances.

Pendant l'hiver, l'argent de France opéra sur les seigneurs des Pays-Bas et d'Allemagne. Leur inertie augmenta encore. Édouard ne put les mettre en mouvement avant le mois de septembre (1339). Cambrai se trouva mieux défendu qu'on ne le croyait. La saison était avancée. Édouard leva le siège et entra en France. Mais à la frontière le comte de Hainaut lui dit qu'il ne pouvait le suivre au delà, que tenant des fiefs de l'Empire et de la France, il le servirait volontiers sur terre d'Empire ; mais qu'arrivé sur terre de France, il devait obéir au roi, son suzerain, et qu'il l'allait joindre de ce pas pour combattre les Anglais[2].

1. Froissart.
2. Froissart.

Parmi ces tribulations, Édouard avançait lentement vers l'Oise, ravageant tout le pays, et retenant avec peine ses alliés, mécontents et affamés. Il lui fallait une belle bataille pour le dédommager de tant de frais et d'ennuis. Il crut un instant la tenir. Le roi de France lui-même parut près de la Capelle avec une grande armée. « On y comptait, dit Froissart, onze vingt et sept bannières, cinq cent et soixante pennons, quatre rois (France, Bohême, Navarre, Écosse), six ducs et trente-six comtes et plus de quatre mille chevaliers, et des communes de France plus de soixante mille. » Le roi de France lui-même demandait la bataille. Édouard n'avait qu'à choisir pour le 2 octobre un champ, une belle place où il n'y eût ni bois, ni marais, ni rivière qui pût avantager l'un ou l'autre parti.

Au jour marqué, lorsque déjà Édouard, monté sur un petit palefroi, parcourait ses batailles et encourageait les siens, les Français avisèrent, disent les *Chroniques de Saint-Denis,* qu'il était vendredi, et ensuite qu'il y avait un pas difficile entre les deux armées[1]. Selon Froissart : « Ils n'étoient pas d'accord, mais en disoit chacun son opinion, et disoient par estrif (dispute) que ce seroit grand'honte et grand défaut si le roi ne se combattoit, quand il savoit que ses ennemis étoient si près de lui, en son pays, rangés en pleins champs, et les avoit suivis en intention de combattre à eux. Les aucuns des autres disoient à l'encontre que ce seroit grand'folie s'il se combattoit, car il ne savoit que chacun pensoit, ni si point trahison y avoit : car si fortune lui étoit contraire, il mettoit son royaume en aventure de perdre, et si il déconfisoit ses ennemis, pour ce n'auroit-il mie le royaume d'Angleterre, ni les terres des seigneurs de l'Empire qui avec le roi anglois étoient alliés. Ainsi estrivant (dissertant) et débattant sur ces diverses opinions, le jour

1. *Chron. de Saint-Denis.*

passa jusques à grand midi. Environ petite none, un lièvre s'en vint trépassant parmi les champs, et se bouta entre les Français, dont ceux qui le virent commencèrent à crier et à huier (appeler) et à faire grand haro : de quoi ceux qui étoient derrière cuidoient que ceux de devant se combatissent, et les plusieurs qui se tenoient en leurs batailles rangés fesoient autel (autant) : si mirent les plusieurs leurs bassinets en leurs têtes et prirent leurs glaives. Là il fut fait plusieurs nouveaux chevaliers ; et par spécial le comte de Hainaut en fit quatorze, qu'on nomma depuis les chevaliers du Lièvre. – ... Avec tout ce et les estrifs (débats) qui étoient au conseil du roi de France, furent apportées en l'ost lettres de par le roi Robert de Sicile, lequel étoit un grand astronomien... si avoit par plusieurs fois jeté ses sorts sur l'état et aventures du roi de France et du roi d'Angleterre, et avoit trouvé en l'astrologie et par expérience que si le roi de France se combattoit au roi d'Angleterre, il convenoit qu'il fust déconfit... Jà de longtemps moult soigneusement avoit envoyé lettres et épistres au roi Philippe, que nullement ils ne se combattissent contre les Anglois là où le corps d'Édouard fust présent[1]. »

Cette triste expédition[2] avait épuisé les finances d'Édouard. Ses amis, fort découragés, lui conseillèrent de s'adresser à ces riches communes de Flandre qui pouvaient l'aider à elles seules, mieux que tout l'Empire. Les Flamands délibérèrent longuement, et finirent par déclarer que leur conscience ne leur permettait pas de déclarer la guerre au roi de France, leur suzerain. Le scrupule était d'autant plus naturel qu'ils s'étaient engagés à payer deux millions de florins au pape, *s'ils attaquaient le roi de France*. Artevelde y trouva remède. Pour les rassurer et sur le péché

1. Froissart.
2. *Idem.*

et sur l'argent, il imagina de faire *roi de France* le roi d'Angleterre. Celui-ci, qui venait de prendre le titre de vicaire impérial, pour gagner les seigneurs des Pays-Bas, se laissa faire roi de France pour rassurer la conscience des communes de Flandre. Philippe-de-Valois fit interdire leurs prêtres par le pape ; mais Édouard leur expédia des prêtres anglais pour les confesser et les absoudre[1].

La guerre devenait directe. Les deux partis équipèrent de grandes flottes pour garder, pour forcer le passage. Celle des Français, fortifiée de galères génoises, comptait, dit-on, plus de cent quarante gros vaisseaux qui portaient quarante mille hommes ; le tout commandé par un chevalier et par le trésorier Bahuchet, « qui ne savait que faire compte ». Cet étrange amiral, qui avait horreur de la mer, tenait toute sa flotte serrée dans le port de l'Écluse. En vain le Génois Barbavara s'efforçait de lui faire entendre qu'il fallait se donner du champ pour manœuvrer. L'Anglais les surprit immobiles et les accrocha. Ce fut une bataille de terre. En six heures, les archers anglais donnèrent la victoire à Édouard. L'apparition des Flamands, qui vinrent occuper le rivage, ôtait tout espoir aux vaincus. Barbavara, qui de bonne heure avait pris le large, échappa seul. Trente mille hommes périrent. Le malencontreux Bahuchet fut pendu au mât de son vaisseau[2]. L'Anglais, qui se disait roi de France, traitait déjà l'ennemi comme rebelle. La France pouvait retrouver trente mille hommes ; mais le résultat moral n'était pas moins funeste que celui de la Hogue et de Trafalgar. Les Français perdirent courage du côté de la mer. Le passage du détroit resta libre pour les Anglais pendant plusieurs siècles.

Tout semblait enfin favoriser Édouard. Artevelde dans

1. Meyer.
2. Froissart.

son absence avait amené soixante mille Flamands au secours de son allié, le comte de Hainaut[1]. Cette grosse armée lui donnait espoir de faire enfin quelque chose. Il conduisit tout ce monde, Anglais, Flamands, Brabançons, devant la forte ville de Tournai. Ce berceau de la monarchie en a été plus d'une fois le boulevard. Charles VII a reconnu le dévouement tant de fois prouvé de cette ville en lui donnant pour armes les armes mêmes de France.

Philippe-de-Valois vint au secours ; la ville se défendit. Le siège traîna. Cependant les Flamands ne sachant que faire, allèrent piller Arques à côté de Saint-Omer[2]. Mais voilà que tout à coup la garnison de cette ville fond sur eux, lances baissées, bannières déployées et à grands cris. Les Flamands eurent beau jeter bas leur butin, ils furent poursuivis deux lieues, perdirent dix-huit cents hommes et rapportèrent leur épouvante dans l'armée. « Or avint une merveilleuse aventure... Car environ heure de minuit que ces Flamands dormoient en leurs tentes, un si grand effroi les prit en dormant que tous se levèrent et abattirent tantost tentes et pavillons, et troussèrent tout sur leurs chariots, en si grande hâte que l'un n'attendoit point l'autre et fuirent tous sans tenir voie... Messire Robert d'Artois et Henri de Flandre s'en vinrent au-devant d'eux et leur dirent : *Beaux seigneurs, dites-nous quelle chose il vous faut qui ainsi fuyez...* Ils n'en firent compte, mais toujours fuirent, et prit chacun le chemin vers sa maisen, au plus droit qu'il put. Quand messire Robert d'Artois et Henri de Flandre virent qu'ils n'en auroient autre chose, si firent trousser tout leur harnois et s'en vinrent au siège devant Tournai. Et recordèrent

1. Après avoir quitté Édouard, qu'il servait *en l'Empire*, pour défendre Philippe *au royaume*, ce jeune seigneur, irrité des ravages que le roi de France avait laissé commettre en ses États, lui avait porté défi et s'était rallié au roi d'Angleterre.

2. *App.* 161.

l'aventure des Flamands et dirent les plusieurs qu'ils avoient été enfantosmés[1]. »

L'Anglais eut beau faire. Toute cette grande guerre des Pays-Bas, dont il croyait accabler la France, vint à rien entre ses mains. Les Flamands n'étaient pas guerriers de leur nature, sauf quelques moments de colère brutale ; tout ce qu'ils voulaient, c'était de ne rien payer. Les seigneurs des Pays-Bas voulaient de plus être payés ; ils l'étaient des deux côtés et restaient chez eux.

Heureusement pour Édouard, au moment où la Flandre s'éteignait, la Bretagne prit feu[2]. Le pays était tout autrement inflammable. On peut à peine vraiment dire au moyen âge que les Bretons soient jamais en paix. Quand ils ne se battent pas chez eux, c'est qu'ils sont loués pour se battre ailleurs. Sous Philippe-le-Bel, et jusqu'à la bataille de Cassel, ils suivaient volontiers les armées de nos rois dans les Flandres, pour manger et piller ces riches pays. Mais quand la France, au contraire, fut entamée par Édouard, quand les Bretons n'eurent plus à faire qu'une guerre pauvre, ils restèrent chez eux et se battirent entre eux.

Cette guerre fait le pendant de celles d'Écosse. De même que Philippe-le-Bel avait encouragé contre Édouard Ier Wallace et Robert Bruce, Édouard III soutint Montfort contre Philippe-de-Valois. Ce n'est pas seulement ici une analogie historique. Il y a, comme on sait, parenté de race et de langue, ressemblance géographique entre les deux contrées. En Écosse, comme en Bretagne, la partie la plus reculée est occupée par un peuple celtique, la lisière par une population mixte, chargée de garder le pays. Au triste border écossais répondent nos landes de Maine et d'Anjou,

1. Froissart.
2. *App.* 162.

nos forêts d'Ille-et-Vilaine. Mais le border est plus désert encore. On peut y voyager des heures entières, au train rapide d'une diligence anglaise, sans rencontrer ni arbre ni maison ; à peine quelques plis de terrain où les petits moutons de Northumberland cherchent patiemment leur vie. Il semble que tout ait brûlé sous le cheval d'Hotspur[1]... On cherche, en traversant ce pays des ballades, qui les a faites ou chantées. Il faut peu de chose pour faire une poésie. Il n'y a pas besoin des lauriers-roses de l'Eurotas ; il suffit d'un peu de bruyère de Bretagne, ou du chardon national d'Écosse, devant lequel se détournait la charrue de Burns[2].

L'Angleterre trouva dans cette rare et belliqueuse population un outlaw invincible, un Robin-Hood éternel... Les gens du border vivaient noblement du bien du voisin. Quand le butin de la dernière expédition était mangé, la dame de la maison servait dans un plat, à son mari, une paire d'éperons, et il partait joyeux... C'étaient d'étranges guerres ; la difficulté pour les deux partis était de se trouver. Dans sa grande expédition d'Écosse, Édouard II avança plusieurs jours sous la pluie et parmi les broussailles, sans voir autre armée que de daims et de biches[3]. Il lui fallut promettre une grosse somme à qui lui dirait où était l'ennemie[4]. Les Écossais réunis, dispersés, avec la légèreté d'un

1. Voyez Shakespeare.

2. Voyez l'Introd. de Walter Scott à son *Recueil des Ballades du Border*.

3. « Et crioit-on moult ce jour alarme, et disoit-on que les premiers se combattoient aux ennemis ; si que chacun cuidant que ce fut voir, se hâtoit quant qu'il pouvoit parmi marais, parmi pierres et cailloux, parmi vallées et montagnes, le heaume appareillé, l'écu au col, le glaive ou l'épée au poing, sans attendre père ni frère, ni compagnon. Et quand on avoit ainsi couru demie lieue ou plus, et on en venoit au lieu d'où ce butin ou cri naissoit, on se trouvoit déçu ; car ce avoient été cerfs ou biches. » (Froissart.)

4. « Et fit-on crier que qui se voudroit tant travailler qu'il pût rapporter certaines nouvelles au roi, là, où l'on pourroit trouver les Écossois, le premier qui celui rapporteroit il auroit cent livres de terre à héritage, et le feroit le roi chevalier. » (Froissart.) On trouve en effet dans Rymer : « Pro Thoma de Rokesby, qui regem duxerat ante visum inimicorum Scotorum. »

esprit, entraient quand ils voulaient en Angleterre ; ils avaient peu de cavalerie, mais point de bagages ; chaque homme portait son petit sac de grain et une brique où le faire cuire.

Ils ne se contentaient pas de guerroyer en Angleterre. Ils allaient volontiers au loin. On sait l'histoire de ce Douglas qui, chargé par le roi mourant de porter son cœur à Jérusalem, s'en alla par l'Espagne, et dans la bataille lança ce cœur contre les Maures. Mais leur croisade naturelle était en France, c'est-à-dire où ils pouvaient faire le plus de mal aux Anglais. Un Douglas devint comte de Touraine. Il existe encore, dit-on, des Douglas dans la Bresse.

Notre Bretagne eut son border comme l'Écosse, et aussi ses ballades[1]. Peut-être la vie du soldat mercenaire, qui fut longtemps celle des Bretons au moyen âge, étouffa-t-elle ce génie poétique.

Mais l'histoire seule en Bretagne est une poésie. Il n'est point mémoire d'une lutte si diverse et si obstinée. Cette race de béliers a toujours été heurtant, sans rien trouver de plus dur qu'elle-même. Elle a fait front tour à tour à la France et aux ennemis de la France. Elle repoussa nos rois sous Noménoé, sous Montfort : elle repoussa les Northmans sous Allan Barbetorte, et les Anglais sous Duguesclin.

C'est au border breton, dans les landes d'Anjou, que Robert-le-Fort se fit tuer par les Northmans, et gagna le trône aux Capets. Là encore, les futurs rois d'Angleterre prirent le nom de Plante-Genêts. Ces bruyères, comme celles de Macbeth, saluèrent les deux royautés.

Le long récit des guerres bretonnes qui *renluminent* si bien la *Chronique* de Froissart[2], ces aventures de toutes

1. Voyez, entre autres ouvrages, le beau livre de M. Émile Souvestre : *les Derniers Bretons.*

2. « Entrerons en la grand matière et histoire de Bretagne, qui grandement renlumine ce livre pour les beaux faits d'armes qui y sont ramentués. »

sortes, coupées de romanesques incidents, font penser à certains paysages abrupts de Bretagne, brusquement variés, pauvres, pierreux, semés parmi le roc de tristes fleurs. Mais il est plus d'une partie dans cette histoire dont le chroniqueur élégant et chevaleresque ne représente pas la sauvage horreur. On ne sent bien l'histoire de Bretagne que sur le théâtre même de ces événements, aux roches d'Auray, aux plages de Quiberon, de Saint-Michel-en-Grève, où le duc fratricide rencontra le moine noir.

Les belles aventures d'amazones où se plaît Froissart, ces *apertises* de Jehanne de Montfort *qui eut courage d'homme et cœur de lion,* ces braves discours de Jeanne de Clisson, de Jeanne de Blois, ne disent pas tout sur la guerre de Bretagne. Cette guerre est celle aussi de Clisson *le boucher*, du dévot et consciencieusement cruel Charles de Blois.

Le duc Jean III, mort sans enfants, laissait une nièce et un frère. La nièce, fille d'un frère aîné, avait épousé Charles de Blois, prince du sang, et elle avait le roi pour elle ; la noblesse de la Bretagne française lui était assez favorable[1]. Le frère cadet, Montfort, avait pour lui les Bretons bretonnants[2], et il appela les Anglais. Le roi d'Angleterre, qui, en France, soutenait le droit des femmes, soutint celui des mâles en Bretagne. Le roi de France fut inconséquent en sens opposé.

Singulière destinée que celle des Montfort. Nous l'avons déjà remarquée. Un Montfort avait conseillé à Louis-le-Gros d'armer les communes de France. Un Montfort conduisit la croisade des Albigeois et anéantit les libertés des villes du Midi. Un Montfort introduisit dans le parlement anglais les députés des communes. En voici un autre

1. Selon Froissart, Charles de Blois en eut toujours de son côté *de sept les cinq*.

2. *App.* 163.

au quatorzième siècle dont le nom rallie les Bretons dans leur guerre contre la France.

L'adversaire de Montfort, Charles de Blois, n'était pas moins qu'un saint, le second qu'ait eu la maison de France. Il se confessait matin et soir, entendait quatre ou cinq messes par jour. Il ne voyageait pas qu'il n'eût un aumônier qui portait dans un pot du pain, du vin, de l'eau et du feu, pour dire la messe en route[1]. Voyait-il passer un prêtre, il se jetait en bas de cheval dans la boue. Il fit plusieurs fois, pieds nus sur la neige, le pèlerinage de saint Yves, le grand saint breton. Il mettait des cailloux dans sa chaussure, défendait qu'on ôtât la vermine de son cilice, se serrait de trois cordes à nœuds qui lui entraient dans la chair, *à faire pitié,* dit un témoin. Quand il priait Dieu, il se battait furieusement la poitrine, jusqu'à pâlir et *devenir comme vert.*

Un jour il s'arrêta à deux pas de l'ennemi et en grand danger, pour entendre la messe. Au siège de Quimper, ses soldats allaient être surpris par la marée : « Si c'est la volonté de Dieu, dit-il, la marée ne nous fera rien. » La ville, en effet, fut emportée, une foule d'habitants égorgés. Charles de Blois avait d'abord couru à la cathédrale remercier Dieu. Puis il arrêta le massacre.

Ce terrible saint n'avait pitié ni de lui ni des autres. Il se croyait obligé de punir ses adversaires comme rebelles. Lorsqu'il commença la guerre en assiégeant Montfort à Nantes (1342), il lui jeta dans la ville la tête de trente chevaliers. Montfort se rendit, fut envoyé au roi, et contre la capitulation, enfermé à la tour du Louvre[2]. « La comtesse de Montfort, qui bien avoit courage d'homme et cœur de lion, et étoit en la cité de Rennes, quand elle entendit que son frère étoit pris, en la manière que vous avez ouï, si elle

1. *App.* 164.
2. *App.* 165.

en fut dolente et courroucée, ce peut chacun et doit savoir et penser; car elle pensa mieux que on dut mettre son seigneur à mort que en prison; et combien qu'elle eut grand deuil au cœur, si ne fit-elle mie comme femme déconfortée, mais comme homme fier et hardi, en reconfortant vaillamment ses amis et ses soudoyers; et leur montroit un petit fils qu'elle avoit, qu'on appeloit Jean, ainsi que le père, et leur disoit: "Ha! seigneurs, ne vous déconfortez mie, ni ébahissez pour monseigneur que nous avons perdu; ce n'étoit que un seul homme: véez ci mon petit enfant qui sera, si Dieu plaît, son restorier (vengeur), et qui vous fera des biens assez[1]." » Assiégée dans Hennebon, par Charles de Blois, elle brûla dans une sortie les tentes des Français, et ne pouvant rentrer dans la ville, elle gagna le château d'Auray; mais bientôt réunissant cinq cents hommes d'armes, elle franchit de nouveau le camp des Français et rentra dans Hennebon « à grand joie et à grand son de trompettes et de nacaires! ». Il était temps qu'elle arrivât; les seigneurs parlementaient en face même de la comtesse, quand elle vit arriver le secours qu'elle attendait depuis si longtemps d'Angleterre. « Qui adonc vit la comtesse descendre du châtel à grand'chère, et baiser messire Gautier de Mauny et ses compagnons, les uns après les autres, deux ou trois fois, bien peut dire que c'étoit une vaillante dame[2]. »

Le roi d'Angleterre vint lui-même vers la fin de cette année au secours de la Bretagne. Le roi de France en approcha avec une armée; il semblait que cette petite guerre de Bretagne allait devenir la grande. Il ne se fit rien d'important. La pénurie des deux rois les condamna à une trêve, où leurs alliés étaient compris; les Bretons seuls restaient libres de guerroyer.

1. Froissart.
2. Froissart.

La captivité de Montfort avait fortifié son parti. Philippe-de-Valois prit soin de le raviver encore, en faisant mourir quinze seigneurs bretons qu'il croyait favorables aux Anglais. L'un d'eux, Clisson, prisonnier en Angleterre, y avait été trop bien traité. On dit que le comte de Salisbury, pour se venger d'Édouard qui lui avait débauché sa belle comtesse, dénonça au roi de France le traité secret de son maître et de Clisson[1]. Les Bretons, invités à un tournoi, furent saisis et mis à mort sans jugement. Le frère de l'un d'eux ne fut pas supplicié, mais exposé sur une échelle où le peuple le lapida.

Peu après, le roi fit encore mourir sans jugement trois seigneurs de Normandie. Il aurait voulu aussi avoir en ses mains le comte d'Harcourt. Mais il échappa, et ne fut pas moins utile aux Anglais que Robert d'Artois.

Jusque-là les seigneurs se faisaient peu scrupule de traiter avec l'étranger. L'homme féodal se considérait encore comme un souverain qui peut négocier à part. La parenté des deux noblesses française et anglaise, la communauté de langues (les nobles anglais parlaient encore français), tout favorisait ces rapprochements. La mort de Clisson mit une barrière entre les deux royaumes.

En une même année, l'Anglais perdit Montfort et Artevelde. Artevelde était devenu tout Anglais. Sentant la Flandre lui échapper, il voulait la donner au prince de Galles. Déjà Édouard était à l'Écluse et présentait son fils aux bourgmestres de Gand, de Bruges et d'Ypres. Artevelde fut tué.

Avec toute sa popularité, ce roi de Flandre n'était au fond que le chef des grosses villes, le défenseur de leur monopole. Elles interdisaient aux petites la fabrication de la laine. Une révolte eut lieu à ce sujet dans l'une de ces

1. *Chron. de Flandre.*

dernières. Artevelde la réprima et tua un homme de sa main. Dans l'enceinte même de Gand, les deux corps des drapiers se faisaient la guerre. Les foulons exigeaient des tisseurs ou fabricants de draps une augmentation de salaire. Ceux-ci la refusant, ils se livrèrent un furieux combat. Il n'y avait pas moyen de séparer ces dogues. En vain les prêtres apportèrent sur la place le corps de Notre-Seigneur. Les fabricants, soutenus par Artevelde, écrasèrent les ouvriers (1345)[1].

Artevelde, qui ne se fiait ni aux uns ni aux autres, voulait sortir de sa dangereuse position, céder ce qu'il ne pouvait garder, ou régner encore sous un maître qui aurait besoin de lui et qui le soutiendrait. De rappeler les Français, il n'y avait pas à y songer. Il appelait donc l'Anglais, il courait Bruges et Ypres pour négocier, haranguer. Pendant ce temps, Gand lui échappa.

Quand il y entra, le peuple était déjà ameuté. On disait dans la foule qu'il faisait passer en Angleterre l'argent de Flandre. Personne ne le salua. Il se sauva à son hôtel, et de la croisée essaya en vain de fléchir le peuple. Les portes furent forcées, Artevelde fut tué précisément comme le tribun Rienzi l'était à Rome deux ans après[2].

Édouard avait manqué la Flandre, aussi bien que la Bretagne. Ses attaques aux deux ailes ne réussissaient pas, il en fit une au centre. Celle-ci, conduite par un Normand, Godefroi d'Harcourt, fut bien plus fatale à la France.

Philippe-de-Valois avait réuni toutes ses forces en une grande armée pour reprendre aux Anglais leurs conquêtes du Midi. Cette armée forte, dit-on, de cent mille hommes, reprit en effet Angoulême, et alla se consumer devant la petite place d'Aiguillon. Les Anglais s'y défendirent

1. *App.* 166.
2. *App.* 167.

d'autant mieux que le fils du roi, qui conduisait les Français, n'avait point fait de quartier aux autres places.

Si l'on en croyait l'invraisemblable récit de Froissart, le roi d'Angleterre serait parti pour secourir la Guyenne. Puis ramené par le vent contraire, il aurait prêté l'oreille aux conseils de Godefroi d'Harcourt, qui l'engageait à attaquer la Normandie sans défense[1].

Le conseil n'était que trop bon. Tout le pays était désarmé. C'était l'ouvrage des rois eux-mêmes, qui avaient défendu les guerres privées. La population était devenue toute pacifique, toute occupée de la culture ou des métiers. La paix avait porté ses fruits[2]. L'état florissant et prospère où les Anglais trouvèrent le pays, doit nous faire rabattre beaucoup de tout ce que les historiens ont dit contre l'administration royale au quatorzième siècle.

Le cœur saigne quand on voit dans Froissart cette sauvage apparition de la guerre dans une contrée paisible, déjà riche et industrielle, dont l'essor allait être arrêté pour plusieurs siècles. L'armée mercenaire d'Édouard, ces pillards Gallois, Irlandais, tombèrent au milieu d'une population sans défense ; ils trouvèrent les moutons dans les champs, les granges pleines, les villes ouvertes. Du pillage de Caen ils eurent de quoi charger plusieurs vaisseaux. Ils trouvèrent Saint-Lô et Louviers toutes pleines de draps[3].

Pour animer encore ses gens, Édouard découvrit à Caen, tout à point, un acte[4] par lequel les Normands offraient à Philippe-de-Valois de conquérir à leurs frais

1. *App.* 168.

2. « Le roi chevauchoit par le Cotentin. Si n'étoit pas de merveille si ceux du pays étoient effrayés et ébahis ; car avant ce ils n'avoient oncques vu hommes d'armes et ne savoient que c'étoit de guerre ni de bataille. Si fuyoient devant les Anglais d'aussi loin qu'ils en oyoient parler. » (Froissart.)

3. *App.* 169.

4. *App.* 170.

l'Angleterre, à condition qu'elle serait partagée entre eux, comme elle le fut entre les compagnons de Guillaume-le-Conquérant. Cet acte, écrit dans le pitoyable français qu'on parlait alors à la cour d'Angleterre, est probablement faux. Il fut, par ordre d'Édouard, traduit en anglais, lu partout en Angleterre au prône des églises. Avant de partir, le roi avait chargé les prêcheurs du peuple, les dominicains, de prêcher la guerre, d'en exposer les causes. Peu après (1361), Édouard supprima le français dans les actes publics. Il n'y eut qu'une langue, qu'un peuple anglais. Les descendants des conquérants normands et ceux des Saxons se trouvèrent réconciliés par la haine des nouveaux Normands.

Les Anglais, ayant trouvé les ponts coupés à Rouen, remontèrent la rive gauche, brûlant sur leur passage Vernon, Verneuil et le Pont-de-l'Arche. Édouard s'arrêta à Poissy pour y construire un pont et fêter l'Assomption, pendant que ses gens allaient brûler Saint-Germain, Bourg-la-Reine, Saint-Cloud, et même Boulogne, si près de Paris.

Tout le secours que le roi de France donna à la Normandie, ce fut d'envoyer à Caen le connétable et le comte de Tancarville, qui s'y firent prendre. Son armée était dans le Midi à cent cinquante lieues. Il crut qu'il serait plus court d'appeler ses alliés d'Allemagne et des Pays-Bas. Il venait de faire élire empereur le jeune Charles IV, fils de Jean de Bohême. Mais les Allemands chassèrent l'empereur élu, qui vint se mettre à la solde du roi. Son arrivée, celle du roi de Bohême, du duc de Lorraine et autres seigneurs allemands fit déjà réfléchir les Anglais.

C'était assez de bravades et d'audace. Ils se trouvaient engagés au cœur d'un grand royaume, parmi des villes brûlées, des provinces ravagées, des populations désespérées. Les forces du roi de France grossissaient chaque jour. Il avait hâte de punir les Anglais, qui lui avaient manqué de respect jusqu'à approcher de sa capitale. Les bourgeois de

Paris, si bonnes gens jusque-là, commençaient à parler. Le roi ayant voulu démolir les maisons qui touchaient à l'enceinte de la ville, il y eut presque un soulèvement.

Édouard entreprit de s'en aller par la Picardie, de se, rapprocher des Flamands qui venaient d'assiéger Béthune, de traverser le Ponthieu, héritage de sa mère. Mais il fallait passer la Somme. Philippe faisait garder tous les ponts, et suivait de près l'ennemi ; de si près qu'à Airaines il trouva la table d'Édouard toute servie et mangea son dîner.

Édouard avait envoyé chercher un gué ; ses gens cherchèrent et ne trouvèrent rien. Il était fort pensif, lorsqu'un garçon de la Blanche-Tache se chargea de lui montrer le gué qui porte ce nom. Philippe y avait mis quelque mille hommes ; mais les Anglais, qui se sentaient perdus s'ils ne passaient, firent un grand grand effort et passèrent. Philippe arriva peu après ; il n'y avait plus moyen de les poursuivre, le flux remontait la Somme ; la mer protégea les Anglais.

La situation d'Édouard n'était pas bonne. Son armée était affamée, mouillée, recrue. Les gens qui avaient pris et gâté tant de butin, semblaient alors des mendiants. Cette retraite rapide, honteuse, allait être aussi funeste qu'une bataille perdue. Édouard risqua la bataille.

Arrivé d'ailleurs dans le Ponthieu, il se sentait plus fort ; ce comté au moins était bien à lui : « Prenons ci place de terre, dit-il, car je n'irai plus avant, si aurai vu nos ennemis ; et bien y a cause que je les attende ; car je suis sur le droit héritage de Madame ma mère, qui lui fut donné en mariage ; si le veux défendre et calengier contre mon adversaire Philippe-de-Valois[1]. »

Cela dit, il entra en son oratoire, fit dévotement ses prières, se coucha, et le lendemain entendit la messe. Il partagea son armée en trois batailles, et fit mettre pied à

1. Froissart.

terre à ses gens d'armes. Les Anglais mangèrent, burent un coup, puis s'assirent, leurs armes devant eux, en attendant l'ennemi.

Cependant arrivait à grand bruit l'immense cohue de l'armée française[1]. On avait conseillé au roi de France de faire reposer ses troupes, et il y consentait. Mais les grands seigneurs, poussés par le point d'honneur féodal, avançaient toujours à qui serait au premier rang.

Le roi lui-même, quand il arriva et qu'il vit les Anglais, « le sang lui mua, car il les haïssait... Et dit à ses maréchaux : Faites passer nos Génois devant, et commencez la bataille, au nom de Dieu et de Monseigneur Saint-Denis ».

Ce n'était pas sans grande dépense que le roi entretenait depuis longtemps des troupes mercenaires. Mais on jugeait avec raison les archers génois indispensables contre les archers anglais. La prompte retraite de Barbavara à la bataille de l'Écluse avait naturellement augmenté la défiance contre ces étrangers. Les mercenaires d'Italie étaient habitués à se ménager fort dans les batailles. Ceux-ci, au moment de combattre, déclarèrent que les cordes de leurs arcs étaient mouillées et ne pouvaient servir[2]. Ils auraient pu les cacher sous leurs chaperons, comme le firent les Anglais.

Le comte d'Alençon s'écria : « On se doit bien charger de cette ribaudaille qui fallit au besoin. » Les Génois ne pouvaient pas faire grand'chose, les Anglais les criblaient de flèches et de balles de fer, lancées par des bombardes. « On eût cru, dit un contemporain, entendre Dieu tonner[3]. » C'est le premier emploi de l'artillerie dans une bataille[4].

1. *App.* 171.

2. Contin. G. de Nangis.

3. Villani.

4. Déjà elle servait à l'attaque et à la défense des places. En 1340 on en fit usage au siège du Quesnoy. En 1338, Barthélemy de Drach, trésorier des guerres, porte en compte une somme donnée à Henry de Famechon pour avoir

Le roi de France, hors de lui, cria à ses gens d'armes : « Or tôt, tuez toute cette ribaudaille, car ils nous empêchent la voie sans raison. » Mais pour passer sur le corps aux Génois, les gens d'armes rompaient leurs rangs. Les Anglais tiraient à coup sûr dans cette foule, sans craindre de perdre un seul coup. Les chevaux s'effarouchaient, s'emportaient. Le désordre augmentait à tout moment.

Le roi de Bohême, vieux et aveugle, se tenait pourtant à cheval parmi ses chevaliers. Quand ils lui dirent ce qui se passait, il jugea bien que la bataille était perdue. Ce brave prince, qui avait passé sa vie dans la domesticité de la maison de France, et qui avait du bien au royaume, donna l'exemple, comme vassal et comme chevalier. Il dit aux siens : « Je vous prie et requiers très spécialement que vous me meniez si avant que je puisse frapper un coup d'épée. » Ils lui obéirent, lièrent leurs chevaux au sien, et tous se lancèrent à l'aveugle dans la bataille. On les retrouva le lendemain gisant autour de leur maître, et liés encore.

Les grands seigneurs de France se montrèrent aussi noblement. Le comte d'Alençon, frère du roi, les comtes de Blois, d'Harcourt, d'Aumale, d'Auxerre, de Sancerre, de Saint-Pol, tous magnifiquement armés et blasonnés, au grand galop, traversèrent les lignes ennemies. Ils fendirent les rangs des archers, et poussèrent toujours, comme dédaignant ces piétons, jusqu'à la petite troupe des gens d'armes anglais. Là se tenait le fils d'Édouard, âgé de treize ans, que son père avait mis à la tête d'une division. La seconde division vint le soutenir, et le comte de Warwick, qui craignait pour le petit prince, faisait demander au roi d'envoyer la troisième au secours. Édouard répondit qu'il voulait laisser l'enfant gagner ses éperons, et que la journée fût sienne.

poudre et autres choses nécessaires aux canons qui étaient devant Puy-Guillaume.

Le roi d'Angleterre, qui dominait toute la bataille de la butte d'un moulin, voyait bien que les Français allaient être écrasés[1]. Les uns avaient trébuché dans le premier désordre parmi les Génois ; les autres, pénétrant au cœur de l'armée anglaise, se trouvaient entourés. La pesante armure que l'on commençait à porter alors, ne permettait pas aux cavaliers, une fois tombés, de se relever. Les coutilliers de Galles et de Cornouailles venaient avec leurs couteaux, et les tuaient sans merci, quelque grands seigneurs qu'ils fussent. Philippe-de-Valois fut témoin de cette boucherie. Son cheval avait été tué. Il n'avait plus que soixante hommes autour de lui, mais il ne pouvait s'arracher du champ de bataille. Les Anglais, étonnés de leur victoire, ne bougeaient d'un pas ; autrement ils l'eussent pris. Enfin Jean de Hainaut saisit le cheval du roi par la bride et l'entraîna.

Les Anglais, faisant la revue du champ de bataille et le compte des morts, trouvèrent onze princes, quatre-vingts seigneurs bannerets, douze cents chevaliers, trente mille soldats. Pendant qu'ils comptaient, arrivèrent les communes de Rouen et de Beauvais, les troupes de l'archevêque de Rouen et du grand prieur de France. Les pauvres gens, qui ne savaient rien de la bataille, venaient augmenter le nombre des morts.

Cet immense malheur ne fit qu'en préparer un plus grand. L'Anglais s'établit en France. Les villes maritimes d'Angleterre, exaspérées par nos corsaires de Calais, donnèrent tout exprès une flotte à Édouard. Douvres, Bristol, Winchelsea, Shoneham, Sandwich, Weymouth, Plymouth, avaient fourni chacune vingt à trente vaisseaux ; la seule Yarmouth, quarante-trois[2]. Les marchands anglais, que

1. « Et lors, après la bataille, s'avala le roi Édouard, qui encore tout ce jour n'avoit mis son bassinet. » (Froissart.)

2. *App.* 172.

cette guerre ruinait, avaient fait un dernier et prodigieux effort pour se mettre en possession du détroit. Édouard vint assiéger Calais, s'y établit à poste fixe, pour y vivre ou y mourir. Après les sacrifices qui avaient été faits pour cette expédition, il ne pouvait reparaître devant les communes qu'il ne fût venu à bout de son entreprise. Autour de la ville, il bâtit une ville, des rues, des maisons en charpente, bien fermées, bien couvertes, pour y rester été et hiver[1]. « Et avoit en cette neuve ville du roi toutes choses nécessaires appartenant à un ost (armée), et plus encore, et place ordonnée pour tenir marché le mercredi et le samedi ; et là étoient merceries, boucheries, halles de draps et de pain et de toutes autres nécessités, et en recouvroit-on tout aisément pour son argent, et tout ce leur venoit tous les jours, par mer, d'Angleterre et aussi de Flandre... »

L'Anglais, bien établi et en abondance, laissa ceux du dehors et du dedans faire tout ce qu'ils voudraient. Il ne leur accorda pas même un combat. Il aimait mieux les faire mourir de faim. Cinq cents personnes, hommes, femmes et enfants, mises hors de la ville par le gouverneur, moururent de misère et de froid entre la ville et le camp. Tel est du moins le récit de l'historien anglais[2].

Édouard avait pris racine devant Calais. La médiation du pape n'était pas capable de l'en arracher. On vint lui dire que les Écossais allaient envahir l'Angleterre. Il ne bougea pas. Sa persévérance fut récompensée. Il apprit bientôt que ses troupes, encouragées par la reine, avaient fait prisonnier le roi d'Écosse. L'année suivante, Charles de Blois fut pris de même en assiégeant la Roche-de-Rien. Édouard pouvait croiser les bras, la fortune travaillait pour lui.

1. Froissart.
2. *App.* 173.

Il y avait pour le roi de France une grande et urgente nécessité à secourir Calais[1]. Mais la pénurie était si grande, cette monarchie demi-féodale si inerte et si embarrassée, qu'il ne réussit à se mettre en mouvement qu'au bout de dix mois de siège, lorsque les Anglais étaient fortifiés, retranchés, couverts de palissades, de fossés profonds. Ayant ramassé quelque argent par l'altération des monnaies[2], par la gabelle, par les décimes ecclésiastiques, par la confiscation des biens des Lombards, il s'achemina enfin, avec une grande et grosse armée, comme celle qui avait été battue à Créci. On ne pouvait arriver jusqu'à Calais que par les marais ou les dunes. S'enfoncer dans les marais, c'était périr ; tous les passages étaient coupés, gardés ; pourtant les gens de Tournai emportèrent bravement une tour, sans machines et à la force de leurs bras[3].

Les dunes du côté de Boulogne étaient sous le feu d'une flotte anglaise. Du côté de Gravelines, elles étaient gardées par les Flamands, que le roi ne put gagner. Il leur offrit des monts d'or ; de leur rendre Lille, Béthune, Douai ; il voulait enrichir leurs bourgmestres, faire de leurs jeunes gens des chevaliers, des seigneurs[4]. Rien ne les toucha. Ils craignaient trop le retour de leur comte, qui, après une fausse

1. Les Anglais ayant donné la chasse à deux vaisseaux qui essayaient de sortir du port, interceptèrent cette lettre du gouverneur à Philippe-de-Valois : « Si avons pris accord entre nous que si n'avons en brief secour de nous issirome hors de la ville toutz a champs pour combattre pour vivere ou pour morir ; qar nous amons meutz à morir as champs honourablement que manger l'un l'autre... » (Froissart.) – Le Continuateur de Nangis dit que le roi n'avait point cessé de leur envoyer des vivres, par terre et par mer, mais qu'ils avaient été détournés.

2. *Ord.*, II.

3. *App.* 174.

4. Il leur offrait encore de faire lever l'interdit jeté sur la Flandre, d'y entretenir le blé pendant six ans à un très bas prix ; de leur faire porter des laines de France, qu'ils manufactureraient avec le privilège de vendre en France les draps fabriqués de ces laines, exclusivement à tous autres, tant qu'ils en pourraient fournir, etc. (Rob. d'Avesbury.)

réconciliation, venait encore de se sauver de leurs mains[1]. Philippe ne put rien faire. Il négocia, il défia. Édouard resta paisible[2].

Ce fut un terrible désespoir dans la ville affamée, lorsqu'elle vit toutes ces bannières de France, toute cette grande armée, qui s'éloignaient et l'abandonnaient. Il ne restait plus aux gens de Calais qu'à se donner à l'ennemi, s'il voulait bien d'eux. Mais les Anglais les haïssaient mortellement, comme marins, comme corsaires[3]. Pour savoir tout ce qu'il y a d'irritation dans les hostilités quotidiennes d'un tel voisinage, dans cet oblique et haineux regard que les deux côtes se lancent l'une à l'autre, il faut lire les guerres de Louis XIV, les faits et gestes de Jean-Bart, la lamentable démolition du port de Dunkerque, la fermeture des bassins d'Anvers.

Il était assez probable que le roi d'Angleterre, qui s'était tant ennuyé devant Calais, qui y était resté un an, qui, en une seule campagne, avait dépensé la somme, énorme alors, de près de dix millions de notre monnaie, se donnerait la satisfaction de passer les habitants au fil de l'épée ; en quoi certainement il eût fait plaisir aux marchands anglais. Mais les chevaliers d'Édouard lui dirent nettement que, s'il traitait ainsi les assiégés, ses gens n'oseraient plus s'enfermer dans les places, qu'ils auraient peur des représailles. Il céda et voulut bien recevoir la ville à merci, pourvu que

1. Pour le forcer à épouser la fille du roi d'Angleterre, les Flamands le retenaient en prison courtoise. Il s'y ennuyait ; il promit tout et en sortit, mais sous bonne garde : « ... Et un jour qu'il était allé voler en rivière, il jeta son faucon, le suivit à cheval, et quand il fut un petit éloigné, il férit des éperons et s'en vint en France. » (Froissart.)

2. Froissart dit que le roi, venant au secours de Calais, envoya défier Édouard, et que celui-ci refusa. Édouard, dans une lettre à l'archevêque d'York, annonce au contraire qu'il a accepté le défi, et que le combat n'a pas eu lieu parce que Philippe a décampé précipitamment avant le jour, après avoir mis le feu à son camp.

3. *App.* 175.

quelques-uns des principaux bourgeois vinssent, selon l'usage, lui présenter les clefs, tête nue, pieds nus, la corde au col.

Il y avait danger pour les premiers qui paraîtraient devant le roi. Mais ces populations des côtes, qui, tous les jours, bravent la colère de l'Océan, n'ont pas peur de celle d'un homme. Il se trouva sur-le-champ, dans cette petite ville dépeuplée par la famine, six hommes de bonne volonté pour sauver les autres. Il s'en présente tous les jours autant et davantage dans les mauvais temps, pour sauver un vaisseau en danger. Cette grande action, j'en suis sûr, se fit tout simplement, et non piteusement, avec larmes et longs discours, comme l'imagine le chapelain Froissart[1].

Il fallut pourtant les prières de la reine et des chevaliers pour empêcher Édouard de faire pendre ces braves gens. On lui fit comprendre sans doute que ces gens-là s'étaient battus pour leur ville et leur commerce, plutôt que pour le roi ou le royaume. Il repeupla la ville d'Anglais, mais il admit parmi eux plusieurs Calaisiens, qui se *tournèrent* Anglais, entre autres Eustache de Saint-Pierre, le premier de ceux qui lui avaient apporté les clefs[2].

Ces clefs étaient celles de la France. Calais, devenue anglaise, fut pendant deux siècles une porte ouverte à

1. *App.* 176.

2. Froissart dit : « Et puis firent (les Anglais) toutes manières de gens petits et grands, partir (de Calais). » – « Tout Français ne fut pas exclu, dit M. de Bréquigny ; j'ai vu au contraire quantité de noms français parmi les noms des personnes à qui Édouard accorda des maisons dans sa nouvelle conquête. Eustache de Saint-Pierre fut de ce nombre. » – Philippe fit ce qui était en son pouvoir pour récompenser les habitants de Calais. Il accorda tous les offices vacants (8 septembre, un mois après la reddition) à ceux d'entre eux qui voudraient s'en faire pourvoir. Dans cette ordonnance il est fait mention d'une autre par laquelle il avait concédé aux Calaisiens chassés de leur ville tous les biens et héritages qui lui échoiroient pour quelque cause que ce fût. Le 10 septembre il leur accorda de nouveau un grand nombre de privilèges et franchises, etc., confirmés sous les règnes suivants. *App.* 177.

l'étranger. L'Angleterre fut comme rejointe au continent. Il n'y eut plus de détroit.

Revenons sur ces tristes événements. Cherchons-en le vrai sens. Nous y trouverons quelque consolation.

La bataille de Créci n'est pas seulement une bataille, la prise de Calais n'est pas une simple prise de ville ; ces deux événements contiennent une grande révolution sociale. La chevalerie tout entière du peuple le plus chevalier avait été exterminée par une petite bande de fantassins. Les victoires des Suisses sur la chevalerie autrichienne à Morgarten, à Laupen, présentaient un fait analogue ; mais elles n'eurent pas la même importance, le même retentissement dans la chrétienté. Une tactique nouvelle sortait d'un état nouveau de la société ; ce n'était pas une œuvre de génie ni de réflexion. Édouard III n'était ni un Gustave-Adolphe, ni un Frédéric. Il avait employé les fantassins, faute de cavaliers. Dans les premières expéditions, ses armées se composaient d'hommes d'armes, de nobles et de servants des nobles. Mais les nobles s'étaient lassés de ces longues campagnes. On ne pouvait tenir si longtemps sous le drapeau une armée féodale. Les Anglais, avec leur goût d'émigration, aiment pourtant le *home*. Il fallait que le baron revînt au bout de quelques mois au *baronial hall*, qu'il revît ses bois, ses chiens, qu'il chassât le renard[1]. Le soldat mercenaire, tant qu'il n'était pas riche, tant qu'il était sans bas ni chausses, comme ces Irlandais, ces Gallois que louait Édouard, avait moins d'idées de retour. Son *home*, son foyer, c'était le pays ennemi. Il persistait de grand cœur dans une bonne guerre qui le nourrissait, l'habillait, sans compter les profits. Ceci explique pourquoi l'armée anglaise se trouva peu à peu presque toute de mercenaires, de fantassins.

1. *App.* 178.

La bataille de Créci révéla un secret dont personne ne se doutait, l'impuissance militaire de ce monde féodal, qui s'était cru le seul monde militaire. Les guerres privées des barons, de canton à canton, dans l'isolement primitif du moyen âge, n'avaient pu apprendre cela ; les gentilshommes n'étaient vaincus que par des gentilshommes. Deux siècles de défaites pendant les Croisades n'avaient pas fait tort à leur réputation. La chrétienté tout entière était intéressée à se dissimuler les avantages des mécréants. D'ailleurs les guerres se passaient trop loin, pour qu'il n'y eût pas toujours moyen d'excuser les revers ; l'héroïsme d'un Godefroi, d'un Richard, rachetait tout le reste. Au treizième siècle, lorsque les bannières féodales furent habituées à suivre celle du roi, lorsque, de tant de cours seigneuriales, il s'en fit une seule, éclatante au delà de toutes les fictions des romans, les nobles, diminués en puissance, crûrent en orgueil ; abaissés en eux-mêmes, ils se sentirent grandis dans leur roi. Ils s'estimèrent plus ou moins selon qu'ils participaient aux fêtes royales. Le plus applaudi dans les tournois était cru, se croyait lui-même le plus vaillant dans les batailles. Fanfares, regards du roi, œillades des belles dames, tout cela enivrait plus qu'une vraie victoire. L'enivrement fut tel qu'ils abandonnèrent sans mot dire à Philippe-le-Bel leurs frères, les Templiers ; ces chevaliers étaient généralement les cadets de la noblesse. Elle fit bon marché des moines chevaliers, tout comme des autres moines ou prêtres. Toujours elle aida les rois contre les papes. Ces décimes arrachés au clergé, sous semblant de croisade ou autre prétexte, les nobles en avaient bonne part[1]. Le temps venait pourtant où le noble, après avoir aidé le roi à manger le prêtre, pourrait aussi avoir son tour.

À Courtrai, les nobles alléguèrent leur héroïque étour-

1. *App.* 179.

derie, le fossé des Flamands. À Mons-en-Puelle, à Cassel, deux faciles massacres relevèrent leur réputation. Pendant plusieurs années, ils accusèrent le roi qui leur défendait de vaincre. À Créci, ils étaient à même ; toute la chevalerie était là réunie, toute bannière flottait au vent, ces fiers blasons, lions, aigles, tours, besans des croisades, tout l'orgueilleux symbolisme des armoiries. En face, sauf trois mille hommes d'armes, c'étaient les va-nu-pieds des communes anglaises, les rudes montagnards de Galles, les porchers de l'Irlande[1] ; races aveugles et sauvages qui ne savaient ni français, ni anglais, ni chevalerie. Ils n'en visèrent pas moins bien aux nobles bannières ; ils n'en tuèrent que plus. Il n'y avait pas de langue commune pour prier ou traiter. Le Welsh ou l'Irishman n'entendait pas le baron renversé qui lui offrait de le faire riche : il ne répondait que du couteau.

Malgré la romanesque bravoure de Jean de Bohême et de maint autre, les brillantes bannières furent tachées ce jour-là. D'avoir été traînées, non par le noble gantelet du seigneur, mais par les mains calleuses, c'était difficile à laver. La religion de la noblesse eut dès lors plus d'un incrédule. Le symbolisme armorial perdit tout son effet. On commença à douter que ces lions mordissent, que ces dragons de soie vomissent feu et flammes. La vache de Suisse et la vache de Galles semblèrent aussi de bonnes armoiries.

Pour que le peuple s'avisât de tout cela, il fallut bien du temps, bien des défaites. Créci ne suffit pas, pas même Poitiers. Cette réprobation des nobles qui s'éleva hardiment après la bataille d'Azincourt, elle est muette encore et respectueuse sous Philippe-de-Valois. Il n'y a ni plainte ni

1. Sur trente-deux mille hommes dont se composait l'armée d'Édouard, Froissart dit expressément qu'il n'y avait que quatorze mille Anglais (4 000 hommes d'armes, 10 000 archers). Les autres dix-huit mille étaient Gallois et Irlandais (12 000 Gallois, 6 000 Irlandais).

révolte ; mais souffrance, langueur, engourdissement sous les maux. Peu d'espoir sur terre, guère ailleurs. La foi est ébranlée ; la féodalité, cette autre foi, l'est davantage. Le moyen âge avait sa vie en deux idées, l'empereur et le pape. L'Empire est tombé aux mains d'un serviteur du roi de France ; le pape est dégradé, de Rome à Avignon, valet d'un roi ; ce roi vaincu, la noblesse humiliée.

Personne ne disait ces choses, ni même ne s'en rendait bien compte. La pensée humaine était moins révoltée que découragée, abattue et éteinte. On espérait la fin du monde ; quelques-uns la fixaient à l'an 1365. Que restait-il, en effet, sinon de mourir ?

Les époques d'abattement moral sont celles de grande mortalité. Cela doit être, et c'est la gloire de l'homme qu'il en soit ainsi. Il laisse la vie s'en aller, dès qu'elle cesse de lui paraître grande et divine... *Vitamque perosi Projecere animas...* La dépopulation fut rapide dans les dernières années de Philippe-de-Valois. La misère, les souffrances physiques ne suffiraient pas à l'expliquer ; elles n'étaient pas parvenues au point où elles arrivèrent plus tard. Cependant, pour ne citer qu'un exemple, dès l'an 1339, la population d'une seule ville, de Narbonne, avait diminué, en quatre ou cinq ans, de cinq cents familles[1].

Par-dessus cette dépopulation trop lente, vint l'extermination, la grande *peste noire* qui, d'un coup, entassa les morts par toute la chrétienté. Elle commença en Provence, à la Toussaint de l'an 1347. Elle y dura seize mois, et y emporta les deux tiers des habitants. Il en fut de même en Languedoc. À Montpellier, de douze consuls il en mourut dix. À Narbonne, il périt trente mille personnes. En plusieurs endroits, il ne resta qu'un dixième des habitants[2].

1. *App.* 180.
2. D. Vaissette.

L'insouciant Froissart ne dit qu'un mot de cette épouvantable calamité, et encore par occasion. « ... Car en ce temps par tout le monde généralement une maladie que l'on clame épidémie couroit, dont bien la tierce partie du monde mourut. »

Le mal ne commença dans le Nord qu'au mois d'août 1348, d'abord à Paris et à Saint-Denis. Il fut si terrible à Paris, qu'il y mourait huit cents personnes par jour, selon d'autres cinq cents[1]. « C'était, dit le Continuateur de Nangis, une effroyable mortalité d'hommes et de femmes, plus encore de jeunes gens que de vieillards, au point qu'on pouvait à peine les ensevelir ; ils étaient rarement plus de deux ou trois jours malades, et mouraient comme de mort subite en pleine santé. Tel aujourd'hui était bien portant, qui demain était porté dans la fosse : on voyait se former tout à coup un gonflement à l'aine ou sous les aisselles ; c'était signe infaillible de mort... La maladie et la mort se communiquaient par imagination et par contagion. Quand on visitait un malade, rarement on échappait à la mort. Aussi en plusieurs villes, petites et grandes, les prêtres s'éloignaient, laissant à quelques religieux plus hardis le soin d'administrer les malades... Les saintes sœurs de l'Hôtel-Dieu, rejetant la crainte de la mort et le respect humain, dans leur douceur et leur humilité, les touchaient, les maniaient. Renouvelées nombre de fois par la mort, elles reposent, nous devons le croire pieusement, dans la paix du Christ[2]. »

« Comme il n'y avait ni famine, ni manque de vivres, mais au contraire grande abondance, on disait que cette peste venait d'une infection de l'air et des eaux. On accusa de nouveau les juifs ; le monde se souleva cruellement

1. *App.* 181.
2. Cont. G. de Nangis.

contre eux, surtout en Allemagne. On tua, on massacra, on brûla des milliers de juifs sans distinction[1]... »

La peste trouva l'Allemagne dans un de ses plus sombres accès de mysticisme. La plus grande partie de ce pauvre peuple était depuis longtemps privée des sacrements de l'Église. Nos papes d'Avignon, pour faire plaisir au roi de France, froidement et de gaieté de cœur, avaient plongé l'Allemagne dans le désespoir. Tous les pays qui reconnaissaient Louis de Bavière étaient frappés de l'interdit. Plusieurs villes, particulièrement Strasbourg, restaient fidèles à leur empereur, même après sa mort, et souffraient toujours les effets de la sentence pontificale. Point de messe, point de viatique. La peste tua dans Strasbourg seize mille hommes, qui se crurent damnés. Les dominicains, qui avaient persisté quelque temps à faire le service divin, finirent par s'en aller comme les autres. Trois hommes seulement, trois mystiques, ne tinrent compte de l'interdit, et persistèrent à assister les mourants : le dominicain Tauler, l'augustin Thomas de Strasbourg et le chartreux Ludolph. C'était la grande époque des mystiques. Ludolph écrivait sa *Vie du Christ,* Tauler son *Imitation de la pauvre vie de Jésus,* Suso son livre des *Neuf rochers.* Tauler lui-même allait consulter dans la forêt de Soignes, près Louvain, le vieux Ruysbroek, le *docteur extatique.*

Mais l'extase dans le peuple, c'était fureur. Dans l'abandon où les laissait l'Église, dans leur mépris des prêtres[2], ils se passaient de sacrements ; ils mettaient à la place des mortifications sanglantes, des courses frénétiques. Des populations entières partirent, allèrent sans savoir où, comme poussées par le vent de la colère divine. Ils portaient des croix rouges ; demi-nus sur les places, ils se frappaient

1. *Idem.*
2. Johannes Vitoduranus.

avec des fouets armés de pointes de fer, chantant des cantiques qu'on n'avait jamais entendus[1]. Ils ne restaient dans chaque ville qu'un jour et une nuit, et se flagellaient deux fois le jour; cela fait pendant trente-trois jours et demi, ils se croyaient purs comme au jour de baptême[2].

Les flagellants allèrent d'abord d'Allemagne aux Pays-Bas. Puis cette fièvre gagna en France, par la Flandre, la Picardie. Elle ne passa pas Reims. Le pape les condamna; le roi ordonna de leur courir sus. Ils n'en furent pas moins à Noël (1349) près de huit cent mille[3]. Et ce n'était plus seulement du peuple, mais des gentilshommes, des seigneurs. De nobles dames se mettaient à en faire autant[4].

Il n'y eut point de flagellants en Italie. Ce sombre enthousiasme de l'Allemagne et de la France du Nord, cette guerre déclarée à la chair, contraste fort avec la peinture que Boccace nous a laissée des mœurs italiennes à la même époque.

Le prologue du *Décaméron* est le principal témoignage historique que nous ayons sur la grande peste de 1348. Boccace prétend qu'à Florence seulement il y eut cent mille morts. La contagion était effroyablement rapide. «J'ai vu, dit-il, de mes yeux, deux porcs qui, dans la rue, secouèrent du groin les haillons d'un mort; une petite heure après, ils tournèrent, tournèrent et tournèrent; ils étaient morts eux-mêmes... Ce n'étaient plus les amis qui portaient les corps sur leurs épaules, à l'église indiquée par le mourant. De pauvres compagnons, de misérables croque-morts portaient vite le corps à l'église voisine... beaucoup mouraient dans la rue; d'autres tout seuls dans leur maison, mais on *sentait* les maisons des morts... Souvent on mit sur

1. *App.* 182.
2. Ms. des *Chroniques de Saint-Denis*, cité par M. Mazure.
3. *Ibid.*
4. Gontin. G. de Nangis.

le même brancard la femme et le mari, le fils et le père... On avait fait de grandes fosses où l'on entassait les corps par centaines, comme les marchandises dans un vaisseau... Chacun portait à la main des herbes d'odeur forte. L'air n'était plus que puanteur de morts et de malades ou de médecines infectes... Oh ! que de belles maisons restèrent vides ! que de fortunes sans héritiers ! que de belles dames, d'aimables jeunes gens dînèrent le matin avec leurs amis, qui, le soir venant, s'en allèrent souper avec leurs aïeux !... »

Il y a dans tout le récit de Boccace quelque chose de plus triste que la mort, c'est le glacial égoïsme qui y est avoué. « Plusieurs, dit-il, s'enfermaient, se nourrisaient avec une extrême tempérance des aliments les plus exquis et des meilleurs vins, sans vouloir entendre aucune nouvelle des malades, se divertissant de musique ou d'autres choses, sans luxure toutefois. D'autres, au contraire, assuraient que la meilleure médecine, c'était de boire, d'aller chantant et de se moquer de tout. Ils le faisaient comme ils disaient, allant jour et nuit de maison en maison ; et cela d'autant plus aisément que chacun, n'espérant plus vivre, laissait à l'abandon ce qu'il avait, aussi bien que soi-même ; les maisons étaient devenues communes. L'autorité des lois divines et humaines était comme perdue et dissoute, n'y ayant plus personne pour les faire observer... Plusieurs, par une pensée cruelle *et peut-être plus prudente*[1], disaient qu'il n'y avait remède que de fuir ; ne s'inquiétant plus que d'eux-mêmes, ils laissaient là leur ville, leurs maisons, leurs parents ; ils s'en allaient aux champs, comme si la colère de Dieu n'eût pu les précéder... Les gens de la campagne, attendant la mort, et peu soucieux de l'avenir, s'efforçaient, s'ingéniaient à consommer tout ce qu'ils avaient. Les bœufs, les ânes, les chèvres, les chiens même, abandonnés,

1. Matteo Villani blâme ceux qui se retirèrent.

s'en allaient dans les champs où les fruits de la terre restaient sur pied, et comme créatures raisonnables ; quand ils étaient repus, ils revenaient sans berger le soir à la maison... À la ville, les parents ne se visitaient plus. L'épouvante était si forte au cœur des hommes, que la sœur abandonnait le frère, la femme le mari ; chose presque incroyable, les pères et mères évitaient de soigner leurs fils. Ce nombre infini de malades n'avait donc d'autres ressources que la pitié de leurs amis (et de tels amis, il n'y en eut guère), ou bien l'avarice des serviteurs ; encore ceux-ci étaient-ils gens grossiers, peu habitués à un tel service, et qui n'étaient guère bons qu'à voir quand le malade était mort. De cet abandon universel résulta une chose jusque-là inouïe, c'est qu'une femme malade, tant belle, noble et gracieuse fût-elle, ne craignait pas de se faire servir par un homme, même jeune, ni de lui laisser voir, si la nécessité de la maladie l'y obligeait, tout ce qu'elle aurait montré à une femme ; ce qui peut-être causa diminution d'honnêteté en celles qui guérirent. »

Pour la maligne bonhomie, tout aussi bien que pour l'insouciance, Boccace est le vrai frère de Froissart. Mais le conteur ici en dit plus que l'historien. Le *Décaméron,* dans sa forme même, dans le passage du tragique au plaisant, ne représente que trop les jouissances égoïstes qui suivent les grandes calamités[1]. Son prologue nous introduit par le funèbre vestibule de la peste de Florence aux jolis jardins de Pampinea, à cette vie de rire, de *rien faire* et d'oubli calculé, que mènent ses conteurs, près de leurs belles maîtresses, dans une sobre et discrète hygiène... Machiavel, dans son livre sur la peste de 1527, a moins de ménagements. Nulle part l'auteur du *Prince* ne me semble plus froidement cruel.

1. *App.* 183.

Il se prend d'amour et de galants propos dans une église en deuil. Ils se revoient avec surprise, comme des revenants, se savent bon gré de vivre et se plaisent. L'entremetteuse, c'est la mort.

Selon le Continuateur de Guillaume de Nangis : « Ceux qui restaient, hommes et femmes, se marièrent en foule. Les survivantes concevaient outre mesure. Il n'y en avait pas de stérile. On ne voyait d'ici et de là que femmes grosses. Elles enfantaient qui deux, qui trois enfants à la fois. »

Ce fut, comme après tout grand fléau, comme après la peste de Marseille, comme après la Terreur ; une joie sauvage de vivre, une orgie d'héritiers[1]. Le roi, veuf et libre, allait marier son fils à sa cousine Blanche ; mais quand il vit la jeune fille, il la trouva trop belle pour son fils et la garda pour lui. Il avait cinquante-huit ans, elle dix-huit. Le fils épousa une veuve qui en avait vingt-quatre, l'héritière de Boulogne et d'Auvergne, qui de plus lui donnait, avec la tutelle de son fils enfant, l'administration des deux Bourgognes. Le royaume souffrait, mais il s'arrondissait. Le roi venait d'acheter Montpellier et le Dauphiné. Le petit-fils du roi épousa la fille du duc de Bourbon, le comte de Flandre celle du duc de Brabant. Ce n'était que noces et que fêtes.

Ces fêtes tiraient un bizarre éclat des modes nouvelles qui s'étaient introduites depuis quelques années en France et en Angleterre. Les gens de la cour, peut-être pour se distinguer davantage des *chevaliers ès lois*, des hommes de robe longue avaient adopté des vêtements serrés, souvent mi-partie de deux couleurs ; leurs cheveux serrés en queue, leur barbe touffue, leurs monstrueux souliers à la poulaine qui remontaient en se recourbant, leur donnaient un air bizarre, quelque chose du diable ou du scorpion. Les femmes chargeaient leur tête d'une mitre énorme d'où flot-

1. Matteo Villani.

taient des rubans, comme les flammes d'un mât. Elles ne voulaient plus de palefrois ; il leur fallait de fougueux destriers. Elles portaient deux dagues à la ceinture. – L'Église prêchait en vain contre ces modes orgueilleuses et impudentes. Le sévère chroniqueur en parle rudement : « Ils s'étaient mis, dit-il, à porter barbe longue et robes courtes, si courtes qu'ils montraient leurs fesses... Ce qui causa parmi le populaire une dérision non petite ; ils devinrent, comme l'événement le prouva souvent, d'autant mieux en état de fuir devant l'ennemi[1]. »

Ces changements en annonçaient d'autres. Le monde allait changer d'acteurs comme d'habits. Ces folies parmi les malheurs, ces noces précipitées le lendemain de la peste, devaient avoir aussi leurs morts. Le vieux Philippe-de-Valois ne tarda pas à languir près de sa jeune reine, et laissa la couronne à son fils (1350).

1. *App.* 184.

CHAPITRE II

Jean. – Bataille de Poitiers (1350-1356).

La peste de 1348 enleva, entre autres personnages célèbres, l'historien Jean Villani, et la belle Laure de Sades, celle qui, vivante ou morte, fut l'objet des chants de Pétrarque.

Laure, fille de messire Audibert, syndic du bourg de Noves, près d'Avignon, avait épousé Hugues de Sades, d'une vieille famille municipale de cette ville. Elle vécut honorablement à Avignon avec son mari, dont elle eut douze enfants. Cette union pure et fidèle, cette belle image de la famille, au milieu d'une ville si décriée pour ses mœurs, est sans doute ce qui toucha Pétrarque. Ce fut le 6 avril 1327 que Laure apparut pour la première fois au jeune exilé florentin, le vendredi de la semaine sainte, dans une église, entourée, comme il est probable, de son époux et de ses enfants. Dès lors cette noble image de jeune femme lui resta devant l'esprit.

Qu'on ne nous reproche pas comme une digression le peu que nous disons d'une Française qui inspira une si durable passion au plus grand poète du siècle. L'histoire des mœurs est surtout celle de la femme. Nous avons parlé d'Héloïse et de Béatrix. Laure n'est pas, comme Héloïse, la femme qui aime et se donne. Ce n'est point la Béatrix de Dante, dans laquelle l'idéal domine et qui finit par se confondre avec l'éternelle beauté. Elle ne meurt pas jeune; elle n'a pas la glorieuse transfiguration de la mort. Elle accomplit toute sa destinée sur la terre. Elle est épouse, elle est mère, elle vieillit, toujours adorée[1]. Une passion si fidèle et si désintéressée à cette époque de sensualité grossière, méritait bien de rester parmi les plus touchants souvenirs du quatorzième siècle. On aime à voir dans ces temps de mort une âme vivante, un amour vrai et pur, qui suffit à une inspiration de trente années. On rajeunit, à regarder cette belle et immortelle jeunesse d'âme.

Il la vit pour la dernière fois en septembre 1347. C'était au milieu d'un cercle de femmes. Elle était sérieuse et pensive, sans perles, sans guirlandes. Tout était déjà plein de la terreur de la contagion. Le poète, ému, se retira, pour ne pas pleurer... La nouvelle de sa mort lui parvint, l'année suivante, à Vérone. Il y écrivit la note touchante qu'on lit encore sur son Virgile. Il y remarque qu'elle est morte au même mois, au même jour et à la même heure, où il l'avait vue trente ans auparavant pour la première fois.

Le poète avait vu périr en quelques années toutes ses espérances, tous les rêves de sa vie[2]. Jeune, il avait espéré que la chrétienté se réconcilierait, et trouverait la paix intérieure dans une belle guerre contre les infidèles. Il avait écrit le célèbre canzone: « O aspettata in ciel beata e bella... » Mais quel pape prêchait la croisade? Jean XXII, le fils d'un cordonnier de Cahors, avocat avant d'être pape, *cahorsin* et usurier lui-même, qui entassait les millions, et brûlait ceux qui parlaient d'amour pur et de pauvreté.

L'Italie, sur laquelle Pétrarque plaça ensuite son espoir, n'y répondit pas davantage. Les princes flattaient Pétrarque, se disaient ses amis, mais aucun ne l'écoutait. Quels amis

1. *App.* 185.
2. *App.* 186.

pour le crédule poète que ces féroces et rusés Visconti de Milan !... Naples valait mieux, ce semble. Le savant roi Robert avait voulu donner lui-même à Pétrarque la couronne du Capitole. Mais lorsqu'il se rendit à Naples, Robert n'était plus. La reine Jeanne lui avait succédé[1]. Le poète, à peine arrivé, vit avec horreur les combats de gladiateurs renouvelés dans cette cour par une noblesse sanguinaire. Il prévit la catastrophe du jeune époux de Jeanne, étranglé peu après par les amants de sa femme... Il écrivit lui-même de Naples : *Heu ! fuge crudeles terras, fuge littus avarum !*

Cependant on parlait de la restauration de la liberté romaine par le tribun Rienzi. Pétrarque ne douta point de la réunion prochaine de l'Italie, du monde, sous *le bon état.* Il chanta d'avance les vertus du libérateur et la gloire de la nouvelle Rome. Cependant Rienzi menaçait de mort les amis de Pétrarque, les Colonna. Celui-ci refusa longtemps d'y croire ; il écrivit au tribun une lettre triste et inquiète, où il le prie de démentir ces mauvais bruits[2].

La chute du tribun lui ôtant l'espoir que l'Italie pût se relever elle-même, il transporta son facile enthousiasme à l'empereur Charles IV, qui alors entrait en Italie. Pétrarque se trouva sur son passage : il lui présenta les médailles d'or de Trajan et d'Auguste ; il le somma de se souvenir de ces grands empereurs. Ce Trajan, cet Auguste avait passé les Alpes avec deux ou trois cents cavaliers. Il venait vendre les droits de l'Empire en Italie, avant de les sacrifier en Allemagne dans sa bulle d'or. Le pacifique et économe empereur, avec son cortège mal monté, était comparé par les Italiens à un marchand ambulant qui va à la foire[3].

1. *App.* 187.
2. *App.* 188.
3. Il tira d'eux quelque argent, et s'en retourna plus vite qu'il n'était venu. Les villes fermaient toutes leurs portes ; on lui permit avec peine de reposer une nuit à Crémone.

Le triste Pétrarque, trompé tant de fois[1], se réfugia chaque jour davantage dans la lointaine antiquité. Il se mit, déjà vieux, à apprendre la langue d'Homère, à épeler l'*Iliade*. Il faut voir quels furent ses transports quand, pour la première fois, il toucha le précieux manuscrit qu'il ne pouvait lire.

Il erra ainsi dans ses dernières années, survivant, comme Dante, à tout ce qu'il aimait. Ce n'était pas Dante, mais plutôt son ombre, plus pâle et plus douce, toujours conduite par Virgile, et se faisant de la poésie antique un Élysée. Vers la fin, inquiet pour les précieux manuscrits qu'il traînait partout avec lui, il les légua à la république de Venise, et déposa son Homère et son Virgile dans la bibliothèque même de Saint-Marc, derrière les fameux chevaux de Corinthe, où on les a retrouvés trois cents ans après, à moitié perdus de poussière. Venise, cet inviolable asile au milieu des mers, était alors le seul lieu sûr auquel la main pieuse du poète pût confier en mourant les dieux errants de l'antiquité.

Pour lui, ce devoir accompli, il alla quelque temps réchauffer sa vieillesse au soleil d'Arqua. Il y mourut dans sa bibliothèque et la tête sur un livre[2].

Ces vains regrets, cette fidélité obstinée au passé, qui pendant toute la vie du poète lui fit poursuivre des ombres, qui lui fit placer un crédule espoir dans le tribun, dans l'empereur, ce n'est pas l'erreur de Pétrarque, c'est celle de tout son siècle. La France même, qui semble avoir si durement rompu avec le moyen âge par l'immolation des

1. Ce qu'il y avait de plus humiliant, c'est que le malicieux empereur avait donné la couronne poétique à un autre que Pétrarque.

2. Quelques jours auparavant, Boccace lui avait envoyé le *Décaméron*. Le vieillard en retint par cœur *la patiente Griselidis*, cette belle histoire qui, à elle seule, purifie le reste du livre.

Templiers et de Boniface, y revient malgré elle après cet effort, et s'y engourdit. La défaite des armées féodales, la grande leçon de Créci, qui devrait lui faire comprendre qu'un autre monde a commencé, ne sert qu'à lui faire regretter la chevalerie. Les archers anglais ne l'instruisent pas. Elle n'entend point le génie moderne qui l'a foudroyée à Créci par l'artillerie d'Édouard.

Le fils de Philippe-de-Valois, le roi Jean, est le roi des gentilshommes. Plus chevalereux encore et plus malencontreux que son père, il prend pour modèle l'aveugle Jean de Bohême qui combattit lié à Créci. Non moins aveugle que son modèle, le roi Jean, à la bataille de Poitiers, mit pied à terre pour attendre des gens à cheval. Mais il n'eut pas le bonheur d'être tué, comme Jean de Bohême.

Dès son avènement, Jean, pour complaire aux nobles, ordonna de surseoir au payement des dettes[1]. Il créa pour eux un ordre nouveau, l'ordre de l'Étoile, qui assurait une retraite à ses membres. C'était comme les Invalides de la chevalerie. Déjà une somptueuse maison commençait à s'élever pour cette destination dans la plaine de Saint-Denis. Elle ne s'acheva pas[2]. Les membres de cet ordre faisaient vœu de ne pas reculer de quatre arpents, s'ils n'étaient tués ou pris. Ils furent pris en effet.

Ce prince, si chevaleresque, commence brutalement par tuer, sur un soupçon, le connétable d'Eu, principal conseiller de son père. Il jette tout à un favori, homme du Midi, adroit et avide, Charles d'Espagne, pour qui il avait « un amour désordonné[3] ». Le favori se fait connétable, et se fait encore donner un comté qui appartenait au jeune roi de Navarre, Charles, que Jean avait déjà dépouillé de la

1. *Ord.*, 30 mars 1351, et septembre.
2. *App.* 189.
3. C'était, dit Villani, le bruit public.

Champagne[1]. Charles, descendu d'une fille de Louis-Hutin, se croyait, comme Édouard III, dépouillé de la couronne de France. Il assassina le favori, et voulait tuer Jean. Celui-ci l'emprisonna, lui fit demander pardon à genoux. Cet homme flétri sera le démon de la France. Il est surnommé le *Mauvais*. Jean tue le connétable, tue d'Harcourt et d'autres encore ; au demeurant, c'est Jean-le-*Bon*.

Le *bon* veut dire ici le confiant, l'étourdi, le prodigue. Nul prince en effet n'avait encore si noblement jeté l'argent du peuple. Il allait, comme l'homme de Rabelais, mangeant son raisin en verjus, son blé en herbe. Il faisait argent de tout, gâtant le présent, engageant l'avenir. On eût dit qu'il prévoyait ne devoir pas rester longtemps en France.

Si grande ressource était l'altération des monnaies[2]. Philippe-le-Bel et ses fils, Philippe-de-Valois, avaient usé largement de cette forme de banqueroute. Jean les fit oublier, comme il surpassa aussi toute banqueroute royale ou nationale qui pût jamais venir. On croit rêver quand on lit les brusques et contradictoires ordonnances que fit ce prince en si peu d'années. C'est la loi en démence. À son avènement, le marc d'argent valait cinq livres cinq sous, à la fin de l'année onze livres. En février 1352, il était tombé à quatre livres cinq sous ; un an après il était reporté à douze livres. En 1354, il fut fixé à quatre livres quatre sous ; il valait dix-huit livres en 1355. On le remit à cinq livres cinq sous, mais on affaiblit tellement la monnaie qu'il monta en 1359 au taux de *cent deux livres*[3].

Ces banqueroutes royales sont au fond celles des nobles

1. Charles avait aussi à se plaindre de l'insolence du connétable, qui l'avait appelé *billonneur monnoie* (faux monnoyeur).

2. « Sur plusieurs de ces monnoies, le roi d'Angleterre était représenté sous forme de lion ou de dragon, foulé par le roi de France. » (Leblanc.)

3. De 1351 à 1360, la livre tournois changea soixante et onze fois de valeur. M. Natalis de Wailly met ce régime en balance avec celui des assignats. *(Mémoire sur les variations de la livre tournois.)* Note de 1860. *App.* 190.

sur les bourgeois. Les seigneurs, les nobles chevaliers assiègent le bon roi, et lui prennent tout ce qu'il prend aux autres. La seule reine Blanche avait obtenu pour elle la confiscation des Lombards ; elle poursuivait à son profit leurs débiteurs par tout le royaume[1].

La noblesse, commençant à vivre loin de ses châteaux, séjournant à grands frais près du roi, devenait chaque jour plus avide. Elle ne voulait plus servir gratis. Il fallait la payer pour combattre, pour défendre ses terres des ravages de l'Anglais. Ces fiers barons descendaient de bonne grâce à l'état de mercenaires[2], paraissaient à leur rang dans les grandes *montres* et revues royales, et tendaient la main au payeur. Sous Philippe-de-Valois, le chevalier s'était contenté de dix sous par jour. Sous Jean, il en exigea vingt, et le seigneur banneret en eut quarante. Cette dépense énorme obligea le roi Jean d'assembler les États plus souvent qu'aucun de ses prédécesseurs. Les nobles contribuèrent ainsi, indirectement et à leur insu, à donner une importance toute nouvelle aux États, surtout au Tiers-État, à l'État qui payait.

Déjà, en 1343, la guerre avait forcé Philippe-de-Valois de demander aux États un droit de quatre deniers par livre sur les marchandises, lequel devait être perçu à chaque vente. Ce n'était pas seulement un impôt, c'était une intolérable vexation, une guerre contre le commerce. Le percepteur campait sur le marché, espionnait marchands et acheteurs, mettait la main à toutes les poches, demandait (comme il arriva sous Charles VI) sa part sur un sou

1. Les États de 1355 exigèrent qu'on suspendît ces poursuites.

2. En 1338, les nobles du Languedoc se plaignaient de ce que les gages qu'on leur avait payés pendant la guerre de Gascogne n'étaient pas proportionnés à ceux qu'ils avaient reçus dans les autres guerres qui avaient été faites en ce pays. On était au moment de la reprise de la guerre contre les Anglais. Le roi fit droit à la requête.

d'herbe. Ce droit, qui n'est autre que l'alcavala espagnol, alors récemment établi à l'occasion des guerres des Maures, a tué l'industrie de l'Espagne. Philippe-de-Valois promit en récompense de frapper de bonne monnaie, *comme du temps de saint Louis*.

Nouveaux besoins, nouvelles promesses. Dans la crise de 1346, le roi promit aux États du Nord de restreindre le droit de prise « aux nécessités de son hôtel, de sa chère compagne la reine et de ses enfants ». Il supprima des places de sergents, abolit des juridictions opposées entre elles, retira les lettres de répit par lesquelles il permettait aux seigneurs d'ajourner le payement de leurs dettes. Les États du Midi accordèrent dix sous par feu, sur la promesse qu'on leur fit de supprimer la gabelle et le droit sur les ventes.

En 1351, Jean, demandant aux États son droit de joyeux avènement, se montra facile à leurs réclamations, quelque diverses et contradictoires qu'elles fussent[1]. Il promit aux nobles picards de tolérer les guerres privées, aux bourgeois normands de les interdire. Les uns et les autres lui accordèrent six deniers par livre sur les ventes. Il assura aux fabricants de Troyes la fabrique exclusive des toiles étroites ou *couvre-chefs*, aux maîtres des métiers de Paris un règlement qui fixait les salaires des ouvriers, élevés outre mesure par suite de la dépopulation et de la peste. Les bourgeois de Paris, consultés par eux-mêmes et non par députés, à leur assemblée du *parloir aux bourgeois*, accordèrent la taxe des ventes. Le roi les appelle au *parloir* ; ils s'y rendront bientôt sans lui.

En 1346, le roi avait promis des réformes ; les États avaient cru, voté docilement. Tout avait été fini en un jour. En 1351, les nobles picards refusent de laisser payer

1. *App.* 191.

leurs vassaux, s'ils ne sont eux-mêmes exempts, et si les vassaux du roi et des princes ne payent.

En 1355, les Anglais ravageant le Midi, il fallut bien encore demander de l'argent. Les États du Nord ou de la langue d'Oil, convoqués le 30 novembre, se montrèrent peu dociles. Il fallut leur promettre l'abolition du vol direct qu'on appelait *droit de prise*, et du vol indirect qui se faisait sur les monnaies. Le roi déclara que le nouvel impôt s'étendrait à tous, clercs et nobles; qu'il le payerait lui-même, ainsi que la reine et les princes.

Ces bonnes paroles ne rassurèrent pas les États. Ils ne se fièrent pas à la parole royale, aux receveurs royaux. Ils voulurent recevoir eux-mêmes par des receveurs de leur choix, se faire rendre compte, s'assembler de nouveau au 1er mars, puis un an après, à la Saint-André.

Voter et recevoir l'impôt, c'est régner. Personne alors ne sentit toute la portée de cette demande hardie des États, pas même probablement Marcel, le fameux prévôt des marchands, que nous voyons à la tête des députés des villes[1].

L'assemblée achetait cette royauté par la concession énorme de six millions de livres parisis pour solder trente mille gens d'armes. Cet argent devait être levé par deux impôts, sur le sel et sur les ventes; mauvais impôts sans doute, et sur le pauvre, mais quel autre imaginer dans un besoin pressant, lorsque tout le Midi était en proie ?...

La Normandie, l'Artois, la Picardie n'envoyèrent point à ces États. Les Normands étaient encouragés par le roi de Navarre, le comte d'Harcourt et autres, qui déclarèrent que

1. « Protestèrent les bonnes villes par la bouche de Étienne Marcel, lors prévost des marchands à Paris, que ils estoient tous prests de vivre, de mourir avec le roi ». (Froissart.) – Lire sur Étienne Marcel et la révolution de 1356-58 l'excellent travail de M. Perrens. MM. H. Martin et J. Quicherat *(Plutarque français)* avaient déjà bien indiqué le caractère des événements de cette grande époque sur lesquels M. Perrens a concentré la plus vive lumière en les racontant et les discutant avec détail (1860).

la gabelle ne serait point levée sur leurs terres : « qu'il ne se trouveroit point si hardi homme de par le roi de France qui la dût faire courir, ni sergent qui enlevât amende, qui ne le payât de son corps[1] ».

Les États reculèrent. Ils supprimèrent les deux impôts, et y substituèrent une taxe sur le revenu : 5 pour 100 sur les plus pauvres, 4 pour 100 sur les biens médiocres, 2 pour 100 sur les riches. Plus on avait, et moins l'on payait.

Le roi, cruellement blessé de la résistance du roi de Navarre et de ses amis, avait dit « qu'il n'auroit jamais parfaite joie tant qu'ils fussent en vie ». Il partit d'Orléans avec quelques cavaliers, chevaucha trente heures, et les surprit au château de Rouen, où ils étaient à table. Le dauphin les avait invités. Il fit couper la tête à d'Harcourt et à trois autres ; le roi de Navarre fut jeté en prison et menacé de la mort. On répandit le bruit qu'ils avaient engagé le dauphin à s'enfuir chez l'empereur pour faire la guerre au roi, son père.

La résistance aux impôts votés par les États livrait le royaume à l'Anglais. Le prince de Galles se promenait à son aise dans nos provinces du Midi. Il lui suffisait d'une petite armée, composée cette fois en bonne partie de gens d'armes, de chevaliers. La guerre n'en était pas plus chevaleresque. Ils brûlaient, gâtaient comme des brigands qui passent pour ne pas revenir. D'abord ils coururent le Languedoc, pays intact qui n'avait pas souffert encore[2]. La province fut ravagée, mise à sac, comme la Normandie en 1346. Ils ramenèrent à Bordeaux cinq mille charrettes pleines. Puis, ayant mis leur butin à couvert, ils reprirent méthodiquement leur cruel voyage, par le Rouergue, l'Auvergne et le Limousin, entrant partout sans coup férir,

1. Froissart.
2. *App.* 192.

brûlant et pillant, chargés comme des porte-balles, soûlés des fruits, des vins de France. Puis ils descendirent dans le Berri, et coururent les bords de la Loire. Trois chevaliers pourtant, qui s'étaient jetés dans Romorantin avec quelques hommes, suffirent pour les arrêter. Ils furent tout étonnés de cette résistance. Le prince de Galles jura de forcer la place et y perdit plusieurs jours[1].

Le roi Jean qui avait commencé la campagne par prendre en Normandie les places du roi de Navarre où il aurait pu introduire l'Anglais, vint enfin au-devant avec une grande armée, aussi nombreuse qu'aucune qu'ait perdue la France. Toute la campagne était couverte de ses coureurs; les Anglais ne trouvaient plus à vivre. Du reste, les deux ennemis ne savaient trop où ils en étaient; Jean croyait avoir les Anglais devant, et courait après, tandis qu'il les avait derrière. Le prince de Galles, aussi bien informé, croyait les Français derrière lui. C'était la seconde fois, et non la dernière, que les Anglais s'engageaient à l'aveugle dans le pays ennemi. À moins d'un miracle, ils étaient perdus. C'en fut un que l'étourderie de Jean.

L'armée du prince de Galles, partie anglaise, partie gasconne, était forte de deux mille hommes d'armes, de quatre mille archers et de deux mille *brigands* qu'on louait dans le Midi, troupes légères. Jean était à la tête de la grande cohue féodale du ban et de l'arrière-ban, qui faisait bien cinquante mille hommes. Il y avait les quatre fils de Jean, vingt-six ducs ou comtes, cent quarante seigneurs bannerets avec leurs bannières déployées; magnifique coup d'œil, mais l'armée n'en valait pas mieux.

Deux cardinaux légats, dont un du nom de Talleyrand, s'entremirent pour empêcher l'effusion du sang chrétien.

1. Il dut déployer contre ces trois chevaliers tout un appareil de siège: « canons, carreaux, bombardes et feux grégeois ». (Froissart.)

Le prince de Galles offrait de rendre tout ce qu'il avait pris, places et hommes, et de jurer de ne plus servir de sept ans contre la France. Jean refusa, comme il était naturel ; il eût été honteux de laisser aller ces pillards. Il exigeait qu'au moins le prince de Galles se rendît avec cent chevaliers.

Les Anglais s'étaient fortifiés sur le coteau de Maupertuis près Poitiers, colline roide, plantée de vignes, fermée de haies et de buissons d'épines. Le haut de la pente était hérissé d'archers anglais. Il n'y avait pas besoin d'attaquer. Il suffisait de les tenir là ; la soif et la faim les auraient apprivoisés au bout de deux jours. Jean trouva plus chevaleresque de forcer son ennemi.

Il n'y avait qu'un étroit sentier pour monter aux Anglais. Le roi de France y employa des cavaliers. Il en fut à peu près comme à la bataille de Morgarten. Les archers firent tomber une pluie de traits, criblèrent les chevaux, les effarouchèrent, les jetèrent l'un sur l'autre. Les Anglais saisirent ce moment pour descendre[1]. Le trouble se répandit dans cette grande armée. Trois fils du roi se retirèrent du champ de bataille par l'ordre de leur père, emmenant pour escorte un corps de huit cents lances.

Cependant le roi tenait ferme. Il avait employé des cavaliers pour forcer la montagne ; avec le même bon sens, il donna ordre aux siens de mettre pied à terre pour combattre les Anglais qui venaient à cheval. La résistance de Jean fut aussi funeste au royaume que la retraite de ses fils. Ses confrères de l'ordre de l'Étoile furent comme lui fidèles à leur vœu ; ils ne reculèrent pas. « Et se combattoient par troupeaux et par compagnie, ainsi que ils se trouvoient et recueilloient. » Mais la multitude fuyait vers Poitiers qui ferma ses portes : « Aussi y eut-il sur la chaussée et devant la porte si grand'horribleté de gens occire, navrer et abattre,

1. *App.* 193.

que merveille seroit à penser; et se rendoient les François de si loin qu'ils pouvoient voir un Anglois.»

Cependant le champ de bataille était encore disputé: «Le roi Jean y faisoit de sa main merveilles d'armes, et tenoit la hache, dont trop bien se défendoit et combattoit.» À ses côtés, son plus jeune fils, qui mérita le surnom de Hardi, guidait son courage aveugle, lui criant à chaque nouvel assaut: Père, gardez-vous à droite, gardez-vous à gauche. Mais le nombre des assaillants redoublait, tous accouraient à cette riche proie: «Tant y survinrent Anglois et Gascons de toutes parts, que par force ils ouvrirent et rompirent la presse de la bataille du roi de France, et furent les François si entortillés entre leurs ennemis qu'il y avoit bien cinq hommes d'armes sur un gentil homme.» C'était autour du roi qu'on se pressait, «pour la convoitise de le prendre; et lui criioient ceux qui le connaissoient et qui le plus près de lui étoient: "Rendez-vous, rendez-vous, autrement vous êtes mort." Là avoit un chevalier de la nation de Saint-Omer qu'on appeloit Denys de Morbecque. Si se avance en la presse, et à la force des bras et du corps, car il étoit grand et fort, et dit au roi, en bon françois, où le roi s'arrêta plus que aux autres: "Sire, sire, rendez-vous." Le roi qui se vit en un dur parti... et aussi que la défense ne lui valoit rien, demanda en regardant le chevalier: "À qui me rendrai-je? à qui? Où est mon cousin le prince de Galles? Si je le véois, je parlerois." – "Sire, répondit messire Denys, il n'est pas ici, mais rendez-vous à moi, je vous menerai devant lui." – "Qui êtes-vous?" dit le roi. – "Sire, je suis Denys de Morbecque, un chevalier d'Artois, mais je sers le roi d'Angleterre, pour ce que je ne puis au royaume de France demeurer, et que je y ai forfait tout le mien." – Adoncques répondit le roi de France: – "Et je me rends à vous." Et lui bailla son destre gand. Le chevalier le prit qui en eut grand'joie. Là eut grand'presse et grand tireis entour le roi : car chacuns s'efforçoit de dire : "Je l'ai pris, je l'ai pris." Et ne pouvoit le roi aller avant, ni messire Philippe son maisné (jeune) fils[1]. »

Le prince de Galles fit honneur à cette fortune inouïe qui lui avait mis entre les mains un tel gage. Il se garda bien de ne pas traiter son captif en roi, ce fut pour lui le vrai roi de France, et non *Jean-de-Valois*, comme les Anglais l'appelaient jusqu'alors. Il lui importait trop qu'il fût roi en effet, pour que le royaume parût pris lui-même en son roi, et se ruinât pour le racheter. Il servit Jean à table après la bataille. Quand il fit son entrée à Londres, il le mit sur un grand cheval blanc (signe de suzeraineté), tandis qu'il le suivait lui-même sur une petite haquenée noire.

Les Anglais ne furent pas moins courtois pour les autres prisonniers. Ils en avaient deux fois plus qu'ils n'étaient d'hommes pour les garder. Ils les renvoyèrent pour la plupart sur parole, leur faisant promettre de venir payer aux fêtes de Noël les rançons énormes auxquelles ils les taxaient. Ceux-ci étaient trop bons chevaliers pour y manquer. Dans cette guerre entre gentilshommes, le pis qui pût arriver au vaincu était d'aller prendre sa part des fêtes des vainqueurs, d'aller chasser, jouter en Angleterre, de jouir bonnement de l'insolente courtoisie des Anglais[2], noble guerre, sans doute, qui n'écrasait que le vilain.

L'effroi fut grand à Paris, quand les fuyards de Poitiers, le dauphin en tête, vinrent dire qu'il n'y avait plus ni roi, ni barons en France, que tout était tué ou pris. Les Anglais, un instant éloignés pour mettre en sûreté leur capture, allaient sans doute revenir. On devait s'attendre cette fois à ce qu'ils prissent non pas Calais, mais Paris et le royaume même.

1. Froissart.
2. *App.* 194.

CHAPITRE III

Suite. – États généraux. – Paris. – Jacquerie.
– Peste (1356-1364).

Il n'y avait pas à espérer grand'chose du dauphin, ni de ses frères. Le prince était faible, pâle, chétif ; il n'avait que dix-neuf ans. On ne le connaissait que pour avoir invité les amis du roi de Navarre au funeste dîner de Rouen, et donné à la bataille le signal du sauve-qui-peut.

Mais la ville n'avait pas besoin du dauphin. Elle se mit d'elle-même en défense. Le prévôt des marchands, Étienne Marcel, mit ordre à tout. D'abord, pour prévenir les surprises de nuit, on forgea et l'on tendit des chaînes. Puis on exhaussa les murs des parapets ; on y mit des balistes et autres machines, avec ce qu'on avait de canons. Mais les vieux murs de Philippe-Auguste ne contenaient plus Paris ; il avait débordé de toutes parts. On éleva d'autres murailles qui couvraient l'Université, et qui de l'autre côté allaient de l'*Ave Maria* à la porte Saint-Denis, et de là au Louvre. L'île même fut fortifiée. On fixa sur les remparts sept cent cinquante guérites. Tout cet immense travail fut terminé en quatre ans[1].

1. *App.* 195.

Je ne puis faire comprendre la révolution qui va suivre, et le rôle que Paris y joua, sans dire ce que c'est que Paris.

Paris a pour armes un vaisseau. Primitivement, il est lui-même un vaisseau, une île, qui nage entre la Seine et la Marne, déjà réunies, mais non confondues[1].

Au sud la ville savante, au nord la ville commerçante[2]. Au centre la Cité, la cathédrale, le palais, l'autorité.

Cette belle harmonie d'une cité flottant entre deux villes diverses, qui l'enserrent gracieusement, suffirait pour faire de Paris la ville unique, la plus belle qui fût jamais. Rome, Londres, n'ont rien de tel ; elles sont jetées sur un seul côté de leur fleuve[3]. La forme de Paris est non seulement belle, mais vraiment organique. L'individualité primitive est dans la Cité, à quoi sont venues se rattacher les deux universalités de la science et du commerce, le tout constituant la vraie capitale de la sociabilité humaine.

L'autorité, la Cité, c'était l'île. Mais sur les deux rives deux asiles s'ouvraient à l'indépendance. L'Université avait sa juridiction pour les écoliers, le Temple la sienne pour les artisans[4].

Lorsque Guillaume de Champeaux, battu par Abailard aux écoles de Notre-Dame, alla se réfugier à l'abbaye de Saint-Victor, l'invincible argumentateur l'y poursuivit et campa à Sainte-Geneviève. Cette guerre, cette *secessio* sur un autre Aventin, fut la fondation des écoles de la Montagne. Abailard, dont la parole suffisait pour créer une ville

1. À l'île Louviers, on distingue souvent les deux rivières à la couleur de leurs eaux.

2. De ce côté, dès le temps de Charles-le-Chauve, nous trouvons la foire du Landit, entre Saint-Denis et La Chapelle.

3. Elles n'ont de l'autre côté qu'un faubourg.

4. Cinq siècles après la chute des Templiers, l'enclos du Temple, bien réduit, il est vrai, protégeait encore les petits commerçants contre les règlements des corporations.

au désert, fut ainsi l'un des fondateurs de notre Paris méridional. La ville éristique naquit de la dispute.

Au couchant, elle ne pouvait s'étendre. Elle heurtait l'immuable muraille de Saint-Germain-des-Prés. La vieille abbaye, qui avait vu la ville toute petite, qui l'avait d'abord aidée à grandir, en était entourée, assiégée. Mais elle résistait. Cette ville, née de la Seine, s'étendait du moins sur l'autre rive. Elle y mit ses halles, ses boucheries, son cimetière des Innocents. Mais une fois bornée de ce côté entre le Louvre[1] et le Temple, elle enfla, ne pouvant allonger, et prit ce ventre qui va du Châtelet à la porte Saint-Denis[2].

Les juridictions ecclésiastiques, Notre-Dame, Saint-Germain, trouvèrent de rudes adversaires dans nos rois. On sait que la reine Blanche força elle-même les prisons des chanoines pour en tirer leurs débiteurs. Le premier prévôt royal (1032), un Étienne, avait aussi voulu forcer Saint-Germain, mais pour y prendre, dans un besoin du roi, la riche croix de Childebert. Ces prévôts n'étaient guère, ce semble, dévots qu'au roi. Un autre Étienne (Étienne Boileau) obtint le consentement de saint Louis pour pendre un voleur le vendredi saint. Le prévôt de Charles V fut persécuté par le clergé, comme ami des juifs.

L'Université était souvent en guerre avec Notre-Dame et Saint-Germain-des-Prés. Le roi la soutenait. Il donnait presque toujours raison aux écoliers contre les bourgeois, contre son prévôt même. Le prévôt faisait ordinairement amende honorable pour avoir fait justice. Le roi avait besoin de l'Université : il s'appuyait volontiers sur cette grande force, sans se douter qu'elle pouvait tourner contre

1. « Luparam prope Parisios ». Philippe-Auguste en acheva la construction vers 1204.

2. *App.* 196.

lui. Philippe-le-Bel appela au Temple les maîtres de l'Université pour leur faire lire l'accusation contre les Templiers. Philippe-le-Long, pour appuyer sa royauté contestée, les fit assister au serment qu'il exigeait de la noblesse, et obtint *leur approbation*. La fille des rois semble ici se porter pour juge des rois. Philippe-de-Valois la fait juge du pape. Le pape, qui si longtemps a soutenu l'Université contre l'évêque de Paris, est menacé par elle de condamnation[1]. Tout à l'heure, l'orgueil de l'Université sera porté au comble par le schisme; nous la verrons choisir entre les papes, gouverner Paris, régenter le roi.

L'Université seule était un peuple. Lorsque le recteur, à la tête des facultés, des *nations*, conduisait l'Université à la foire du Landit, entre Saint-Denis et La Chapelle, lorsqu'il allait avec les quatre parcheminiers de l'Université juger despotiquement les parchemins de la banlieue, les bourgeois remarquaient avec orgueil que le recteur était arrivé à la plaine Saint-Denis lorsque la queue de la procession était aux Mathurins-Saint-Jacques.

Mais le Paris du nord était encore plus peuplé. On peut en juger par deux grandes revues qui se firent au quatorzième siècle. L'Université, composée de prêtres, d'écoliers, d'étrangers, n'y figurait pas. Dans la première revue (1313), ordonnée par Philippe-le-Bel pour faire honneur à son gendre, le roi d'Angleterre, on estima qu'il y avait vingt mille chevaux et trente mille fantassins. Les Anglais étaient stupéfaits. En 1383, les Parisiens, pour recevoir Charles VI, qui revenait de Flandre, sortirent du côté de Montmartre et se rangèrent en bataille. Il y avait plusieurs corps d'armée, un d'arbalétriers, un de paveschiens (portant des boucliers), un autre armé de maillets, qui à lui seul comptait vingt mille hommes.

1. Rayn., *Annal. Eccles.*, ann. 1331.

Cette population n'était pas seulement très nombreuse, mais très intelligente, et bien au-dessus de la France d'alors. Sans parler du contact de cette grande Université, le commerce, la banque, les lombards, devaient y importer des idées. Le Parlement, où se portaient les appels de toutes les justices de France, attirait à Paris un monde de plaideurs. La chambre des Comptes, ce grand tribunal de finances, l'*empire de Galilée*, comme on l'appelait, ne pouvait manquer d'attirer beaucoup de gens, à cette époque fiscale. Les bourgeois remplissaient les plus grandes charges. Barbet, maître de la monnaie sous Philippe-le-Bel, Poilvilain, trésorier du roi Jean, étaient des bourgeois de Paris. Le roi faisait montre de sa confiance pour la bonne ville. Malgré la révolte des monnaies en 1306, il les avait appelés lui-même à son jardin royal, lors de l'affaire des Templiers[1].

Le chef naturel de ce grand peuple était, non le prévôt royal, magistrat de police, presque toujours impopulaire, mais le prévôt des marchands[2], président naturel des échevins de Paris. Dans l'abandon où le royaume se trouvait après la bataille de Poitiers, Paris prit l'initiative, et dans Paris le prévôt des marchands.

Les États du nord de la France, assemblés le 17 octobre, un mois après la bataille, réunirent quatre cents députés des bonnes villes, et à leur tête Étienne Marcel, prévôt des marchands. Les seigneurs, la plupart prisonniers, n'y vinrent guère que par procureurs. Il en fut de même des évêques. Toute l'influence fut aux députés des villes, et surtout à ceux de Paris. Dans l'ordonnance de 1357, résultat mémorable de ces États, on sent la verve révolutionnaire et

1. Allusion à la rue de Galilée, près de laquelle siégeait la cour.

2. Chef de la *marchandise de l'eau*, dont le privilège exclusif remontait à 1192.

en même temps le génie administratif de la grande commune. On ne peut expliquer qu'ainsi la netteté, l'unité de vues qui caractérisent cet acte. La France n'eût rien fait sans Paris.

Les États, assemblés d'abord au Parlement, puis aux Cordeliers, nommèrent un comité de cinquante personnes pour prendre connaissance de la situation du royaume. Ils voulurent « encore savoir plus avant que le grand trésor qu'on avoit levé au royaume du temps passé, en dixièmes, en maltôtes, en subsides, et en forges de monnoies, et en toute autre extorsion, dont leurs gens avoient été formenés et triboulés, et les soudoyers mal payés, et le royaume mal gardé et défendu, étoit devenu ; mais de ce ne savoit nul à rendre compte[1] ».

Tout ce qu'on sut, c'est qu'il y avait eu prodigalité monstrueuse, malversation, concussion. Le roi, au plus fort de la détresse publique, avait donné cinquante mille écus à un seul de ses chevaliers. Des officiers royaux, pas un n'avait les mains nettes. Les commissaires firent savoir au dauphin que, dans la séance publique, ils lui demanderaient de poursuivre ses officiers, de délivrer le roi de Navarre, et de permettre que trente-six députés des États, douze de chaque ordre, l'aidassent à gouverner le royaume.

Le dauphin, qui n'était pas roi, ne pouvait guère mettre ainsi la royauté entre les mains des États. Il ajourna la séance, sous prétexte de lettres qu'il aurait reçues du roi et de l'empereur. Puis il invita les députés à retourner chez eux pour prendre l'avis des leurs, tandis qu'il consulterait aussi son père[2].

1. Froissart.

2. En les renvoyant ainsi à leurs provinces, il comptait sans doute sur les dissentiments infinis qui devaient s'élever entre des intérêts si divers, sur la jalousie des nobles contre les villes, des villes contre Paris, dont l'influence avait décidé la dernière révolution.

Les États du Midi, assemblés à Toulouse, et si près du danger, se montrèrent plus dociles. Ils votèrent de l'argent et des troupes. Les États provinciaux, ceux d'Auvergne, par exemple, accordèrent aussi, mais toujours en se réservant l'administration de ce qu'ils accordaient. Le dauphin était pendant ce temps à Metz pour recevoir son oncle, l'empereur Charles IV ; triste dauphin, triste empereur, qui ne pouvaient rien l'un pour l'autre. De son côté, la reine mère s'en allait à Dijon marier son petit duc de Bourgogne, qu'elle avait eu d'un premier lit, avec la petite Marguerite de Flandre. Ce voyage coûteux avait l'avantage lointain de rattacher la Flandre à la France. Que devenait Paris, ainsi abandonné, sans roi, ni reine, ni dauphin ? Il voyait arriver par toutes ses portes les paysans avec leurs familles et leurs petits bagages ; puis, par longues files lugubres, les moines, les religieuses des environs. Tous ces fugitifs racontaient des choses effroyables de ce qui se passait dans les campagnes. Les seigneurs, les prisonniers de Poitiers, relâchés sur parole, revenaient sur leurs terres pour ramasser vilement leurs rançons, et ruinaient le paysan. Par-dessus, arrivaient les soldats licenciés, pillant, violant, tuant. Ils torturaient celui qui n'avait plus rien pour le forcer à donner encore[1]. C'était dans toute la campagne une terreur, comme celle des *chauffeurs* de la Révolution.

Les États étant de nouveau réunis le 5 février 1357, Marcel et Robert le Coq, évêque de Laon, leur présentèrent le cahier des doléances, et obtinrent que chaque député le communiquerait à sa province. Cette communication, très rapide pour ce temps-là et surtout en cette saison, se fit en un mois. Le 3 mars, le dauphin reçut les doléances. Elles lui

1. « Une autre compagnie roboit tout le pays entre Seine et Loire, parquoi nul n'osoit aller de Paris à Vendôme, à Orléans, à Montargis ; ni nul n'osoit y demeurer, ains étoient tous les gens du plat pays affuis à Paris ou à Orléans ». (Froissart.) *App.* 197.

furent présentées par Robert le Coq, ancien avocat de Paris, qui avait été successivement conseiller de Philippe-de-Valois, président du parlement, et qui, s'étant fait évêque-duc de Laon, avait acquis l'indépendance des grands dignitaires de l'Église. Le Coq, tout à la fois homme du roi, homme des Communes, allait des uns aux autres, et conseillait les deux partis. On le comparait à la *besaguë* du charpentier (bisacuta), *qui taille des deux bouts*[1]. Après qu'il eut parlé, le sire de Péquigny pour les nobles, un avocat de Bâville pour les Communes, Marcel pour les bourgeois de Paris, déclarèrent qu'ils l'avouaient de tout ce qu'il venait de dire.

Cette remontrance des États[2] était tout à la fois une harangue et un sermon. On conseillait d'abord au dauphin de craindre Dieu, de l'honorer ainsi que ses ministres, de garder ses commandements. Il devait éloigner les mauvais de lui, ne rien *ordonner par les jeunes, simples et ignorants*. Il ne pouvait douter, lui disait-on, que les États n'exprimassent la pensée du royaume, puisque les députés étaient près de huit cents et qu'ils avaient consulté leurs provinces. Quant à ce qu'on lui avait dit que les députés songeaient à faire tuer ses conseillers, c'était, ils le lui assuraient, un mensonge, une calomnie.

Ils exigeaient que dans l'intervalle des assemblées il gouvernât avec l'assistance de trente-six élus des États, douze de chaque ordre. D'autres élus devaient être envoyés dans les provinces avec des pouvoirs presque illimités. Ils pouvaient punir sans forme de procès, emprunter et contraindre, instituer, salarier, châtier les agents royaux, assembler des États provinciaux, etc.

Les États accordaient de quoi payer trente mille hommes d'armes. Mais ils faisaient promettre au dauphin

1. *App.* 198.
2. *App.* 199.

que l'aide *ne seroit levée ni employée par ses gens, mais par bonnes gens sages, loyaux et solvables, ordonnés par les trois États*[1]. Une nouvelle monnaie devait être faite, mais conforme *à l'instruction et aux patrons qui sont entre les mains du prévôt des marchands de Paris*. Nul changement dans les monnaies sans le consentement des États.

Nulle trêve, nulle convocation d'arrière-ban sans leur autorisation.

Tout homme en France sera obligé de s'armer.

Les nobles ne pourront quitter le royaume sous aucun prétexte. Ils suspendront toute guerre privée : « Que si aucun fait le contraire, la justice du lieu, ou, s'il est besoin, *ces bonnes gens du pays, prennent tels guerriers*... et les contraignent sans délai par retenue de corps et exploitement de leurs biens, à faire paix et à cesser de guerroyer. » Voilà les nobles soumis à la surveillance des communes.

Le droit de prise cesse. On pourra résister aux procureurs, et *s'assembler contre eux par cri, ou par son de cloche*.

Plus de don sur le domaine. Tout don est révoqué, en remontant jusqu'à Philippe-le-Bel. – Le dauphin promet de faire cesser autour de lui toute dépense superflue et *voluptuaire*. – Il fera jurer à tous ses officiers de ne lui rien demander qu'en présence du Grand-Conseil.

Chacun se contentera d'un office. – Le nombre des gens de justice sera réduit. – Les prévôtés, vicomtés, ne seront plus données à ferme. – Les prévôts, etc., ne pourront être placés dans les pays où ils sont nés.

Plus de jugement par commission. – Les criminels ne pourront composer, « mais il sera fait pleine justice ».

Quoique l'un des principaux rédacteurs de l'ordonnance, Le Coq, soit un avocat, un président du parlement,

1. L'aide n'est accordée que pour un an. Les États, convoqués ou non, s'assembleront à la Quasimodo.

les magistrats y sont traités sévèrement. On leur défend de faire le commerce ; on leur interdit les coalitions, les empiètements sur les juridictions respectives. On leur reproche leur paresse. On réduit leurs salaires en certains cas. Les réformes sont justes ; mais le langage est rude, le ton aigre et hostile. Il est évident que le parlement se refusait à soutenir les États et la Commune.

Les présidents, ou autres membres du parlement commis aux enquêtes, ne prendront que quarante sols par jour. « Plusieurs ont accoustumé de prendre salaire trop excessif, et d'aller à quatre ou cinq chevaux, quoique s'ils alloient à leurs dépens, il leur suffiroit bien d'aller à deux chevaux ou à trois. »

Le Grand-Conseil, le parlement, la chambre des Comptes, sont accusés de négligence. *Des arrêts qui devroient avoir été rendus il y a vingt ans, sont encore à rendre.* Les conseillers viennent tard, leurs dîners sont longs, leurs après-dîners *peu profitables*. Les gens de la chambre des Comptes « jureront aux saints évangiles de Dieu, que bien et loyalement ils délivreront la bonne gent et par ordre, *sans eux faire muser* ». Le Grand-Conseil, le parlement, la chambre des Comptes, doivent s'assembler *au soleil levant*. Les membres du Grand-Conseil qui ne viendront pas *bien matin* perdront les gages de la journée. – Ces membres, malgré leur haute position, sont, comme on le voit, traités sans façon par les bourgeois législateurs.

Cette grande ordonnance de 1357, que le dauphin fut obligé de signer, était bien plus qu'une réforme. Elle changeait d'un coup le gouvernement. Elle mettait l'administration entre les mains des États, substituait la république à la monarchie. Elle donnait le gouvernement au peuple, lorsqu'il n'y avait pas encore de peuple. Constituer un nouveau gouvernement au milieu d'une telle guerre, c'était une opération singulièrement périlleuse, comme celle d'une armée qui renverserait son ordre de bataille en présence de l'ennemi. Il y avait à craindre que la France ne pérît dans ce revirement.

L'ordonnance détruisait les abus. Mais la royauté ne vivait guère que d'abus[1].

Dans la réalité, la France existait-elle comme personne politique ? Pouvait-on lui supposer une volonté commune ? Ce qu'on peut affirmer, c'est que l'autorité lui apparaissait encore tout entière dans la royauté.

Elle ne souhaitait que des réformes partielles. L'ordonnance approuvée des États n'était, selon toute vraisemblance, que l'œuvre d'une commune, d'une grande et intelligente commune, qui parlait au nom du royaume, mais que le royaume devait abandonner dans l'action.

Les nobles conseillers du dauphin, dans leur haine de nobles contre les bourgeois, dans leurs jalousies provinciales contre Paris, poussaient leur maître à la résistance. Au mois de mars, il avait signé l'ordonnance présentée aux États ; le 6 avril, il défendit de payer l'aide que les États avaient votée. Le 8, sur les représentations du prévôt des marchands, il révoqua la défense. Le jeune prince flottait ainsi entre deux impulsions, suivant l'une aujourd'hui, demain l'autre, et peut-être de bonne foi. Il y avait grandement à douter dans cette crise obscure. Tout le monde doutait, personne ne payait. Le dauphin restait désarmé, les États aussi. Il n'y avait plus de pouvoir public, ni roi, ni dauphin, ni États.

Le royaume, sans force, se mourant, pour ainsi dire, et perdant conscience de soi, gisait comme un cadavre. La gangrène y était, les vers fourmillaient ; les vers, je veux dire les brigands, anglais, navarrais. Toute cette pourriture

1. Ceci n'excuse point la royauté, mais l'incrimine au contraire de n'avoir voulu que les perpétuer (1860). *App.* 200.

isolait, détachait l'un de l'autre les membres du pauvre corps. On parlait du royaume ; mais il n'y avait plus d'États vraiment généraux, rien de général, plus de communication, de route pour s'y rendre. Les routes étaient des coupe-gorge. La campagne un champ de bataille ; la guerre partout à la fois, sans qu'on pût distinguer ami ou ennemi.

Dans cette dissolution du royaume, la commune restait vivante[1]. Mais comment la commune vivrait-elle seule, et sans secours du pays qui l'environne ? Paris, ne sachant à qui se prendre de sa détresse, accusait les États. Le dauphin enhardi déclara qu'il voulait gouverner, qu'il se passerait désormais de tuteur. Les commissaires des États se séparèrent. Mais il n'en fut que plus embarrassé. Il essaya de faire un peu d'argent en vendant des offices, mais l'argent ne vint pas. Il sortit de Paris ; toute la campagne était en feu. Il n'y avait pas de petite ville où il ne pût être enlevé par les brigands. Il revint se blottir à Paris, et se remettre aux mains des États. Il les convoqua pour le 7 novembre.

Dans la nuit du 8 au 9, un ami de Marcel, un Picard, le sire de Péquigny, enleva par un coup de main Charles-le-Mauvais du fort où il était enfermé. Marcel, qui voyait toujours autour du dauphin une foule menaçante de nobles, avait besoin d'une épée contre ces gens d'épée, d'un prince du sang contre le dauphin. Les bourgeois, dans leurs plus hardies tentatives de liberté, aimaient à suivre un prince. Il semblait beau aussi et chevaleresque, quand la chevalerie se conduisait si mal, que les bourgeois se chargeassent de réparer cette grande injustice, de redresser le tort des rois. La foule, toujours facile aux émotions généreuses, accueillit le prisonnier avec des larmes de joie. Le retour de ce méchant homme, mais si malheureux, leur semblait celui de la justice elle-même. Amené par les

1. *App.* 201.

communes d'Amiens, reçu à Saint-Denis par la foule des bourgeois qui étaient allés au-devant[1], il vint à Paris, mais d'abord seulement hors des murs, à Saint-Germain-des-Prés. Le surlendemain il *prêcha* le peuple de Paris. Il y avait contre les murs de l'abbaye une chaire ou tribune, d'où les juges présidaient aux combats judiciaires qui se faisaient au Pré-aux-Clercs, limite des deux juridictions. Ce fut de là que parla le roi de Navarre. Le dauphin, à qui il avait demandé l'entrée de la ville et qui n'avait pas osé refuser, était venu l'entendre, peut-être dans l'espoir qu'il en dirait moins. Mais la harangue n'en fut que plus hardie. Il commença en latin, et continua en langue vulgaire[2]. Il parla à merveille. Il était, disent les contemporains, petit, vif et d'esprit subtil.

Le texte du discours, tiré, selon l'usage du temps, de la sainte Écriture, prêtait aux développements pathétiques: *Justus Dominus et dilexit justitias; vidit æquitatem vultus ejus.* Le roi de Navarre, s'adressant, avec une insidieuse douceur, au dauphin lui-même, le prenait à témoin des injures qu'on lui avait faites. On avait bien tort de se défier de lui; n'était-il pas Français de père et de mère? n'était-il pas plus près de la couronne que le roi d'Angleterre qui la réclamait? il voudrait vivre et mourir en défendant le royaume de France... Le discours fut si long, qu'on *avait soupé dans Paris quand il cessa*[3]. Mais, quoique le bourgeois n'aime pas à se *desheurer*[4], il n'en fut pas moins favorable au harangueur. Ce fut à qui lui donnerait de l'argent.

De Paris, il alla à Rouen et y exposa ses malheurs avec la même faconde[5]. Il fit descendre du gibet les corps de

1. *App.* 202.
2. « In latino valde pulchro. » (Contin. G. de Nangis.)
3. *Chroniques de Saint-Denis.*
4. Comme dit le cardinal de Retz.
5. « Miserias suas exposuit... eleganter. » (Cont. G. de Nangis.)

ses amis qui avaient été mis à mort au terrible dîner de Rouen[1], et les suivit à la cathédrale au son des cloches et à la lueur des cierges. C'était le jour des Saints-Innocents (28 décembre) ; il parla sur ce texte : « Des innocents et des justes s'étaient attachés à moi, parce que je tenais pour vous, ô Seigneur ! »

Le dauphin *prêchait* aussi à Paris. Il haranguait aux halles, Marcel à Saint-Jacques[2]. Mais le premier n'avait pas la foule. Le peuple n'aimait pas la mine chétive du jeune prince. Tout sage et sensé qu'il pouvait être, c'était un froid harangueur, à côté du roi de Navarre.

L'engouement de Paris pour celui-ci était étrange[3]. Que demandait ce prince si populaire ? Qu'on affaiblît encore le royaume, qu'on mît en ses mains des provinces entières, les provinces les plus vitales de la monarchie, toute la Champagne et une partie de la Normandie, la frontière anglaise, le Limousin, une foule de places et de forteresses. Mettre en des mains si suspectes nos meilleures provinces, c'eût été perdre d'un trait de plume autant qu'on avait perdu par la bataille de Poitiers.

Les bourgeois de Paris s'imaginaient que si le roi de Navarre était satisfait, il allait les délivrer des bandes de brigands qui affamaient la ville et qui se disaient Navarrais. Au fond, ils n'étaient ni au roi de Navarre ni à personne. Il eût voulu rappeler tous ces pillards qu'il ne l'aurait pu.

Cependant les bourgeois, le prévôt, l'Université, entouraient, assiégeaient le dauphin. Ils le sommaient de faire justice à ce pauvre roi de Navarre. Un jacobin, parlant au nom de l'Université, lui déclara qu'il était arrêté que le roi de Navarre ayant une fois fait toutes ses demandes, le

1. *App.* 203.
2. *App.* 204.
3. « Omnibus amabilis et dilectus », dit le second Continuateur de Guillaume de Nangis.

dauphin lui rendrait ses forteresses ; que sur le reste, la ville et l'Université aviseraient. Un moine de Saint-Denis vint après le jacobin : « Vous n'avez pas tout dit, maître, s'écria-t-il. Dites encore que si monseigneur le duc ou le roi de Navarre ne se tient à ce qui est décidé, nous nous déclarerons contre lui. »

Il n'y avait pas à dire non. Le dauphin promettait gracieusement. Puis il faisait répondre par les commandants et capitaines qu'ayant reçu leurs places du roi, ils ne pouvaient les rendre sur un ordre du dauphin.

Celui-ci, au milieu d'une ville ennemie, n'avait d'autre moyen de se procurer quelque argent que par de nouvelles altérations des monnaies (22-23 janvier, 7 février). Les États, réunis le 11 février, lui firent prendre le titre de régent du royaume, sans doute afin d'autoriser tout ce qu'ils ordonneraient en son nom. Peut-être aussi la commission des trente-quatre, choisie sous l'influence de Marcel, mais composée en majorité de nobles et d'ecclésiastiques, voulait-elle rendre force au dauphin contre les bourgeois de Paris.

Un événement tragique avait porté au comble le mauvais vouloir de ceux-ci. Un clerc, apprenti d'un changeur, nommé Perrin Marc, ayant vendu, pour le compte de son maître, deux chevaux au dauphin et n'étant pas payé, arrêta dans la rue Neuve-Saint-Merry Jean Baillet, trésorier des finances. Le trésorier refusait de payer, sans doute sous prétexte du droit de prise. Une dispute s'éleva. Perrin tua Baillet, et se jeta à quartier dans Saint-Jacques-la-Boucherie. Les gens du dauphin, Robert de Clermont, maréchal de Normandie, Jean de Châlons et Guillaume Staise, prévôt de Paris, s'y rendirent, forcèrent l'asile, traînèrent Perrin au Châtelet, lui coupèrent le poing et le firent pendre. L'évêque se plaignit bien haut de cette violation des immunités ecclésiastiques, il obtint le corps de Perrin et l'enterra honnêtement à Saint-Merry. Marcel assista au service, tandis que le dauphin suivait l'enterrement de Baillet.

Une collision était imminente. Marcel, pour encourager les bourgeois par la vue de leur nombre, leur fit porter des chaperons bleus et rouges, aux couleurs de la ville[1]. Il écrivit aux bonnes villes pour les prier de prendre ces chaperons. Amiens et Laon n'y manquèrent pas. Peu d'autres villes consentirent à en faire autant.

Cependant la désolation des campagnes amenait, entassait dans Paris tout un peuple de paysans. Les vivres devenaient rares et chers. Les bourgeois qui avaient beaucoup de petits biens dans l'île de France, et qui en tiraient mille douceurs, œufs, beurre, fromages, volailles, ne recevaient plus rien. Ils trouvaient cela bien dur[2]. Le 22 février, le dauphin rendit une nouvelle ordonnance pour altérer encore les monnaies.

Le lendemain, le prévôt des marchands assemble en armes à Saint-Éloi tous les corps de métiers. À neuf heures, cette foule armée reconnut dans la rue un des conseillers du dauphin, avocat au parlement, maître Régnault Dacy, qui revenait du Palais chez lui, près Saint-Landry. Ils se mirent à courir sur lui ; il se jeta dans la maison d'un pâtissier, et y fut frappé à mort ; il n'eut pas le temps de pousser un cri. Cependant le prévôt, suivi d'une foule de bonnets rouges et bleus, entra dans l'hôtel du dauphin, monta jusqu'à sa chambre, et lui dit aigrement qu'il devait mettre ordre aux affaires du royaume ; que ce royaume devant après tout lui revenir, c'était à lui à le garder des compagnies qui gâtaient tout le pays. Le dauphin, qui était entre ses conseillers ordinaires les maréchaux de Champagne et de Normandie, répondit avec plus de hardiesse que de coutume : « Je le

1. *App.* 205.
2. *App.* 206.

ferais volontiers, si j'avais de quoi le faire ; mais c'est à celui qui a les droits et profits à avoir aussi la garde du royaume[1]. » Il y eut encore quelques paroles aigres, et le prévôt éclata : « Monseigneur, dit-il au dauphin, ne vous étonnez de rien de ce que vous allez voir ; il faut qu'il en soit ainsi. » Puis, se tournant vers les hommes aux capuces rouges, il leur dit : « Faites vite ce pour quoi vous êtes venus[2]. » À l'instant, ils se jetèrent sur le maréchal de Champagne et le tuèrent près du lit du dauphin. Le maréchal de Normandie s'était retiré dans un cabinet ; ils l'y poursuivirent et le tuèrent aussi. Le dauphin se croyait perdu ; le sang avait rejailli jusque sur sa robe. Tous ses officiers avaient fui. « Sauvez-moi la vie », dit-il au prévôt. Marcel lui dit de ne rien craindre. Il changea de chaperon avec lui, le couvrant ainsi des couleurs de la ville. Toute la journée, Marcel porta hardiment le chaperon du dauphin. Le peuple l'attendait à la Grève. Il le harangua d'une fenêtre, dit que ceux qui avaient été tués étaient des traîtres, et demanda au peuple s'il le soutiendrait. Plusieurs crièrent qu'ils l'avouaient de tout, et se dévouaient à lui à la vie et à la mort.

Marcel retourna au Palais avec une foule de gens armés qu'il laissa dans la cour. Il trouva le dauphin plein de saisissement et de douleur. « Ne vous affligez, monseigneur, lui dit le prévôt. Ce qui s'est fait s'est fait pour éviter de plus grands périls, *et de la volonté du peuple*[3]. » Et il le priait de tout approuver.

Il fallait bien que le dauphin approuvât, ne pouvant mieux. Il lui fallut encore faire bonne mine au roi de Navarre, qui rentra quatre jours après. Marcel et Le Coq

1. Froissart.
2. « Eia breviter facite hoc propter quod huc venistis. » (Cont. G. de Nangis.)
3. *Chroniques de Saint-Denis.*

les avaient réconciliés, bon gré mal gré, et les faisaient dîner ensemble tous les jours.

Ce retour du roi de Navarre, quatre jours après le meurtre des conseillers du dauphin, ne donnait que trop clairement le sens de cette tragédie. Il pouvait rentrer; Marcel lui avait fait place libre par la mort de ses ennemis. Il lui avait donné un terrible gage, qui le liait à lui pour jamais. Il était évident que tout était fini entre Marcel et le dauphin. Ce crime avait été probablement imposé au prévôt par Charles-le-Mauvais, qui n'était pas neuf aux assassinats[1]. Marcel s'étant donné ainsi, le roi de Navarre avait désormais à voir ce qu'il en ferait, et s'il avait plus d'avantage à l'aider ou à le vendre.

Marcel croyait avoir gagné le roi de Navarre, et il perdit les États. C'est-à-dire que la légalité, violée par un crime, le délaissa pour toujours. Ce qui restait des députés de la noblesse quitta Paris, sans attendre la clôture. Plusieurs même des commissaires des États, chargés du gouvernement dans l'intervalle des sessions, ne voulurent plus gouverner, et laissèrent Marcel. Lui, sans se décourager, il les remplaça par des bourgeois de Paris[2]. Paris se chargeait de gouverner la France; mais la France ne voulut pas[3].

La Picardie, qui avait si vivement pris parti en délivrant le roi de Navarre, fut la première à refuser d'envoyer de l'argent à Paris. Les États de Champagne s'assemblèrent, et Marcel ne fut pas assez fort pour empêcher le dauphin d'y aller. Dès lors, il devait périr tôt ou tard. Le pouvoir royal n'avait besoin que d'une prise pour ressaisir tout. Le dauphin alla à ces États, accompagné des gens de Marcel; et d'abord il n'osa rien dire contre ce qui s'était passé à

1. *App.* 207.
2. *App.* 208.
3. *App.* 209.

Paris. Mais les nobles de Champagne ne manquèrent pas de parler. Le comte de Braîne lui demanda si les maréchaux de Champagne et de Normandie avaient mérité la mort. Le dauphin répondit qu'ils l'avaient toujours bien et loyalement servi. Même scène à Compiègne, aux États de Vermandois[1]. Le dauphin, tout à fait rassuré, prit sur lui de transférer à Compiègne les États de la langue d'Oil, qui étaient convoqués pour le 1er mai à Paris. Peu de monde y vint. C'était toutefois une représentation telle quelle du royaume contre Paris.

Les États rendirent hommage aux réformes de la grande ordonnance, en les adoptant pour la plupart. L'aide qu'ils votèrent devait être perçue par des députés des États. Cette affectation de popularité effraya Marcel. Il engagea l'Université à implorer pour la ville la clémence du dauphin. Mais il n'y avait plus de paix possible. Le prince insistait pour qu'on lui livrât dix ou douze des plus coupables. Il se rabattit même à cinq ou six, assurant qu'il ne les ferait pas mourir.

Marcel ne s'y fia pas. Il acheva promptement les murs de Paris, sans épargner les maisons de moines qui touchaient l'enceinte[2]. Il s'empara de la tour du Louvre. Il envoya en Avignon louer des *brigands*[3].

La noblesse et la commune allaient combattre et se mesuraient, lorsqu'un tiers se leva auquel personne n'avait songé. Les souffrances du paysan avaient passé la mesure ; tous avaient frappé dessus, comme sur une bête tombée sous la charge ; la bête se releva enragée, et elle mordit.

1. *App.* 210.

2. En continuant ces travaux, on retrouva les fondations de tours qu'on regarda comme des constructions des Sarrasins. Là, selon les anciennes chroniques, avait existé autrefois un camp appelé *Altum-Folium* (rue *Haute-Feuille*, rue *Pierre-Sarrasin*).

3. *App.* 211.

Nous l'avons déjà dit. Dans cette guerre chevaleresque que se faisaient à armes courtoises[1] les nobles de France et d'Angleterre, il n'y avait au fond qu'un ennemi, une victime des maux de la guerre : c'était le paysan. Avant la guerre, celui-ci s'était épuisé pour fournir aux magnificences des seigneurs, pour payer ces belles armes, ces écussons émaillés, ces riches bannières qui se firent prendre à Créci et à Poitiers. Après, qui paya la rançon ? ce fut encore le paysan.

Les prisonniers, relâchés sur parole, vinrent sur leurs terres ramasser vitement les sommes monstrueuses qu'ils avaient promises sans marchander sur le champ de bataille. Le bien du paysan n'était pas long à inventorier. Maigres bestiaux, misérables attelages, charrue, charrette et quelques ferrailles. De mobilier, il n'y en avait point. Nulle réserve, sauf un peu de grain pour semer. Cela pris et vendu, que restait-il sur quoi le seigneur eût recours ? le corps, la peau du pauvre diable. On tâchait encore d'en tirer quelque chose. Apparemment le rustre avait quelque cachette où il enfouissait. Pour le lui faire dire, on le travaillait rudement. On lui chauffait les pieds. On n'y plaignait ni le fer ni le feu.

Il n'y a plus guère de châteaux ; les édits de Richelieu, la Révolution, y ont pourvu. Toutefois maintenant encore, lorsque nous cheminons sous les murs de Taillebourg ou de Tancarville, lorsqu'au fond des Ardennes, dans la gorge de Montcornet, nous envisageons sur nos têtes l'oblique et louche fenêtre qui nous regarde passer, le cœur se serre, nous ressentons quelque chose des souffrances de ceux qui, tant de siècles durant, ont langui au pied de ces tours. Il n'est même pas besoin pour cela que nous ayons lu les vieilles histoires. Les âmes de nos pères vibrent encore en

1. *App.* 212.

nous pour des douleurs oubliées, à peu près comme le blessé souffre à la main qu'il n'a plus.

Ruiné par son seigneur, le paysan n'était pas quitte. Ce fut le caractère atroce de ces guerres des Anglais ; pendant qu'ils rançonnaient le royaume en gros, ils le pillaient en détail. Il se forma par tout le royaume des compagnies, dites d'Anglais ou de Navarrais. Le Gallois Griffith désolait tout le pays entre Seine et Loire, l'Anglais Knolles la Normandie. Le premier à lui seul saccagea Montargis, Étampes, Arpajon, Montlhéry, plus de quinze villes ou gros bourgs[1]. Ailleurs, c'étaient l'Anglais Audley, les Allemands Albrecht et Frank Hennekin. Un de ces chefs, Arnaud de Cervoles, qu'on appelait l'archiprêtre, parce qu'en effet, quoique séculier, il possédait un archiprêtré, laissa les provinces déjà pillées, traversa toute la France jusqu'en Provence, mit à sac Salon et Saint-Maximin pour épouvanter Avignon. Le pape tremblant invita le brigand, le reçut comme un fils de France[2], le fit dîner avec lui, et lui donna quarante mille écus, de plus l'absolution. Cervoles, en sortant d'Avignon, n'en pilla pas moins la ville d'Aix, d'où il alla en Bourgogne pour en faire autant.

Ces chefs de bande n'étaient pas, comme on pourrait croire, des gens de rien, de petits compagnons, mais des nobles, souvent des seigneurs. Le frère du roi de Navarre pillait comme les autres[3]. Dans les sauf-conduits qu'ils vendaient aux marchands qui approvisionnaient les villes, il exceptait nommément les choses propres aux nobles, les parures militaires : « Chapeaux de castor, plumes d'autruche et fer de glaive[4]. »

1. Froissart.

2. *Idem.*

3. Philippe-le-Hardi, duc de Bourgogne, l'appelait son compère. Froissart l'appelle Monseigneur.

4. Froissart.

Les chevaliers du quatorzième siècle avaient une autre mission que ceux des romans, c'était d'écraser le faible. Le sire d'Aubrécicourt volait et tuait au hasard *pour bien mériter de sa dame*, Isabelle de Juliers, nièce de la reine d'Angleterre : « Car il était jeune et amoureux durement. » Il se faisait fort de devenir au moins comte de Champagne[1]. La dissolution de la monarchie donnait à ces pillards des espérances folles. C'était à qui entrerait par ruse ou par force dans quelque château mal gardé. Les capitaines des places se croyaient libres de leurs serments. Plus de roi, plus de foi. Ils vendaient, échangeaient leurs places, leurs garnisons.

Cette vie de trouble et d'aventures, après tant d'années d'obéissance sous les rois, faisait la joie des nobles. C'était comme une échappée d'écoliers qui ne ménagent rien dans leurs jeux. Froissart, leur historien, ne se lasse pas de conter ces belles histoires. Il s'intéresse à ces pillards, prend part à leurs bonnes fortunes : « Et toujours gagnoient pauvres brigands, etc.[2] » Il ne lui arrive nulle part de douter de leur loyauté. À peine doute-t-il de leur salut[3].

1. *Idem.*

2. « Et toujours gagnoient pauvres brigands à piller villes et châteaux... Ils épioient une bonne ville ou châtel, une journée ou deux loin, et puis s'assembloient et entroient en cette ville droit sur le point du jour, et boutoient le feu en une maison ou deux ; et ceux de la ville cuidoient que ce fussent mille armures de fer... ; si s'enfuyoient... et ces brigands brisoient maisons, coffres et écrins... Et gagnèrent ainsi plusieurs châteaux et les revendirent. Entre les autres, eut un brigand qui épia le fort châtel de Combourne en Limosin, avec trente de ses compagnons et l'échellèrent, et gagnèrent le seigneur dedans, et le mirent en prison en son châtel même, et le tinrent si longtemps, qu'il se rançonna atout vingt-quatre mille écus, et encore détint ledit brigand le châtel. Et par ses prouesses le roi de France le voulut avoir de lez lui, et acheta son châtel vingt mille écus, et fut huissier d'armes du roi de France. Et étoit appelé ce brigand Bacon. »

3. « Le coursier de Croquard trébucha et rompit à son maître le col. Je ne sais que son avoir devint ni qui eut l'âme, mais je sais que Croquard fina ainsi. » (Froissart.)

L'effroi était tel à Paris que les bourgeois avaient offert à Notre-Dame une bougie qui, disait-on, avait la longueur du tour de la ville[1]. On n'osait plus sonner dans les églises, si ce n'est à l'heure du couvre-feu, de crainte que les habitants en sentinelle sur les murailles n'entendissent venir l'ennemi. Combien la terreur n'était-elle pas plus grande dans les campagnes ! Les paysans ne dormaient plus. Ceux des bords de la Loire passaient les nuits dans les îles ou dans des bateaux arrêtés au milieu du fleuve. En Picardie les populations creusaient la terre et s'y réfugiaient. Le long de la Somme, de Péronne à l'embouchure, on comptait encore au dernier siècle trente de ces souterrains[2]. C'est là qu'on pouvait avoir quelque impression de l'horreur de ces temps. C'étaient de longues allées voûtées de sept ou huit pieds de large, bordées de vingt ou trente chambres avec un puits au centre pour avoir à la fois de l'air et de l'eau. Autour du puits de grandes chambres pour les bestiaux. Le soin et la solidité qu'on remarque dans ces constructions indiquent assez que c'était une des demeures ordinaires de la triste population de ces temps. Les familles s'y entassaient à l'approche de l'ennemi. Les femmes, les enfants, y pourrissaient des semaines, des mois, pendant que les hommes allaient timidement au clocher voir si les gens de guerre s'éloignaient de la campagne.

Mais ils ne s'en allaient pas toujours assez vite pour que les pauvres gens pussent semer ou récolter. Ils avaient beau se réfugier sous la terre, la faim les y atteignait. Dans la Brie et le Beauvaisis surtout, il n'y avait plus de ressources[3].

1. *Chroniques de Saint-Denis.*

2. *App.* 213.

3. « Dont un si cher temps vint en France, que on vendoit un tonnelet de harengs trente écus, et toutes autres choses à l'avenant, et mouroient les petites gens de faim, dont c'étoit grand'pitié ; et dura cette dureté et ce cher temps plus de quatre ans. » (Froissart.) *App.* 214.

Tout était gâté, détruit. Il ne restait plus rien que dans les châteaux. Le paysan, enragé de faim et de misère, força les châteaux, égorgea les nobles.

Jamais ceux-ci n'auraient voulu croire à une telle audace. Ils avaient ri tant de fois, quand on essayait d'armer ces populations simples et dociles, quand on les traînait à la guerre ! On appelait par dérision le paysan Jacques Bonhomme, comme nous appelons Jeanjeans nos conscrits[1]. Qui aurait craint de maltraiter des gens qui portaient si gauchement les armes ? C'était un dicton entre les nobles : « Oignez vilain, il vous poindra ; poignez vilain, il vous oindra[2]. »

Les Jacques payèrent à leurs seigneurs un arriéré de plusieurs siècles. Ce fut une vengeance de désespérés, de damnés. Dieu semblait avoir si complètement délaissé ce monde !... Ils n'égorgeaient pas seulement leurs seigneurs, mais tâchaient d'exterminer les familles, tuant les jeunes héritiers, tuant l'honneur, en violant les dames[3]. Puis, ces sauvages s'affublaient de beaux habits, eux et leurs femmes se paraient de belles dépouilles sanglantes.

Et toutefois, ils n'étaient pas tellement sauvages qu'ils n'allassent avec une sorte d'ordre, par bannières, et sous un capitaine, un des leurs, un rusé paysan qui s'appelait Guillaume Callet[4] : « Et en ces assemblées avoit gens de labour le plus, et si y avoit de riches hommes bourgeois, et aultres[5]. » – « Quand on leur demandoit, dit Froissart, pourquoi ils faisoient ainsi, ils répondoient qu'ils ne savoient,

1. *App.* 215.
2. *App.* 216.
3. *App.* 217.
4. Ou Caillet, dans les *Chroniques de France* ; Karle, dans le Continuateur de Nangis ; Jacques Bonhomme, selon Froissart et l'auteur anonyme de la première *Vie d'Innocent VI* : « Et l'élurent le pire des mauvais, et ce roi on appeloit Jacques Bonhomme. » (Froissart.) – Voy., sur Calle, M. Perrens (1860).
5. *Chron. de Saint-Denis. App.* 218.

mais qu'ils faisoyent ainsi qu'ils veoyent les autres faire ; et pensoyent qu'ils dussent en telle manière destruire tous les nobles et gentilshommes du monde. »

Aussi les grands et les nobles se déclarèrent tous contre eux, sans distinction de parti. Charles-le-Mauvais les flatta, invita leurs principaux chefs[1], et pendant les pourparlers il fit main-basse sur eux. Il couronna le roi des Jacques d'un trépied de fer rouge. Il les surprit ensuite près de Montdidier, et en fit un grand carnage. Les nobles se rassurèrent, prirent les armes, et se mirent à tuer et brûler tout dans les campagnes, à tort ou à droit[2].

La guerre des Jacques avait fait une diversion utile à celle de Paris. Marcel avait intérêt à les soutenir[3]. Les communes hésitaient. Senlis et Meaux les reçurent. Amiens leur envoya quelques hommes, mais les fit bientôt revenir. Marcel, qui avait profité du soulèvement pour détruire plusieurs forteresses autour de Paris, se hasarda à leur envoyer du monde pour les aider à prendre le Marché de Meaux. D'abord le prévôt des monnaies leur conduisit cinq cents hommes, auxquels se joignirent trois cents autres sous la conduite d'un épicier de Paris.

La duchesse d'Orléans, la duchesse de Normandie, une foule de nobles dames, de demoiselles et d'enfants, s'étaient jetées dans le Marché de Meaux, environné de la Marne. De là elles voyaient et entendaient les Jacques qui remplissaient la ville. Elles se mouraient de peur. D'un moment à l'autre, elles pouvaient être forcées, massacrées. Heureusement il leur vint un secours inespéré. Le comte de Foix et le captal de Buch (ce dernier au service des Anglais) revenaient de la croisade de Prusse avec quelques cavaliers. Ils

1. « Blanditiis advocavit. » (Contin. G. de Nangis.)
2. *App.* 219.
3. *App.* 220.

apprirent à Châlons le danger de ces dames, et chevauchèrent rapidement vers Meaux. Arrivés dans le Marché, « ils firent ouvrir tout arrière, et puis se mirent au-devant de ces vilains, noirs et petits et très mal armés, et lancèrent à eux de leurs lances et de leurs épées. Ceux qui étoient devant et qui sentoient les horions reculèrent de *hideur* et tomboient les uns sur les autres. Alors issirent les gens d'armes hors des barrières et les abattoient à grands monceaux et les tuoient ainsi que bêtes et les reboutèrent hors de la ville. Ils en mirent à fin plus de sept mille et boutèrent le feu en la désordonnée ville de Meaux (9 juin 1358)[1] ».

Les nobles firent partout main-basse sur les paysans, sans s'informer de la part qu'ils avaient prise à la Jacquerie ; « et ils firent, dit un contemporain, tant de mal au pays, qu'il n'y avait pas besoin que les Anglais vinssent pour la destruction du royaume. Ils n'auraient jamais pu faire ce que firent les nobles de France[2] ».

Ils voulaient traiter Senlis comme Meaux. Ils s'en firent ouvrir les portes, disant venir de la part du régent, puis ils se mirent à crier : « Ville prise ! ville gagnée. » Mais ils trouvèrent tous les bourgeois en armes, et même d'autres nobles qui défendaient la ville. On lança sur eux, par la pente rapide de la grande rue, des charrettes qui les renversèrent. L'eau bouillante pleuvait des fenêtres. « Les uns s'enfuirent a Meaux conter leur déconfiture et se faire moquer ; les autres qui restèrent sur la place, ne feront plus de mal aux gens de Senlis[3]. »

C'est un prodige qu'au milieu de cette dévastation des campagnes, Paris ne soit pas mort de faim. Cela fait grand

1. Froissart. – Lire en regard des exagérations passionnées de Froissart le récit de M. Perrens, fait ici d'après le Trésor des Chartes (1860).

2. Contin. G. de Nangis. *App.* 221.

3. « Qui vero mortui remanserunt, genti Silvanectensi amplius non nocebunt. » *(Idem.)*

honneur à l'habileté du prévôt des marchands. Il ne pouvait nourrir longtemps cette grande et dévorante ville sans avoir pour lui la campagne ; de là l'apparente inconstance de sa conduite. Il s'allia aux Jacques, puis au roi de Navarre, destructeur des Jacques. La cavalerie de ce prince lui était indispensable pour garder quelques routes libres, tandis que le dauphin tenait la rivière. Il fit donner à Charles-le-Mauvais le titre de capitaine de Paris (15 juin). Mais le prince lui-même n'était pas libre. Il fut abandonné de plusieurs de ses gentilshommes qui ne voulaient pas servir la canaille contre les honnêtes gens. Cependant les bourgeois mêmes tournaient contre lui ; ils lui en voulaient d'avoir détruit les Jacques, et ils soupçonnaient bien que leur capitaine ne faisait pas grand cas d'eux.

Cependant les vivres enchérissaient. Le dauphin, avec trois mille lances, était à Charenton et arrêtait les arrivages de la Seine et de la Marne. Les bourgeois sommèrent le roi de Navarre de les défendre, de sortir, de faire enfin quelque chose. Il sortit, mais pour traiter. Les deux princes eurent une longue et secrète entrevue et se séparèrent bons amis. Le roi de Navarre ayant encore osé rentrer dans Paris, ses plus déterminés partisans, et Marcel lui-même, lui ôtèrent le titre de capitaine de la ville. Il se retira en se plaignant fort ; Navarrais et bourgeois se querellèrent, et il y eut quelques hommes de tués.

La position de Marcel devenait mauvaise. Le dauphin tenait la haute Seine, Charenton, Saint-Maur ; le roi de Navarre, la basse, Saint-Denis. Il battait toute la campagne. Les arrivages étaient impossibles. Paris allait étouffer. Le roi de Navarre, qui le voyait bien, se faisait marchander par les deux partis. La dauphine et beaucoup de *bonnes* gens, c'est-à-dire des seigneurs, des évêques s'entremettaient, allaient et venaient. On offrait au roi de Navarre quatre cent mille florins, pourvu qu'il livrât Paris et Marcel[1]. Le traité était déjà signé, et une messe dite, où les deux princes devaient communier de la même hostie. Le roi de Navarre déclara qu'il ne pouvait, n'étant pas à jeun[2].

Le dauphin lui promettait de l'argent. Marcel lui en donnait. Toutes les semaines il envoyait à Charles-le-Mauvais deux charges d'argent pour payer ses troupes. Il n'avait d'espoir qu'en lui ; il l'allait voir à Saint-Denis ; il le conjurait de se rappeler que c'étaient les gens de Paris qui l'avaient tiré de prison, et eux encore qui avaient tué ses ennemis. Le roi de Navarre lui donnait de bonnes paroles ; il l'engageait « à se bien pourvoir d'or et d'argent et à l'envoyer hardiment à Saint-Denis, qu'il leur en rendrait bon compte[3] ».

Ce roi des bandits ne pouvait, ne voulait sans doute les empêcher de piller. Les bourgeois voyaient leur argent s'en aller aux pillards, et les vivres n'en venaient pas mieux. Le prévôt était toujours sur la route de Saint-Denis, toujours en pourparlers. Cela leur donnait à penser. De tant d'argent que levait Marcel, n'en gardait-il pas bonne part ? Déjà on avait épilogué sur les salaires que les commissaires des États s'étaient libéralement attribués à eux-mêmes[4].

Les Navarrais, Anglais et autres mercenaires avaient suivi la plupart le roi de Navarre à Saint-Denis. D'autres étaient restés à Paris pour manger leur argent. Les bourgeois les voyaient de mauvais œil. Il y eut des batteries, et l'on en tua plus de soixante. Marcel, qui ne craignait rien tant que de se brouiller avec le roi de Navarre, sauva les autres en les emprisonnant, et le soir même il les renvoya à Saint-Denis[5]. Les bourgeois ne le lui pardonnèrent pas.

1. Froissart.
2. Secousse.
3. Froissart.
4. *Ordonn.*, III. Voyez aussi Villani.
5. *Chroniques de France.*

Cependant les Navarrais poussaient leurs courses jusqu'aux portes; on n'osait plus sortir. Les Parisiens se fâchèrent; ils déclarèrent au prévôt qu'ils voulaient châtier ces brigands. Il fallut leur complaire, les faire sortir pour chercher les Navarrais. Ayant couru tout le jour vers Saint-Cloud, ils revenaient fort las (c'était le 22 juillet), traînant leurs épées, ayant défait leurs bassinets[1], se plaignant fort de n'avoir rien trouvé, lorsqu'au fond d'un chemin ils trouvent quatre cents hommes qui se lèvent et tombent sur eux. Ils s'enfuirent à toutes jambes, mais avant d'atteindre les portes il en périt sept cents; d'autres encore furent tués le lendemain, lorsqu'ils allaient chercher les morts. Cette déconfiture acheva de les exaspérer contre Marcel: c'était sa faute, disaient-ils; il était rentré avant eux[2]; il ne les avait pas soutenus; probablement il avait averti l'ennemi.

Le prévôt était perdu. Sa seule ressource était de se livrer au roi de Navarre, lui et Paris, et le royaume s'il pouvait. Charles-le-Mauvais touchait au but de son ambition[3]. Marcel aurait promis au roi de Navarre de lui livrer les clefs de Paris, pour qu'il se rendît maître de la ville et tuât tous ceux qui lui étaient opposés. Leurs portes étaient marquées d'avance[4].

La nuit du 31 juillet au 1er août, Étienne Marcel entreprit de livrer la ville qu'il avait mise en défense, les murailles qu'il avait bâties. Jusque-là, il semble avoir toujours consulté les échevins, même sur le meurtre des deux maréchaux. Mais cette fois, il voyait que les autres ne songeaient

1. «Et portoit l'un son bassinet en sa main, l'autre à son col, les autres par lâcheté et ennui traînoient leurs épées ou les portoient en écharpe.» (Froissart.)

2. *App.* 222.

3. «Ad hoc totis viribus anhelabat.» (Contin. G. de Nangis.)

4. Le plus grave historien de ce temps, témoin oculaire de toute cette révolution, le Continuateur de Guillaume de Nangis, qui rapporte ces bruits, semble les révoquer en doute: «On a du moins, dit-il, accusé *depuis* le prévôt et ses amis de toutes ces choses.» Voy. Perrens, *Étienne Marcel* (1860).

plus qu'à se sauver en le perdant. Celui des échevins sur lequel il comptait le plus, qui s'était le plus compromis, qui était son compère, Jean Maillart, lui avait cherché querelle le jour même. Maillart s'entendit avec les chefs du parti du dauphin, Pépin des Essarts et Jean de Charny, et tous trois, avec leurs hommes, se trouvèrent à la bastille Saint-Denis, que Marcel devait livrer. « Et s'en vinrent un peu avant minuit... et trouvèrent ledit prévôt des marchands, les clefs de la porte en ses mains. Le premier parler que Jean Maillart lui dit, ce fut que il lui demanda par son nom: "Étienne, Étienne, que faites-vous ci à cette heure?" Le prévôt lui répondit: "Jean, à vous qu'en monte de savoir? je suis ci pour prendre garde de la ville dont j'ai le gouvernement." – "Par Dieu, répondit Jean Maillart, il ne va mie ainsi; mais n'êtes ci à cette heure pour nul bien; et je le vous montre, dit-il à ceux qui étoient de-lez (près) lui, comment il tient les clefs des portes en ses mains pour trahir la ville." Le prévôt des marchands s'avança et dit: "Vous mentez." – "Par Dieu! répondit Jean Maillart, traître, mais vous mentez!" Et tantôt férit à lui et dit à ses gens: "À la mort, à la mort tout homme de son côté, car ils sont traîtres." Là eut grand hutin et dur; et s'en fût volontiers le prévôt des marchands fui s'il eût pu; mais il fut si hâté qu'il ne put. Car Jean Maillart le férit d'une hache sur la tête et l'abattit à terre, quoique ce fût son compère, ni ne se partit de lui jusqu'à ce qu'il fût occis et six de ceux qui là étoient, et le demeurant pris et envoyé en prison[1]. »

Selon une version plus vraisemblable, Marcel et cinquante-quatre de ses amis qui étaient venus avec lui tombèrent frappés par des gardes obscurs de la porte Saint-Antoine[2].

1. Froissart.
2. Voy. Perrens, *Étienne Marcel* (1860).

Cependant les meurtriers s'en allèrent, criant par la ville et éveillant le peuple. Le matin, tous étaient assemblés aux halles, où Maillart les harangua. Il leur conta comment cette même nuit, la ville devait être *courue* et détruite, si Dieu ne l'eût éveillé lui et ses amis, et ne leur eût révélé la trahison. La foule apprit avec saisissement le péril où elle avait été sans le savoir ; tous joignaient les mains et remerciaient Dieu[1].

Telle fut la première impression. Qu'on ne croie pas pourtant que le peuple ait été ingrat pour celui qui avait tant fait pour lui. Le parti de Marcel, qui comptait beaucoup d'hommes instruits et éloquents[2], survécut à son chef. Quelques mois après, il y eut une conspiration pour venger Marcel. Le dauphin fit rendre à sa veuve tous les meubles du prévôt qui n'avaient pas été donnés ou perdus dans le moment qui suivit sa mort[3].

La carrière de cet homme fut courte et terrible. En 1356, il sauve Paris, il le met en défense. De concert avec Robert Le Coq, il dicte au dauphin la fameuse ordonnance de 1357. Cette réforme du royaume par l'influence d'une commune ne peut se faire que par des moyens violents. Marcel est poussé de proche en proche à une foule d'actes irréguliers et funestes. Il tire de prison Charles-le-Mauvais, pour l'opposer au dauphin, mais il se trouve avoir donné un chef aux bandits. Il met la main sur le dauphin, il lui tue ses conseillers, les ennemis du roi de Navarre.

Abandonné des États, il tue les États en les faisant comme il les veut, en créant des députés, en remplaçant les députés des nobles par des bourgeois de Paris[4]. Paris ne pouvait

1. *App.* 223.

2. « Multum solemnes et eloquentes quam plurimum et docti. » (Contin. G. de Nangis.) *App.* 224.

3. *App.* 225.

4. *App.* 226.

encore mener la France, Marcel n'avait pas les ressources de la Terreur ; il ne pouvait assiéger Lyon, ni guillotiner la Gironde. La nécessité des approvisionnements le mettait dans la dépendance de la campagne. Il s'allia aux Jacques, et les Jacques échouant, au roi de Navarre. Celui à qui il s'était donné, il essaya de lui donner le royaume ; il y périt.

La doctrine classique du *Salus populi*, du droit de tuer les tyrans, avait été attestée au commencement du siècle par le roi contre le pape. Un demi-siècle est à peine écoulé ; Marcel la tourne contre la royauté elle-même, contre les serviteurs de la royauté.

Cette tache sanglante dont la mémoire d'Étienne Marcel est restée souillée ne peut nous faire oublier que notre vieille charte est en partie son ouvrage. Il dut périr, comme ami du Navarrais, dont le succès eût démembré la France ; mais dans l'ordonnance de 1357 il vit et vivra.

Cette ordonnance est le premier acte politique de la France, comme la Jacquerie est le premier élan du peuple des campagnes. Les réformes indiquées dans l'ordonnance furent presque toutes accomplies par nos rois. La Jacquerie, commencée contre les nobles, continua contre l'Anglais. La nationalité, l'esprit militaire naquirent peu à peu. Le premier signe peut-être de ce nouvel esprit se trouve, dès l'an 1359, dans un récit du Continuateur de Nangis. Ce grave témoin, qui note jour par jour tout ce qu'il voit et entend, sort de sa sécheresse ordinaire pour conter tout au long une de ces rencontres où le peuple des campagnes, laissé à luimême, commença à s'enhardir contre l'Anglais. Il s'y arrête avec complaisance : « C'est, dit-il naïvement, que la chose s'est passée près de mon pays, et qu'elle a été menée bravement par les paysans, par *Jacques Bonhomme*[1]. »

1. « Per rusticos, seu *Jacques Bonhomme,* strenue expeditum. » (Contin. G. de Nangis.)

Il y a un lieu assez fort au petit village près Compiègne, lequel dépend du monastère de Saint-Corneille. Les habitants, voyant qu'il y avait péril pour eux, si les Anglais s'en emparaient, l'occupèrent, avec la permission du régent et de l'abbé, et s'y établirent avec des armes et des vivres. D'autres y vinrent des villages voisins, pour être plus en sûreté. Ils jurèrent à leur capitaine de défendre ce poste jusqu'à la mort. Ce capitaine, qu'ils s'étaient donné du consentement du régent, était un des leurs, un grand et bel homme, qu'on appelait Guillaume aux Allouettes. Il avait avec lui, pour le servir, un autre paysan d'une force de membres incroyable, d'une corpulence et d'une taille énormes, plein de vigueur et d'audace, mais avec cette grandeur de corps, ayant une humble et petite opinion de lui-même. On l'appelait Le Grand-Ferré[1]. Le capitaine le tenait près de lui, *comme sous le frein*, pour le lâcher à propos. Ils s'étaient donc mis là deux cents, tous laboureurs ou autres gens qui gagnaient humblement leur vie par le travail de leurs mains. Les Anglais, qui campaient à Creil, n'en tinrent grand compte, et dirent bientôt : « Chassons ces paysans, la place est forte et bonne à prendre. » On ne s'aperçut pas de leur approche, ils trouvèrent les portes ouvertes et entrèrent hardiment. Ceux du dedans, qui étaient aux fenêtres, sont d'abord tout étonnés de voir ces gens armés. Le capitaine est bientôt entouré, blessé mortellement. Alors Le Grand-Ferré et les autres se disent : « Descendons, vendons bien notre vie ; il n'y a pas de merci à attendre. » Ils descendent en effet, sortent par plusieurs portes et se mettent à frapper sur les Anglais, comme s'ils battaient leur blé dans l'aire[2] ; les bras s'élevaient,

1. « Et juxta ejus corporis magnitudinem, habebat in se humilitatem et reputationis intrinsecæ parvitatem, nomine Magnus Ferratus. » *(Idem.)*

2. « Super Anglicos ita se habebant, ac si blada in horreis more suo solito flagellassent. » (Contin. G. de Nangis.)

s'abattaient, et chaque coup était mortel. Le Grand, voyant son maître et capitaine frappé à mort, gémit profondément, puis il se porta entre les Anglais et les siens qu'il dominait également des épaules, maniant une lourde hache, frappant et redoublant si bien qu'il fit place nette ; il n'en touchait pas un qu'il ne fendît le casque ou n'abattît les bras. Voilà tous les Anglais qui se mettent à fuir ; plusieurs sautent dans le fossé et se noient. Le Grand tue leur porte-enseigne et dit à un de ses camarades de porter la bannière anglaise au fossé. L'autre lui montrant qu'il y avait encore une foule d'ennemis entre lui et le fossé : « Suis-moi donc », dit Le Grand. Et il se mit à marcher devant, jouant de la hache à droite et à gauche, jusqu'à ce que la bannière eût été jetée à l'eau... Il avait tué en ce jour plus de quarante hommes... Quant au capitaine, Guillaume aux Allouettes, il mourut de ses blessures, et ils l'enterrèrent avec bien des larmes, car il était bon et sage... Les Anglais furent encore battus une autre fois par Le Grand ; mais cette fois hors des murs. Plusieurs nobles anglais furent pris, qui auraient donné de bonnes rançons, si on les eût rançonnés, *comme font les nobles*[1] ; mais on les tua, afin qu'ils ne fissent plus de mal. Cette fois Le Grand, échauffé par cette besogne, but de l'eau froide en quantité et fut saisi de la fièvre. Il s'en alla à son village, regagna sa cabane et se mit au lit, non toutefois sans garder près de lui sa hache de fer qu'un homme ordinaire pouvait à peine lever. Les Anglais, ayant appris qu'il était malade, envoyèrent un jour douze hommes pour le tuer. Sa femme les vit venir et se mit à crier : « Ô mon pauvre Le Grand, voilà les Anglais ! que faire ?... » Lui, oubliant à l'instant son mal, se lève, prend sa hache et sort dans la petite cour : « Ah ! brigands, vous venez donc pour me prendre au lit ! vous ne me tenez pas encore... » Alors,

1. « Sicut nobiles viri faciunt. » (Contin. G. de Nangis.)

s'adossant à un mur, il en tue cinq en un moment; les autres s'enfuient. Le Grand se remit au lit; mais il avait chaud, il but encore de l'eau froide; la fièvre le reprit plus fort, et au bout de quelques jours, ayant reçu les sacrements de l'Église, il sortit du siècle et fut enterré au cimetière de son village. Il fut pleuré de tous ses compagnons, de tout le pays; car, lui vivant, jamais les Anglais n'y seraient venus[1].

Il est difficile de ne pas être touché de ce naïf récit. Ces paysans, qui ne se mettent en défense qu'en demandant permission, cet homme fort et humble, ce bon géant, qui obéit volontiers, comme le saint Christophe de la légende, tout cela présente une belle figure du peuple. Ce peuple est visiblement simple et brute encore, impétueux, aveugle, demi-homme et demi-taureau... Il ne sait ni garder ses portes, ni se garder lui-même de ses appétits. Quand il a battu l'ennemi comme blé en grange, quand il l'a suffisamment charpenté de sa hache, et qu'il a pris chaud à la besogne, le bon travailleur, il boit froid, et se couche pour mourir. Patience! sous la rude éducation des guerres, sous la verge de l'Anglais, la brute va se faire homme. Serrée de plus près tout à l'heure, et comme tenaillée, elle échappera, cessant d'être elle-même, et se transfigurant; Jacques deviendra Jeanne, Jeanne la vierge, la Pucelle.

Le mot vulgaire *un bon Français* date de l'époque des Jacques et de Marcel[2]. La Pucelle ne tardera pas à dire: *«Le cœur me saigne quand je vois le sang d'un François.»*

Un tel mot suffirait pour marquer dans l'histoire le vrai commencement de la France. Depuis lors, nous avons une patrie. Ce sont des Français que ces paysans, n'en rougissez

1. «Migravit de sæculo... Quandiu vixisset, ad locum ilium Anglici non venissent.» (Contin. G. de Nangis.)

2. «Volo esse *bonus Gallicus.*» (Contin. G. de Nangis, anno 1359.)

pas, c'est déjà le peuple français, c'est vous, ô France ! Que l'histoire vous les montre beaux ou laids, sous le capuce de Marcel, sous la jaquette des Jacques, vous ne devez pas les méconnaître. Pour nous, parmi tous les combats des nobles, à travers les beaux coups de lance où s'amuse l'insouciant Froissart, nous cherchons ce pauvre peuple. Nous l'irons prendre dans cette grande mêlée, sous l'éperon des gentilshommes, sous le ventre des chevaux. Souillé, défiguré, nous l'amènerons tel quel au jour de la justice et de l'histoire, afin que nous puissions lui dire, à ce vieux peuple du quatorzième siècle : « Vous êtes mon père, vous êtes ma mère. Vous m'avez conçu dans les larmes. Vous avez sué la sueur et le sang pour me faire une France. Bénis soyez-vous dans votre tombeau ! Dieu me garde de vous renier jamais ! »

Lorsque le dauphin rentra dans Paris, appuyé sur le meurtrier, il y eut, comme toujours en pareille circonstance, des cris, des acclamations. Ceux qui le matin s'étaient armés pour Marcel cachaient leurs capuces rouges, et criaient plus fort que les autres[1].

Avec tout ce bruit, il n'y avait pas beaucoup de gens qui eussent confiance au dauphin. Sa longue taille maigre, sa face pâle et son *visage longuet*[2] n'avaient jamais plu au peuple. On n'en attendait ni grand bien, ni grand mal ; il y eut cependant des confiscations et des supplices contre le parti de Marcel[3]. Pour lui, il n'aimait, il ne haïssait personne. Il n'était pas facile de l'émouvoir. Au moment même

1. « Illa rubea capucia, quæ antea pompose gerebantur, abscondita... » (Contin. G. de Nangis.)

2. « De corsage estoit hault et bien formé, droit et lé par les espaules, et haingre par les flans ; groz bras et beauls membres, visage un peu longuet, grand front et large ; la chière ot assez pale, et croy que ce, et ce qu'il estoit moult maigre, luy estoit venu par accident de maladie ; chault, furieus en nul cas n'estoit trouvé. » (Christ. de Pisan.)

3. *App.* 227.

de son entrée, un bourgeois s'avança hardiment et dit tout haut : « Par Dieu ! sire, si j'en fusse cru, vous n'y fussiez entré ; mais on y fera peu pour vous. » Le comte de Tancarville voulait tuer le vilain ; le prince le retint et répondit : « On ne vous en croira pas, beau sire[1]. »

La situation de Paris n'était pas meilleure. Le dauphin n'y pouvait rien. Le roi de Navarre occupait la Seine au-dessus et au-dessous. Il ne venait plus de bois de la Bourgogne, ni rien de Rouen. On ne se chauffait qu'en coupant des arbres[2]. Le setier de blé, qui se donne ordinairement pour douze sols, dit le chroniqueur, se vend maintenant trente livres et plus. – Le printemps fut beau et doux, nouveau chagrin pour tant de pauvres gens des campagnes qui étaient enfermés dans Paris, et qui ne pouvaient cultiver leurs champs, ni tailler leurs vignes[3].

Il n'y avait pas moyen de sortir. Les Anglais, les Navarrais couraient le pays. Les premiers s'étaient établis à Creil, qui les rendait maîtres de l'Oise. Ils prenaient partout des forts, sans s'inquiéter des trêves. Les Picards essayaient de leur résister. Mais les gens de Touraine, d'Anjou et de Poitou leur achetaient des sauf-conduits, leur payaient des tributs[4].

Le roi de Navarre, en voyant les Anglais se fixer ainsi au cœur du royaume, finit par en être lui-même plus effrayé que le dauphin. Il fit sa paix avec lui, sans stipuler aucun avantage, et promit d'être *bon Français*[5]. Les Navarrais n'en continuèrent pas moins de rançonner les bateaux sur la

1. « Pensa ce prudent prince, ajoute Christine de Pisan, que si l'on tuoit cet homme, la ville se fust bien pu émouvoir. »

2. *App.* 228.

3. « Vineæ quæ amænissimum illum desideratum liquorem ministrant, qui lætificare solet cor hominis... non cultivatæ. » (Contin. G. de Nangis.)

4. *App.* 229.

5. « Volo esse bonus Gallicus de cætero. » (Cont. G. de Nangis.)

haute Seine. Toutefois cette réconciliation du dauphin et du roi de Navarre donnait à penser aux Anglais. En même temps, des Normands, des Picards, des Flamands, firent ensemble une expédition pour délivrer, disaient-ils, le roi Jean[1]. Ils se contentèrent de brûler une ville anglaise. Du moins les Anglais surent aussi ce que c'étaient que les maux de la guerre.

Les conditions qu'ils voulaient d'abord imposer à la France étaient monstrueuses, inexécutables. Ils demandaient non seulement tout ce qui est en face d'eux, Calais, Montreuil, Boulogne, le Ponthieu, non seulement l'Aquitaine (Guyenne, Bigorre, Agénois, Quercy, Périgord, Limousin, Poitou, Saintonge, Aunis), mais encore la Touraine, l'Anjou, et de plus la Normandie ; c'est-à-dire qu'il ne leur suffisait pas d'occuper le détroit, de fermer la Garonne ; ils voulaient aussi fermer la Loire et la Seine, boucher le moindre jour par où nous voyons l'Océan, crever les yeux de la France.

Le roi Jean avait signé tout, et promis de plus quatre millions d'écus d'or pour sa rançon. Le dauphin, qui ne pouvait se dépouiller ainsi, fit refuser le traité par une assemblée de quelques députés des provinces, qu'il appela États généraux. Ils répondirent « que le roi Jean demeurât encore en Angleterre, et que quand il plairoit à Dieu, il y pourvoiroit de remède[2] ».

Le roi d'Angleterre se mit en campagne, mais cette fois pour conquérir la France. Il voulait d'abord aller à Reims, et s'y faire sacrer[3]. Tout ce qu'il y avait de noblesse en Angleterre l'avait suivi à cette expédition. Une autre armée l'attendait à Calais, sur laquelle il ne comptait pas. Une foule d'hommes d'armes et de seigneurs d'Allemagne et

1. « Posuerunt se in mare, ut ad Angliam invadendum transfretarent. » *(Idem.)*

2. Froissart.

3. Contin. G. de Nangis.

des Pays-Bas, entendant dire qu'il s'agissait d'une conquête, et espérant un partage comme celui de l'Angleterre par les compagnons de Guillaume-le-Conquérant, avaient voulu être aussi de la fête. Ils croyaient déjà « tant gagner qu'ils ne seroient jamais pauvres[1] ». Ils attendirent Édouard jusqu'au 28 octobre, et il eut grand'peine à s'en débarrasser. Il fallut qu'il les aidât à retourner chez eux, qu'il leur prêtât de l'argent, à ne jamais rendre.

Édouard avait amené avec lui six mille gens d'armes couverts de fer, son fils, ses trois frères, ses princes, ses grands seigneurs. C'était comme une émigration des Anglais en France. Pour faire la guerre confortablement, ils traînaient six mille chariots, des fours, des moulins, des forges, toute sorte d'ateliers ambulants. Ils avaient poussé la précaution jusqu'à se munir de meutes pour chasser, et de nacelles de cuir pour pécher en carême[2]. Il n'y avait rien, en effet, à attendre du pays, c'était un désert ; depuis trois ans, on ne semait plus[3]. Les villes, bien fermées, se gardaient elles-mêmes ; elles savaient qu'il n'y avait pas de merci à attendre des Anglais.

Du 28 octobre au 30 novembre, ils cheminèrent à travers la pluie et la boue, de Calais à Reims. Ils avaient compté sur les vins. Mais il pleuvait trop ; la vendange ne valut rien. Ils restèrent sept semaines à se morfondre devant Reims, gâtèrent le pays tout autour ; mais Reims ne bougea pas. De là ils passèrent devant Châlons, Bar-le-Duc, Troyes ; puis ils entrèrent dans le duché de Bourgogne. Le duc composa avec eux pour deux cent mille écus d'or. Ce fut une bonne affaire pour l'Anglais, qui autrement n'eût rien tiré de toute cette grande expédition.

1. Froissart.
2. Froissart.
3. *Idem.*

Il vint camper tout près de Paris, fit ses pâques à Chanteloup, et approcha jusqu'au Bourg-la-Reine. « De la Seine jusqu'à Étampes, dit le témoin oculaire, il n'y a plus un seul homme. Tout s'est réfugié aux trois faubourgs de Saint-Germain, Saint-Marcel et Notre-Dame-des-Champs... Montlhéry et Longjumeau sont en feu... On distingue dans tous les alentours la fumée des villages, qui monte jusqu'au ciel... Le saint jour de Pâques, j'ai vu aux Carmes officier les prêtres de dix Communes... Le lendemain, on a ordonné de brûler les trois faubourgs, et permis à tout homme d'y prendre ce qu'il pourrait, bois, fer, tuiles et le reste. Il n'a pas manqué de gens pour le faire bien vite. Les uns pleuraient, les autres riaient... – Près de Chanteloup, douze cents personnes, hommes, femmes et enfants, s'étaient enfermés dans une église. Le capitaine, craignant qu'ils ne se rendissent, a fait mettre le feu... Toute l'église a brûlé. Il ne s'en est pas sauvé trois cents personnes. Ceux qui sautaient par les fenêtres trouvaient en bas les Anglais qui les tuaient et se moquaient d'eux pour s'être brûlés eux-mêmes. J'ai appris ce lamentable événement d'un homme qui avait échappé, par la volonté de Notre-Seigneur, et qui en remerciait Dieu[1]. »

Le roi d'Angleterre n'osa attaquer Paris[2]. Il s'en alla vers la Loire, sans avoir pu combattre ni gagner aucune place. Il consolait les siens en leur promettant de les ramener devant Paris aux vendanges. Mais ils étaient fatigués de cette longue campagne d'hiver. Arrivés près de Chartres, ils y éprouvèrent un terrible orage, qui mit leur patience à bout. Édouard y fit vœu, dit-on, de rendre la paix aux deux peuples. Le pape l'en suppliait. Les nobles de France, ne touchant plus rien de leurs revenus, priaient le régent de

1. Contin. G. de Nangis.
2. *App.* 230.

traiter à tout prix. Le roi Jean, sans doute, pressait aussi son fils. Aux conférences de Brétigny, ouvertes le 1er mai, les Anglais demandèrent d'abord tout le royaume ; puis tout ce qu'avaient eu les Plantagenets (Aquitaine, Normandie, Maine, Anjou, Touraine). Ils cédèrent enfin sur ces quatre dernières provinces ; mais ils eurent l'Aquitaine comme libre souveraineté, et non plus comme fief. Ils acquirent au même titre ce qui entourait Calais, les comtés de Ponthieu et de Guines, et la vicomté de Montreuil. Le roi payait l'énorme rançon de trois millions d'écus d'or, six cent mille écus sous quatre mois, avant de sortir de Calais, et quatre cent mille par an dans les six années suivantes. L'Angleterre, après avoir tué et démembré la France, continuait à peser dessus, de sorte que, s'il restait un peu de vie et de moelle, elle pût encore la sucer.

Ce déplorable traité excita à Paris une folle joie. Les Anglais qui l'apportèrent pour le faire jurer au dauphin, furent accueillis comme des anges de Dieu. On leur donna en présent ce qu'on avait de plus précieux, des épines de la couronne du Sauveur, qu'on gardait à la Sainte-Chapelle. Le sage chroniqueur du temps cède ici à l'entraînement général. « À l'approche de l'Ascension, dit-il, au temps où le Sauveur, ayant remis la paix entre son Père et le genre humain, montait au ciel dans la jubilation, il ne souffrit pas que le peuple de France demeurât affligé... Les conférences commencèrent le dimanche où l'on chante à l'église : *Cantate*. Le dimanche où l'on chante : *Vocem jucunditatis*, le régent et les Anglais allèrent jurer le traité à Notre-Dame. Ce fut une joie ineffable pour le peuple. Dans cette église et dans toutes celles de Paris, toutes les cloches, mises en branle, mugissaient dans une pieuse harmonie ; le clergé chantait en toute joie et dévotion : *Te Deum laudamus*... Tous se réjouissaient, excepté peut-être ceux qui avaient fait de gros gains dans les guerres, par exemple les armuriers... Les faux traîtres, les brigands craignaient la potence. Mais de ceux-ci n'en parlons plus[1]. »

La joie ne dura guère. Cette paix, tant souhaitée, fit pleurer toute la France. Les provinces que l'on cédait ne voulaient pas devenir anglaises. Que l'administration des Anglais fût pire ou meilleure, leur insupportable morgue les faisait partout détester. Les comtes de Périgord, de Comminges, d'Armagnac, le sire d'Albret et beaucoup d'autres disaient avec raison que le seigneur n'avait pas droit de donner ses vassaux. La Rochelle, d'autant plus française que Bordeaux était anglais, supplia le roi, au nom de Dieu, de ne pas l'abandonner. Les Rochelais disaient qu'ils aimeraient mieux être taillés tous les ans *de la moitié de leur chevance*, et encore « nous nous soumettrons aux Anglais des lèvres, mais de cœur jamais[2] ».

Ceux qui restaient Français n'en étaient que plus misérables. La France était devenue une ferme de l'Angleterre. On n'y travaillait plus que pour payer les sommes prodigieuses par lesquelles le roi s'était racheté. Nous avons encore, au Trésor des Chartes, les quittances de ces payements. Ces parchemins font mal à voir ; ce que chacun de ces chiffons représente de sueur, de gémissements et de larmes, on ne le saura jamais. Le premier (24 octobre 1360) est la quittance des *dépens de garde* du roi Jean, à dix mille réaux par mois[3] : cette noble hospitalité, tant vantée des historiens, Édouard se la faisait payer ; le geôlier, avant la rançon, se faisait compter *la pistole*. Puis vient une effroyable quittance de 400 000 écus d'or (même date). Puis, quittance de 200 000 écus d'or (décembre). Autre de 100 000 (1361, Toussaint) ; autre de 200 000 encore,

1. Contin. G. de Nangis.

2. *App.* 231.

3. *Archives,* section hist., J, 639-640. – Voir la *Rançon du roi Jean* par M. Dessalles, curieux et savant.

et de plus, de 57 000 moutons d'or, pour compléter les 200 000 promis par la Bourgogne (21 février). – En 1362 : 198 000 ; 30 000 ; 60 000 ; 200 000. – Les payements se continuent jusqu'en 1368. – Mais nous sommes bien loin d'avoir toutes les quittances. Les rançons de la noblesse montaient peut-être à une somme aussi considérable.

Le premier payement n'aurait pu se faire, si le roi n'eût trouvé une honteuse ressource. En même temps qu'il donnait des provinces, il donna un de ses enfants. Les Visconti, les riches tyrans de Milan, avaient la fantaisie d'épouser une fille de France. Ils imaginaient que cela les rendrait plus respectables en Italie. Ce féroce Galéas qui allait à la chasse aux hommes dans les rues, qui avait jeté des prêtres tout vivants dans un four, demanda pour son fils, âgé de dix ans, une fille de Jean qui en avait onze. Au lieu de recevoir une dot, il en donnait une : trois cent mille florins en pur don, et autant pour un comté en Champagne. Le roi de France, dit Matteo Villani, vendit sa chair et son sang[1]. La petite Isabelle fut échangée, en Savoie, contre les florins. L'enfant ne se laissa pas donner aux Italiens de meilleure grâce que La Rochelle aux Anglais.

Ce malheureux argent d'Italie servit à faire sortir le roi de Calais. Il en sortit pauvre et nu. Il lui fallut, au 5 décembre (1360), imposer une aide nouvelle à ce peuple ruiné. Les termes de l'ordonnance sont remarquables. Le roi demande, en quelque sorte, pardon à son peuple de lui parler d'argent. Il rappelle, en remontant jusqu'à Philippe-de-Valois, tous les maux qu'il a soufferts, *lui et son peuple ; il a abandonné à l'aventure de la bataille son propre corps et ses enfants* ; il a traité à Brétigny, *non pas pour sa délivrance tant seulement, mais pour éviter la perdition de son royaume et de son bon peuple*. Il assure qu'il va faire bonne et loyale justice,

1. *App.* 232.

qu'il supprimera tout nouveau péage, qu'il fera bonne et forte monnaie d'or et d'argent, *et noire monnaie par laquelle on pourra faire plus aisément des aumônes aux pauvres gens.* « Nous avons ordonné et ordonnons que nous prendrons sur ledit peuple de langue d'Oil ce qui nous est nécessaire, *et qui ne grevera pas tant notre peuple comme feroit la mutation de notre monnaie*, savoir : 12 deniers par livre sur les marchandises, ce que payera le vendeur, une aide du cinquième sur le sel, du treizième sur le vin et les autres breuvages. Duquel aide, *pour la grande compassion que nous avons de notre peuple*, nous nous contenterons ; et elle sera levée seulement jusqu'à la perfection et l'entérinement de la paix. »

Quelque douce et paternelle que fût la demande, le peuple n'en était pas plus en état de payer : tout argent avait disparu. Il fallut s'adresser aux usuriers, aux juifs, et cette fois leur donner un établissement fixe. On leur assura un séjour de vingt années. Un prince du sang était établi gardien de leurs privilèges, et il se chargeait spécialement de *les faire payer de leurs dettes*. Ces privilèges étaient excessifs. Nous en parlerons ailleurs. Pour les acquérir, ils devaient payer vingt florins en rentrant dans ce royaume, et de plus sept par an. Un Manassé, qui prenait en ferme toute la juiverie, devait avoir pour sa peine un énorme droit de deux florins sur les vingt, et d'un par an sur les sept.

Les tristes et vides années qui suivent, 1361, 1362, 1363, ne présentent au dehors que les quittances de l'Anglais, au dedans que la cherté des vivres, les ravages des brigands, la terreur d'une comète, une grande et effroyable mortalité. Cette fois, le mal atteignait les hommes, les enfants, plutôt que les vieillards et les femmes. Il frappait de préférence la force et l'espoir des générations. On ne voyait que mères en pleurs, que veuves, que femmes en noir[1].

1. Contin. G. de Nangis.

La mauvaise nourriture était pour beaucoup dans l'épidémie. On n'amenait presque rien aux villes. On ne pouvait plus aller de Paris à Orléans, ni à Chartres ; le pays était infesté de Gascons et de Bretons[1].

Les nobles qui revenaient d'Angleterre et qui se sentaient méprisés n'étaient pas moins cruels que ces brigands. La ville de Péronne, qui s'était bravement gardée elle-même, prit querelle avec Jean d'Artois. Ce fut comme une croisade des nobles contre le peuple. Jean d'Artois, soutenu par le frère du roi et par la noblesse, prit à sa solde des Anglais ; il assiégea Péronne, la prit, la brûla. Ils traitèrent de même Chauny-sur-Oise, et d'autres villes. – En Bourgogne, les nobles servaient eux-mêmes de guide aux bandes qui pillaient le pays[2]. Les brigands de toute nation se disant Anglais, le roi défendait de les attaquer. Il pria Édouard d'en écrire à ses lieutenants[3].

Ces pillards s'appelaient eux-mêmes les Tard-Venus ; venus après la guerre, il leur fallait aussi leur part. La principale compagnie commença en Champagne et en Lorraine, puis elle passa en Bourgogne : le chef était un Gascon, qui voulait, comme l'Archiprêtre, les mener voir le pape à Avignon, en passant par le Forez et le Lyonnais. Jacques de Bourbon, qui se trouvait alors dans le Midi, était intéressé à défendre le Forez, pays de ses neveux et de sa sœur. – Ce prince, généralement aimé, réunit bientôt beaucoup de noblesse. Il avait avec lui le fameux Archiprêtre, qui avait laissé le commandement des compagnies. S'il eût suivi les

1. Les brigands avaient surpris un fort près de Corbeil. Beaucoup d'hommes d'armes se chargèrent de le reprendre et firent encore plus de mal au pays ; les défenseurs nuisaient plus que les ennemis ; les chiens aidaient les loups à manger le troupeau. Le Continuateur de Nangis raconte la fable.

2. « Ils avoient de leur accord aucuns chevaliers et écuyers du pays, qui les menoient et conduisoient. » (Froissart.)

3. « Mais les pillards n'en tenoient compte, et disoient qu'ils faisoient la guerre en l'ombre et nom du roi de Navarre. » *(Idem.)*

conseils de cet homme, il les aurait détruites. Étant venu en présence à Brignais, près Lyon, il donna dans un piège grossier, crut l'ennemi moins fort qu'il n'était, l'attaqua sur une montagne, et fut tué avec son fils, son neveu et nombre des siens (2 avril 1362). Cette mort toutefois fut glorieuse. Le premier titre des Capets est la mort de Robert-le-Fort à Brisserte ; celui des Bourbons, la mort de Jacques à Brignais : tous deux tués en défendant le royaume contre les brigands.

Les compagnies n'avaient plus rien à craindre, elles couraient les deux rives du Rhône. Un de leurs chefs s'intitulait : Ami de Dieu, ennemi de tout le monde[1]. Le pape, tremblant dans Avignon, prêchait la croisade contre eux. Mais les croisés se joignaient plutôt aux compagnies[2]. Heureusement pour Avignon, le marquis de Montferrat, membre de la ligue Toscane contre les Visconti, en prit une partie à sa solde, et les mena en Italie, où ils portèrent la peste. Le pape, pour décider leur départ, leur donna 30 000 florins et l'absolution[3].

La mortalité qui dépeuplait le royaume lui donna au moins un bel héritage. Le jeune duc de Bourgogne mourut, ainsi que sa sœur ; la première maison de Bourgogne se trouva éteinte : la succession comprenait les deux Bourgognes, l'Artois, les comtés d'Auvergne et de Boulogne. Le plus proche héritier était le roi de Navarre. Il demandait qu'on lui laissât prendre possession de la Bourgogne, ou au moins de la Champagne qu'il réclamait depuis si longtemps. Il n'eut ni l'une ni l'autre. Il était impossible de remettre ces provinces à un roi étranger, à un prince si odieux. Jean les déclara réunies à son

1. Froissart.

2. *App.* 233.

3. « Dont le roi Jean et tout le royaume furent grandement réjouis... mais encore en retournèrent assez en Bourgogne. » (Froissart.)

4. *App.* 234.

domaine[1], et partit pour en prendre possession, « cheminant à petites journées et à grands dépens, et séjournant de ville en ville, de cité en cité, en la duché de Bourgogne[2] ».

Il y apprit, sans aller plus vite, la mort de Jacques de Bourbon. Vers la fin de l'année, il descendit à Avignon, et y passa six mois dans les fêtes. Il espérait y faire une nouvelle conquête en pleine paix. Jeanne de Naples, comtesse de Provence, celle qui avait laissé tuer son premier mari, se trouvait veuve du second. Jean prétendait être le troisième. Il était veuf lui-même; il n'avait encore que quarante-trois ans. Captif, mais après une belle résistance, ce roi soldat[3] intéressait la chrétienté, comme François Ier après Pavie. Le pape ne se soucia pas de faire un roi de France maître de Naples et de la Provence. Il donna à cette reine de trente-six ans un tout jeune mari, non pas un fils de France, mais Jacques d'Aragon, fils du roi détrôné de Majorque.

Pour consoler Jean, le pape l'encouragea dans un projet qui semblait insensé au premier coup d'œil, mais qui eût effectivement relevé sa fortune. Le roi de Chypre était venu à Avignon demander des secours, proposer une croisade. Jean prit la croix, et une foule de grands seigneurs avec lui[4]. Le roi de Chypre alla proposer la croisade en Allemagne; Jean en Angleterre. Un de ses fils, donné en otage, venait de rentrer en France, au mépris des traités. Le retour de Jean à Londres avait l'apparence la plus honorable. Il semblait réparer la faute de son fils. Quelques-uns prétendaient qu'il n'y allait que par ennui des misères de la France, ou pour revoir quelque belle maîtresse[5]. Cepen-

2. Froissart.

3. Voy. la *Chronique en prose de Duguesclin*.

4. « Après la prédication faite, qui fut moult humble et moult douce et dévote, le roi de France par grand'dévotion emprit la croix... et pria doucement le pape qu'il lui voulzist accorder. » (Froissart.)

5. « Causa joci », dit le sévère historien du temps. (Contin. G. de Nangis.)

dant les rois d'Écosse et de Danemark devaient venir l'y trouver. Comme roi de France, il présidait naturellement toute assemblée de rois. Humilié par le nouveau système de guerre que les Anglais avaient mis en pratique, le roi de France eût repris, par la croisade, sous le vieux drapeau du moyen âge, le premier rang dans la chrétienté. Il aurait entraîné les compagnies, il en aurait délivré la France[1]. Les Anglais mêmes et les Gascons, malgré la mauvaise volonté du roi d'Angleterre qui alléguait son âge pour ne pas prendre la croix[2], disaient hautement au roi de Chypre « que c'étoit vraiment un voyage où tous gens de bien et d'honneur devoient entendre, et que s'il plaisoit à Dieu que le passage fût ouvert, il ne le feroit pas seul ». La mort de Jean détruisit ces espérances. Après un hiver passé à Londres en fêtes et en grands repas, il tomba malade, et mourut regretté, dit-on, des Anglais, qu'il aimait lui-même, et auxquels il s'était attaché, simple qu'il était et sans fiel, pendant sa longue captivité. Édouard lui fit faire de somptueuses funérailles à Saint-Paul de Londres. On y brûla, selon des témoins oculaires, quatre mille torches de douze pieds de haut, et quatre mille cierges de dix livres pesant.

La France, toute mutilée et ruinée qu'elle était, se retrouvait encore, de l'aveu de ses ennemis, la tête de la chrétienté. C'est son sort, à cette pauvre France, de voir de temps à autre l'Europe envieuse s'ameuter contre elle, et conjurer sa ruine. Chaque fois, ils croient l'avoir tuée ; ils s'imaginent qu'il n'y aura plus de France ; ils tirent ses dépouilles au sort, ils arracheraient volontiers ses membres sanglants. Elle s'obstine à vivre ; elle refleurit. Elle survécut

1. « Pour traire hors du royaume toutes manières de gens d'armes appelées compagnies... et pour sauver leurs âmes. » (Froissart.)

2. *App.* 235.

en 1361, mal défendue, trahie par, sa noblesse ; en 1709, vieillie de la vieillesse de son roi ; en 1815 encore, quand le monde entier l'attaquait... Cet accord obstiné du monde contre la France prouve sa supériorité mieux que des victoires. Celui contre lequel tous sont facilement d'accord, c'est qu'apparemment il est le premier.

CHAPITRE IV

Charles V (1364-1380). – Expulsion des Anglais.

Le jeune roi était né vieux. Il avait de bonne heure beaucoup vu, beaucoup souffert. De sa personne, il était faible et malade. Tel royaume, tel roi. On disait que Charles-le-Mauvais l'avait empoisonné ; il en était resté pâle, et avait une main enflée, ce qui l'empêchait de tenir la lance. Il ne chevauchait guère, mais plutôt se tenait à Vincennes, à son hôtel de Saint-Paul, à sa royale librairie du Louvre. Il lisait, il oyait les habiles, il avisait froidement. On l'appela le *Sage*, c'est-à-dire le lettré, le clerc, ou bien encore l'avisé, l'astucieux. Voilà le premier roi moderne, un roi assis, comme l'effigie royale est sur les sceaux. Jusque-là on se figurait qu'un roi devait monter à cheval. Philippe-le-Bel lui-même, avec son chancelier Pierre Flotte, était allé se faire battre à Courtrai. Charles V combattit mieux de sa chaise. Conquérant dans sa chambre, entre ses procureurs, ses juifs et ses astrologues, il défit les fameux chevaliers, et les compagnies encore plus redoutables. De la même plume, il signa les traités qui ruinaient l'Anglais, et minuta les pamphlets qui devaient ruiner le pape, livrer au roi les biens d'Église.

Ce médecin malade du royaume avait à le guérir de trois maux, dont le moindre semblait mortel : l'Anglais, le

Navarrais, les compagnies. Il se débarrassa du premier, comme on l'a vu, en le soûlant d'or, en patientant jusqu'à ce qu'il fût assez fort. Le Navarrais fut battu, puis payé, éloigné; on lui fit espérer Montpellier. Les compagnies s'écoulèrent vers l'Espagne.

Charles V s'aida d'abord de ses frères; il leur confia les provinces les plus excentriques, le Languedoc au duc d'Anjou, la Bourgogne à Philippe-le-Hardi[1]. Il ne s'occupa que du centre. Mais il lui fallait un bras, une épée. Il n'y avait guère alors d'esprit militaire que parmi les Bretons et les Gascons. On célébrait le combat des Trente, où les Bretons avaient vaincu les Anglais[2]. Le roi s'attacha un brave Breton de Dinan, le sire Bertrand Duguesclin[3], qu'il avait vu lui-même au siège de Melun, et qui combattait pour la France depuis 1357.

La vie de ce fameux chef de compagnies qui délivra la France des compagnies et des Anglais a été chantée, c'est-à-dire gâtée et obscurcie, dans une sorte d'épopée chevaleresque que l'on composa probablement pour ranimer l'esprit militaire de la noblesse. Nos histoires de Duguesclin ne sont guère que des traductions en prose de cette épopée. Il n'est pas facile de dégager de cette poésie ce qu'elle présente de sérieux, de vraiment historique. Nous en croirons volontiers le poème et les romans en tout ce qui se rapproche du caractère bien connu des Bretons. Nous pourrons les croire encore dans les aveux qu'ils font contre leur héros. Ils avouent d'abord qu'il était laid: «De moyenne stature, le visage brun, le nez camus, les yeux verts, large d'épaules, longs bras et petites mains.» Ils disent qu'il était

1. Il confirma le don que son père avait fait de la Bourgogne à Philippe-le-Hardi.

2. *App.* 236.

3. «En ce temps s'armoit et étoit toujours François, un chevalier de Bretagne qui s'appeloit messire Bertrand Duguesclin.» (Froissart.) *App.* 237.

dès son enfance mauvais garçon, « rude, malicieux et divers en couraige », qu'il assemblait les enfants, les partageait en troupes, qu'il battait et blessait les autres. Il fut quelque temps enfermé par son père. Cependant une religieuse avait prédit de bonne heure que cet enfant serait un fameux chevalier. Il fut encore encouragé par les prédictions d'une certaine demoiselle Tiphaine que les Bretons croyaient sorcière, et que plus tard il épousa. Cet intraitable batailleur était pourtant, comme sont volontiers les Bretons, bon enfant et prodigue, souvent riche, souvent ruiné, donnant parfois tout ce qu'il avait pour racheter ses hommes ; mais en revanche avide et pillard, rude en guerre et sans quartier. Comme les autres capitaines de ce temps, il préférait la ruse à tout autre moyen de vaincre, et restait toujours libre de sa parole et de sa foi. Avant la bataille, il était homme de tactique, de ressource et d'engin subtil. Il savait prévoir et pourvoir. Mais une fois qu'il y était, la tête bretonne reparaissait, il plongeait dans la mêlée, et si loin qu'il ne pouvait pas toujours s'en retirer. Deux fois il fut pris et paya rançon.

La première affaire pour le nouveau roi, c'était de redevenir maître du cours de la Seine. Mantes et Meulan étaient au roi de Navarre ; Boucicaut et Duguesclin les prirent par une insigne perfidie. Les deux villes payèrent tout le mal que les Navarrais avaient fait aux Parisiens. Les bourgeois eurent la satisfaction d'en voir pendre vingt-huit à Paris.

Les Navarrais, fortifiés d'Anglais et de Gascons sous le captal de Buch, voulaient se venger, et faire quelque chose pour empêcher le roi d'aller à Reims. Duguesclin vint bientôt au-devant avec une bonne troupe de Français, de Bretons, et aussi de Gascons. Le captal recula vers Évreux. Il s'arrêta à Cocherel, sur un monticule ; mais Duguesclin eut l'adresse de lui ôter l'avantage du terrain. Il sonna la retraite et fit semblant de fuir. Le captal ne put empêcher ses Anglais de descendre ; ils étaient trop fiers pour écouter un général gascon, quoique grand seigneur et de la maison de Foix. Il fallut qu'il obéît à ses soldats, et les suivît en plaine. Alors Duguesclin fit volte-face ; les Gascons qu'il avait de son côté avaient fait, à trente, la partie d'enlever le captal du milieu de ses troupes. Les autres chefs navarrais furent tués, la bataille gagnée[1].

Gagnée le 16 mai, elle fut connue le 18 à Reims, la veille même du sacre ; belle *étrenne* de la nouvelle royauté. Charles V donna à Duguesclin une récompense telle que jamais roi n'en avait donné : un établissement de prince, le comté même de Longueville, héritage du frère du roi de Navarre. En même temps, il faisait couper la tête au sire de Saquenville, l'un des principaux conseillers du Navarrais. Il ne traitait pas mieux les Français qui se trouvaient parmi les gens des compagnies. On commença à se souvenir que le brigandage était un crime.

La guerre de Bretagne finit l'année suivante. Charles de Blois se résignait au partage de la Bretagne ; mais sa femme n'y consentit pas. Le roi de France prêta Duguesclin et mille lances à Charles. Le prince de Galles envoya à Montfort le brave Chandos, deux cents lances, autant d'archers, auxquels se joignirent beaucoup de chevaliers anglais[2].

Montfort et les Anglais étaient sur une hauteur, comme le prince de Galles à Poitiers. Charles de Blois ne s'en inquiéta pas. Ce prince dévot, qui croyait aux miracles et qui en faisait, avait refusé au siège de Quimper de se retirer devant le flux. « Si c'est la volonté de Dieu, disait-il, la marée ne nous fera aucun mal. » Il ne s'arrêta pas plus devant la montagne à Auray que devant le flux à Quimper.

1. *App.* 238.
2. *App.* 239.

Charles de Blois était le plus fort. Beaucoup de Bretons, même de la Bretagne bretonnante, se joignirent à lui, sans doute en haine des Anglais[1]. Duguesclin avait rangé cette armée dans un ordre admirable. Chaque homme d'armes, dit Froissart, portait sa lance droit devant lui, taillée à la mesure de cinq pieds, et une hache forte, dure, et bien acérée, à petit manche... « Et s'en venoient ainsi tout bellement le pas. Ils chevauchoient si serrés, qu'on n'eût pu jeter une balle de paume qu'elle ne tombât sur les pointes des lances. » Jean Chandos regarda longtemps l'ordonnance des Français, « laquelle en soi-même il prisoit durement. » Il ne s'en put taire, et dit : « Que Dieu m'aide, comme il est vrai qu'il y a ici fleur de chevalerie, grand sens et bonne ordonnance[2]. »

Chandos s'était ménagé une réserve, pour soutenir chaque corps qui faiblissait. Ce ne fut pas sans peine qu'il obtint d'un de ses chevaliers qu'il voulût bien rester sur les derrières pour commander cette réserve. Il y fallut des prières, et presque des larmes[3]. Le préjugé féodal faisait considérer le premier rang comme la seule place honorable. Duguesclin n'aurait pu obtenir pareille chose dans l'autre armée.

Les deux prétendants combattaient en tête. C'était un duel sans quartier. Les Bretons étaient las de cette guerre, et voulaient en finir par la mort de l'un ou de l'autre[4]. La réserve de Chandos lui donna l'avantage sur Duguesclin, qui fut porté par terre et pris. Tout retomba sur Charles de Blois : sa bannière fut arrachée, renversée, lui-même

1. *App.* 240.
2. Froissart.
3. « Étoit messire Jean Chandos auques (presque) sur le point de larmoyer. Si dit encore moult doucement : "Messire Hue, ou il faut que vous le fassiez ou que je le fasse." » *(Idem.)*
4. *App.* 241.

tué. Les plus grands seigneurs de la Bretagne s'obstinèrent, et se firent tuer aussi.

Lorsque les Anglais vinrent à grande joie montrer à Montfort son ennemi qu'ils lui avaient tué, le sang français se réveilla en lui, ou peut-être la parenté ; les larmes lui vinrent aux yeux. On trouva un cilice sous la cuirasse du mort. Sa piété, ses belles qualités revinrent en mémoire. Il n'avait recommencé la guerre que par déférence pour sa femme, dont la Bretagne était l'héritage. Ce saint[1] était aussi un homme. Il faisait des vers, composait des *lais* dans l'intervalle des batailles. Il avait été amoureux ; un sien bâtard fut tué à côté de lui, en voulant venger sa mort.

Montfort reçut en peu de jours les plus fortes places du pays. Les enfants de Charles de Blois étaient prisonniers en Angleterre. Le roi de France, qui ne portait nulle passion dans la guerre, s'arrangea avec le vainqueur, et décida la veuve de Charles de Blois à se contenter du comté de Penthièvre, de la vicomté de Limoges, et d'une rente de dix mille livres. Le roi fit sagement. L'essentiel était d'empêcher que la Bretagne ne fît hommage à l'Anglais. Il y avait à parier qu'elle se lasserait tôt ou tard du protégé de l'Angleterre.

C'était quelque chose d'avoir fini la guerre de Bretagne et celle du roi de Navarre. Mais il fallait du temps pour que la France se remît. La simple énumération des ordonnances de Charles V suffit à découvrir quelles plaies effroyables la guerre avait faites. La plupart sont destinées à constater les diminutions de *feux*, à reconnaître que les communes dépeuplées ne peuvent plus payer les impôts. D'autres sont les sauvegardes que les villes, les abbayes, les hôpitaux, les chapitres obtiennent du roi. La protection publique était si faible, qu'on en réclamait une toute spéciale. Les villes,

1. « Et l'appelle-t-on saint Charles. » (Froissart). *App.* 242.

les corporations, les universités, demandent que l'on consacre leurs privilèges. Plusieurs villes sont déclarées inséparables de la couronne. Les marchands italiens à Nîmes, les Castillans et Portugais à Harfleur et à Caen, obtiennent des privilèges. Au total, peu ou point de mesure générale ; tout est spécial, individuel : on sent combien le royaume est loin de l'unité, combien il est faible et malade encore.

La plus grande misère de la France, c'était le brigandage des compagnies. Licenciées par l'Anglais, repoussées de l'Île-de-France, de la Normandie, de la Bretagne, de l'Aquitaine, ces bandes refluaient sur le centre ; elles se promenaient par le Berri, le Limousin, etc. Les brigands étaient là comme chez eux. C'était leur chambre, disaient-ils insolemment[1]. Ils étaient de toute nation, mais la plupart Anglais et Gascons, Bretons encore ; mais ceux-ci étaient en petit nombre. Le peuple les regardait tous comme Anglais ; rien n'a plus contribué à exaspérer la France contre l'Angleterre. On proposait aux compagnies d'aller à la croisade. L'empereur leur avait obtenu le passage par la Hongrie, et il offrait de les défrayer en Allemagne. Mais la plupart ne se souciaient pas d'aller si loin. Ceux qui s'y décidèrent, dans l'espoir de piller l'Allemagne chemin faisant, y parvinrent à peine. Menés par l'Archiprêtre jusqu'en Alsace, ils y trouvèrent des populations serrées, hostiles, qui de toutes parts tombèrent sur eux. Il n'en réchappa guère. D'autres passèrent en Italie.

Mais le principal écoulement s'opéra vers l'Espagne, vers la Castille, dans la guerre du bâtard Don Enrique de Transtamare contre son frère Don Pèdre-*le-Cruel*. Tous les rois d'Espagne d'alors méritaient ce surnom. En Navarre régnait Charles-le-Mauvais, le meurtrier, l'empoisonneur ; en Portugal, Don Pèdre-le-Justicier, celui qui fit une si

1. Froissart.

atroce justice de la mort d'Inès de Castro ; en Aragon, Don Pèdre-le-Cérémonieux, qui, sans forme de procès, fit pendre par les pieds un légat chargé de l'excommunier. De même, Don Pèdre-le-Cruel avait fait brûler vif un moine qui lui prédisait que son frère le tuerait. Il faut voir dans la *Chronique d'Ayala* ce qu'était l'Espagne, depuis qu'ayant moins à craindre les Maures, elle cédait à leur influence, devenait moresque, juive, tout, plutôt que chrétienne. Les guerres sans quartier contre les mécréants avaient rendu les mœurs féroces ; elles le devenaient encore plus sous la dure fiscalité juive[1].

Ce Pèdre-le-Cruel était une espèce de fou furieux. Les deux éléments discordants de l'Espagne se combattaient en lui et en faisaient un monstre. Il se piquait de chevalerie, comme tout Castillan, et en même temps il ne régnait que par les juifs ; il ne se fiait qu'à eux et aux Sarrasins[2]. On le disait fils d'une juive. Sans cette partialité pour les juifs, les communes lui auraient su gré de sa cruauté à l'égard des nobles.

Cet homme sanguinaire aimait pourtant. Il avait pour maîtresse la Dona Maria de Padilla, « petite, jolie et spirituelle », dit le contemporain[3]. Pour lui plaire, il enferma sa femme Blanche, belle-sœur de Charles V, et finit par l'empoisonner. Il avait déjà fait périr je ne sais combien des siens. Son frère, Don Enrique de Transtamare, qui avait tout à craindre, se sauva et vint solliciter le roi de France de venger sa belle-sœur.

1. La cour dut plus d'une fois donner satisfaction au peuple. En 1329, pour apaiser les mécontentements, on força le juif Joseph à rendre compte de son administration dans les finances, et on fit un nouveau règlement qui excluait de ces fonctions quiconque n'était pas chrétien. En 1360, D. Pèdre fit mourir le juif Samuel Lévi, que don Juan Alphonse lui avait donné pour trésorier dix ans auparavant. Il avait amassé une fortune énorme. (Ayala.)

2. *App.* 243.

3. Ayala.

Le roi lui donna de bon cœur les compagnies qui désolaient la France. Le roi d'Aragon offrit le passage, le pape l'autorisation d'envahir la Castille. Don Pèdre, entre autres violences, avait mis la main sur des biens d'Église.

Le jeune duc de Bourbon était de nom le chef de l'expédition ; le vrai chef devait être Duguesclin[1]. Il était encore prisonnier ; les Anglais ne voulaient pas le rendre, à moins de 100 000 francs[2]. Le roi, le pape et D. Enrique se cotisèrent et payèrent pour lui.

Duguesclin prit le commandement des aventuriers, et les mena en Espagne, mais par Avignon, pour faire encore financer le pape. Il en tira deux cent mille francs en or et une absolution générale pour les siens. L'armée grossissait sur la route[3] ; quoique le roi d'Angleterre eût défendu à ses sujets de prendre part à cette guerre, une foule d'aventuriers, Anglais et Gascons, n'en tenaient compte. Un Français les emmenait tous, au grand déplaisir de l'Anglais[4].

Ces gens, qui avaient commencé par rançonner le pape, n'en donnaient pas moins à cette guerre d'Espagne un faux air de croisade. Quand ils furent en Aragon, ils envoyèrent dire au roi de Castille qu'il eût à donner le passage et les vivres « aux pèlerins de Dieu qui avoient entrepris par grand'dévotion d'aller au royaume de Grenade, pour venger la souffrance de Notre-Seigneur, détruire les incrédules et exhausser notre foi. Le roi Don Piètre de ces nouvelles ne fit que rire, et répondit qu'il n'en feroit rien, et que jà il n'obéiroit à telle truandaille[5]. »

1. *App.* 244.

2. Charles V lui prêta cet argent, à condition qu'il emmènerait les compagnies. *App.* 245.

3. « Là étoient tous les chefs de compagnie, c'est à savoir messire Robert, Briquet, Lamit, le petit Meschin, le bourg (bâtard) Camus, etc. » (Froissart.)

4. « Si y allèrent de la principauté et des chevaliers du prince de Galles. » *(Idem.)*

5. Froissart.

Ce fut en effet comme un pèlerinage. Il n'y eut rien à combattre. Don Pèdre fut abandonné. Il ne trouva d'asile qu'en Andalousie, chez ses amis les Maures. De là, il passa en Portugal, en Galice, et enfin à Bordeaux. Il y fut bien reçu. Les Anglais étaient outrés de colère et d'envie. Ils se chargèrent de ramener Don Pèdre, de rétablir le bourreau de l'Espagne ; toujours ce diabolique orgueil qui leur a si souvent tourné la tête, tout sensés qu'ils paraissent, le même qui leur a fait brûler la Pucelle d'Orléans, qui, sous M. Pitt, leur aurait fait brûler la France.

Le prince de Galles était tellement infatué de sa puissance, qu'il ne se contentait pas de vouloir rétablir Don Pèdre en Castille ; il promettait au roi dépouillé de Majorque de le ramener en Aragon. Les seigneurs gascons, qui ne se souciaient pas d'aller si loin faire les affaires des Anglais, hasardèrent de lui dire qu'il était plus difficile de rétablir Don Pèdre que de le chasser. « Qui trop embrasse mal étreint, disaient-ils encore... Nous voudrions bien savoir qui nous payera ; on ne met pas des gens d'armes hors de chez eux sans les payer[1]. » Don Pèdre leur promettait tout ce qu'ils voulaient ; il avait laissé des trésors cachés dans des lieux que lui seul connaissait ; il leur donnerait six cent mille florins[2]. Pour le prince de Galles, il devait lui donner la Biscaye, c'est-à-dire l'entrée des Pyrénées, un Calais pour l'Espagne.

Tout ce qu'il y avait d'aventuriers anglais dans l'armée de Don Enrique fut rappelé en Guyenne. Ils partirent bien payés par lui, pour revenir le battre et gagner autant au service de Don Pèdre[3] : telle est la loyauté de ce temps. De même, le roi de Navarre traitait à la fois avec les deux

1. Froissart.
2. *Idem.*
3. *App.* 246.

partis, se faisant payer pour ouvrir, pour fermer les montagnes. Il craignait tellement de se compromettre pour les uns ou les autres, qu'au moment d'entrer en campagne avec les Anglais, il aima mieux se faire faire prisonnier[1].

Le prince de Galles eut plus de gens d'armes qu'il ne voulait[2]. La difficulté était de les nourrir. Arrivés sur l'Èbre, dans un maigre pays, par le vent, la pluie et la neige, les vivres leur manquèrent. Ils en étaient déjà à payer le petit pain un florin. – On conseillait à Don Enrique de refuser la bataille, de faire garder les passages et de les affamer. L'orgueil espagnol ne le permit pas. Il se voyait trois mille armures de fer, six mille hommes de cavalerie légère (vingt mille hommes d'armes, dit Froissart), dix mille arbalétriers, soixante mille communeros avec des lances, des piques et des frondes. Après tout, ce n'était guère que du peuple. Les archers anglais valaient mieux que les frondeurs castillans ; les lances anglaises portaient plus loin que les dagues et les épées dont les Français et les Aragonais aimaient à se servir. La bataille fut conduite par ce brave et froid Jean Chandos, qui avait déjà fait gagner aux Anglais les batailles de Poitiers et d'Auray. Malgré les efforts de Don Enrique, qui ramena les siens trois fois, les Espagnols s'enfuirent. Les aventuriers restèrent seuls à se battre inutilement[3]. Tout fut tué ou pris. Chandos se trouva, pour la seconde fois, avoir pris Duguesclin.

Ce fut un beau jour pour le prince de Galles. Il y avait juste vingt ans qu'il avait combattu à Créci, dix qu'il avait gagné la bataille de Poitiers. Il rendit des jugements dans la plaine de Burgos ; il y tint gages et champ de bataille : on put dire que l'Espagne fut un jour à lui.

1. *App* 247.

2. « Il ne garda que les Anglais et les Gascons, congédiant presque tous les autres, Allemands, Flamands, etc. » (Froissart.)

3. Les pauvres gens des communes, vivement poursuivis, allèrent tomber dans l'Èbre, « en l'eau qui étoit roide, noire et hideuse ». *(Idem.)*

Le roi de France, fort abattu de ces nouvelles, n'osa soutenir Henri de Transtamare. Sur une lettre de la princesse de Galles, il s'empressa de défendre au fugitif d'attaquer la Guyenne ; il fit même mettre en prison le jeune comte d'Auxerre, qui armait pour Don Enrique.

Les vainqueurs restaient en Espagne à attendre que Don Pèdre les payât sur les trésors cachés. Ils s'ennuyaient fort ; la sobre hospitalité espagnole ne les dédommageait pas de ce long séjour. Les lourdes chaleurs venaient ; ils se jetaient sur les fruits, et la dysenterie les tuait en foule. Le prince de Galles n'était pas l'un des moins malades. Ils étaient, dit-on, réduits au cinquième, lorsqu'ils se décidèrent à repasser les monts, mal contents, mal portants, mal payés[1].

Le prince de Galles, qui avait répondu pour Don Pèdre, ne pouvant les satisfaire, ils pillaient l'Aquitaine. Il finit par leur dire d'aller chercher leur vie ailleurs. Ailleurs, c'était en France. Ils y passèrent, et tout en pillant sur leur route, ils ne manquaient pas de dire partout que c'était le prince de Galles, leur débiteur, qui les autorisait à se payer ainsi[2].

Le prince fit encore, par orgueil, la faute de délivrer Duguesclin ; ce qui était donner un chef aux compagnies. Le prudent Chandos, « qui était son maître », avait dit qu'il ne le laisserait jamais se racheter. Un jour cependant que le prince était en gaieté, il aperçut le prisonnier, et lui dit : « Comment vous trouvez-vous, Bertrand ? – À merveille, Dieu merci, répliqua-t-il. Comment ne serais-je pas bien ? Depuis que je suis ici, je me trouve le premier chevalier du monde. On dit partout que vous me craignez, que vous n'osez me mettre à rançon. » L'Anglais fut piqué : « Messire Bertrand, dit-il, vous croyez donc que c'est pour votre bravoure que nous

1. *App.* 248.
2. « Que le prince de Galles les envoyoit là. » (Froissart.)

vous gardons ? Par saint Georges, payez cent mille francs, et vous êtes libre. » Duguesclin le prit au mot[1].

Ayala dit que le prince, pour montrer qu'il se souciait peu de Duguesclin, lui dit de fixer lui-même combien il voulait payer. Duguesclin dit fièrement : « Pas moins de cent mille francs. » Ce serait plus d'un million aujourd'hui. Le prince fut étonné : « Et où les prendrez-vous, Bertrand ? » – Le Breton, selon la chronique, aurait dit ces belles paroles, qui n'ont rien d'invraisemblable : « Monseigneur, le roi de Castille en payera moitié, et le roi de France le reste ; et si ce n'était assez, il n'y a femme en France sachant filer qui ne filât pour ma rançon[2]. »

Il ne présumait pas trop. La guerre était imminente. Pendant que Charles V recevait honorablement à Paris un fils du roi d'Angleterre, qui allait se marier à Milan, les compagnies licenciées par les Anglais désolaient la Champagne, et jusqu'aux environs de Paris. C'était trop de payer et d'être pillé.

Le prince de Galles était revenu d'Espagne hydropique, et son armée ne valait guère mieux. Les Gascons qui s'étaient engagés dans cette affaire anglaise sur la foi des trésors cachés de Don Pèdre, revenaient pauvres, en piteux équipage et de mauvaise humeur. Ils gardaient d'ailleurs au prince plus d'une vieille rancune. Il avait forcé le comte de Foix à donner passage aux compagnies, il avait demandé mille lances au sire d'Albret, et lui en avait laissé huit cents à sa charge[3]. Les Méridionaux en voulaient aux Anglais, non pas seulement de leurs vexations, mais de ce qu'ils étaient Anglais, c'est-à-dire ennuyeux, incommodes à vivre. Ces vives, spirituelles et parleuses populations souf-

1. « Et tantôt que le prince l'ouit ainsi parler, il s'en repentit. » *(Idem.)*
2. *App.* 249.
3. *App.* 250.

fraient à les voir orgueilleusement taciturnes, et ruminant toujours en eux-mêmes leur bataille de Poitiers[1].

Le prince de Galles méprisait les Gascons. Il choisit, avec le tact anglais, ce moment de mauvaise humeur pour mettre sur leurs terres un fouage de dix sols par feu[2] ; au lieu de les payer, il leur demandait de l'argent ; un fouage aux maigres populations des landes, aux pauvres chevriers des montagnes ; un fouage à cette brave petite noblesse qui ne fut jamais riche qu'en cadets et en bâtards. Le prince avait convoqué les États à Niort, dans l'espoir de convertir les Gascons par le bon exemple des Poitevins et des Limousins. Ils n'y furent pas sensibles. Il eut beau transférer les États à Angoulême, à Poitiers, à Bergerac. Ils n'eurent pas plus envie de payer à Bergerac qu'à Niort.

Et non seulement ils ne payèrent pas, mais ils allèrent trouver le roi de France, lui disant avec la vivacité de leur pays qu'ils voulaient justice, que sa cour était la plus juste du monde, que s'il ne recevait pas leur appel, ils iraient chercher un autre seigneur[3]. Le roi, qui n'était pas prêt à la guerre, tâchait de les contenir. Il ne les soutenait pas, ne les renvoyait pas ; mais il les gardait à Paris, les choyait, les défrayait[4]. Il v avait de belles fortunes à faire auprès de ce bon roi. L'Anglais ne payait pas, même après ; lui, il payait d'avance. Il donnait aux petits chevaliers, non pas de l'argent seulement, mais des établissements, des fortunes de prince. Il était le père des Bretons et des Gascons. Il ne leur gardait

1. « Et sont ceux de Poitou, de Saintonge, de Quercy, de Limousin, de Rouergue, de telle nature qu'ils ne peuvent aimer les Anglois..., et les Anglois aussi, qui sont orgueilleux et présomptueux, ne les peuvent aussi aimer, ni ne firent-ils oncques, et encore maintenant moins que oncques, mais les tiennent en grand dépit et vileté. » (Froissart.)

2. *App.* 251.

3. Froissart.

4. « Et vous mettrons à accord avec notre très cher neveu le prince de Galles, qui espoir (peut-être) n'est mie bien conseillé. » *(Idem.)*

pas rancune. Plus on avait battu ses gens, et mieux il vous traitait. Il venait d'accueillir le Vendéen Clisson, l'un de ceux qui avaient le plus contribué à la défaite des Français à Auray. Il offrit au captal de Buch le duché de Nemours. Il donna au sire d'Albret une fille de France en mariage. Ce fut pour les Gascons un grand encouragement de voir un des leurs devenir prince, beau-frère des rois de France et de Castille.

Le 25 janvier 1369, le prince de Galles reçut à Bordeaux un docteur ès lois et un chevalier qui venaient, de la part du roi de France, lui remettre un exploit. C'était une sommation polie de venir à Paris, et de répondre en cour des pairs touchant certains griefs dont, « par foible conseil et simple information, il auroit molesté les prélats, barons, chevaliers et communes des marches de Gascogne aux frontières de notre royaume, de laquelle chose nous sommes tout émerveillés[1] ». Le malade, ayant pris connaissance du message, dit fièrement le mot de Guillaume-le-Conquérant : « Nous irons, mais ce sera le bassinet en tête, et soixante mille hommes à notre compagnie... Il en coûtera cent mille vies. » Le prince était de si mauvaise humeur qu'après avoir permis aux messagers de s'en aller, il fit courir après, et les mit en prison sous un prétexte : « De crainte qu'ils n'allassent recorder leurs sougles (plaisanteries) et leurs bourdes (railleries) au duc d'Anjou qui vous aime tout petit, et qu'ils disent comme ils m'ont ajourné en mon hôtel même[2]. »

Le roi de France, tout au contraire, avait l'air de croire que cette affaire de Gascogne ne touchait point le roi d'Angleterre. Au même moment, il lui envoyait un présent de cinquante pipes de bon vin, dont pourtant l'Anglais ne voulut pas. Il avait naguère encore acquitté un des payements de la rançon du roi Jean.

1. Froissart.
2. *Idem.*

Charles savait endurer et patienter. Ses affaires n'en marchaient pas moins. Au nord, il gagnait les gens des Pays-Bas. Il pratiquait le Ponthieu, Abbeville. Au midi, il avait, de longue date, fait placer par le pape des évêques à lui dans toutes les provinces anglaises. Au delà des Pyrénées, il envoyait Duguesclin et quelques gens des compagnies pour aider les Castillans à se débarrasser du roi que les Anglais leur avaient imposé. Don Enrique promettait en retour d'armer contre les Anglais une flotte double de celle du roi de France.

Don Pèdre avait pour lui beaucoup de Communes, précisément à cause de sa cruauté à l'égard des nobles. Il avait surtout les Maures et les juifs, mauvais auxiliaires qui n'étaient pas capables de le défendre et qui donnaient une fâcheuse couleur à son parti. Il s'était retiré dans un des pays les moins chrétiens d'Espagne, dans l'Andalousie. Don Enrique et Duguesclin, emmenant rapidement un petit corps d'hommes sûrs, ne lui laissèrent pas le temps de reconnaître le nom des assaillants. Les juifs qui, contre toutes leurs habitudes, avaient pris les armes, les jetèrent au plus vite ; les Maures avec leurs flèches ne pouvaient arrêter la grosse cavalerie. Duguesclin défendit qu'on fît quartier à ces mécréants. Don Pèdre n'eut que le temps de se jeter dans le château de Montiel. On dit que Duguesclin lui promit de le faire évader et qu'il le trahit ; que les deux frères étant venus en présence dans la tente de Don Enrique, ces furieux se jetèrent l'un sur l'autre ; que Don Pèdre ayant mis Enrique dessous, Duguesclin prit Don Pèdre par la jambe et le mit sous son frère, qui le poignarda[1].

La bataille de Montiel eut lieu le 14 mars. À la fin d'avril, Charles V éclata, surprit le Ponthieu et défia le roi

1. Au lieu de Duguesclin, qu'Ayala fait intervenir, Froissart nomme le vicomte de Roquebertin.

d'Angleterre. Le défi fut porté à Westminster par un valet de cuisine. Le choix du messager, en chose moins grave, eût semblé épigrammatique. Ces conquérants, maltraités en Espagne par les fruits, en France par les vins, étaient malades, vieillis de leurs excès. Un fils d'Édouard III, Lionel, mourait à Milan d'indigestion. Les Anglais soutinrent qu'il était empoisonné.

Il n'y avait que trop de bonnes raisons pour rompre la paix. Les Anglais l'avaient rompue eux-mêmes en lâchant leurs compagnies sur la France. Charles V n'en parla pas, non plus que des réclamations des Gascons au traité de Brétigny, pas davantage de leurs privilèges violés par les Anglais. Il aima mieux chercher dans les chartes du traité quelque défaut de forme. Les États généraux, consultés par lui avec déférence, décidèrent que son droit était bon (9 mai 1369). Il se fit donner par la cour des pairs sentence pour confisquer l'Aquitaine ; il dit hardiment dans cet acte que la suzeraineté et le droit d'appel avaient été réservés par le traité de Brétigny.

Il pouvait mentir hardiment : tout le monde était pour lui. Les compagnies se déclarèrent françaises. Les évêques d'Aquitaine lui donnaient leurs villes ; de longue date, l'archevêque de Toulouse les avait gagnés : soixante villes, bourgs ou châteaux chassèrent les Anglais, même Cahors, même Limoges, dont les évêques semblaient tout anglais. Le roi de France méritait ces miracles ; tout maladif qu'il était, il faisait continuellement, pieds nus, de dévotes processions[1]. Les prêcheurs populaires parlaient pour lui. Le roi d'Angleterre faisait bien aussi prêcher l'évêque de Londres ; mais il n'avait pas le même succès[2].

1. *App.* 252.

2. « Au voir dire, il étoit de nécessité à l'un roi et à l'autre, puisque guerroyer vouloient, qu'ils fissent mettre en termes et remontrer à leur peuple l'ordonnance de leur querelle, pourquoi chacun entendit de plus grand volonté à conforter son

Toutes les villes qui se rendaient à Charles V obtenaient confirmation et augmentation de privilèges. On suit le progrès de sa conquête de charte en charte : Rodez, Figeac, Montauban, février 1370 ; Milhaud, Rouergue, mai ; Cahors, Sarlat, juillet[1].

Il est difficile de croire qu'une tête aussi froide, aussi sage, ait eu réellement l'idée d'envahir l'Angleterre[2]. Il fit tout ce qu'il fallait pour le faire croire, sans doute afin d'attirer les Anglais dans le Nord, et de les empêcher d'étouffer le mouvement du Midi. Ils débarquèrent en effet une armée à Calais sous le duc de Lancastre. La grande et grosse armée française, conduite par le duc de Bourgogne, cinq fois plus forte que l'anglaise, avait défense expresse de combattre. Elle resta immobile, puis se retira, sous les huées des Anglais[3]. Ceux-ci n'en perdirent pas moins leur temps et leur argent. Les villes du Nord étaient en bon état. Dans le Midi ils avaient regagné plusieurs places, mais en perdant ce qui valait bien plus, l'irréparable capitaine auquel ils devaient les victoires de Poitiers, d'Auray et de Najara, le sage et habile Jean Chandos.

Ce brave homme avait tout prévu. Dès le moment que le prince de Galles s'obstina, contre son avis, à imposer ce fatal fouage, Chandos se retira en Normandie. Puis, le Midi se soulevant, il revint pour réparer le mal, pour sauver les imprudents qui n'avaient pas voulu l'écouter ; mais il espérait peu de cette guerre. L'historien du temps le représente fort triste et *mélancolieux*, comme s'il eût prévu sa mort prochaine et la perte des provinces anglaises. Après sa mort, le roi d'Angleterre suivit enfin son avis, et révoqua l'impôt. Il était trop tard.

seigneur ; et de ce étoient-ils tous réveillés en l'un royaume et en l'autre. » (Froissart.)

1. *App.* 253.
2. Froissart.
3. *Idem.*

Les Anglais étaient, comme on est dans le malheur, de plus en plus malhabiles et malheureux. Ils auraient dû à tout prix s'assurer le roi de Navarre et s'en servir contre la France. Le marché tint, selon toute apparence, à la vicomté de Limoges que le Navarrais demandait. Le prince de Galles ne voulut pas ébrécher son royaume d'Aquitaine : il lui importait de garder cette porte de la France. Il refusa et perdit tout. Le roi de France regagna le roi de Navarre en lui donnant Montpellier, qu'il lui promettait depuis si longtemps. Peu après il eut encore l'adresse de se concilier le nouveau roi d'Écosse, premier de la maison de Stuart. Castille, Navarre, Flandre, Écosse, il détachait tout de l'Angleterre ; il isolait son ennemie.

L'orgueil anglais était si engagé dans cette guerre, qu'Édouard trouva encore moyen, après tant de sacrifices, de faire contre la France deux expéditions à la fois. Pendant qu'un de ses fils, le duc de Lancastre, allait secourir le prince de Galles resserré dans Bordeaux (fin juillet 1370), une autre armée sous un vieux capitaine, Robert Knolles, entrait en Picardie (même mois). Des deux côtés, nulle résistance ; Duguesclin, Clisson, conseillaient d'éviter tout combat, d'escarmoucher seulement et de garder les places ; la campagne devenait ce qu'elle pouvait. Ces chefs de compagnie ne connaissaient que le succès ; les plus braves aimaient mieux employer la ruse. Quant à l'honneur du royaume, ils ne savaient ce que c'était. Il fallut que le duc de Bourbon vît sans bouger passer devant le front de son armée sa mère, mère de la reine de France, que les Anglais avaient prise, et qu'ils firent chevaucher sous ses yeux dans l'espoir d'entraîner le fils au combat. Il leur proposa un duel, mais leur refusa la bataille[1].

À Noyon, l'outrage fut plus sanglant. L'Écossais Seyton

1. *App.* 254.

sauta les barrières de la ville, ferrailla une heure avec les Français, et sortit sain et sauf[1]. L'armée anglaise vint aussi jusqu'en Champagne, jusqu'à Reims, jusqu'à Paris, détruisant et brûlant tout ce qu'elle trouvait, cherchant s'il y aurait quelque ravage assez cruel, quelque piqûre assez sensible pour réveiller l'honneur de l'ennemi. Pendant un jour et deux nuits qu'ils furent devant Paris, le roi, de son hôtel Saint-Paul, voyait sans s'émouvoir la flamme des villages qu'ils incendiaient de tous côtés. Une nombreuse et brillante chevalerie, les Tancarville, les Coucy, les Clisson, étaient dans la ville, mais il les retenait. Clisson, dont la bravoure était connue, encourageait cette prudence cruelle : « Sire, vous n'avez que faire d'employer vos gens contre ces enragés ; laissez-les se fatiguer eux-mêmes. Ils ne vous mettront pas hors de votre héritage, avec toutes ces fumières. »

Au moment du départ, un Anglais approcha de la barrière Saint-Jacques, qui était tout ouverte et pleine de chevaliers. Il avait fait vœu de heurter sa lance aux barrières de Paris. Nos chevaliers l'applaudirent et le laissèrent aller[2]. Cet outrage aux murailles de la cité, à l'honneur du *pomœrium*, chose si sainte chez les anciens, ne touchait pas les hommes féodaux. L'Anglais s'en allait au petit pas, quand un brave boucher avance sur le chemin, et d'une lourde hache à long manche lui décharge un coup entre les deux épaules ; il redouble sur la tête et le renverse. Trois autres surviennent, et à eux quatre ils frappaient sur l'Anglais « ainsi que sur une enclume ». Les seigneurs qui étaient à la porte, vinrent le ramasser pour l'enterrer en terre sainte.

Le prince de Galles ne trouva pas plus d'obstacles pour assiéger Limoges que Knolles pour insulter Paris. Dugues-

1. « Seigneurs, je vous viens voir ; vous ne daignez issir hors de vos barrières, et j'y daigne bien entrer. » (Froissart.)

2. « Allez-vous-en, allez-vous-en, vous vous êtes bien acquitté. » *(Idem.)*

clin avait lui-même conseillé de dissoudre l'armée du Midi et n'avait gardé que deux cents lances pour courir le pays. Le prince en voulait d'autant plus cruellement aux gens de Limoges, que l'auteur de la défection de cette ville, l'évêque, était sa créature et son compère. Il avait juré l'âme de son père qu'il ferait payer cher à la ville cette trahison. Les bourgeois, fort effrayés, auraient voulu se rendre. Mais les capitaines français les en empêchèrent. Cependant le prince, ayant fait miner une partie des murailles, les fit sauter et entra par la brèche. Il était trop malade pour chevaucher, mais se faisait traîner dans un chariot. Il avait donné ordre de tuer tout, hommes, femmes et enfants. Il se donna le spectacle de cette boucherie. « Il n'est si dur cœur que, s'il fut adonc en la cité de Limoges, et il lui souvint de Dieu, qui n'en pleurât tendrement[1]. » Le prince de Galles ne s'en souvint pas. Cet homme blême et malade, qui était si près de rendre compte, ce mourant ne pouvait se rassasier de voir des morts. Des femmes, des enfants, se jetaient à genoux sur son passage, en criant: « Grâce, grâce, gentil sire ! » Il n'écoutait rien. Il n'épargna que l'évêque, c'est-à-dire le seul coupable, et trois chevaliers français qui lui plurent pour s'être défendus à outrance.

Cette extermination de Limoges, qui rendit le nom anglais exécrable en France, apprit aux villes à se bien défendre. C'était un adieu de l'ennemi. Il traitait le pays comme la terre d'un autre, comme n'y comptant pas revenir. Peu après, se sentant plus malade, le prince se laissa persuader par les médecins d'aller respirer le brouillard natal, et se fit embarquer pour Londres. Son frère, le duc de Lancastre, commençait sans doute à lui porter ombrage.

1. « Plus de trois mille personnes y furent décollées cette journée. Dieu en ait les âmes, car ils furent bien martyrs. » (Froissart.)

Le prince de Galles, qui ne pouvait espérer de succéder, voulait au moins assurer le trône à son fils.

Le roi fit plaisir à tout le royaume en nommant Duguesclin connétable[1]. Le petit chevalier breton, investi de cette première dignité du royaume, mangea à la table du roi, distinction faite pour étonner, quand on voit, dans Christine de Pisan, que le cérémonial de France était que le roi fût servi à table par ses frères.

Le nouveau connétable entendait seul la guerre qu'il fallait faire à l'Anglais. Les batailles étaient impossibles ; les imaginations étaient frappées depuis Créci et Poitiers. Chose bizarre, les Français, qui sous Duguesclin forcèrent les Anglais dans plusieurs places, hésitaient à rencontrer en plaine ceux auxquels ils ne craignaient pas de donner assaut. Il leur fallait être tout au moins en nombre double. Ils commencèrent à se rassurer, lorsque Duguesclin, suivant l'armée de Knolles dans sa retraite, enleva deux cents Anglais avec quatre cents Français.

Ce qui servait Charles V mieux que Duguesclin, mieux que tout le monde, c'était la folie des Anglais, le vertige qui les poussait de faute en faute. Ils firent déclarer pour eux le duc de Bretagne. Mais la Bretagne était contre. Ils se trouvèrent avoir provoqué la ruine de Montfort, qu'ils avaient établi avec tant de peine. Les Bretons chassèrent leur duc[2].

L'alliance de Castille avait jusque-là peu servi Charles V. Les Anglais se chargèrent de la resserrer, de la rendre efficace. Le duc de Lancastre, dans son ambition extravagante, épousa la fille aînée de Don Pèdre ; le comte de Cambridge épousa sa seconde fille. C'était une infatuation inouïe,

1. « Pour le plus vaillant, mieux taillé et idoine de ce faire, et le plus vertueux et fortuné en ses besognes. » (Froissart.)

2. *App.* 255.

incroyable. L'Angleterre, qui n'avait pu conquérir la France, entreprenait de plus la conquête de l'Espagne.

Le résultat de cette nouvelle imprudence fut de donner une flotte aux Français. Le roi de Castille, menacé par ce mariage, envoya une armée navale à Charles V. Les gros vaisseaux espagnols, chargés d'artillerie, accablèrent devant La Rochelle les petits vaisseaux des Anglais, leurs archers. La Rochelle applaudit, et chassa les vaincus. Elle se donna, mais avec bonnes réserves et sous condition, de manière à rester une république sous le roi[1].

Ce grand événement entraîna tout le Poitou. Édouard et le prince de Galles, le vieillard et le malade, montèrent pourtant en mer et essayèrent de venir au secours. La mer, ne voulait plus d'eux. Elle les ramena, bon gré, mal gré, en Angleterre. Thouars succomba. Duguesclin battit ce qui restait d'Anglais à Chizey. La Bretagne suivit : ce fut l'affaire de quelques sièges. Le seul capitaine qui restât aux Anglais était un Gascon, le captal de Buch ; l'un des meilleurs qu'eussent les Français était un Gallois, un descendant des princes de Galles qui vengeait ses aïeux en servant la France. Le Gallois prit le Gascon : Charles V garda précieusement à la tour du Temple cet important prisonnier, sans lui permettre de se racheter jamais.

Le second fils d'Édouard III, le duc de Lancastre, tige de cette ambitieuse branche de Lancastre qui fit la gloire et le malheur de l'Angleterre au quinzième siècle, avait pris le titre de roi de Castille. Il se fit nommer capitaine général du roi d'Angleterre en France, son lieutenant dans l'Aquitaine, où les Anglais n'avaient presque plus rien. Il y a une telle force d'orgueil dans le caractère anglais, une passion si opiniâtre, qu'après tant d'hommes et d'argent joués et perdus, ils firent une mise nouvelle pour regagner tout. Ils

1. *App.* 256.

trouvèrent encore une grande armée à donner à leur capitaine d'Aquitaine. Débarqué à Calais, Lancastre traversa la France sans trouver rien à faire, ni bataille à livrer, ni ville à prendre : tout était fermé, en défense. Les Anglais ne purent rançonner que quelques villages. Tant qu'ils furent dans le Nord, les vivres abondaient : « Ils dînaient tous les jours splendidement. » Mais, dès qu'ils furent dans l'Auvergne, ils ne trouvèrent plus ni vivres ni fourrages. La faim, les maladies firent dans l'armée des ravages terribles. Ils étaient partis de Calais avec trente mille chevaux ; ils arrivèrent à pied en Guyenne : c'était une armée de mendiants ; ils demandaient de porte en porte leur pain aux Français[1].

L'arrivée de cette armée à Bordeaux eut pourtant un effet. Les Gascons, qui n'étaient plus Anglais et qui n'étaient pas pressés de devenir Français, s'enhardirent, et déclarèrent au connétable de France qu'ils feraient hommage à celui des deux partis qui battrait l'autre. Il fut convenu qu'une bataille serait livrée le 15 avril à Moissac. Puis les Anglais l'ajournèrent au 15 août ; puis ils demandèrent qu'elle eût lieu près de Calais. Les actes n'ayant pas été conservés, on ne sait trop ce qui fut convenu. Au 15 août, les Français se rendirent à Moissac, s'y rangèrent en bataille, attendirent, et ne virent personne. Alors ils forcèrent les Gascons de tenir parole. Il ne resta aux Anglais en France que Calais, Bayonne et Bordeaux (1374).

Cet effort qui n'avait abouti à rien, ce coup donné en l'air, leur fit beaucoup de mal. L'épuisement qui suivit fut tel qu'Édouard accepta la médiation du pape, qu'il avait tant de fois refusée. Le grondement du peuple devenait formidable au roi. Ce rude dogue, qu'on avait mené si longtemps par l'appât d'une proie qui reculait toujours,

1. *App.* 257.

commençait à faire mine de se jeter sur son maître. On avait eu une peine incroyable à faire aimer la guerre à l'Angleterre. Elle était déjà lasse à la bataille de Créci. Lorsque le chancelier demandait aux gens des Communes, pour les piquer d'honneur : « Quoi donc ? voudriez-vous d'une paix perpétuelle ? » Ils répondaient naïvement : « Oui, certes, nous l'accepterions[1]. » On leur fit croire ensuite que tout serait fini avec la prise de Calais. Puis vint la victoire de Poitiers, qui leur tourna la tête. Ils se figuraient que la rançon du roi de France les dispenserait à jamais de payer l'impôt. Après, on les amusa avec l'Espagne, avec les fameux trésors cachés de Don Pèdre. L'argent d'Espagne ne venant pas, on leur persuada qu'on prendrait l'Espagne elle-même.

En 1376, ils firent leurs comptes, et virent qu'ils n'avaient rien, ni argent, ni Espagne, ni France. Leur mauvaise humeur fut extrême. Ils s'en prirent au roi, au duc de Lancastre, qui avait alors la principale influence. Son frère aîné, le prince de Galles, tout malade qu'il était, se montrait favorable à l'opposition. Le parlement de 1376, appelé le *bon Parlement*, ne se laissa plus mener par des mots. Il demanda ce qu'était devenu tant d'argent, ces subsides, ces rançons de France et d'Écosse. Il attaqua brutalement Édouard, dévoila sans pitié les faiblesses royales, le poursuivit dans son intérieur, dans sa chambre à coucher.

Le vieux roi était gouverné par une jeune femme mariée, Alice Perrers, femme de chambre de la reine, belle, hardie, impudente[2]. La pauvre reine, qui voyait tout, avait fait en mourant cette prière au roi : « qu'il voulût bien se faire enterrer près d'elle à Westminster », espérant l'avoir à elle, au moins dans la mort.

1. Hallam.
2. *App.* 258.

Les joyaux de la reine furent donnés à Alice. La créature se faisait donner, prenait ou volait. Elle vendait des places, des jugements même. Elle allait de sa personne au Banc du Roi solliciter des causes. Les juges d'Église, les docteurs en droit canon, étaient exposés dans leurs jugements à voir la belle Alice venir hardiment leur parler à l'oreille. Le Parlement somma le roi d'éloigner cette femme et d'autres mauvais conseillers.

Le prince de Galles mourut, laissant un fils tout jeune. Le duc de Lancastre, entre ce neveu enfant et son vieux père, se trouvait effectivement roi. Les conseillers revinrent. Le vote d'une grosse taxe fut extorqué au parlement. Le duc, qui avait besoin de bien d'autres ressources pour sa future conquête d'Espagne, se préparait à mettre la main sur les biens du clergé. Déjà il avait lancé contre les prêtres le fameux prédicateur Wicleff; il le soutenait, avec tous les grands seigneurs, contre l'évêque de Londres. Les gens de Londres, sur un mot insolent de Lancastre contre leur évêque, se soulevèrent, et faillirent mettre le duc en pièces.

Pendant tout ce bruit, le vieil Édouard III se mourait à Eltham, abandonné à la merci de son Alice. Elle le trompait jusqu'au bout, restant près de son lit, le flattant d'un prochain rétablissement, l'empêchant de songer à son salut. Dès qu'il perdit la parole, elle lui arracha ses anneaux des doigts, et le laissa là.

Le fils et le père étaient morts à un an de distance. Ces deux noms, auxquels se rattachent de tels événements, sont peut-être encore les plus chers souvenirs de l'Angleterre. Quoique le prince ait dû en grande partie à Jean Chandos ses victoires de Poitiers et de Najara, quoique son orgueil ait soulevé les Gascons et armé la Castille contre l'Angleterre, peu d'hommes méritèrent mieux la reconnaissance de leur pays. Nous-mêmes, à qui il a fait tant de mal, nous ne pouvons voir sans respect, à Cantorbéry, la cotte d'armes du grand ennemi de la France. Ce mauvais haillon de peau piquée des vers éclate entre tous les riches écussons dont l'église est parée. Il a survécu cinq cents ans au noble cœur qu'il couvrait.

Dès que le roi de France apprit la mort d'Édouard, il dit que c'était là un glorieux règne et qu'un tel prince méritait mémoire entre les preux. Il assembla nombre de prélats et de seigneurs, et fit faire un service à la Sainte-Chapelle. En Angleterre, les funérailles furent troublées. Quatre jours après la mort d'Édouard, la flotte de Castille, chargée des troupes de France, courut toute la côte en brûlant des villes : Wight, Rye, Yarmouth, Darmouth, Plymouth et Winchelsea. Jamais du vivant d'Édouard et du prince de Galles l'Angleterre n'avait éprouvé un pareil désastre.

De toutes parts le roi de France faisait une guerre de négociations. Depuis cinq ans il empêchait le mariage d'un fils d'Édouard avec l'héritière de Flandre, par défaut de dispense papale ; il obtint sans difficulté cette dispense pour son frère, le duc de Bourgogne, parent de la jeune comtesse au même degré. Le père ne voulait pas de ce mariage, non plus que les villes de Flandre. Mais la grand'mère, comtesse d'Artois et de Franche-Comté, fit dire à son fils, le comte de Flandre, qu'elle le déshéritait s'il ne donnait sa fille au prince français. Le mariage se fit pour le désespoir du roi d'Angleterre, qui voyait cette immense succession prête à échoir à la maison de France. La France, mutilée à l'Ouest, se formait sa vaste ceinture de l'Est et du Nord.

Cet échec et ceux que les Anglais éprouvèrent encore près de Bordeaux allaient les décider à faire ce qu'ils auraient dû faire tout d'abord, à s'unir avec le roi de Navarre. Ils lui auraient donné Bayonne et le pays voisin, il eût été leur lieutenant en Aquitaine. Le Navarrais, plus fin qu'habile, envoyait son fils à Paris pour mieux tromper le roi, tandis qu'il traitait avec les Anglais. Il lui advint comme à Louis XI à Péronne. Sa finesse le mena au piège. Le roi lui garda son fils, lui reprit Montpellier, et saisit son comté d'Évreux. On prit son lieutenant Dutertre, son conseiller Du Rue qui, disait-on, était venu empoisonner le roi. On accusait Charles-le-Mauvais d'avoir empoisonné déjà la reine de France, la reine de Navarre et d'autres encore. Tout cela n'était pas invraisemblable : ce petit prince, exaspéré par ses longs malheurs, pouvait essayer de reprendre par le crime et la ruse ce que la force lui avait ôté. Il avait sujet de haïr les siens autant que l'ennemi. Sa femme le trompait pour le brave capitaine gascon des Anglais, le captal de Buch[1]. Du Rue avoua seulement que Charles-le-Mauvais comptait empoisonner le roi par le moyen d'un jeune médecin de Chypre, qui pouvait s'introduire aisément près de Charles V et lui plaire, « parce qu'il parloit beau latin, et étoit fort argumentatif ». Dutertre et Du Rue furent exécutés. Charles V tira de ce procès l'avantage d'avilir, de déshonorer le roi de Navarre, de lui faire une réputation d'empoisonneur, de tuer ainsi ses prétentions au trône de France.

Charles-le-Mauvais perdit tout dans le Nord, excepté Cherbourg. Au Midi les Castillans le menaçaient. Il eût perdu la Navarre même, si les Anglais n'étaient venus à son secours. Les Gascons y aidèrent les Anglais. Ceux-ci essayèrent ensuite de prendre Saint-Malo, et n'y réussirent pas plus que les Français à prendre Cherbourg. Tout ce grand mouvement de guerre n'aboutit encore à rien. Le roi de France ne put être forcé ni à combattre ni à rendre ; il resta les mains garnies[2].

L'habileté de Charles V et l'affaiblissement des autres

1. *App.* 259.
2. *App.* 260.

États avaient relevé la France au moins dans l'opinion. Toute la chrétienté regardait de nouveau vers elle. Le pape, la Castille, l'Écosse, regardaient le roi comme un protecteur. Frère du futur comte de Flandre, allié des Visconti, il voyait les rois d'Aragon, de Hongrie, ambitionner son alliance. Il recevait les ambassades lointaines du roi de Chypre, du soudan de Bagdad, qui s'adressait à lui, comme au premier prince des Francs[1]. L'empereur même lui rendit une sorte d'hommage en le visitant à Paris. Après avoir aliéné les droits de l'Empire en Allemagne et en Italie, il venait donner au dauphin le titre du royaume d'Arles.

La subite restauration du royaume de France était un miracle que chacun voulait voir. De toutes parts on venait admirer ce prince qui avait tant enduré, qui avait vaincu à force de ne pas combattre[2], cette patience de Job, cette sagesse de Salomon. Le quatorzième siècle se désabusait de la chevalerie, des folies héroïques, pour révérer en Charles V le héros de la patience et de la ruse.

Ce prince naturellement économe, ce roi d'un peuple ruiné, étonnait les étrangers par la multitude de ses constructions. Il élevait autour de Paris des maisons dites de plaisance, Melun, Beauté, Saint-Germain ; mais toute maison alors était un fort. Il donnait à la ville un nouveau pont (Pont-Neuf), des murs, des portes, une bonne bastille. Il ne se fiait guère qu'aux murailles[3].

Près de sa Bastille il avait construit, étendu, aménagé, avec le luxe d'un roi et les recherches d'un malade, le vaste hôtel Saint-Paul[4]. La magnificence de cette demeure, la

1. « Comme au solennel prince des chrétiens. »

2. « Le roi Charles de France fut durement sage et subtil ; car tout quoi (coi) étoit en ses chambres et en ses déduits ; si reconquéroit ce que ses prédécesseurs avoient perdu sur le champ, la tête armée et l'épée au poing. » (Froissart.)

3. *App.* 261.

4. *App.* 262.

splendide hospitalité qu'y trouvaient les princes et les seigneurs étrangers, faisaient illusion sur l'état du royaume. Le sire de La Rivière, l'aimable et subtil conseiller de Charles V, le gentilhomme accompli de ce temps, en faisant les honneurs. Il leur montrait la noble demeure de son maître, ces galeries, ces bibliothèques, ces buffets chargés d'or, et ils l'appelaient le *riche roi*[1].

« L'eure de son descouchier au matin estoit comme de six à sept heures. Donnoit audience mesmes aux mendres, de hardiement deviser à luy. Après, luy pigné, vestu et ordonné... on lui apportoit son breviaire; environ huit heures du jour, aloit à sa messe; à l'issue de sa chapelle, toutes manières de gens povoient bailier leurs requêtes. Après ce, aux jours députez à ce, aloit au conseil, après lequel... environ dix heures asseoit à table... À l'exemple de David, instruments bas oyoit volontiers à la fin de ses nnangiers.

« Luy levé de table, à la colacion, vers lui povoyent aler toutes manières d'estrangiers. Là luy estoient apportées nouvelles de toutes manières de pays ou des aventures de ses guerres... pendant l'espace de deux heures; après aloit reposer une heure.. Après son dormir, estoit un espace avec ses plus privés en esbatement, visitant joyauls ou autres richeces. Puis aloit à vespres. Après... entroit en été en ses jardins, où marchands venoient apporter velours, draps d'or, etc. En hyver s'occupoit souvent à oyr lire de diverses belles ystoires de la sainte Escripture, ou des faits des romans ou moralitez de philosophes et d'autres sciences, jusques à heure de soupper, auquel s'asseoit d'assez bonne heure, après lequel une pièce s'esbatoit, puis se retrayoit. Pour obvyer à vaines et vagues parolles et pensées, avoit (au dîner de la reine) un prud'homme en estant au bout de la

1. Ainsi l'appelait Mathieu de Coucy.

table, qui, sans cesser, disoit gestes de mœurs virtueux d'aucuns bons treppassez[1]. »

Les philosophes avec lesquels le roi aimait à s'entretenir étaient ses astrologues[2]. Son astrologue en titre, un Italien, Thomas de Pisan, avait été appelé tout exprès de Bologne ; le roi lui donnait cent livres par mois. Ces gens, quels que fussent leurs moyens de prévoir, ne se trompaient pas trop. Ils étaient pleins de finesse et de sagacité. Charles V donna un astrologue à Duguesclin en lui remettant l'épée de connétable.

Le peu que nous savons de Charles V, de ses jugements, de ses paroles, indique, comme tout son règne, une douce et froide sagesse, peut-être aussi quelque indifférence au bien et au mal[3]. « Considérant, dit son historien femelle, la fragilité humaine, il ne permit jamais aux maris d'*emmurer* leurs femmes pour méfait de corps, quoiqu'il en fust maintes fois supplié[4]. » – Il surprit trois fois son barbier en flagrant délit de vol et la main dans la poche, sans se fâcher, ni le punir[5].

Charles V est peut-être le premier roi, chez cette nation jusque-là si légère, qui ait su préparer de loin un succès, le premier qui ait compris l'influence, lointaine et lente, mais dès lors réelle, des livres sur les affaires. Le prieur Honoré Bonnor écrivit par son ordre, sous le titre bizarre de l'*Arbre des batailles*, le premier essai sur le droit de la paix et de la guerre. Son avocat général, Raoul de Presles, lui mettait la Bible en langue vulgaire, tant d'années avant Luther et

1. Christine de Pisan.

2. *App.* 263.

3. *App.* 264.

4. « ... Et à difficulté donnoit congé que le mari la tenist close en une chambre, si trop estoit desordonnée. » (Christ. de Pisan.)

5. Il ne le renvoya qu'à la quatrième. – Cependant lui-même avait la justice à cœur et s'en mêlait. Une bonne femme étant venue se plaindre d'un homme d'armes qui avait violé sa fille, il fit en sa présence pendre le coupable à un arbre.

Calvin. Son ancien précepteur, Nicolas Oresme, traduisait l'autre Bible du temps, Aristote. Oresme, Raoul de Presles, Philippe de Maizières travaillaient, peut-être à frais communs, à ces grands livres du *Songe du verger*, du *Songe du vieux pèlerin*, sorte de romans encyclopédiques où toutes les questions du temps étaient traitées, et qui préparaient l'abaissement de la puissance spirituelle et la confiscation des biens d'Église. C'est ainsi qu'au seizième siècle Pithou, Passerat et quelques autres travaillèrent ensemble à la *Ménippée*.

Les dépenses croissaient, le peuple était ruiné ; l'Église seule pouvait payer. C'était là toute la pensée du quatorzième siècle. En Angleterre, le duc de Lancastre essaya, pour brusquer la chose, de Wicleff et des Lollards, et faillit bouleverser un royaume. En France, Charles V la préparait avec une habile lenteur. Elle pressait pourtant. L'apparente restauration de la France ne pouvait tromper le roi. Il ne vivait que d'expédients. Il avait été obligé de payer les juges avec les amendes mêmes qu'ils prononçaient, de vendre l'impunité aux usuriers, de se mettre entre les mains des juifs. Conformément aux privilèges monstrueux que Jean leur avait vendus pour payer sa rançon, ils étaient quittes d'impôts, exempts de toute juridiction, sauf celle d'un prince du sang, nommé gardien de leurs privilèges. Nuls *lettres royaux* n'avaient force contre eux. Ils promettaient de n'exiger par semaine que quatre deniers par livre d'intérêt. Mais en même temps ils devaient être crus contre leurs débiteurs de tout ce qu'ils jureraient[1].

Le prince, leur *protecteur*, devait les aider dans le recouvrement de leurs créances, c'est-à-dire que le roi se faisait recors pour les juifs, afin de partager. L'argent extorqué par de tels moyens coûtait au peuple bien plus qu'il ne rendait au roi.

1. *App.* 265.

Il fallait bien passer entre les mains du juif, ne pouvant dépouiller le prêtre. Le juif, le prêtre, avaient seuls de l'argent. Il n'y avait encore ni production de la richesse par l'industrie, ni circulation par le commerce. La richesse, c'était le trésor, trésor caché du juif, sourdement nourri par l'usure ; trésor du prêtre, trop visible dans les églises, dans les biens d'Église.

La tentation était forte pour Charles V, mais la difficulté était grande aussi. Les prêtres avaient été ses plus zélés auxiliaires contre l'Anglais. Ils lui avaient en grande partie livré l'Aquitaine, comme ils la donnèrent jadis à Clovis.

Il y avait deux sujets de querelle entre la puissance spirituelle et la temporelle, l'argent et la juridiction. La question de juridiction elle-même rentrait en grande partie dans celle d'argent, car la justice se payait[1].

Les premières plaintes contre le clergé partent des seigneurs et non des rois (1205)[2]. Les seigneurs, comme fondateurs et patrons des églises, étaient bien plus directement intéressés dans la question. Sous saint Louis, ils forment une confédération contre le clergé, décident de combien chacun doit contribuer pour soutenir cette espèce de guerre, se nomment des représentants pour prêter main forte à ceux d'entre eux qui seraient frappés de sentences ecclésiastiques[3]. Dans la fameuse Pragmatique de saint Louis (1270), acte jusqu'ici peu compris, le roi demande que les élections ecclésiastiques soient libres, c'est-à-dire laissées à l'influence royale et féodale[4].

1. Le défenseur officiel du clergé, en 1329, nous dit expressément que la justice, surtout en France, était le revenu le plus net de l'Église.

2. *Libertés de l'Église gallicane.*

3. *Libertés de l'Église gallicane.*

4. Il réclame contre les excès de la cour de Rome, contre les empêchements de juridiction, contre la violation des franchises du royaume, sans dire quelles sont ces franchises. *(Ibid.)*

Philippe-le-Bel eut les seigneurs pour lui dans sa lutte contre le pape. Ils formèrent une nouvelle confédération féodale qui effraya les évêques et livra au roi l'Église de France. L'accord de cette Église lui livra la papauté elle-même. Cependant, au commencement et à la fin de son règne, Philippe-le-Bel frappa deux coups d'une impartialité hardie : la maltôte qui atteignit les nobles et les prêtres aussi bien que les bourgeois, la suppression du Temple, de la chevalerie ecclésiastique.

La royauté, triomphante sous Philippe-de-Valois, se fit donner par le pape tout ce qu'elle voulait sur les revenus de l'Église de France. Elle eut même la prétention de lever les décimes de la croisade sur toute la chrétienté. En dédommagement des décimes, régales, etc., les églises cherchaient à augmenter les profits de leurs justices, à empiéter sur les juridictions laïques, seigneuriales ou royales. Le roi parut vouloir y porter remède. Le 22 décembre 1329 eut lieu par-devant lui, au château de Vincennes, une solennelle plaidoirie entre l'avocat Pierre Cugnières et Pierre du Roger, archevêque de Sens. Le premier soutenait les droits du roi et des seigneurs[1]. Le second défendait ceux du clergé. Celui-ci parla sur le texte : *Deum timete ; regem honorificate* ; et il ramena ce précepte aux quatre suivants : « Servir Dieu dévotement ; lui donner largement ; honorer sa gent duement ; lui rendre le sien entièrement. »

Je serais porté à croire que toute cette dispute ne fut qu'une satisfaction donnée par le roi aux seigneurs. Il la termina en disant que, bien loin de diminuer les privilèges de l'Église, il les augmenterait plutôt. Seulement, il établit par une ordonnance son droit de régale sur les bénéfices vacants (1334). Des deux avocats, celui du clergé devint pape ; celui du roi et des seigneurs fut, dit un grave histo-

1. *App.* 266.

rien, universellement sifflé : son nom resta le synonyme d'un mauvais ergoteur. Et ce ne fut pas tout. Il y avait à Notre-Dame une figure grotesque de damné, comme on voit ailleurs Dagobert tiraillé par les diables ; cette figure, laide et camuse, fut appelée : *M. Pierre du Coignet*. Toute la gent cléricale, sous-diacres, sacristains, bedeaux, enfants de chœur, plantaient leurs bougies sur le nez du pauvre diable, ou, pour éteindre leurs cierges, lui en frappaient la face. Il endura quatre cents ans cette vengeance de sacristie.

Les églises étaient entre l'enclume et le marteau, entre le roi et le pape. Quand un évêché vacant avait payé au roi pendant un an ou plus les *régales* de la vacance, le nouvel élu payait au pape l'*annate*, ou première année du revenu[1].

Une autre chose dont se plaignaient le plus les seigneurs patrons de l'église, et les chanoines ou moines qui concouraient aux élections, c'est ce qu'on appelait les *réserves*. Le pape arrêtait d'un mot l'élection ; il déclarait qu'il s'était réservé de nommer à tel évêché, à telle abbaye. Ces réserves, qui donnaient souvent un pasteur italien ou français à une église d'Angleterre, d'Allemagne, d'Espagne, étaient fort odieuses. Cependant, elles avaient souvent l'avantage de soustraire les grands sièges aux stupides influences féodales, qui n'y auraient guère porté que des sujets indignes, des cadets, des cousins des seigneurs. Les papes prenaient quelquefois au fond d'un couvent ou dans la poussière des universités un docte et habile clerc pour le faire évêque, archevêque, primat des Gaules ou de l'Empire.

Les papes d'Avignon n'eurent pas pour la plupart cette haute politique. Pauvres serviteurs du roi de France, ils laissaient la papauté devenir ce qu'elle pouvait. Ils ne voyaient dans les réserves qu'un moyen de vendre des

1. Les archevêques de Mayence et de Cologne payaient chacun au pape vingt-quatre mille ducats pour le *pallium*.

places, de faire de la simonie en grand. Jean XXII déclara effrontément qu'en haine de la simonie il se réservait tous les bénéfices vacants dans la chrétienté la première année de son pontificat[1]. Ce fils d'un savetier de Cahors laissa en mourant un trésor de vingt-cinq millions de ducats. Les hommes du temps crurent qu'il avait trouvé la pierre philosophale.

Benoît XII était si effrayé de l'état où il voyait l'Église, des intrigues et de la corruption dont il était assiégé, qu'il aimait mieux laisser les bénéfices vacants ; il se réservait les nominations et ne nommait personne. Lui mort, le torrent reprit son cours. À l'élection du prodigue et mondain Clément VI, on assure que plus de cent mille clercs vinrent à Avignon acheter des bénéfices[2].

Il faut lire les douloureuses lamentations de Pétrarque sur l'état de l'Église, ses invectives contre la Babylone d'Occident. C'est tout à la fois Juvénal et Jérémie. Avignon est pour lui un autre labyrinthe, mais sans Ariane, sans fil libérateur ; il y trouve la cruauté de Minos et l'infamie du Minotaure[3]. Il peint avec dégoût les vieilles amours des princes de l'Église, ces mignons à tête blanche... Mille histoires scandaleuses couraient. Le conte absurde de la papesse Jeanne devint vraisemblable[4].

L'érudite indignation de Pétrarque pouvait inspirer quelque défiance. Un jugement plus imposant pour le peuple était celui de sainte Brigitte et des deux saintes Catherine. La première fait dire par Jésus même ces paroles

1. *App.* 267.

2. In Clemente clementia... *(Tertia Vita Clem. VI.)*

3. Petrarch., Ép. x.

4. L'antipape Nicolas V avait eu pour femme Jeanne de Corbière, avec laquelle il avait divorcé pour se faire mineur. Lorsqu'il fut pape, Jeanne prétendit que le divorce était nul. On en fit mille contes à la cour d'Avignon ; de là la fable de la *papesse Jeanne*. *App.* 268.

au pape d'Avignon : « Meurtrier des âmes, pire que Pilate et Judas ! Judas n'a vendu que moi. Toi, tu vends encore les âmes de mes élus[1]. »

Les papes qui suivirent Clément VI furent moins souillés, mais plus ambitieux. Ils rendirent l'Église conquérante, désolèrent l'Italie. Clément avait acheté Avignon à la reine Jeanne ne l'absolvant du meurtre de son mari. Ses successeurs, avec l'aide des compagnies, reprirent tout le patrimoine de saint Pierre. Cette association du pape avec les brigands anglais et bretons porta au comble l'exaspération des Italiens. La guerre devint atroce, pleine d'outrages et de barbarie. Les Visconti donnèrent le choix aux légats qui leur apportaient l'excommunication, de se laisser noyer ou de manger la bulle. À Milan, on jetait les prêtres dans des fours allumés ; à Florence, on voulait les enterrer vifs. Les papes sentirent que l'Italie leur échapperait s'ils ne quittaient Avignon.

Ils tenaient moins sans doute à cette ville, depuis qu'ils y avaient été rançonnés par les compagnies. L'abaissement de la France les laissait libres de choisir leur séjour. Urbain V, le meilleur de ces papes, essaya de se fixer à Rome. Il y alla et n'y put rester. Grégoire s'y établit et y mourut.

À sa mort, les Français avaient dans le conclave une majorité rassurante. Cependant ce conclave se tenait à Rome ; les cardinaux entendaient un peuple furieux crier autour d'eux : « Romano lo volemo o almanco italiano. » De seize cardinaux qui entrèrent au conclave, il n'y avait que quatre Italiens et un Espagnol, onze étaient Français. Les Français étaient divisés. Deux des derniers papes, qui étaient Limousins, avaient fait plusieurs cardinaux de leur province. Ces Limousins, voyant que les autres Français les

1. *App.* 269.

excluaient de la papauté, s'unirent aux Italiens, et nommèrent un Italien, qu'ils croyaient du reste dévoué à la France, le Calabrois Bartolomeo Prignani.

Il advint, comme à l'élection de Clément V, tout le contraire de ce qu'on avait attendu, mais cette fois au préjudice de la France. Urbain VI, homme de soixante ans, jusque-là considéré comme fort modéré, sembla avoir perdu l'esprit dès qu'il fut pape. Il voulait, disait-il, réformer l'Église ; mais il commençait par les cardinaux, prétendant, entre autres choses, les réduire à n'avoir qu'un plat sur leur table. Ils se sauvèrent, déclarèrent que l'élection avait été contrainte et firent un autre pape. Ils choisirent un grand seigneur, Robert de Genève, fils du comte de Genève, qui avait montré dans les guerres de l'Église beaucoup d'audace et de férocité. Ils l'appelèrent Clément VII ; sans doute en mémoire de Clément VI, un des papes les plus prodigues et les plus mondains qui aient déshonoré l'Église. De concert avec la reine Jeanne de Naples, contre laquelle Urbain s'était déclaré, Clément et ses cardinaux prirent à leur solde une compagnie de Bretons qui rôdait en Italie. Mais ces Bretons furent défaits par Barbiano, un brave condottiere qui avait formé la première compagnie italienne contre les compagnies étrangères. Clément se sauva en France, à Avignon. Voilà deux papes, l'un à Avignon, l'autre à Rome, se bravant et s'excommuniant l'un l'autre.

On ne pouvait attendre que la France et les États qui en suivaient alors l'impulsion (Écosse, Navarre et Castille) se laisseraient facilement déposséder de la papauté. Charles V reconnut Clément. Il pensa sans doute que, quand même toute l'Europe eût été pour Urbain, il valait mieux pour lui avoir un pape français, une sorte de patriarche dont il disposât. Cette politique égoïste lui fut amèrement reprochée. On considéra tous les malheurs qui suivirent, la folie de

Charles VI, les victoires des Anglais, comme une punition du ciel[1].

On assure que les cardinaux français avaient eu d'abord l'idée de faire pape Charles V lui-même. Il aurait refusé, comme infirme d'un bras, et ne pouvant célébrer la messe[2].

Ce ne fut pas sans peine que le roi amena l'Université à se décider en faveur de Clément. Les facultés de droit et de médecine étaient sans difficulté pour le pape du roi. Mais celle des *arts*, composée de quatre nations, ne s'accordait pas avec elle-même. Les nations française et normande étaient pour Clément VII; la picarde et l'anglaise demandaient la neutralité. L'Université, ne pouvant arriver à un vote unanime, suppliait qu'on lui donnât du temps. Le roi prit tout sur lui. Il écrivit de Beauté-sur-Marne qu'il avait des informations suffisantes: «Le pape Clément VII est vray pasteur de l'Église universelle... Se vous mettez ce en refus ou délay, vous nous ferez déplaisir[3].»

Charles V agit en cette occasion avec une vivacité qui ne lui était pas ordinaire. Il semble qu'il ait été honteux et aigri de n'avoir pas prévu.

Il aurait bien voulu gagner à son pape la Flandre, et par elle l'Angleterre. Il fit dire au comte de Flandre qu'Urbain parlait fort mal des Anglais, qu'il avait dit que d'après leur conduite à l'égard du Saint-Siège il les tenait pour hérétiques. La Flandre et l'Angleterre n'en reconnurent pas moins le pape de Rome en haine de celui d'Avignon. Urbain avait déjà l'Italie. L'Allemagne, la Hongrie, l'Aragon, embrassèrent son parti. Les deux saintes populaires, sainte

1. «O quel flayel! ô quel douloureux meschief, qui encore dure!», etc. (Christ. de Pisan.) *App.* 270.

2. Lenfant, *Conc. de Pise*. – «Cependant il montrait tous les ans de ses mains la vraie croix au peuple à la Sainte-Chapelle, comme l'avait fait saint Louis.» (Christ. de Pisan.)

3. Bulæus.

Catherine de Sienne et sainte Catherine de Suède, le reconnurent, ainsi que l'infant Pierre d'Aragon, qu'on tenait aussi pour un saint homme. On demanda, chose inouïe, une consultation au plus fameux jurisconsulte du temps sur l'élection du pape; Baldus décida que l'élection d'Urbain était bonne et valable, disant, avec assez d'apparence, que, si l'élection avait pu être contrainte, les cardinaux n'en étaient pas moins revenus d'eux-mêmes après le tumulte et qu'ils avaient intronisé Urbain en pleine liberté.

Un événement impossible à prévoir avait mis presque toute la chrétienté en opposition avec la France. La fortune s'était jouée de la sagesse. La reine Jeanne de Naples, cousine et alliée du roi, fut peu après déposée par Urbain, renversée par son fils adoptif Charles de Duras, étranglée en punition d'un crime qui datait de trente-cinq ans.

Toute l'Europe remuait. Le mouvement était partout; mais les causes infiniment diverses. Les Lollards d'Angleterre semblaient mettre en péril l'Église, la royauté, la propriété même. À Florence, les Ciompi faisaient leur révolution démocratique[1]. La France elle-même semblait échapper à Charles V. Trois provinces, les plus excentriques, mais les plus vitales peut-être, se révoltèrent.

Le Languedoc éclata d'abord. Charles V, préoccupé du Nord, et regardant toujours vers l'Angleterre, avait fait d'un de ses frères une sorte de roi du Languedoc. Il avait confié cette province au duc d'Anjou. Par le duc d'Anjou il semblait près d'atteindre l'Aragon et Naples, tandis que par son autre frère, le duc de Bourgogne, il allait occuper la Flandre. Mais la France, misérablement ruinée, n'était guère capable de conquêtes lointaines. La fiscalité, si dure alors dans tout le royaume, devint en Languedoc une

1. Voy. le récit d'Edgar Quinet, *Révolutions d'Italie*, t. IV des *Œuvres complètes* (1858).

atroce tyrannie. Ces riches municipes du Midi, qui ne prospéraient que par le commerce et la liberté, furent *taillés* sans merci comme l'eût été un fief du Nord. Le prince féodal ne voulait rien comprendre à leurs privilèges. Il lui fallait au plus vite de l'argent pour envahir l'Espagne et l'Italie, pour recommencer les fameuses victoires de Charles d'Anjou.

Nîmes se souleva (1378) ; mais, se voyant seule, elle se soumit. Le duc d'Anjou aggrava encore les impôts. Il mit, au mois de mars 1379, un monstrueux droit de cinq francs et dix gros sur chaque feu. Au mois d'octobre, nouvelle taxe de douze francs d'or par an, d'un franc par mois. Pour celle-ci, la levée en était impossible. La province était tellement ruinée, qu'en trente ans la population se trouvait réduite de cent mille familles à trente mille. Les consuls de Montpellier refusèrent de percevoir le dernier impôt. Le peuple massacra les gens du duc d'Anjou. Clermont-Lodève en fit autant. Mais les autres villes ne bougèrent. Les gens de Montpellier effrayés reçurent le prince à genoux, et attendirent ce qu'il déciderait de leur sort. La sentence fut effroyable. Deux cents citoyens devaient être brûlés vifs, deux cents pendus, deux cents décapités, dix-huit cents notés d'infamie et privés de tous leurs biens. Tous les autres étaient frappés d'amendes ruineuses[1].

On obtint avec peine du duc d'Anjou qu'il adoucit la sentence. Charles V sentit la nécessité de lui ôter le Languedoc. Il envoya des commissaires pour y réformer les abus. Au reste, dans les instructions qu'il leur donne, il n'y a pas trace d'un sentiment d'homme ou de roi. Il n'est préoccupé que des intérêts du fisc et du domaine : « Comme nous avons audit pays plusieurs terres labourables, vignes, forêts, moulins et autres héritages qui nous

1. *App.* 271.

étaient ordinairement de grand revenu et profit ; lesquelles terres sont demeurées désertes, parce que le peuple est si diminué par les mortalités, les guerres et autrement, qu'il n'est nul qui les puisse ou veuille labourer, ni tenir aux charges et redevances anciennes, nous voulons que nos conseillers puissent donner nos héritages à nouvelle charge, croître et diminuer l'ancienne. » Ils doivent aussi révoquer tous les dons, et s'informer de la conduite de tous les sénéchaux, capitaines, viguiers, etc.

La politique étroite, qui ne paraît que trop dans ces instructions, fit faire au roi une grande faute, la plus grande de son règne. Il arma contre lui la Bretagne. Ses meilleurs hommes de guerre étaient Bretons ; il les avait comblés de biens ; il croyait tenir en eux tout le pays. Ces mercenaires pourtant n'étaient pas la Bretagne. Eux-mêmes n'étaient plus aussi contents du roi. Il avait ordonné aux gens de guerre de payer désormais tout ce qu'ils prendraient. Il avait créé une maréchaussée pour réprimer leurs brigandages, des prévôts qui couraient le pays, jugeaient et pendaient.

Il n'aimait pas Clisson. Quoiqu'il l'ait désigné pour être connétable à la mort de Duguesclin, il eût préféré le sire de Coucy.

Un cousin de Duguesclin, le Breton Sévestre Budes, qui avait acquis beaucoup de réputation dans les guerres d'Italie, fut arrêté sur un soupçon par le pape français Clément VII, et livré par lui au bailli de Mâcon, qui le fit mourir, au grand chagrin de Duguesclin. Les parents du Breton étant venus se plaindre et affirmant son innocence, le roi dit froidement : « S'il est mort innocent, la chose est moins fâcheuse pour vous autres ; c'est tant mieux pour son âme et pour votre honneur. »

Les Bretons étaient Français contre l'Angleterre, mais Bretons avant tout. Leur duc voulait les livrer aux Anglais, ils l'avaient chassé. Le roi voulant les réunir à la couronne, ils chassèrent le roi.

Le 5 avril 1378, Montfort s'était engagé à ouvrir aux Anglais le château de Brest. Le 20 juin, le roi l'ajourna à comparaître en parlement, puis le fit condamner par défaut. La procédure fut étrange. On assigna le duc à Rennes et à Nantes, tandis qu'il était en Flandre. On ne lui donna pas de sauf-conduit. Plusieurs pairs ne voulurent point siéger au jugement. Le roi parla lui-même contre son vassal, et conclut à la confiscation. Si le duché était enlevé à Montfort, il aurait dû revenir à la maison de Blois, conformément au traité de Guérande, que le roi avait garanti.

Dire à la vieille Bretagne que désormais elle ne serait plus qu'une province de France, une dépendance du domaine, c'était une chose hardie, et aussi une ingratitude, après ce que les Bretons avaient fait pour chasser l'Anglais. Le froid et égoïste prince ne connaissait pas évidemment le peuple auquel il avait affaire, et il ne pouvait le connaître ; il y a des ignorances sans remède, celles du cœur.

Les Bretons, nobles et paysans, étaient déjà mal disposés. Le connétable Duguesclin, dans ses guerres de Bretagne, n'avait pas ménagé ses compatriotes. Il les avait frappés d'un fouage de vingt sous par feu ; il avait défendu les affranchissements et rétabli la servitude de mainmorte, abolie par le duc. Le premier acte du gouvernement royal fut l'établissement de la gabelle. La Bretagne arma.

Les bourgeois armèrent comme les nobles. Ceux de Rennes s'associèrent expressément aux barons, et jurèrent de vivre et mourir pour la défense commune. Le duc, revenant d'Angleterre, fut accueilli avec transport par ceux même qui l'avaient chassé. On ne se souvint plus s'il était Blois ou Montfort ; c'était le duc de Bretagne. Lorsqu'il débarqua près de Saint-Malo, tous les barons, tout le peuple l'attendaient sur le rivage ; plusieurs entrèrent dans l'eau et s'y mirent à genoux. Jeanne de Blois, elle-même, vint le féliciter à Dinan, la veuve de Charles de Blois, de celui qu'il avait tué.

Les meilleurs capitaines que le roi pouvait employer contre la Bretagne étaient des Bretons. Clisson parut devant Nantes ; mais il ne put s'empêcher de dire aux gens de la ville qu'ils feraient sagement de ne laisser entrer chez eux personne qui fût plus fort qu'eux. Duguesclin et Clisson se rendirent à l'armée que le duc d'Anjou rassemblait. Mais, à la première approche d'une troupe bretonne, cette armée se dissipa[1]. Le duc d'Anjou fut réduit à demander une trêve.

Le roi voyait ses Bretons passer l'un après l'autre à l'ennemi. Ceux qui ne voulurent le quitter qu'avec son autorisation l'obtinrent sans difficulté ; mais à la frontière on les arrêtait pour les mettre à mort comme traîtres. Duguesclin lui-même, en butte aux soupçons du roi, lui renvoya l'épée de connétable, disant qu'il s'en allait en Espagne, qu'il était aussi connétable de Castille. Les ducs d'Anjou et de Bourgogne furent envoyés pour l'apaiser. Charles V sentait bien qu'il ne pouvait rien faire sans lui. Mais le vieux capitaine était trop avisé pour aller se casser la tête contre cette furieuse Bretagne. Il valait mieux pour lui rester brouillé avec le roi, et gagner du temps. Selon toute apparence, il ne consentit pas à reprendre l'épée de connétable. Ce fut comme ami du duc de Bourbon, et pour lui faire plaisir, qu'il alla assiéger dans le château de Randon, près du Puy-en-Vélay, une compagnie qui désolait le pays. Il y tomba malade et y mourut[2]. On assure que le capitaine de la place, qui avait promis de se rendre dans quinze jours s'il n'était secouru, tint parole et vint mettre les clefs sur le

1. *App.* 272.
2. *App.* 273.

lit du mort. Cela n'est pas invraisemblable. Duguesclin avait été l'honneur des compagnies, le père des soldats ; il faisait leur fortune, il se ruinait pour payer leurs rançons.

Les États de Bretagne négociaient avec le roi de France, le duc avec celui d'Angleterre. Charles V n'ayant voulu entendre à aucun arrangement, les Bretons laissèrent venir l'Anglais. Un frère de Richard II, le comte de Buckingham, fut chargé de conduire une armée en Bretagne, mais en traversant le royaume par la Picardie, la Champagne, la Beauce, le Blaisois et le Maine. Charles V les laissa passer. Le duc de Bourgogne lui demanda en vain la permission de combattre.

Duguesclin était mort le 13 juillet (1380). Le roi mourut le 16 septembre. Ce jour même, il abolit tout impôt non consenti par les États. C'était revenir au point d'où son règne avait commencé.

Il recommanda aussi en mourant de gagner à tout prix les Bretons[1]. Il avait déjà ordonné que Duguesclin fût enterré à Saint-Denis, à côté de son tombeau. Son fidèle conseiller, le sire de La Rivière, le fut à ses pieds.

Ce prince était mort jeune (quarante-quatre ans), et n'avait rien fini. Une minorité commençait. Le schisme, la guerre de Bretagne, la révolte de Languedoc à peine assoupie, la révolution de Flandre[2] dans toute sa force, c'étaient bien des embarras pour un jeune roi de douze ans. Quoique Charles V eût déclaré par une ordonnance, dès 1374, que désormais les rois seraient majeurs à quatorze ans, son fils devait rester longtemps mineur, et même toute sa vie.

Charles V laissait deux choses, des places bien fortifiées

1. Froissart.

2. L'histoire de cette révolution se lie plus naturellement à celle du règne de Charles VI.

et de l'argent. Après en avoir tant donné aux Anglais, aux compagnies, il avait trouvé moyen d'amasser dix-sept millions. Il avait caché ce trésor à Vincennes, dans l'épaisseur d'un mur ; mais son fils n'en profita pas.

Le roi se croyait sûr des bourgeois. Il avait confirmé et augmenté les privilèges de toutes les villes qui quittaient le parti anglais. Il avait défendu que les hôtels de ses frères servissent d'asile aux criminels, et soumis ces hôtels à la juridiction du prévôt. Conformément aux remontrances du parlement de Paris, il l'autorisa à rendre ses arrêts sans délai, nonobstant *tous lettres royaux à ce contraires*[1]. Il permit aux bourgeois de Paris d'acquérir des fiefs au même titre que les nobles, et de porter les mêmes ornements que les chevaliers. Le roi créait ainsi au centre du royaume une noblesse roturière qui devait avilir l'autre en l'imitant. Toutes les terres de l'Île-de-France allaient peu à peu se trouver entre des mains bourgeoises, c'est-à-dire dans la dépendance plus immédiate du roi.

Ces avantages lointains ne balançaient pas les maux présents. Le peuple n'en pouvait plus. Les taxes étaient d'autant plus fortes que le roi, dès le commencement de son règne, s'était sagement interdit toute altération des monnaies. Je ne sais si cette dernière forme d'impôt n'était pas regrettée ; à une époque où il y avait peu de commerce, et où les rentes féodales se payaient généralement en nature, l'altération des monnaies frappait peu de personnes, et seulement les gens qui pouvaient perdre : par exemple, les usuriers, juifs, Cahorsins, Lombards, ceux qui faisaient la banque et les affaires de Rome ou d'Avignon. Les taxes, au contraire, ne touchaient pas ceux-ci, elles tombaient d'aplomb sur le pauvre.

Les biens d'Église pouvaient seuls venir au secours du

1. *Ordonn.*, V.

peuple et du roi. Mais il fallait du temps avant qu'on osât y porter les mains.

Ce qui prouve combien le clergé avait encore de puissance, c'est la facilité avec laquelle il avait chassé les Anglais des villes du Midi. Le roi de France, que les prêtres venaient de seconder si bien, devait y regarder à deux fois avant de se brouiller avec eux.

Le schisme mettait le pape d'Avignon entièrement à la discrétion du roi, et lui donnait, il est vrai, la libre disposition des bénéfices dans toute l'Église gallicane. Mais cet événement plaçait la France dans une situation périlleuse ; elle se trouvait en quelque sorte isolée au milieu de l'Europe, et comme hors du droit chrétien.

C'était beaucoup sans doute pour la royauté d'avoir, en deux siècles, concentré en ses mains les deux forces du moyen âge, l'Église et la féodalité. Les dignités ecclésiastiques étaient désormais assurées aux serviteurs du roi, les fiefs réunis à la couronne, ou devenus l'apanage des princes du sang. Les grandes maisons féodales, ces vivants symboles des provincialités, s'étaient peu à peu éteintes. Les diversités du moyen âge se fondaient dans l'unité ; mais l'unité était faible encore.

Si Charles V ne put faire beaucoup lui-même, il laissa du moins à la France le type du roi moderne, qu'elle ne connaissait pas. Il enseigna aux étourdis de Créci et de Poitiers ce que c'était que réflexion, patience, persévérance. L'éducation devait être longue ; il y fallut bien des leçons. Mais au moins le but était marqué. La France devait s'y acheminer, lentement, il est vrai, par Louis XI et par Henri IV, par Richelieu et par Colbert.

Dans les misères du quatorzième siècle, elle commença à se mieux connaître elle-même. Elle sut d'abord qu'elle n'était pas et ne voulait pas être Anglaise. En même temps, elle perdait quelque chose du caractère religieux et chevaleresque qui l'avait confondue avec le reste de la chrétienté pendant tout le moyen âge, et elle se voyait, pour la première fois, comme nation et comme prose. Elle atteignait du premier coup, dans Froissart, la perfection de la prose narrative[1]. Le progrès de la langue est immense de Joinville à Froissart, presque nul de Froissart à Comines.

Froissart, c'est vraiment la France d'alors, au fond toute prosaïque, mais chevaleresque de forme et gracieuse d'allure. Le galant chapelain *qui desservit madame Philippa de beaux récits et de lais d'amour* nous conte son histoire aussi nonchalamment qu'il chantait sa messe. D'amis ou d'ennemis, d'Anglais ou de Français, de bien ou de mal, le conteur ne s'en soucie guère. Ceux qui l'accusent de partialité ne le connaissent pas vraiment. S'il paraît quelquefois aimer mieux l'Anglais, c'est que l'Anglais réussit. Peu lui importe, pourvu que de château en château, d'abbaye en abbaye, il conte et écoute de belles histoires, comme nous le voyons dans son voyage aux Pyrénées, cheminant, le joyeux prêtre, avec ses quatre lévriers en laisse qu'il mène au comte de Foix.

Un livre bien moins connu, et sur lequel je m'arrêterais d'autant plus volontiers, c'est un traité composé pour l'usage du peuple des campagnes par ordre du roi : *Le vrai régime et gouvernement des bergers et bergères, composé par le rustique Jehan de Brie, le bon berger* (1379[2]). Dans ce petit livre, écrit avec grâce et beaucoup de douceur, on essaye de relever la vie des champs, d'y intéresser le paysan, découragé du travail après tant de calamités. Cela est fort touchant. C'est évidemment le roi qui se fait berger, et qui, sous cet habit, vient trouver le peuple, gisant entre le bœuf et l'âne, le sermonne doucement, l'encourage et essaye de l'instruire.

1. *App.* 274.
2. *App.* 275.

À propos de l'éducation des troupeaux, et parmi les recettes du berger et du vétérinaire, *Jehan* trouve moyen de dire quelques mots des grandes questions qui s'agitaient alors. Les noms de pasteur et d'ouailles prêtent à mille allusions. On sent partout, au milieu de cette affectation de naïveté rustique, la malice des gens de robe, leur timide causticité à l'égard des prêtres. Ce livre est très proche parent de l'*Avocat Patelin* et de la *Satyre Ménippée*.

Revenons. Il y avait dans l'ordre apparent qu'on admirait sous Charles V, et dans le système général du quatorzième siècle, quelque chose de faible et de faux. La nouvelle religion, sur laquelle tout reposait, la royauté, se fondait elle-même sur une équivoque. De suzeraineté féodale elle s'était faite, sous l'influence des légistes, monarchie romaine, impériale. Les établissements *de France et d'Orléans* étaient devenus les établissements *de la France*. Le roi avait énervé la féodalité, lui avait ôté les armes des mains ; puis, la guerre venant, il avait voulu les lui rendre. Elle subsistait encore cette féodalité, pleine d'orgueil et de faiblesse. C'était comme une armure gigantesque qui, toute vide qu'elle est, menace et brandit la lance. Elle tomba dès qu'on la toucha, à Créci et à Poitiers.

Il fallut bien alors employer les mercenaires, les soldats de louage, c'est-à-dire faire la guerre avec de l'argent. Mais cet argent, où le prendre ? On n'osait encore dépouiller l'Église, et l'industrie n'était pas née. Charles V, avec toute sa sagesse politique, ne pouvait rien faire à cela. Au dernier moment, tout lui manqua à la fois. Les Anglais, qui traversèrent la France en 1380, ne rencontrèrent pas plus de résistance qu'en 1370 ; le roi, qui n'avait plus les Bretons, se trouvait plus faible encore.

La sagesse ayant échoué, on essaya de la folie. La France se lança sous le jeune Charles VI dans une extravagante imitation de la chevalerie, ancienne, dont on avait oublié le vrai caractère et même les formes[1]. Cette fausse chevalerie prit pour son héros un personnage fort peu chevaleresque, le fameux chef des compagnies qui en avait délivré la France, l'habile Duguesclin. L'épopée que l'on fit de ses faits et gestes[2] indique assez que personne n'avait compris le vrai génie du connétable de Charles V.

Ce qu'on imita le mieux de la chevalerie, ce fut la richesse des armes et des armoiries, le luxe des tournois. Charles V avait laissé un peuple ruiné. On demanda à cette misère plus que la richesse n'eût jamais pu payer. Une fois dans l'impossible, que coûte-t-il de demander ?

Même situation dans toute l'Europe. Même vertige. Le hasard veut que la plupart des royaumes soient livrés à des mineurs. La royauté, cette divinité récente, elle bégaye, ou radote. Le siècle de Charles-le-Sage, le premier siècle de la politique, n'est pas arrivé aux trois quarts, qu'il délire et devient fou. Une génération d'insensés occupe tous les trônes. Au glorieux Édouard III succède l'étourdi Richard II, au prudent empereur Charles IV l'ivrogne Wenceslas, au sage Charles V Charles VI, un fou furieux. Urbain VI, D. Pèdre de Castille, Jean Visconti, donnèrent tous des signes de dérangement d'esprit.

La petite sagesse négative qui pensait avoir neutralisé le grand mouvement du monde, se trouvait déjà à bout. Elle s'imaginait avoir tout fini, et tout commençait. Les fils, que les habiles avaient cru tenir, s'embrouillaient de plus en plus. La contradiction du monde augmentait. On eût dit

1. Au point que, sous Charles VI, lorsqu'on arma solennellement chevaliers les deux fils du duc d'Anjou, tous les assistants demandaient ce que signifiaient ces rites.

2. Ce poème offre le mélange bizarre de deux esprits très opposés. Duguesclin y est peint comme un chevalier du treizième siècle ; mais il est malveillant pour les prêtres, comme on l'était au quatorzième. Il ne veut rien prendre du peuple ; il ne rançonne que le pape et les gens d'Église. On croirait lire *la Henriade. App.* 276.

que la raison divine et humaine avait abdiqué. « Dieu, comme dit Luther, s'ennuyait du jeu, et jetait les cartes sous la table. »

C'est un moment tragique que celui où l'on se sent devenir fou, le moment où la raison, éclairée de sa dernière lueur, se voit périr et s'éteindre. « Oh ! ne permets pas que je sois fou, bonté du ciel, s'écrie le roi Lear, conserve-moi dans l'équilibre. Oh ! non, pas fou, de grâce ! je ne voudrais pas être fou !... »

APPENDICE

L'ère nationale de la France est le quatorzième siècle. Les États généraux, le Parlement, toutes nos grandes institutions, commencent ou se régularisent. La bourgeoisie apparaît dans la révolution de Marcel, le paysan dans la Jacquerie, la France elle-même dans la guerre des Anglais.

Cette locution: *Un bon Français*, date du quatorzième siècle.

Jusqu'ici la France était moins France que chrétienté. Dominée, ainsi que tous les autres États, par la féodalité et par l'Église, elle restait obscure et comme perdue dans ces grandes ombres... Le jour venant peu à peu, elle commence à s'entrevoir elle-même.

Sortie à peine de cette nuit poétique du moyen âge, elle est déjà ce que vous la voyez: peuple, prose, esprit critique, antisymbolique.

Aux prêtres, aux chevaliers, succèdent les légistes; après la foi, la loi.

Le petit-fils de saint Louis met la main sur le pape et détruit le Temple. La chevalerie, cette autre religion, meurt à Courtrai, à Créci, à Poitiers.

À l'épopée succède la chronique. Une littérature se forme, déjà moderne et prosaïque, mais vraiment française: point de symboles, peu d'images; ce n'est que grâce et mouvement.

Notre vieux droit avait quelques symboles, quelques formules poétiques. Cette poésie ne comparaît pas impunément au tribunal des légistes. Le parlement, ce grand prosateur, la traduit, l'interprète et la tue.

Au reste, le droit français avait été de tout temps moins asservi au symbolisme que celui d'aucun autre peuple. Cette vérité, pour être négative dans la forme, n'en est pas moins féconde. Nous n'avons point regret au long chemin par lequel nous y sommes arrivés. Pour apprécier le génie austère et la maturité précoce de notre droit, il nous a fallu mettre en face le droit poétique des nations diverses, opposer la France et le monde.

Cette fois donc, la *symbolique* du droit[1]. – Nous en chercherons le mouvement, la *dialectique*, lorsque notre drame national sera mieux noué.

---

1 – page 12 – *Alphonse X s'enfermait avec ses juifs pour altérer d'un mélange romain le droit gothique...*

Je ne prétends pas déprécier ici le code des *Siete Partidas* ; j'espère que mon ami M. Rossew Saint-Hilaire nous le fera bientôt connaître dans le second volume de son *Histoire d'Espagne*, que nous attendons impatiemment. Je n'ai prétendu exprimer sur les lois d'Alphonse que le jugement plus patriotique qu'éclairé de l'Espagne d'alors. Il est juste de reconnaître d'ailleurs que ce prince, tout clerc et savant qu'il était, aima la langue espagnole. « Il fut le premier des rois d'Espagne qui ordonna que les contrats et tous les autres actes publics se fissent désormais en espagnol. Il fit faire une traduction des Livres sacrés en castillan... Il ouvrit la porte à une ignorance profonde des lettres humaines et des autres sciences, que les ecclésiastiques aussi bien que les séculiers ne cultivèrent plus, par l'oubli de la langue latine. » (Mariana, III, p. 188 de la traduction. Note de 1837.)

2 – page 13 – *Lisez le portrait des rois d'Aragon dans Muntaner...*

« Si les sujets de nos rois savaient combien les autres rois sont durs et cruels envers leurs peuples, ils baiseraient la terre foulée par leurs seigneurs. Si l'on me demande : "Muntaner, quelles faveurs font les

1. Ce volume fut publié, dans sa première édition, en même temps que nos *Origines du droit français, trouvées dans les symboles et formules.*

rois d'Aragon à leurs sujets, plus que les autres rois?" je répondrai, premièrement, qu'ils font observer aux nobles, prélats, chevaliers, citoyens, bourgeois et gens des campagnes, la justice et la bonne foi, mieux qu'aucun autre seigneur de la terre; chacun peut devenir riche sans qu'il ait à craindre qu'il lui soit rien demandé au delà de la raison et de la justice, ce qui n'est pas ainsi chez les autres seigneurs; aussi les Catalans et les Aragonais ont des sentiments plus élevés, parce qu'ils ne sont point contraints dans leurs actions, et nul ne peut être bon homme de guerre, s'il n'a des sentiments élevés. Leurs sujets ont de plus cet avantage, que chacun d'eux peut parler à son seigneur autant qu'il le désire, étant bien sûr d'être toujours écouté avec bienveillance, et d'en recevoir des réponses satisfaisantes. D'un autre côté, si un homme riche, un chevalier, un citoyen honnête, veut marier sa fille, et les prie d'honorer la cérémonie de leur présence, ces seigneurs se rendront, soit à l'église, soit ailleurs; ils se rendraient de même au convoi ou à l'anniversaire de tout homme, comme s'il était de leurs parents, ce que ne font pas assurément les autres seigneurs, quels qu'ils soient. De plus, dans les grandes fêtes, ils invitent nombre de braves gens, et ne font pas difficulté de prendre leur repas en public; et tous les invités y mangent, ce qui n'arrive nulle part ailleurs. Ensuite, si des hommes riches, des chevaliers, prélats, citoyens, bourgeois, laboureurs ou autres, leur offrent en présent des fruits, du vin ou autres objets, ils ne feront pas difficulté d'en manger; et dans les châteaux, villes, hameaux et métairies, ils acceptent les invitations qui leur sont faites, mangent ce qu'on leur présente, et couchent dans les chambres qu'on leur a destinées; ils vont aussi à cheval dans les villes, lieux et cités, et se montrent à leurs peuples; et si de pauvres gens, hommes ou femmes, les invoquent, ils s'arrêtent, ils les écoutent, et les aident dans leurs besoins. Que vous dirai-je enfin? ils sont si bons et si affectueux envers leurs sujets qu'on ne saurait le raconter, tant il y aurait à faire; aussi leurs sujets sont pleins d'amour pour eux, et ne craignent point de mourir pour élever leur honneur et leur puissance, et rien ne peut les arrêter quand il faut supporter le froid et le chaud, et courir tous les dangers.» (Ramon Muntaner, I, ch. XX, p. 60, trad. de M. Buchon.)

3 – page 16 – *«Nous avions reçu l'Anti-Christ...»*

«Regni Siculi Antichristum.» (Bart. a Neocastro, ap. Muratori, XIII, 1026.) Bartolomeo et Ramon Muntaner ne font nulle mention de Procida. L'un veut donner toute la gloire aux Siciliens, l'autre au roi d'Aragon, D. Pédro.

4 – page 17 – *La lamentation par laquelle Falcando commence son histoire...*

Hugo Falcandus, ap. Muratori, VII, 252. La latinité de ce grand historien du douzième siècle est singulièrement pure, si on la compare à celle de Bartolomeo, qui écrit pourtant cent ans plus tard.

5 – page 19 – *Les maisons françaises étaient marquées d'avance...*

« Ceulx de Palerne et de Meschines, et des autres bonnes villes, signèrent les huys de Françoys de nuyt ; et quant ce vint au point du jour qu'ils purent voir entour eux, si occirent tous ceulx qu'ils peurent trouver, et ne furent épargnés ne vieulx ne jeunes que tous ne fussent occis. » (*Chroniques de Saint-Denis*, anno 1282.)

6 – page 20 – *Charles d'Anjou répondit aux envoyés de Messine*, etc.

Villani ajoute avec une prudence toute machiavélique : « Onde fue, et sera sempre grande asempio a quelli, che sono et che saranno, di prendere i patti, che si possono havere de' nimici, potendo havere la terra assediata. » Vill., 1. VII, c. XLV, p. 281-282. – Le légat engageait Charles à accepter les conditions des habitants : « Però che, poi che fossino indurati, ognidi peggiorerebbono i patti ; ma raviendo egli la terra, con volontà decittadini medesimi ogni dì li potrebbe alargare ; il quale era sano et buono consiglio. » (*Id.*, l. VII, c. LXV, p. 281.)

7 – page 20 – *Ce ne fut qu'au bout de plusieurs mois*, etc.

Rien de plus romanesque et toutefois de plus vraisemblable que le tableau du chroniqueur sicilien, lorsque le froid Aragonais se hasarda à descendre sur cette terre ardente, où tout était passion et péril. Il allait entrer sur le territoire de Messine, et déjà il était parvenu à une église de Notre-Dame, ancien temple situé sur un promontoire d'où l'on voit la mer et la fumée lointaine des îles de Lipari. Il ne put s'empêcher d'admirer cette vue, et alla camper dans la vallée voisine. C'était le soir, et déjà tout le monde reposait. Un vieux mendiant s'approche et demande humblement à parler au roi de choses qui touchent l'honneur du royaume : « Excellent prince, dit-il, ne dédaignez pas d'écouter cet homme couvert de la cape des chevriers de l'Etna. J'aimais votre beau-frère, le roi Manfred, d'éternelle mémoire. Proscrit et dépouillé pour lui, j'ai visité les royaumes chrétiens et barbares. Mais je voulais revoir la Sicile, je me suis hasardé à y revenir ; j'y ai vécu avec les bergers, changeant de retraite dans les gorges et les bois. Vous ne connaissez pas les Siciliens sur lesquels vous allez régner, vous ignorez leur duplicité. Comment vous fier, par exemple, au léontin Alayne, et à sa femme

Machalda, qui le gouverne ? Ne savez-vous pas qu'il a été proscrit par Manfred ? ramené, enrichi par Charles d'Anjou ? Sa femme saura bien encore le tourner contre vous-même. – Qui es-tu, mon ami, toi qui veux nous mettre en défiance de nos nouveaux sujets ? – Je suis Vitalis de Vitali. Je suis de Messine... » – À l'instant même arrive Machalda, vêtue en amazone ; elle venait hardiment prendre possession du jeune roi : « Seigneur, dit-elle, avec la vivacité sicilienne, j'arrive la dernière. Tous les logis sont pris, je viens vous demander l'hospitalité d'une nuit. » Le roi lui céda le logis où il devait reposer. Mais ce n'était pas son affaire, elle ne partait pas. Vainement dit-il à son majordome : « Il est temps de prendre du repos. » Elle reste immobile. Alors le roi prend son parti : « Eh bien, dit-il, causons jusqu'au jour. Madame, que craignez-vous le plus ? – La mort de mon mari. – Qu'aimez-vous le plus ? – Ce que j'aime n'est point à moi. » – Le roi, prenant alors un ton plus grave, raconte les phénomènes étranges qui ont, dit-il, accompagné sa naissance : il est venu au monde pendant un tremblement de terre ; désigné ainsi par la Providence, il n'a pris les armes que pour accomplir le saint devoir de venger Manfred. Machalda, ainsi éconduite, devint l'ennemie implacable du roi. « Plût au ciel, dit naïvement l'historien patriote, qu'elle eût séduit le roi ! Elle n'eût pas troublé le royaume. » (Barthol. a Neoc., apud Muratori, III, 1060-63.)

8 – page 23 – *Le roi d'Aragon accepta le combat singulier proposé par Charles d'Anjou...*

« Cio fece per grande sagacita di guerra et per suo gran senno, conciosiacosa ch'egli era molto povero di moneta et da no potere respondere al soccorso et riparo de' Ciciliani... Onde timea che... non si arrendessono... per che non li sentiva constanti ne fermi... et cosi et savio suo provedimento venne bene adoperato. » (Villani, c. LXXXV, p. 296.)

9 – page 30 – *Philippe-le-Bel défend d'emprisonner qui que ce soit sur la seule demande des inquisiteurs...*

« Dictum fuit (in parliamento) quod prælati aut eorum officiales non possunt pænas pecuniarias Judæis infligere nec exigere per ecclesiasticam censuram, sed solum modo pœnam a canone statutam, scilicet communionem fidelium sibi subtrahere. » (*Libertés de l'Église gallicane*, II, 148). – On serait tenté de voir ici une ironie amère de l'excommunication.

10 – page 37 – *Édouard Ier écrivit humblement à ses sujets de Guyenne*, etc.

« Nous avions un traité avec le roi de France, d'après lequel nous avons fait de vous et de notre duché certaines obéissances à ce roi, que nous avons cru être pour le bien de la paix et l'avantage de la chrétienté. Mais, par là, nous nous sommes rendus coupables envers vous, puisque nous l'avons fait sans votre consentement; d'autant plus que vous étiez bien préparés à garder et à défendre votre terre. Toutefois, nous vous demandons de vouloir bien nous tenir pour excusés; car nous avons été circonvenus et séduits dans cette conjoncture. Nous en souffrons plus que personne, comme pourront vous l'assurer Hugues de Vères, Raymond de Ferrers, qui conduisaient en notre nom ce traité à la cour de France. Mais, avec l'aide de Dieu, nous ne ferons plus rien d'important désormais relativement à ce duché sans votre conseil et votre assentiment.» (Ap. Rymer, t. II, p. 644. – Sismondi, VIII, 480.)

11 – page 39 – *L'indulgence de la Coutume de Flandre pour la femme et pour le bâtard...*

«In Flandria jam inde ab initio observatum constat, neminem ibi nothum esse ex matre.» (Meyer, folio 75.) Le privilège fut étendu aux hommes de Bruges par Louis de Nevers: «Il les affranchit de bastardise, sy avant que le bastard soit bourgeois ou fils de bourgeois, sans fraude (1331).» (Oudegherst. *Chron. de Flandres*. – *Origines du droit*, l. Ier, ch. III.) Les bâtards héritaient des biens de leurs mères. «Car on n'est pas l'enfant illégitime de sa mère.» *(Miroir de Saxe.)* – Diverses lois anciennes donnent même aux enfants naturels des droits sur les biens de leur père. (Grimm, 476.) – J'ai parlé ailleurs du droit des bâtards en France. Selon Olivier de la Marche, «il n'y avait en Europe que les Allemands chez qui les bâtards fussent généralement méprisés». Guillaume-le-Conquérant s'intitule dans une lettre: «Moi, Guillaume, surnommé le Bâtard.»

12 – page 47 – *Boniface VIII, vieil avocat*, etc.

«Hic longo tempore experientiam habuit curiæ, quia primo advocatus ibidem, inde factus postea notarius papæ, postea cardinalis, et inde in cardinalatu expeditor ad casus Collegii declarandos, seu ad exteros respondendos.» (Muratori, XI, 1103.)

13 – page 48 – *L'homme est double; il y a en lui le Pape et l'Empereur...*

«Cum omnis natura ad ultimum quemdam finem ordinetur, consequitur ut hominis duplex finis existat: ut sicut inter omnia entia solus incorruptibilitatem et corruptibilitatem participat, sic... Propter quod opus fuit homini duplici directivo, secundum duplicem fnem: scilicet summo pontifice, qui secundum revelata humanum genus produceret ad vitam æternam; et imperatore, qui secundum philosophica documenta genus humanum ad temporalem felicitatem dirigeret. (Dante, *De Monarchia*, p. 78, édit. Zatta.)

14 – page 49 – *De Monarchia, « De l'unité du monde social »...*

Dante (*De Monarchia*, t. IV, p. 2 a). L'éditeur a mis au frontispice l'aigle de l'Empire avec cette épigraphe :

E sotte l'ombra delle sacre penne,
Governo l'mondo li di mano in mano.
Paradis, c. VI, v. 7.

15 – page 49 – *Ce monarque, possédant tout, ne peut rien désirer*, etc.

« Notandum quod justitiæ maxime contrariatur cupiditas... Ubi non est quod possit optari, impossibile est ibi cupiditatem esse... Sed monarchia non habet quod possit optare. Sua namque juridictio terminatur Oceano solum. » (P. 17). – Il prouve ensuite que la charité, la liberté universelle, sont à la condition de cette monarchie. – « O genus humanum, quantis procellis et jacturis quantisque naufragiis agitari te necesse est, dum bellua multorum capitum factum, in diversa conaris, intellectu ægrotas utroque similiter et affectu... cum per tubam Sancti Spiritus tibi effletur Ecce quam bonum et quam jucundum habitare fratres in unum ! » (Dante, *De Monarchia*, p. 27.)

16 – page 51 – *Saisset appartenait à la famille des anciens vicomtes de Toulouse...*

« Quod antiquitus erat Cornes et Vicecomes Tholosæ, et quia ipse erat de genere Vicecomitis, qui dictus Vicecomes dominabatur in certa parte civitatis Tholosæ. » (Dupuy, *Différ.*, 640.)

Il était l'ami de toute la noblesse municipale...

« Quia omnes meliores homines de Tholosa sunt de parentela nostra, et facient quidquid nos voluerimus. » (*Ibid.*, p. 643.)

Il rêvait la fondation d'un royaume du Languedoc...

« Audivit dictum episcopum Appam. comiti Fuxi dicentem Faciatis pacem mecum, et vos habebitis civitatem Appam., et eritis rex, quia antiquitus solebat ibi esse regnum adeo nobile sicut regnum Franciæ, et postea ego faciam quod vos eritis comes Tholosæ, quia in civitate Tholosæ et in terra habeo multos amicos, valde nobiles et valde potentes... »

(*Ibid.*, 645.) Voy. encore le premier témoin, p. 633, et le quatorzième témoin, p. 640.

... *au profit du comte de Comminges...*

« Ipse episcopus semper dilexerat comitem Convenarum et totum genus suum, et specialiter quia erat ex parte una de recta linea comitis Tholosani, et quod gentes totius terræ diligebant dictum comitem ex causa prædicta. » (*Ibid.*, dix-septième témoin, p. 642.)

17 – page 54 – *La petite bulle fut brûlée*, etc.

Dupuy, *Preuves du diff.*, p. 59. – « Fuerunt litteræ ejus (papæ) in regno Franciæ coram pluribus concrematæ, et sine honore remissi nuntii. » (*Chron. Rothomagense*, ann. 1302 ; et *Appendix Annalium H. Steronis Altahensis.*) – Le ms. cité par Dupuy, *Preuves du diff.*, 59, et que lui seul a vu, n'est donc pas, comme le dit M. de Sismondi, la seule autorité pour ce fait. (Voy. Sism., IX, 88.)

18 – page 56 – *Lettre des nobles aux cardinaux...*

La lettre ajoutait au nom des nobles. « Et se ainsi estoit que nous, ou aucuns de nous le voulsissions souffrir, ne les souferroit mie lidicts nostre sire li roys, ne li commun peuples dudit royaume : et à grand'douleur, et à grand meschief, nous vous faisons à sçavoir par la teneur de ces lettres, que ce ne sont choses qui plaisent à Dieu, ne ne doivent plaire à nul homme de bonne voulenté, ne oncques mes telles choses ne descendirent en cuer d'homme, ne ores ne furent, ne attendües advenir, fors avecques Antechrist... Pourquoi nous vous prions et requerons tant affectueusement comme nous pouvons... que li malices qui est esmeus, soit arrière mis et anientis, et que de ces excès qu'il a accoustumé à faire, il soit chastiez en telle manière, que li estat de la Chrestienté soit et demeure en son bon point et en son bon estat, et de ces choses nous faites à sçavoir par le porteur de ces lettres vostre volenté et vostre entention : car pour ce nous l'envoyons espéciaument à vous, et bien voulons que vous soyez certain que ne pour vie, ne pour mort, nous ne départirons, ne ne veons à départir de ce procez, et feust ores, ainsi que li Roys nostre Sire le voulust bien... Et pource que trop longue chose, et chargeans seroit, se chacun de nous metteroit seel en ces présentes lettres, faites de nostre commun assentement, nos Loys fils le roi de France, cuens de Évreux ; Robert cuens d'Artois ; Robert Dux de Bourgoigne ; Jean Dux de Bretaine ; Ferry Dux de Lorraine ; Jean cuens de Hainaut et de Hollande ; Henry cuens de Luxembourg ;

Guis cuens de S. Pol; Jean cuens de Dreux; Hugues cuens de la Marche; Robert cuens de Bouloigne; Loys cuens de Nivers et de Retel; Jean cuens d'Eu; Bernard cuens de Comminges; Jean cuens d'Aubmarle; Jean cuens de Fores; Valeran cuens de Périgors; Jean cuens de Joigny; Jean cuens d'Auxerre; Aymars de Poitiers, cuens de Valentinois; Estennes mens de Sancerre; Renault cuens de Montbeliart; Enjorrant sire de Coucy; Godefroi de Breban; Raoul de Clermont connestable de France; Jean sire de Chastiauvilain; Jourdain sire de Lille; Jean de Chalon sire Darlay; Guillaume de Chaveigny sire de Chastiau-Raoul; Richars sire de Beaujeu, et Amaurry vicuens de Narbonne, avons mis à la requeste, et en nom de nous, et pour tous les autres, nos seaus en ces présentes lettres. Donné à Paris, le 10e jour d'avril, l'an de grâce 1302.»

19 – page 57 – *Lettre des membres du clergé...*

«... Prout quidam nostrum qui ducatus, comitatus, baronias, feoda et alia membra dicti regni tenemus... adessemus eidem debitis consiliis et auxiliis opportunis... Cognoscentes quod excrescunt angustiæ cum jam abhorreant laïci et prorsus effugiant consortia clericorum.» (Dupuy, *Preuves*, p. 70.) – La lettre est datée de mars, c'est-à-dire probablement antidatée: «Datum Parisüs die Martis prædicta: le susdit jour de mars.» Et ils n'ont indiqué auparavant aucun jour. Mais ils ne voulaient point dater de l'assemblée du roi, ne s'étant pas rendus à celle du pape.

Cette lettre contient également le grand grief de la noblesse...

«Et prælati dum non habent quid pro meritis tribuant, imo retribuant, nobilibus, quorum progenitores ecclesias fundaverunt, et aliis litteratis personis, non inveniunt servitores.» (Dup., *Preuves*, p. 69.)

20 – page 59 – *Le lion couronné de Gand, qui dort aux genoux de la Vierge...*

«Hodie quoque pro symbolo urbis Virgo sepimento ligneo clausa, cujus in sinu Leo cum Flandriæ labaro cubat...» (Sanderus, *Gandav. Rer.*, l. I, p. 51.).

21 – page 59 – «*Roland, Roland*», etc.

C'était l'inscription de la cloche:

Roclandt, Roelandt, als ick kleppe, dan ist brandt,
Als ick luve, dan ist storm in Vlaenderlandt.
(Sanderus, l. 11, p. 115.)

22 – page 59 – *Peter Kœnig...*

« Primus ausus est Gallorum obsistere tyrannidi Petrus cognomento Rex, homo plebeius, unoculus, ætate sexagenarius, opificio textor pannorum, brevi vir statura nec facie admodum liberali, animo tamen magno et feroci, consilio bonus, manu promptus, flandrica quidem lingua cumprimis facundus, gallicæ ignarus. » (Meyer, p. 91.)

Les gens du peuple se mettent à battre leurs chaudrons...

« Cumque ad campanam civitatis non auderent accedere, pelves suas pulsantes... omnem multitudimen concitarunt. » (*Ibid.*, p. 90.)

23 – page 60 – *Les Gantais furent retenus par leurs gros fabricants.*

« Primores civitatis, quique dignitate aliqua aut opibus valebant, Liliatorum sequebantur partes, formidantes Regis potentiam, suisque timentes facultatibus. » (*Ibid.*, p. 91.)

24 – page 60 – *Ils voulurent communier ensemble*, etc.

« À la bataille de Courtrai, les Flamands firent venir un prêtre sur le champ de bataille avec le corps de Christ, de sorte qu'ils pouvaient tous le voir. En guise de communion, chacun d'eux prit de la terre à ses pieds et se la mit dans la bouche. » (G. Villani, t. VIII, c. LV, p. 335.) – Voy. d'autres exemples de cette communion par la terre dans mes *Origines du droit*, livre III, ch. IV.

25 – page 61 – *On répétait que Châtillon*, etc.

« Vasa vinaria portasse restibus plena, ut plebeios strangularet. » (Meyer.)

La reine avait, disait-on, recommandé aux Français que, etc.

« Ut apros quidem, hoc est viros, hastis, sed sues verutis confoderent, infesta admodum mulieribus, quas sues vocabat, ob fastum illum femineum visum a se Brugis. » (*Ibid.*, p. 93.) – La reine avait dit en voyant les Flamandes : « Ego rata sum me esse reginam ; at hic sexcentas conspicio. » (*Ibid.*, p. 89.)

26 – page 62 – *Les Flamands tuaient à leur aise*, etc.

« Incredibile narratu est quanto robore, quantaque ferocia, colluctantem secum in fossis hostem nostri exceperint, malleis ferreis plumbeisque mactaverint. » (Meyer, 94.) – « Guillelmus cognomento *ab Saltinga...* tantis viribus dimicavit, ut equites 40 prostravisse, hostesque alios 1 400 se jugulasse gloriatus sit. » (*Ibid.*, 95.)

27 – page 63 – *Après la défaite de Philippe à Courtrai, la cour pontificale changea de langage...*

Quinze jours avant la bataille de Courtrai, le pape tint dans l'assemblée des cardinaux un discours dont la conciliation semblait le but. Il y dit, entre autres choses, que sous Philippe-Auguste le roi de France avait dix-huit mille livres de revenus, et que maintenant, grâce à la munificence de l'Église, il en avait plus de quarante mille. Pierre Flotte, dit-il encore, est aveugle de corps et d'esprit, Dieu l'a ainsi puni en son corps ; cet homme de fiel, cet homme du diable, cet Achitophel, a pour appui les comtes d'Artois et de Saint-Pol ; il a falsifié ou supposé une lettre du pape ; il lui fait dire au roi qu'il ait à reconnaître qu'il tient son royaume de lui. Le pape ajoute : « Voilà quarante ans que nous sommes docteur en droit, et que nous savons que les deux puissances sont ordonnées de Dieu. Qui peut donc croire qu'une telle folie nous soit tombée dans l'esprit ?... Mais on ne peut nier que le roi ou tout autre fidèle ne nous soit soumis sous *le rapport du péché*... Ce que le roi a fait illicitement, nous voulons désormais qu'il le fasse licitement. Nous ne lui refuserons aucune grâce. Qu'il nous envoie des gens de bien, comme le duc de Bourgogne et le comte de Bretagne ; qu'ils disent en quoi nous avons manqué, nous nous amenderons. Tant que j'ai été cardinal, j'ai été Français ; depuis, nous avons beaucoup aimé le roi. Sans nous, il ne tiendrait pas d'un pied dans son siège royal ; les Anglais et les Allemands s'élèveraient contre lui. Nous connaissons tous les secrets du royaume ; nous savons comme les Allemands, les Bourguignons et ceux du Languedoc aiment les Français. *Amantes neminem amat vos nemo*, comme dit Bernard. Nos prédécesseurs ont déposé trois rois de France ; après tout ce que celui-ci a fait, nous le déposerions *comme un pauvre gars* (sicut unum garcionem), avec douleur toutefois, avec grande tristesse, s'il fallait en venir à cette nécessité. » (Dupuy, *Preuves*, p. 77-8.) – Malgré l'insolence de la finale, ce discours était une concession du pape, un pas en arrière.

28 – page 63, note – *Consultation de Pierre Dubois contre le pape...*

Voici en substance ce pamphlet du quatorzième siècle. – Après avoir établi l'impossibilité d'une suprématie universelle et réfuté les prétendus exemples des Indiens, des Assyriens, des Grecs et des Romains, il cite la loi de Moïse qui défend la convoitise et le vol. « Or le pape convoite et ravit la suprême liberté du roi, qui est et a toujours été de n'être soumis à personne, et de commander par tout son royaume sans crainte de contrôle humain. De plus, on ne peut nier que depuis la distinction des *domaines*, l'usurpation des choses possédées, de celles surtout qui sont prescrites par une possession immémoriale, ne soit péché mortel. Or le roi de France possède la suprême juridiction et la franchise de son temporel, depuis plus de mille ans. Item, le même roi, depuis le temps de Charlemagne dont il descend, comme on le voit dans le canon *Antecessores* possède, et a prescrit la collation des prébendes et les fruits de la garde des églises, non sans titre et par occupation, mais par donation du pape Adrien, qui, du consentement du concile général, a conféré à Charlemagne ces droits et bien d'autres presque incomparablement plus grands, savoir que lui et ses successeurs pourraient choisir et nommer qui ils voudraient papes, cardinaux, patriarches, prélats, etc. D'ailleurs, le pape ne peut réclamer la suprématie du royaume de France que comme souverain Pontife mais si c'était réellement un droit de la papauté, il eût appartenu à saint Pierre et à ses successeurs qui ne l'ont point réclamé. Le roi de France a pour lui une prescription de douze cent soixante-dix ans. Or, la possession centenaire même sans titre suffit, d'après une nouvelle constitution dudit pape, pour prescrire contre lui et contre l'Église romaine, et même contre l'Empire, selon les lois impériales. Donc, si le pape ou l'empereur avaient eu quelque servitude sur le royaume, ce qui n'est pas vrai, leur droit serait éteint... En outre, si le pape statuait que la prescription ne court pas contre lui, elle ne courra donc pas non plus contre les autres, et surtout contre les princes, qui ne reconnaissent pas de supérieurs. Donc, l'empereur de Constantinople qui lui a donné tout son patrimoine (la donation étant excessive, comme faite par un simple administrateur des biens de l'Empire), peut, comme donateur (ou l'empereur d'Allemagne, comme subrogé en sa place), révoquer cette donation... Et ainsi la papauté serait réduite à sa pauvreté primitive des temps antérieurs à Constantin, puisque cette donation, nulle en droit dès le principe, pourrait être révoquée sans la prescription *longissimi temporis.* » (Dupuy, p. 15-7.)

29 – page 64 – *« Dans la chaire du bienheureux Pierre, siège ce maître des mensonges... »*

« Sedet in cathedra beati Petri mendaciorum magister, faciens se, cum sit omnifario maleficus, Bonifacium nominari. » *(Ibid.)* « Nec ad ejus excusationem... quod ab aliquibus dicitur post mortem dicti Cœlestini... cardinales in eum denuo consensisse : cum *ejus esse conjux non potuerit quam, primo viro vivente, fide digno conjugii, constat per adulterium polluisse.* » (*Ibid.*, 57.) « Ut sicut angelus Domini prophetæ Balaam... occurrit gladio evaginato in via, sic dicto pestifero vos evaginato gladio occurrere velitis, ne possit malum perficere populo quod intendit. » *(Ibid.)*

30 – page 65 – *Réquisitoire de Plasian contre Boniface...*

« Moi Guillaume de Plasian, chevalier, je dis, j'avance et j'affirme que Boniface qui occupe maintenant le siège apostolique sera trouvé parfait hérétique, en hérésies, faits énormes et dogmes pervers ci-dessous mentionnés : 1° il ne croit pas à l'immortalité de l'âme ; 2° il ne croit pas à la vie éternelle, car il dit qu'il aimerait mieux être chien, âne ou quelque autre brute que Français, ce qu'il ne dirait pas s'il croyait qu'un Français a une âme éternelle. – Il ne croit point à la présence réelle, car il orne plus magnifiquement son trône que l'autel. – Il a dit que pour abaisser le roi et les Français, il bouleverserait tout le monde. – Il a approuvé le livre d'Arnaud de Villeneuve, condamné par l'évêque et l'Université de Paris. – Il s'est fait élever des statues d'argent dans les églises. – Il a un démon familier : car il a dit que si tous les hommes étaient d'un côté et lui seul de l'autre, il ne pourrait se tromper ni en fait ni en droit : cela suppose un art diabolique. – Il a prêché publiquement que le pontife romain ne pouvait commettre de simonie : ce qui est hérétique à dire. – En parfait hérétique qui veut avoir la vraie foi à lui seul, il a appelé Patérins les Français, nation notoirement très chrétienne. – Il est sodomite. – Il a fait tuer plusieurs clercs devant lui, disant à ses gardes s'ils ne les tuaient pas du premier coup : Frappe, frappe ; Dali, Dali. – Il a forcé des prêtres à violer le secret de la confession... – Il n'observe ni vigiles ni carême. – Il déprécie le collège des cardinaux, les ordres des moines noirs et blancs, des frères prêcheurs et mineurs, répétant souvent que le monde se perdait par eux, que c'étaient de faux hypocrites, et que rien de bon n'arriverait à qui se confesserait à eux. – Voulant détruire la foi, il a conçu une vieille aversion contre le roi de France, en haine de la foi, parce qu'en la France est et fut toujours la splendeur de la foi, le grand appui et l'exemple de la chrétienté. – Il a tout soulevé contre la maison de France, l'Angleterre, l'Allemagne, confirmant au roi d'Allemagne le titre d'empereur, et publiant qu'il le faisait pour détruire la superbe des Français, qui disaient n'être soumis à personne temporellement : ajoutant qu'ils en avaient menti par la gorge *(per gulam)*, et déclarant que si un ange descendait du ciel et disait qu'ils ne sont soumis ni à lui ni à l'empereur, il serait anathème. – Il a laissé perdre la terre sainte... détournant l'argent destiné à la défendre. – Il est publiquement reconnu simoniaque, bien plus, la source et la base de la simonie, vendant au plus offrant les bénéfices, imposant à l'Église et aux prélats le servage et la taille pour enrichir les siens du patrimoine du Crucifié, en faire marquis, comtes, barons. – Il rompt les mariages. – Il rompt les vœux des religieuses. – Il a dit que dans un peu il ferait de tous les Français des martyrs ou des apostats, etc. » (Dupuy, *Diff.*, *Preuves*, p. 102-7 ; cf. 326-346, 350-362.)

31 – page 66 – *L'Université de Paris, les dominicains de la même ville, les mineurs de Touraine, se déclarèrent pour le roi...*

En 1295, Boniface les avait affranchis de toute juridiction ecclésiastique, sans craindre le mécontentement du clergé de France. (Bulæus, III, p. 511.) Il n'avait point cessé d'ajouter à leurs privilèges. (*Ibid.*, p. 516, 545.) – Quant à l'Université, Philippe-le-Bel l'avait gagnée par mille prévenances. (Bulæus, III, p. 542, 544.) Aussi elle le soutint dans toutes ses mesures fiscales contre le clergé. Dès le commencement de la lutte, elle se trouvait associée à sa cause par le pape lui-même : « Universitates quæ in his culpabiles fuerint, ecclesiastico supponimus interdicto. » (Bulle *Clericis laïcos.*) Aussi l'Université se déclare hautement pour le roi : « Appellationi Regis adhæremus supponentes nos... et Universitatem nostram protectioni divinæ et prædicti concilii generalis ac futuri veri et legitimi summi pontificis. » (Dupuy, *Preuves*, p. 117-118).

32 – page 67 – *Nogaret s'était fait donner des pouvoirs illimités du roi...*

« Philippus, Dei gratia... Guillelmo de Nogareto... plenam et liberam tenore præsentium committimus potestatem, ratum habituri et gratum, quidquid factum fuerit in præmissis et *ea tangentibus, seu dependentibus ex eisdem...* » (Dupuy, *Preuves*, 175.)

33 – page 68 – ... *à Anagni, au milieu d'un peuple qui venait de traîner dans la boue les lis et le drapeau de France...*

« Ut proditionem fecerint eidem domino Guillelmo et sequacibus suis, ac trascinare fecissent per Anagniam vexillum ac insignia dicti domini Regis, favore et adjutorio illius Bonifacii. » (Dupuy, *Preuves*, p. 175.)

34 – page 66 – *Supino s'engagea pour la vie ou la mort de Boniface...*

« Guillelmus prædictus asseruit dictum dominum Raynaldum (de Supino), esse benevolum, sollicitum et fidelem... tam in vita ipsius Bonifacii quam in morte... et ipsum dominum receptasse tain in vita *quam in morte Bonifacii prædicti.* » (Dup., *Preuves*, p. 175.)

35 – page 69 – *On menace, on outrage le vieillard*, etc.

« Ruptis ostiis et fenestris palatii papæ, et pluribus lotis igne supposito, per vim ad papam exercitus est ingressus ; quem tunc permulti verbis contumeliosis sunt agressi : minæ etiam ei a pluribus sunt illatæ. Sed papa nulli respondit. Enimvero cum ad rationem positus esset, an vellet renunciare papatui, constanter respondit non, imo citius vellet perdere caput suum, dicens in suo vulgari : "Ecco il collo, ecco il capo." » (Walsingham, apud Dupuy, *Preuves*.) – « Da che per tradimento come Jesu Christo voglio essere preso, convienmi morire, almeno voglio morire come papa. Et di presente si fece parare dell' amanto di san Piero, et con la corona di Constantino in capo, et con la chiavi et croce in mano, et posesi a sidere suso la sedia papale. » (Villani, VIII, 63.) – « Et eust été feru deux fois d'un des chevaliers de la Colonne, n'eust été un chevalier de France qui le contesta... » (*Chron. de Saint-Denis*. Dup., *Preuves*, p. 191.) Nicolas Gilles (1492) y ajoute : « Par deux fois cuida le pape estre tué par un chevalier de ceulx de la Coulonne, si ne fust qu'on le détourna : toutefois il le frappa de la main armée d'un gantelet sur le visage jusques à grande effusion de sang. » (Ap. Dupuy, *Preuves*, p. 199.)

36 – page 70 – *On l'apporta sur la place*, etc.

« Tunc populus fecit papam deportari in magnam plateam, ubi papa lacrymando populo prædicavit, inter omnia gratia agens Deo et populo Anagniæ de vita sua. Tandem in fine sermonis dixit : Boni homines et mulieres, constat vobis qualiter inimici mei venerunt et abstulerunt omnia bona mea, et non tantum mea, sed et omnia bona Ecclesiæ, et me ita pauperem sicut Job fuerat dimiserunt. Propter quod dico vobis veraciter, quod nihil habeo ad comedendum vel bibendum, et jejunus remansi usque ad præsens. Et si sit aliqua bona mulier quæ me velit de sua juvare eleemosyna, in pane vel vino : et si vinum non habuerit, de aqua permodica, dabo ei benedictionem Dei et meam... Tunc omnes hæc ex ove papæ clamabant : "Vivas, Pater sancte." Et nunc cerneres mulieres currere certatim ad palatium, ad offerendum sibi panem, vinum vel aquam... Et cum non invenirentur vasa ad capiendum allata, fundebant vinum et aquam in arca cameræ papæ, in magna quantitate. Et tunc potuit quisque ingredi et cum papa loqui, sicut cum alio paupere. » (Walsingh. apud Dupuy, *Preuves*, 196.)

37 – page 73 – *Philippe envoya au pape un mémoire contre Boniface*, etc.

« La forme de cet acte est bizarre ; à chaque titre d'accusation il y a un éloge pour la cour de Rome. Ainsi : "Les saints Pères avaient coutume de ne point thésauriser ; ils distribuaient aux pauvres les biens des églises. Boniface, tout au contraire, etc." C'est la forme invariable de chaque article. On pouvait douter si c'était bien sérieusement que le roi attribuait ainsi à un seul pape tous les abus de la papauté. » (Dupuy, *Preuves*, p. 209-210.)

Cet acte, rédigé en langue vulgaire, était plutôt un appel du roi au peuple, etc.

« À vous, très noble prince, nostre Sire, par la grace de Dieu Roy de France, supplie et requière le pueuble de vostre royaume, pour ce que il appartient que ce soit faict, que vous gardiez la souveraine franchise de vostre royaume, qui est telle que vous ne recognissiez de vostre temporel souverain en terre fors que Dieu, et que vous faciez déclarer que le pape Boniface erra manifestement et fit péché mortel, notoirement en vous mandant par lettres bullées que il estoit vostre souverain de vostre temporel... Item... que l'on doit tenir ledit Pape pour herège... L'on peut prouver par vive force sans ce que nul n'y pusse par raison répondre que le pape n'eut oncques seigneurie de vostre temporel... Quand Dieu le Père eut créé le ciel et les quatre éléments, eut formé Adam et Ève, il dit à eux et à leur succession : *Quod calcaverit pes tuus, tuum erit...* C'est-à-dire qu'il vouloit que chascun homme fut le seigneur de cen qu'il occuperoit de terre. Ainsi départirent les fils d'Adam la terre et en furent seigneurs trois mil ans et plus, avant le temps Melchisedech qui fut le premier Prêtre qui fut Roy, si comme dit l'histoire : mais il ne fut pas Roy de tout le monde : et obéissant la gent à li comme a Roy du temporel et non pas a Prestre si fut autant Roy que Prestre. Emprès sa mort fut grands temps, 600 ans ou plus, avant que nul autre fust Prestre. Et Dieu le Père qui donna la Loy à Moïse, l'establit Prince de son peuple d'Israël et li commanda que il fist Aaron son frère souverain Prestre et son fils après li. Et Moïse bailla et commist quand il deust mourir, du commandement de Dieu, la seigneurie du temporel non pas au souverain Prestre son frère mais à Josué sans débat que Aaron et son fils après li y missent : mais gardoient le tabernacle... et se aidoient au temporel défendre... Celuy Dieu qui toutes les choses présentes et avenir sçavoit, commanda à Josué leur Prince qu'il partist la terre entre ces onze lignies ; et que la lignie des Prestres eussent en lieu de leur partie les diesmes et les premisses de tout, et en resquissent sans terre, si que eux peussent plus profitablement Dieu servir et prier pour ce pueuble. Et puis quand ce peuple d'Israël demanda Roy à nostre Seigneur, ou fit demander par le prophète Samuel, il ne leur eslit pas ce souverain Prestre, mais Saül qui surmontoit de grandeur tout le pueuble de tout le col et de la teste... *(Allusion à Philippe-le-Bel ?)* Si que il not nul Roy en Hierusalem sus le pueuble de Dieu qui fust Prestre, mais avoient Roy et souverain Prestres en diverses personnes et avoit l'un assez a faire de gouverner le temporel et le autre l'espirituel du petit pueuble et si obéissoient tous les Prestres, du temporel as Rois. Emprès Notre-Seigneur Jésus-Christ fut souverain Prestre, et ne trouve l'en point écrit qu'il eust oncques nulle possession de temporel... Après ce, sainct Père *(Pierre)*... Ce fust grande abomination à ouïr que c'est Boniface, pour ce que Dieu dit à sainct Père : « Ce que tu lieras en terre sera lié au ciel », cette parole d'espiritualité entendit mallement comme bougre, quant au temporel. Il estoit greigneur besoin qu'il sceust arabic, caldei, grieux, ebrieux et tous autres langages desquelx il est moult de chrétiens qui ne croient pas, comme l'église de Rome... Vous nobles Roy... herège defendeour de la foy, destruieur de bougres povès et devès et estes tenus requerre et procurer que ledit Boniface soit tenus et jugez pour herège et punis en la manière que l'on le pourra et devra et doit faire emprès sa mort. » (Dupuy, *Différ.*, p. 214-218.)

38 – page 74 – *La guerre de Flandre avait mis à bout Philippe...*

« Cette terrible année 1303 est caractérisée par le silence des registres du parlement. On y lit en 1304 : Anno præcedente propter guerram Flandriæ non fuit parliamentum. » (*Olim*, III, folio CVII. Archives du royaume, section judiciaire.)

39 – page 75 – *L'affaire du pape*, etc.

Baillet établit un rapprochement entre les démêlés de Philippe-le-Bel et ceux de Louis XIV avec le Saint-Siège : « L'un et l'autre différend s'est passé sous trois papes, dont le premier ayant vu naître le différend est mort au fort de la querelle (Boniface VIII, Innocent XI). Le second (Benoît XI, successeur de Boniface, et Alexandre VIII, successeur d'Innocent), ayant été prévenu de soumissions par la France, s'est raccommodé en usant néanmoins de dissimulation pour sauver les prétentions de la cour de Rome. Le troisième (Clément V, et Innocent XII), a terminé toute l'affaire. De la part de la France, il n'y a eu dans chaque démêlé qu'un roi (Philippe-le-Bel, Louis XIV). Un évêque de Pamiers semble avoir donné occasion à la querelle dans l'un comme dans l'autre différend. Le droit de régale est entré dans tous les deux. Il y a eu dans l'un et dans l'autre appel au futur concile... L'attachement des membres de l'Église gallicane pour leur roi y a été presque égal. Le clergé, les universités, les moines et les mendiants se sont jetés partout dans les intérêts du roi et ont adhéré à l'appel. Il y a eu excommunication d'ambassadeurs, et menaces pour leurs maîtres. Les juifs chassés du royaume par Philippe-le-Bel, et les Templiers détruits, semblent fournir aussi quelque rapport avec l'extirpation des huguenots et la destruction des religieuses de l'Enfance. » (Baillet, *Hist. des démêlés*, etc.)

40 – page 76, note – *C'est la comète de Halley*, etc.

On présume qu'elle parut la première fois à la naissance de Mithridate, 130 ans avant l'ère chrétienne. Justin (lib. XXXII) dit que pendant 80 jours elle éclipsait presque le soleil. Elle reparut en 339 et en 550, époque de la prise de Rome par Totila. En 1305, elle avait un éclat extraordinaire. En 1456, elle traînait une queue qui embrassait les deux tiers de l'intervalle compris entre l'horizon et le zénith ; en 1682, la queue avait encore 30 degrés ; en 1750, elle semblait ne devoir attirer l'attention que des astronomes. Ces faits sembleraient établir que les comètes vont s'affaiblissant. Celle de Halley a reparu en octobre 1835. (*Annuaire du Bureau des longitudes pour 1835*. Voy. aussi une notice sur cette comète par M. de Pontécoulant.)

41 – page 78 – Jupiter avoue qu'il meurt de faim sans Plutus...

> Αφ' οὗ γάρ ὁ Πλοῦτος οὗτος ἤρξατο βλέπειν,
> Απολωλ' ὑπὸ λιμοῦ...
>
> Aristoph, Plut., v. 1174.

Voyez aussi les vers 129, 133, 1152 et 1168-9.

42 – page 79, note – *Raymond Lulle*, etc.

Il est dit dans l'*Ultimatum Testamentum* mis sous son nom, qu'en une fois il convertit en or cinquante milliers pesants de mercure, de plomb et d'étain. – Le pape Jean XXII, à qui Pagi attribue un traité sur l'*Art transmutatoire*, y disait qu'il avait transmuté à Avignon deux cents lingots pesant chacun un quintal, c'est-à-dire vingt mille livres d'or. Était-ce une manière de rendre compte des énormes richesses entassées dans ses caves ? Au reste, ils étaient forcés de convenir entre eux que cet or qu'ils obtenaient par quintaux n'avaient de l'or que la couleur.

43 – page 81 – ... *de soufflets en soufflets, les voilà au trône du monde...*

Je lisais le ... octobre 1834, dans un journal anglais : « Aujourd'hui, peu d'affaires à la Bourse ; c'est jour férié pour les juifs. » – Mais ils n'ont pas seulement la supériorité de richesses. – On serait tenté de leur en accorder une autre lorsqu'on voit que la plupart des hommes qui font aujourd'hui le plus d'honneur à l'Allemagne sont des juifs (1837). – J'ai parlé dans les notes de la *Renaissance* de tant de juifs illustres, nos contemporains (1860).

44 – page 82 – *« Une livre de votre chair !... »*

Sir Thomas Mungo acquit à Calcutta, il y a trente ans, un ms. où se trouve l'histoire originale de la livre de chair, etc. Seulement, au lieu d'un chrétien, c'est un musulman que le juif veut dépecer. (Voy. *Asiatic Journal.*) – *Orig. du droit*, l. IV, c. XIII : l'atrocité de la loi des Douze Tables, déjà repoussée par les Romains eux-mêmes, ne pouvait, à plus forte raison, prévaloir chez les nations chrétiennes. Voy. cependant le droit norvégien. (Grimm, 617.) – Dans les traditions populaires, le juif stipule une livre de chair à couper sur le corps de son débiteur, mais le juge le prévient que *s'il coupe plus ou moins*, il sera lui-même mis à mort. – Voy. le *Pecorone* (écrit vers 1378), les *Gesta Romanorum* dans la forme allemande. – Voy. aussi mon *Histoire romaine.*

45 – page 84 – *Entrevue de Philippe et de Bertrand de Gott...*

G. Villani, l. VIII, c. LXXX, p. 417. – L'opinion du temps est bien représentée dans les vers burlesques cités par Walsingham :

Ecclesiæ navis titubat, regni quia clavis
Errat, Rex, Papa, facti sunt una cappa.
Hoc faciunt *do, des*, Pilatus hic, alter Herodes.
Walsingh., p. 456, ana. 1306.

46 – page 88 – *Le malheureux pape donne, pour ne pas recevoir les commissaires du roi, la plus ridicule excuse...*

Baluze, *Acta vet. ad Pap. Av.*, p. 75-6... « Quædam præparatoria sumere, et postmodum purgationem accipere, quæ secundum prædictorum physicorum judicium, auctore Domino, valde utilis nobis erit. »

47 – page 92 – *Le reniement s'exprimait par un acte, cracher sur la croix...*

Voy. plus loin les motifs qui nous ont décidé à regarder ce point comme hors de doute. – Le quatorzième siècle ne voyait probablement qu'une singularité suspecte dans la fidélité des Templiers aux anciennes traditions symboliques de l'Église, par exemple dans leur prédilection pour le nombre trois. On interrogeait *trois* fois le récipiendaire avant de l'introduire dans le chapitre. Il demandait par *trois* fois le pain et l'eau, et la société de l'ordre. Il faisait *trois* vœux. Les chevaliers observaient *trois* grands jeûnes. Ils communiaient *trois* fois l'an. L'aumône se faisait dans toutes les maisons de l'ordre *trois* fois la semaine. Chacun des chevaliers devait avoir *trois* chevaux. On leur disait la messe *trois* fois la semaine. Ils mangeaient de la viande *trois* jours de la semaine seulement. Dans les jours d'abstinence, on pouvait leur servir *trois* mets différents. Ils adoraient la croix solennellement à *trois* époques de l'année. Ils juraient de ne pas fuir en présence de *trois* ennemis. On flagellait par *trois* fois en plein chapitre ceux qui avaient mérité cette correction, etc., etc., etc. Même remarque pour les accusations dont ils furent l'objet. On leur reprocha de renier *trois* fois, de cracher *trois* fois sur la croix. « *Ter abnegabant, et horribili crudelitate ter in faciem spumebant ejus.* » (Circul. de Philippe-le-Bel, du 14 septembre 1307.) « Et il fait renier par trois fois le prophète et par trois fois crachier sur la croix. » Instruct. de l'inquisiteur Guillaume de Paris. – (Rayn., p. 4.)

48 – page 92 – *Ce nom de Temple rappelait le temple de Salomon...*

Dans quelques monuments anglais, l'ordre du Temple est appelé *Militia Templi Salomonis (ms. Bibliolh. Cottonianæ et Bodleian)*. Ils sont aussi nommés *Fratres militia Salomonis*, dans une charte de 1197. Ducange. – (Rayn., p. 2.)

49 – page 92 – *Le Temple subsiste dans les enseignements d'une foule de sociétés secrètes...*

Il est possible que les Templiers qui échappèrent se soient fondus dans des sociétés secrètes. En Écosse, ils disparaissent tous, excepté deux. Or on a remarqué que les plus secrets mystères de la franc-maçonnerie sont réputés émanés d'Écosse, et que les hauts grades y sont nommés Écossais. Voy. Grouvelle et les écrivains qu'il a suivis, Munter, Moldenhawer, Nicolaï, etc.

50 – page 93 – *Les Templiers furent-ils affiliés aux gnostiques ?...*

Voy. Hammer, *Mémoire sur deux coffrets gnostiques*, p. 7. Voy. aussi le mémoire du même dans les *Mines d'Orient*, et la réponse de M. Raynouard. (Michaud, *Hist. des croisades*, éd. 1828, t. V, p. 572.)

51 – page 95 – *Tout ce qu'il y avait eu de saint en l'ordre devint péché et souillure...*

La règle austère que l'ordre reçut à son origine semble à sa chute un acte d'accusation terrible : « Domus hospitis non careat lumine, ne tenebrosus hostis... Vestiti autem carnisiis dormiant, et cum femoralibus dormiant. Dormientibus itaque fratribus usque mane nunquam deerit lucerna... » (Actes du concile de Troyes, 1128. Ap. Dup. *Templ.*, 92-102.)

52 – page 95 – ... *Son mépris pour la femme...*

Voy. cependant *Processus contra Templarios, ms. de la Biblioth. royale.* Ce qu'on y lit dans les articles de l'interrogatoire sur leurs relations avec les femmes (*Item les maîtres fesoient frères et suers du Temple... Proc. ms.*, folio 10-11) doit s'entendre des affiliés de l'ordre ; il y en avait des deux sexes (Voyez Dup., *Templ.*, 99,162), mais il ne me souvient pas d'avoir lu aucun aveu sur ce point, même dans les dépositions les plus contraires à l'ordre. Ils avouent plutôt une autre infamie bien plus honteuse (1837). – Depuis j'ai publié les deux premiers volumes des pièces du procès des Templiers, avec une introduction, 1841-1851. J'y renvoie le lecteur (1860).

53 – page 95 – *Ils se passaient aussi de prêtres, se confessant entre eux...*

« La manere de tenir chapitre et d'assoudre. Après chapitre dira le mestre ou cely que tendra le chapitre : Beaux seigneurs frères, le pardon de nostre chapitre est tiels, que cil qui ostast les almones de la meson à toute male resoun, ou tenist aucune chose en noun de propre, ne prendreit u tens ou pardon de nostre chapitre. Mes toutes les choses qe *vous lessez à dire pour hounte de la char*, ou poour de la justice de la mesoun, qe lein ne la prenge requer Dieu pour la requeste de la sue douce Mere le vous pardoint. » (*Conciles d'Angleterre*, édit. 1737, tome II, p. 383.)

54 – page 95, note – *Les dépositions les plus sales*, etc.

« Post redditas gratias capellanus ordinis Templi increpavit fratres, dicens : "Diabolus comburet vos" vel similia verba... Et vidit braccias unius fratrum Templi et ipsum tenentem faciem versus occidentem et posteriora versus altare... » (359.) « Ostendebatur imago Grucifixi et dicebatur ei, quod sicut antea honoraverat ipsum sic modo vituperaret, et conspueret in eum : quod et fecit. Item dictum fuit ei quod, depositis bracciis, verteret dorsum ad crucifixum : quod lacrymando fecit... » (*Ibid.*, 569, col. 1.)

55 – page 96 – *Ils possédaient*, etc.

« Habent Templarii in christianitate novem millia maneriorum... » (Math. Paris, p. 417.) Plus tard la *Chronique de Flandre* leur attribue 10 500 manoirs. Dans la sénéchaussée de Beaucaire, l'ordre avait acheté en quarante ans pour 10 000 livres de rentes. – Le seul prieuré de Saint-Gilles avait 54 commanderies. (Grouvelle, p. 196.)

56 – page 97 – *Ils avaient refusé d'aider à la rançon de saint Louis...*

Joinville, p. 81, ap. Dup., *Pr.*, p. 163-164. – Lorsqu'on effectuait le paiement de la rançon, il manquait 30 000 livres. Joinville pria les Templiers de les prêter au roi. Ils refusèrent et dirent : « Vous savez que nous recevons les commandes en tel manière que par nos serements nous ne les poons délivrer, mès que à ceulz qui les nous baillent. » Cependant ils dirent qu'on pouvait leur prendre cet argent par force, que l'Ordre avait dans la ville d'Acre de quoi se dédommager. Joinville se rendit alors sur leur « mestre galie », et, descendu dans la cale, demanda les clefs d'un coffre qu'il voyait devant lui. On les lui refusa. Il prit une cognée, la leva et menaça de *faire la clef le roy*. Alors le maréchal du Temple le prit à témoin qu'il lui faisait violence, et lui donna la clef. (Joinville, p. 81, éd. 1761.)

57 – page 99 – *Philippe-le-Bel leur devait de l'argent...*

« Is magistrum ordinis exosum habuit, propter importunam pecuniæ exactionem, quam, in nuptiis filiæ suæ Isabellæ, ei mutua dederat. » (Thomas de la Moor, in *Vita Eduardi*, apud Baluze, *Pap. Aven.*, notæ, p. 189). – Le Temple avait, à diverses époques, servi de dépôt aux trésors du roi. Philippe-Auguste (1190) ordonne que tous ses revenus, pendant son voyage d'outre-mer, soient portés au Temple et enfermés dans des coffres, dont ses agents auront une clef et les Templiers une autre. Philippe-le-Hardi ordonne qu'on y dépose les épargnes publiques. – Le trésorier des Templiers s'intitulait trésorier du Temple et du roi, et même trésorier du roi au Temple. (Sauval, II, 37.)

58 – page 99 – *La tentation était forte pour le roi...*

Voy. dans Dupuy un pamphlet que Philippe-le-Bel se fit probablement adresser : « Opinio cujusdam prudentis regi Philippo, ut regnum Hieros, et Cypri acquireret pro altero filiorum suorum, ac de invasione regni Ægypti et de dispositione bonorum ordinis Templariorum. » – Voy. aussi Walsingham. – L'idée d'appliquer leurs biens au service de la terre sainte aurait été de Raymond Lulle. (Baluz. *Pap. Aven.*)

59. – page 101 – *Les Templiers étaient plus exclusivement fondés pour la guerre...*

« Si unio fieret, multum oporteret quod Templarii lararentur, vel Hospitalarii restringerentur in pluribus. Et ex hoc possent animarum pericula provenire... Religio Hospitalariorum super hospitalitate fundata est. Templarii vero super militia proprie sunt fundati. » (Dupuy ; *Preuves*, p. 180.)

60 – page 101 – *Que dans le chapitre général de l'Ordre, il y avait une chose si secrète*, etc.

Un autre disait : « Esto quod esses pater meus et posses fieri summus magister totius ordinis, nollem quod intrares, quia habemus tres articulos inter nos in ordine nostro quos nunquam aliquis sciet nisi Deus et diabolus et nos, fratres illius ordinis » (51 test., p. 361). – Voy. les histoires qui couraient sur des gens qui auraient été tués pour avoir vu les cérémonies secrètes du Temple. (*Concil. Brit.*, II, 361.)

61 – page 102, note – *En Écosse on leur reprochait*, etc.

« Item dixerunt quod pauperes ad hospitalitatem libenter non recipiebant, sed, timoris causa, divites et potentes solos ; et quod multum erant cupidi aliena bona per fas et nefas pro suo ordine adquirere. » (*Concil. Brit.*, 40e témoin d'Écosse, p. 382.)

62 – page 102 – *Philippe venait d'augmenter leurs privilèges...*

Il est curieux de voir par quelle prodigalité d'éloges et de faveurs il les attirait dans son royaume dès 1304 : « Philippus, Dei gratia Francorum Rex, opera misericordiæ, magnifica plenitudo quæ in sancta domo militiæ Templi, divinitus instituta, longe lateque per orbem terrarum exercentur... merito nos inducunt ut dictæ domui Templi et fratribus ejusdem in regno nostro ubilibet constitutis, quos sincere diligimus et prosequi favore eupimus speciali, regiam liberalitatis dextram extendimus. » (Rayn., p. 44.)

63 – page 103 – *On s'assura de l'assentiment de l'université...*

Le roi s'étudia toujours à lui faire partager l'examen et aussi la responsabilité de cette affaire. Nogaret lut l'acte d'accusation devant la première assemblée de l'Université, tenue dès le lendemain de l'arrestation. Une autre assemblée de tous les maîtres et de tous les écoliers de chaque faculté fut tenue au Temple : on y interrogea le grand maître et quelques autres. Ils le furent encore dans une seconde assemblée.

64 – page 103 – *Suivait l'indication sommaire des accusations...*

Voy. les nombreux articles de l'acte d'accusation (Dup.). Il est curieux de le comparer à une autre pièce du même genre, à la bulle du pape Grégoire IX aux électeurs d'Hildesheim, Lubeck, etc., contre les Stadhinghiens (Rayn., ann. 1234, XIII, p. 446-7). C'est avec plus d'ensemble l'accusation contre les Templiers. Cette conformité prouverait-elle, comme le veut M. de Hammer, l'affiliation des Templiers à ces sectaires ?

65 – page 104 – *Ce qui frappait le plus les imaginations, c'étaient les bruits étranges qui couraient sur une idole*, etc.

Selon les plus nombreux témoignages, c'était une tête effrayante à la longue barbe blanche, aux yeux étincelants (Rayn., p. 261) qu'on les accusait d'adorer. Dans les instructions que Guillaume de Paris envoyait aux provinces il ordonnait de les interroger sur « une ydole qui est en forme d'une teste d'homme à une grant barbe ». Et l'acte d'accusation que publia la cour de Rome portait, art. 16 : « Que dans toutes les provinces ils avaient des idoles, c'est-à-dire des têtes dont quelques-unes avaient trois faces et d'autres une seule, et qu'il s'en trouvait qui avaient un crâne d'homme. » Art. 47 et suivants : « Que dans les assemblées et surtout dans les grands chapitres, ils adoraient l'idole comme un Dieu, comme leur Sauveur, disant que cette tête pouvait les sauver, qu'elle accordait à l'Ordre toutes les richesses et qu'elle faisait fleurir les arbres et germer les plantes de la terre. » (Rayn., p. 287.) Les nombreuses dépositions des Templiers en France, en Italie, plusieurs témoignages indirects en Angleterre répondirent à ce chef d'accusation et ajoutèrent quelques circonstances. On adorait cette tête comme celle d'un Sauveur, « quoddam caput cum barba, quod adorant et votant Salvatorem suum » (Rayn., 288). Deodat Jaffet, reçu à Pedenat, dépose que celui qui le recevait lui montra une tête ou idole qui lui parut avoir trois faces, en lui disant : Tu dois l'adorer comme ton Sauveur et le Sauveur de l'ordre du Temple, et que lui témoin adora l'idole disant : « Béni soit celui qui sauvera mon âme » (p. 247 et 293). Cettus Ragonis, reçu à Rome dans une chambre du palais de Latran, dépose qu'on lui dit en lui montrant l'idole : Recommande-toi à elle et prie-la qu'elle te donne la santé (p. 295). Selon le premier témoin de Florence, les frères lui disaient les paroles chrétiennes : « Deus, adjuva me. » Et il ajoutait que cette adoration était un rit observé dans tout l'Ordre (p. 294). Et en effet, en Angleterre, un frère mineur dépose avoir appris d'un Templier anglais qu'il y existait quatre principales idoles, une dans la sacristie du Temple de Londres, une à Bristelham, la troisième *apud Brueriam* et la quatrième au delà de l'Humber (p. 297). Le second témoin de Florence ajoute une circonstance nouvelle ; il déclare que dans un chapitre un frère dit aux autres : « Adorez cette tête... *Istud caput vester Deus est, et vester Mahumet* » (p. 295). Gauserand de Montpesant dit qu'elle était faite *in figuram Baffometi*, et Raymond Rubei, déposant qu'on lui avait montré une tête de bois où était peinte *figura Baphometi*, ajoute : « Et illam adoravit obsculando sibi pedes, dicens *yalla*, verbum Saracenorum. »

M. Raynouard (p. 301) regarde le mot *Baphomet*, dans ces deux dépositions, comme une altération du mot *Mahomet* donné par le premier témoin : il y voit une tendance des inquisiteurs à confirmer ces accusations de bonne intelligence avec les Sarrasins, si répandues contre les Templiers. Alors il faudrait admettre que toutes ces dépositions sont complètement fausses et arrachées par les tortures, car rien de plus absurde sans doute que de faire les Templiers plus mahométans que les mahométans, qui n'adorent point Mahomet. Mais ces témoignages sont trop nombreux, trop unanimes et trop divers à la fois (Rayn., p. 222, 337 et 286-302). D'ailleurs ils sont loin d'être accablants pour l'Ordre. Tout ce que les Templiers disent de plus grave, c'est qu'ils ont eu peur, c'est qu'ils ont cru y voir une tête de diable, de *mauffe* (p. 290), c'est qu'ils ont vu le diable lui-même dans ces cérémonies, sous la figure d'un chat ou d'une femme (p. 293-294). Sans vouloir faire des Templiers en tout point une secte de gnostiques, j'aimerais mieux voir ici, avec M. de Hammer, une influence de ces doctrines orientales. Baphomet, en grec (selon une étymologie, il est vrai, assez douteuse), c'est le dieu qui baptise selon l'esprit, celui dont il est écrit : « Ipse vos baptizavit in Spiritu Sancto et igni » (Math., 3, 11), etc. C'était pour les gnostiques le Paraclet descendu sur les apôtres en forme de langues de feu. Le baptême gnostique était en effet un baptême de feu. Peut-être faut-il voir une allusion à quelque cérémonie de ce genre dans ces bruits qui couraient dans le peuple contre les Templiers « qu'un enfant nouveau engendré d'un Templier et d'une pucelle estoit cuit et rosty au feu, et toute la graisse ostée et de celle estoit sacrée et ointe leur idole » (*Chron. de Saint-Denis*, p. 58). Cette prétendue idole ne serait-elle pas une représentation du Paraclet dont la fête (la Pentecôte) était la plus grande solennité du Temple ? Ces têtes, dont une devait se trouver dans chaque chapitre, ne furent point retrouvées, il est vrai, sauf une seule, mais elle portait l'inscription LIII. La publicité et l'importance qu'on donnait à ce chef d'accusation décidèrent sans doute les Templiers à en faire au plus tôt disparaître la preuve. Quant à la tête saisie au chapitre de Paris, ils la firent passer pour un reliquaire, la tête de l'une des onze mille vierges. (Rayn., p. 299.) – Elle avait une grande barbe d'argent.

66 – page 105 – *La réponse du roi au pape*, etc.

Dupuy ne donne point cette lettre en entier ; probablement elle ne fut point envoyée, mais plutôt répandue dans le peuple. Nous en avons une, au contraire, du pape (1er décembre 1307), selon laquelle le roi aurait écrit à Clément V *que des gens de la cour pontificale avaient fait croire aux gens du roi* que le pape le chargeait de poursuivre ; le roi se serait empressé *de décharger sa conscience d'un tel fardeau* et de remettre toute l'affaire au pape, qui l'en remercie beaucoup. Cette lettre de Clément me paraît, comme l'autre, moins adressée au roi qu'au public ; il est probable qu'elle répond à une lettre qui ne fut jamais écrite.

67 – page 106 – *On obtint sur-le-champ cent quarante aveux par les tortures...*

Archives du royaume, I, 413. Ces dépositions existent dans un gros rouleau de parchemin, elles ont été fort négligemment extraites par Dupuy, p. 207-212.

68 – page 106 – *Le pape envoya deux cardinaux demander au grand maître si tout cela était vrai...*

« Confessus est abnegationem prædictam, nobis supplicans quatenus quemdam fratrem servientem et familiarem suum, quem secum habebat, volentem confiteri, audiremus. » (*Lettre des cardinaux*. Dupuy, 241.)

69 – page 108 – *Les biens des prisonniers devaient être réunis à ceux que le pape désignerait...*

Il avait même écrit déjà au roi d'Angleterre pour lui assurer que Philippe les remettait aux agents pontificaux, et pour l'engager à imiter ce bon exemple. (Dupuy, p. 204. Lettre du 4 octobre 1307.)

Toutefois l'ordonnance de mainlevée par laquelle Philippe faisait remettre les biens des Templiers aux délégués du pape n'est que du 15 janvier 1309. Encore, à ces délégués du pape, il avait adjoint quelques siens agents qui veillaient à ses intérêts en France, et qui, à l'ombre de la commission pontificale, empiétaient sur le domaine voisin. C'est ce que nous apprenons par une réclamation du sénéchal de Gascogne, qui se plaint, au nom d'Édouard II, de ces envahissements du roi de France. (Dupuy, p. 312.)

Clément était fort inquiet de ce que ces biens allaient devenir...

Ailleurs il loue magnifiquement le désintéressement de son cher fils, qui n'agit point par avarice et ne veut rien garder sur ces biens : « Deinde vero, tu, cui eadem fuerant facinora nuntiata, non typo avaritiæ, cum de bonis Templariorum nihil tibi appropriare... immo ea nobis administranda, gubernanda, conservanda et custodienda liberaliter et devote dimisisti... » (12 août 1308. Dupuy, p. 240.)

70 – page 109 – *La commission, composée principalement d'évêques...*

Dupuy, p. 240-242. La commission se composait de l'archevêque de Narbonne, des évêques de Bayeux, de Mende, de Limoges, des trois archidiacres de Rouen, de Trente et de Maguelone, et du prévôt de l'église d'Aix. Les Méridionaux, plus dévoués au pape, étaient, comme on voit, en majorité.

71 – page 111 – *Le pape répond*, etc.

Passant ensuite à une autre affaire, le pape déclare avoir supprimé comme inutile un article de la convention avec les Flamands, qu'il avait, par préoccupation ou négligence, signée à Poitiers, savoir, que si les Flamands encouraient la sentence pontificale en violant cette convention, ils ne pourraient être absous qu'à la requête du roi. Ladite clause pourrait faire taxer le pape de simplicité. Tout excommunié qui satisfait peut se faire absoudre, même sans le consentement de la partie adverse. Le pape ne peut abdiquer le pouvoir d'absoudre.

72 – page 111 – *Les évêques n'obéissaient point à la commission pontificale*, etc.

Processus contra Templarios, ms. Les commissaires écrivirent une nouvelle lettre où ils disaient qu'apparemment les prélats avaient cru que la commission devait procéder contre l'Ordre en général, et non contre les membres ; qu'il n'en était pas ainsi : que le pape lui avait remis le jugement des Templiers.

73 – page 113 – *Jacques Molay crut qu'il valait mieux se confier à un chevalier...*

« Quem idem Magister rogasset nobilem virum dominum Guillelmum de Plasiano... qui ibidem venerat, sed non de mandato dictorum dominorum commissariorum, secundum quod dixerunt... et dictus dominus Guillelmus fuisset ad partem locutus cum eodem Magistro, quem, sicut asserebat, diligebat et dilexerat, quia uterque miles erat. » (Dupuy, 319.)

Les évêques lui donnèrent un délai...

« Quam dilationem concesserunt eidem, majorem etiam se daturos asserentes, si sibi placeret et volebat. » (*Ibid.*, 520.)

74 – page 115 – *Boniface était incrédule, impie et cynique en ses paroles...*

« Vade, vade, ego plus possum quam Christus unquam potuerit, quia ego possum humiliare et depauperare reges, et imperatores et principes, et possum de uno parvo milite facere unum magnum regem, et possum donare civitates et regna. » (*Ibid.*, p. 566.) – « Tace, miser, non credimus in asinam nec in pullum ejus. » (*Ibid.*, p. 6.)

75 – page 118 – *On leur lut en latin les articles de l'accusation*, etc. *Ils s'écrièrent...*

« Quod contenti erant de lectura facta in latino, et quod non curabant quod tantæ turpitudines, quas asserebant omnino esse falsas et non nominandas, vulgariter exponerentur. » (*Proc. contra Templ.*, ms.) – « Dicentes quod non petebatur ab eis quando ponebantur in janiis, si procuratores constituere volebant. » *(Ibid.)*

76 – page 119 – *Quelques-uns remettent pour toute déposition une prière à la sainte Vierge*, etc.

Le frère Élie, auteur de cette pièce touchante, finit par prier les notaires de corriger les locutions vicieuses qui peuvent s'être glissées dans son latin. (*Process. ms.*, folio 31-32.) – D'autres écrivent une apologie en langue romane, altérée et fort mêlée de français du Nord. (Folio 36-8.)

77 – page 119 – *Une protestation en langue vulgaire*, etc.

Je donne cette pièce, telle qu'elle a été transcrite par les notaires, dans son orthographe barbare. « A homes honerables et sages, ordenés de per notre père l'Apostelle *(le pape)* pour le fet des Templiers li freres, liquies sunt en prisson à Paris en la masson de Tiron... Honeur et reverencie. Comes votre comandemans feut à nos ce jeudi prochainement passé et nos feut demandé se nos volens defendre la Religion deu Temple desusdite, tuit disrent oil, et disons que ele est boue et leal, et en tout sans mauvesté et traison tout ce que nos l'en met sus, et somes prest de nous defendre chacun pour soy ou tous ensemble, an telle manière que droit et sante Églies et vos an regardarons, corne cil qui sunt en prisson an nois frès à cople II. Et somes en neire fosse oscure toutes les nuits. – Item nos vos fessons à savir que les gages de XII deniers que nos avons ne nos soufficent mie. Car nos convient paier nos lis. III deniers par jour chascun lis. Loage du cuisine, napes, touales pour tenelles et autres choses. II sols VI deniers la semaigne. Item pour nos fergier et desferger *(ôter les fers)*, puisque nos somes devant les auditors, II sol. Item pour laver dras et robes, linges, chascun XV jours XVIII deniers. Item pour huche et candole chascun jor IIII deniers. Item passer et repasser les dis frères, XVI deniers de asiles de Notre Dame de l'altre part de l'iau. » (*Proc. ms.*, folio 39.)

78 – page 119 – *Les défenseurs soutiennent « que la religion du Temple est pure »...*

« ... Apud Deum et Patrem... Et hoc est omnium fratrum Templi communiter una professio, quæ per universum orbem servatur et servata fuit per omnes fratres ejusdem ordinis, a fundamento religionis usque ad diem præsentem. Et quicumque aliud dicit vel aliter credit, errat totaliter, peccat mortaliter... » (Dup. 333.)

79 – page 122 – *La commission alléguait la butte qui lui attribuait le jugement...*

Selon Dupuy, p. 45, les commissaires du pape auraient répondu à l'appel des défenseurs « que les conciles jugeaient les particuliers, et eux informaient du général ». – La commission dit tout le contraire.

80 – page 125 – *Le jeune Marigni, créé archevêque de Sens tout exprès*, etc.

« ... Aquodam fuisse dictum coram domino archiepiscopo Senonensi, ejus suffraganeis et concilio..., quod dicti præpositus... et archidiaconus... (qui in dicta die martis... præmissa intimasse dicebantur, et ipsi iidem hoc attestabantur, suffraganeis domini archiepiscopi Senonensis... *tunc absente dicto domino archiepiscopo Senonensi)* prædicta *non significaverunt de mandato* eorumdem dominorum commissariorum. » (*Process. ms.*, folio 71, verso.)

81 – page 126 – *Par-devant les commissaires fut amené frère Aimeri de Villars-le-Duc...*

« Pallidus et multum exterritus... impetrando sibi ipsi, si mentiebatur in hoc, mortem subitaneam et quod statim in anima et corpore in præsentia dominorum commissariorum absorberetur in infernum, tondendo sibi pectus cum pugnis, et elevando manus suas versus altare ad majorem assertionem, flectendo genua... cum ipse testis *vidisset... duci in quadrigis* LIIII fratres dicti ordinis *ad comburendum...* et AUDIVISSE EOS FUISSE COMBUSTOS ; quod ipse qui dubitabat quod non posset habere bonam patientiam si combureretur, timore mortis confiteretur... omnes errores... et *quidem etiam interfecisse Dominum*, si peteretur ab eo... » (*Process. ms.*, folio 70, verso.)

82 – page 127 – *L'archevêque de Sens répondait*, etc.

« Non erat intentionis... in aliquo impedire officium... » *(Ibid.)*

« Comme on disait que le prévôt de l'église de Poitiers et l'archidiacre d'Orléans n'avaient pas parlé de la part des commissaires, ceux-ci chargèrent les envoyés de l'archevêque de Sens de lui dire que le prévôt et l'archidiacre avaient effectivement parlé en leur nom. De plus, ils leur dirent d'annoncer à l'archevêque de Sens que Pierre de Boulogne, Chambonnet et Sartiges avaient appelé de l'archevêque et de son concile, le dimanche 10 mai, et que cet appel avait dû être annoncé le mardi, au concile, par le prévôt et l'archidiacre. » *(Process. ms., ibid.)*

83 – page 129 – *Le résultat des travaux de la commission est consigné dans un registre...*

Ce registre, que j'ai souvent cité, est à la Bibliothèque royale (fonds Harlay, n° 329). Il contient l'instruction faite à Paris par les commissaires du pape : *Processus contra Templarios.* Ce manuscrit avait été déposé dans le trésor de Notre-Dame. Il passa, on ne sait comment, dans la bibliothèque du président Brisson, puis dans celle de M. Servin, avocat général, enfin dans celle des Harlay, dont il porte encore les armes. Au milieu du dix-huitième siècle, M. de Harlay, ayant probablement scrupule de rester détenteur d'un manuscrit de cette importance, le légua à la bibliothèque de Saint-Germain-des-Prés. Ayant heureusement échappé à l'incendie de cette bibliothèque en 1793, il a passé à la Bibliothèque royale. Il en existe un double aux archives du Vatican. Voyez l'appendice de M. Rayn., p. 309. – La plupart des pièces du procès des Templiers sont aux Archives du royaume. Les plus curieuses sont 1° le premier *interrogatoire de cent quarante Templiers* arrêtés à Paris (en un gros rouleau de parchemin) ; Dupuy en a donné quelques extraits fort négligés ; 2° plusieurs *interrogatoires*, faits en d'autres villes ; 3° la minute des *articles* sur lesquels ils furent interrogés ; ces articles sont précédés d'une minute de *lettre*, sans date, *du roi au pape*, espèce de factum destiné évidemment à être répandu dans le peuple. Ces minutes sont sur papier de coton. Ce frêle et précieux chiffon, d'une écriture fort difficile, a été déchiffré et transcrit par un de mes prédécesseurs, le savant M. Pavillet. Il est chargé de corrections que M. Raynouard a relevées avec soin (p. 50) et qui ne peuvent être que de la main d'un des ministres de Philippe-le-Bel, de Marigni, de Plasian ou de Nogaret ; le pape a copié docilement les articles sur le vélin qui est au Vatican. La lettre, malgré ses divisions pédantesques, est écrite avec une chaleur et une force remarquables : « In Dei nomine,

Amen. Christus vincit. Christus regnat. Christus imperat. Post illam universalem victoriam quam ipse Dominus fecit in ligno crucis contra hostem antiquum... ita miram et magnam et strenuam, ita utilem et necessariam... fecit novissimis his diebus per inquisitores... in perfidorum Templariorum negotio... Horrenda fuit domino regi... propter conditionem personarum denunciantium, *quia parti status erant* homines ad tam grande promovendum negotium », etc. (*Archives*, section hist., J, 413.)

84 – page 129, note – *Les Templiers d'Allemagne se justifièrent à la manière des francs-juges westphaliens...*

Origines du droit, liv. IV, chap. VI : « Si le franc-juge westphalien est accusé, il prendra une épée, la placera devant lui, mettra dessus deux doigts de la main droite, et parlera ainsi : "Seigneurs francs-comtes, pour le point principal, pour tout ce dont vous m'avez parlé et dont l'accusateur me charge, j'en suis innocent : ainsi me soient en aide Dieu et tous ses saints !" Puis il prendra un pfenning marqué d'une croix (kreutz-pfenning) et le jettera en preuves au franc-comte ; ensuite il tournera le dos et ira son chemin. » (Grimm, 860).

85 – page 130 – *En Castille on jugea les Templiers innocents*, etc.

Collectio conciliorum Hispaniæ, epistolarum, decretalium, etc., cura Jos. Saenz. de Aguirre, bened. hisp. mag. generalis et cardinalis, Romæ, 1694, c. III, p. 546. Concilium Tarraconense omnes et singuli a cunctis delictis, erroribus absoluti, 1312. – Voy. aussi *Monarchia Lusitana*, pars 6, I, 19.

86 – page 130 – *Philippe permit à Clément de déclarer que Boniface n'était point hérétique...*

Cette timide et incomplète réparation ne semble pas suffisante à Villani. Il ajoute, sans doute pour rendre la chose plus dramatique et plus honteuse aux Français, que deux chevaliers catalans jetèrent le gant, et s'offrirent pour défendre l'innocence de Boniface. (Villani, l. IX, c. XXII, p. 454).

87 – page 131 – *Tout concile parlait de la croisade*, etc.

La pièce suivante, trouvée à l'abbaye des dames de Longchamp, est un échantillon des merveilleux récits par lesquels on tâchait de réchauffer le zèle du peuple pour la croisade : « A trez sainte dame de la réal lingniée des Françoiz, Jehenne, Royne de Jerusalem et de Cécile, notre trez honorable cousine, Hue roy de Cypre, tous ses boz desirs emprospérité venir. Esjouissez vous et elessiez avecquez nous et avecques lez autrez crestienz portans le singne de la croix, qui pour la reverance de Dieu et la venjance du trez doulz Jhesu-crist qui pour nous sauver voult estre en l'autel de la crois sacrefiez, se combatent contre la trez mescréant gents des Turz. Eslevez au ciel le cri de vous voiz au plus haut que vous pourrez et criez ensemble et faitez crier en rendant gracez et loangez sans jamez cesser à la benoite Trinité et à la très glorieuse Vierge Marie de si sollempnel si grant et singullier bénéfice qui onquez maiz tel dusquez à hore ne fu ouis, lequel je faiz savoir. Quar le XXIII jours de juing, nous avecquez lez autrez crestienz signés du singne de la croiz, estions assemblez en un plain entre Smirme et haut lieu, là ou estoit l'ost et l'assemblée trez fort et trez puissant des Turz prez de XII. C. mille, et nous crestiens environ CC. mille, meuz et animez de la vertu divine, comansamez à si vigreusement combattre et si grant multitudez Turz mettre à mort, que environ de heure de vesprez nous feusmez tant lassez et tant afoibloiez que nous n'en poyons pluz. Mais tous cheuz à terre atandions la mort et le loier de notre martire, pour ce que des Turzs avait encore moult deschiellez qui encore point ne sestoient combatu ne nestoient de rienz travaillez et venoient contre nous, aussi désiraux de boire notre sanc comme chienz sont désiraux de boire le sanc des lievrez. Et beu l'eussent, si la tres haute doulceur du ciel ne eust aultrement pourveu. Mais quant lez chevaliers de Jhesucrit se regarderent que il estoient venuz à tel point de la bataille, si commencierent de cuer ensemble à crier à voiz enroueez de leur grant labeur et de leur grant feblesce : O très doulz fils de la trèz doulce Vierge Marie, qui pour nous racheter voulsiz estre crucifiez, donne nous ferme espérance et veillez noz cuers si en vous confermer que nous pussions par l'amour de ton glorieux non le loier de martire recevoir, que pluz ne nous poonz deffandre de cez chien mescreanz. Et ainsi comme nous estienz en oraison en pleurs et en larmez, en criant alassez vois enroueez, et la mort trez amere atendanz, soudainement devant noz tentez aparut suz un trez blanc cheval si trez haut que nulle beste de si grant hauteur nest unz homs en sa main portant baniere en champ plus blanche que nulle rienz à une croiz vermeille plus rouge que sanc, et estoit vestu de peuz de chamel, et avoit trez grant et trez longue barbe et de maigre face clere et reluisant comme le soleil, qui cria a clere et haute voiz : "O les genz de Jhesucrit, ne vous doubtez. Veci la majesté divine qui vous a ouver lez cielx et vouz envoie aide invisible. Levez suz et vous reconfortez et prenez de la viande et venez vigreusement avecquez moi combattre, ne ne vous doubtez de rienz. Quar des Turz vous aurez victoire et peu mourronz de vouz et ceulz qui de vouz mourront auront la vie perdurable." Et adonc nous nouz levamez touz, si reconfortez et aussi comme se nous ne nous feussienz onquez combatuz et soudainement nous assilemez (assaillîmes) les Turz de tres grand cuer et nous combatimez toutez nuit, et si ne poons paz bien vraiement dire nuit, car la lune non pas comme lune, maiz comme le soleil resplendissant. Et le jour venu, les Turz qui demourez estoient senfouirent si que pluz ne lez veismez et aussi par l'aide de Dieu nous eumez victoire de la bataille, et de matin nous nous sentienz plus fors que nous ne faisienz au commencement de la première bataille. Si feimez chanter une messe en lonneur de la benoite Trinité et de la benoite Vierge Marie, et dévotement priamez Dieu que il nous voulsit octroier grace que les corps des sainz martirs nous puissienz reconnoistre des corps aux mescreanz. Et adonc celui qui devant nous avoit aparut nous dit: "Vous aurez ce que vous avez demandé et plus grant chose fera Dieu pour vous, se fermement en vraie foy perseverez." Adonc de notre propre bouche li demandamez: "Sire, di nous qui es tu, qui si granz choses as fait pour nous, pourquoy *nous* puissionz au pueple crestien ton non manifester." Et il respondi: "Je suis celui qui dist: *Ecce agnus Dei, ecce qui tollit peccata mundi*, Celui de cui aujourduy vous celebrez la feste." Et ce dit, pluz ne le veismez, mais de lui nous demoura si très grant et si très soueve oudeur que ce jour et la nuit ensuivant nous en feumez parfaitement soustenus, recreez et repuez sans autre soutenance de viande corporelle. Et en ceste si parfaite recreation nous ordenemez de querre et denombrer lez corps dez sainz martirs et quant nous veinmez au lieu nous trouvasmes au chief de chacun corps dez crestienz un lonc fut sanz wranchez (branches) qui avoit au coupel une trez blanche fleur ronde comme une oiste (hostie) que l'on consacre, et en celle fleur avoit escript de lettrez dor: Je suis crestien. Et adonc nous lez separamez dez corps dez mescreanz, en merciant le souverain Seingneur. Et ainsi comme nous voulienz suz lez corps faire dire l'office dez mors, cy comme lez crestienz ont acoustume à faire, lez voix du ciel sanz nombre entonnerent et leverent un chans de si tres doulce melodie que il sembloit a chaccun de nous que nous feussienz en possession de la vie perdurable, et par III foiz chanterent ce verset: *"Venite, benedicti Patris mei"*, etc. Venez lez benoiz filz de mon Pere, et vous metez en possession du royaume qui vouz est aplie dez le commencement du monde. Et adonc nous ensevelismez les corps, cest a savoir III mille et cinquante et II, jouste la cite de Tesbayde qui fu jadiz une cite singuliere, laquelle, avuecquez le pays dileuc environ, nous tenonz pour nous et pour loiaux crestienz. Et est ce pays tant plaisant et delitable et plantureux que nul bon crestien qui soit la, ne se puet doubter que il ne puist bien vivre et trouver sa soustenance. Et les charoingnez des corps des mescreanz cy, comme nous les poimez nombrer, furent pluz de LXXIIIM. Si avonz esperance que le temps est present venu que la parole de lEuvangele sera verefiece qui dit qu'il sera une bergerie et un pasteur, c'est-à-dire que tontez manières de gent seront d'une foy emsemblez en la maison et lobediance de S^e^ eglise dont Jhesucrist sera pasteur: *Qui est benedictus in secula seculorum. Amen.* Et avint cedit miracle en lan de grace MIL CCC et XLVII. » (*Archives*, section hist., M, 105.)

88 – page 131 – *Ubertino, le premier auteur connu d'une Imitation de Jésus-Christ...*

« Nihil in hoc libro intendit nisi Jesu Christi notitia et dilectio viscerosa et imitatoria vita. » (*Arbor Vitæ crucifixi Jesu*, Prolog., l. I.) – Plusieurs passages respirent un amour exalté: « Ô mon âme, fonds et résous-toi tout en larmes, en songeant à la vie dure du cher petit Jésus et de la tendre Vierge sa mère. Vois comme ils se crucifient, et de leur compassion mutuelle et de celle qu'ils ont pour nous. Ah! si tu pouvais faire de toi un lit pour Jésus fatigué qui couche sur la terre... Si tu pouvais de tes larmes abondantes leur faire un breuvage rafraîchissant; pèlerins altérés, ils ne trouvent rien à boire... – Il y a deux saveurs dans l'amour; l'une si douce dans la présence de l'objet aimé: comme Jésus le fit goûter à sa mère tandis qu'elle était avec lui, le serrait et le baisait. L'autre saveur est amère, dans l'absence et le regret. L'âme défaille en soi, passe en Lui; elle erre autour, cherchant ce qu'elle aime et demandant secours à toute créature. (Ainsi la Vierge cherchait le petit Jésus, lorsqu'il enseignait dans le Temple.) » (Ubert. de Casali, *Arbor Vitæ crucifixi Jesu*, l. V, c. VI-VIII, in-4°).

89 – page 132 – *L'Imitation, pour ces mystiques, c'était la charité...*

Selon quelques-uns, la Passion était mieux représentée dans l'aumône que dans le sacrifice: « Quod opus misericordiæ plus placet Deo, quam sacrificium altaris. Quod in eleemosyna magis repræsentatur Passio Christi quam in sacrificio Christi. » (Erreurs condamnées à Tarragone, ap. d'Argentré, I, 271.)

90 – page 132 – *Les Franciscains aspiraient à ne rien posséder...*
Voyez Ubertino de Casali, dans son chapitre : *Jesus pro nobis indigens*. « Habentes dicit (apostolus) non quantum ad proprietatem dominii sed quantum ad facultatem utendi, per quem modum dicimur esse quod utimur, etiam si non sit nobis proprium, sed gratis aliunde collatum. » (Ubert. de Casali, *Arbor Vitæ*, l. II, c. XI.)

91 – page 132, note – *Les Beghards...*
« Non sunt humanæ subjecti obedientiæ, nec ad aliqua præcepta Ecclesiæ obligantur, quia, ut asserunt, ubi spiritus Domini, ibi libertas. » (*Clementin.*, l. V, tit. III, c. III. D'Argentré, I, 276.)

92 – page 133 – *Une Anglaise était venue en France*, etc.
« Venit de Anglia virgo decora valde pariterque facunda, dicens Spiritum sanctum incarnatum in redemptionem mulierum, et baptizavit mulieres, in nomine Patris, Filii ac sui. » (*Annal. Dominican.* Colmar. app. Urstitium. P. 2, f° 33.)

93 – page 135 – *Clément V, dans ce consistoire, abolit l'ordre...*
« Multis vocatis prælatis cum cardinalibus in privato consistorio, ordinem Templariorum cassavit. Tertia autem die aprilis 1312, fuit secunda sessio concilii, et prædicta cassatio coram omnibus publicata est *(Quint. Vita Clem. V)*... præsente rege Franciæ Philippo cum tribus filiis suis, cui negotium erat cordi. » *(Tert. Vita Clem. V.)*

94 – page 135 – *Le pape déclare dans sa bulle explicative...*
« Quod ipsæ confessiones ordinem valde suspectum reddebant.... non per modum definitivæ sententiæ, cum tam super hoc, secundum inquisitiones et processus prædictos, non possemus ferre de jure, sed per viam provisionis et ordinationis apostolicæ... » (Reg. anni VII Dom. Clem. V, Rayn. 195). On ne peut nier toutefois qu'il n'y eût aussi beaucoup de complaisance et de servilité à l'égard du roi de France. C'était l'opinion du temps... « Et sicut audivi ab uno qui fuit examinator causæ et testium, destructus fuit (ordo) contra justitiam. Et mihi dixit quod ipse Clemens protulit hoc : Et si non per viam justitiæ potest destrui, destruatur tamen per viam expedientiæ, ne scandalizetur charus filius noster rex Franciæ. » (Albericus à Rosate).

95 – page 136 – *Jean XXII se plaignait de ce que le roi saisissait même les biens des Hospitaliers...*

« Per captionem bonorum quondam ordinis Templi jam miserunt per omnes domos ipsius Hospitalis certos executores qui vendunt et distrahunt pro libito bona Hospitalis... » (Lettre de Jean XXII. XV kal. jun. 1316, Rayn, 25.)

96 – page 137 – *Le roi les fit brûler tous deux...*

Cont. G. de Nangis, p. 67. Il nous reste encore un acte authentique où cette exécution se trouve indirectement constatée, dans un registre du parlement de l'année 1313 : « Cum nuper Parisius in insula existente in fluvio Sequanæ juxta pointam jardinii nostri, inter dictum jardinium nostrum ex una parte dicti fluvii, et domum religiosorum virorum ordinis S. Augustini Parisius ex altera parte dicti fluvii, *executio facta fuerit de duobus hominibus qui quondam templarii extiterunt, in insula prædicta combustis* ; et abbas et conventus S. Germani de Pratis Parisius, dicentes se esse in saisina habendi omnimodam altam et bassam justitiam in insula prædicta... Nos nolumus... quod juri prædictorum... præjudicium aliquod generetur. » (*Olim Parliam.*, III, folio CXLVI, 13 mars 1313 (1314).

97 – page 138 – *Cette exécution fut un assassinat*, etc.

Comment qualifier les étranges paroles de Dupuy : « Les grands princes ont je ne scay quel malheur qui accompagne leurs plus belles et généreuses actions, qu'elles sont le plus souvent tirées à contre sens, et prises en mauvaise part, par ceux qui ignorent l'origine des choses, et qui se sont trouvez intéressez dans les partis, puissans ennemis de la vérité, en leur donnant des motifs et des fins vitieuses, au lieu que le zèle à la vertu y prend d'ordinaire la meilleure part ? » (Dupuy, p. 1.)

98 – page 138 – *Le reniement des Templiers était symbolique...*

Voy. plus haut, t. II, livre III et livre IV, ch. IX, les cérémonies grotesques et la fête des idiots, *fatuorum* : « Le peuple élevait la voix... il entrait, innombrable, tumultueux, par tous les vomitoires de la cathédrale, avec sa grande voix confuse, géant enfant, comme le saint Christophe de la légende, brut, ignorant, passionné, mais docile, implorant l'initiation, demandant à porter le Christ sur ses épaules colossales. Il entrait, amenant dans l'église le hideux dragon du péché, il le traînait, soûlé de victuailles, aux pieds du Sauveur, sous le coup de la prière qui doit l'immoler. Quelquefois aussi, reconnaissant que la bestialité était en lui-même, il exposait dans des extravagances symboliques sa misère, son infirmité. C'est ce qu'on appelait la fête des idiots, *fatuorum*. Cette imitation de l'orgie païenne, tolérée par le christianisme, comme l'adieu de l'homme à la sensualité qu'il abjurait, se reproduisait aux fêtes de l'enfance du Christ, à la Circoncision, aux Rois, aux Saints-Innocents. »

99 – page 138, note – *Déposition du précepteur d'Aquitaine...*

Celui qui le recevait, l'ayant revêtu du manteau de l'Ordre, lui montra sur un missel un crucifix et lui dit d'abjurer le Christ, attaché en croix. Et lui tout effrayé le refusa s'écriant : Hélas ! mon Dieu, pourquoi le ferais-je ? Je ne le ferai aucunement. – Fais-le sans crainte, lui répondit l'autre. Je jure sur mon âme que tu n'en éprouveras aucun dommage en ton âme et ta conscience ; car c'est une cérémonie de l'Ordre, introduite par un mauvais grand maître, qui se trouvait captif d'un soudan, et ne put obtenir sa liberté qu'en jurant de faire ainsi abjurer le Christ à tous ceux qui seraient reçus à l'avenir : et cela fut toujours observé, c'est pourquoi tu peux bien le faire. Et alors le déposant ne le voulut faire, mais plutôt y contredit, et il demanda où était son oncle et les autres bonnes gens qui l'avaient conduit là. Mais l'autre lui répondit : Ils sont partis et il faut que tu fasses ce que je te prescris. Et il ne le voulut encore faire. Voyant sa résistance, le chevalier lui dit encore : Si tu voulais me jurer sur les saints Évangiles de Dieu que tu diras à tous les frères de l'Ordre que tu as fait ce que je t'ai prescrit, je t'en ferais grâce. Et le déposant le promit et jura. Et alors il lui en fit grâce, sauf toutefois que couvrant de sa main le crucifix, il le fit cracher sur sa main... Interrogé s'il a ordonné quelques frères, il dit qu'il en fit peu de sa main, à cause de cette irrévérence qu'il fallait commettre en leur réception... Il dit toutefois qu'il avait fait cinq chevaliers. Et interrogé s'il leur avait fait abjurer le Christ, il affirma sous serment qu'il les avait ménagés de la même manière qu'on l'avait ménagé... Et un jour qu'il était dans la chapelle pour entendre la messe... le frère Bernard lui dit : Seigneur, certaine trame s'ourdit contre vous : on a déjà rédigé un écrit dans lequel on mande au grand maître et aux autres que dans la réception des frères de l'Ordre vous n'observez pas les formes que vous devez observer... Et le déposant pensa que c'était pour avoir usé de ménagements envers ces chevaliers. – Adjuré de dire d'où venait cet aveuglement étrange de renier le Christ et de cracher sur la croix, il répondit sous serment : « Certains de l'Ordre disent que ce fut un ordre de ce grand maître captif du soudan, comme on l'a dit. D'autres, que c'est une des mauvaises introductions et statuts de frère Procelin, autrefois grand maître ; d'autres, de détestables statuts et doctrines de frère

Thomas Bernard, jadis grand maître ; d'autres, *que c'est à l'imitation et en mémoire de saint Pierre, qui renia trois fois le Christ.* » (Dupuy, p. 314-316.) Si l'absence de torture et les efforts de l'accusé pour atténuer le fait mettent ce fait hors de doute, ses scrupules, ses ménagements, les traditions diverses qu'il accumule avant d'arriver à l'origine symbolique, prouvent non moins sûrement qu'on avait perdu la signification du symbole.

100 – page 139 – *L'Ordre du Temple mourut en France d'un symbole non compris...*

Origines du droit :

« Le symbolisme féodal n'eut point en France la riche efflorescence poétique qui le caractérise en Allemagne. La France est une province romaine, une terre d'Église. Dans ses âges barbares, elle conserve toujours des habitudes logiques. La poésie féodale naquit au sein de la prose.

« Cette poésie trouvait dans l'élément primitif, dans la race même, quelque chose de plus hostile encore. Nos Gaulois, dans leurs invasions d'Italie et de Grèce, apparaissent déjà comme un peuple railleur. On sait qu'au majestueux aspect du vieux Romain siégeant sur sa chaise curule, le soldat de Brennus trouva plaisant de lui toucher la barbe. La France a touché ainsi familièrement toute poésie.

« Malgré l'abattement des misères, malgré la grande tristesse que le christianisme répandait sur le moyen âge, l'ironie perce de bonne heure. Dès le douzième siècle, Guibert de Nogent nous montre les gens d'Amiens, les cabaretiers et les bouchers, se mettant sur leur porte, quand leur comte, sur son gros cheval, caracolait dans les rues, et tous effarouchant de leurs risées la bête féodale.

« Le symbolisme armorial, ses riches couleurs, ses belles devises, n'imposaient probablement pas beaucoup à de telles gens. La pantomime juridique des actes féodaux faisait rire le bourgeois sous cape. Ne croyez pas trop à la simplesse du peuple de ces temps-là, à la naïveté de cette *bonne vieille langue*. Les renards royaux, qui s'affublèrent de si blanche et si douce hermine pour surprendre les lions, les aigles féodaux, tuaient, comme tuait le sphynx, par l'énigme et par l'équivoque. »

101 – page 140 – *Ni la colombe, ni l'arche, ni la tunique sans couture*, etc. *Le glaive spirituel était émoussé...*

« Una est columba mea, perfecta mea, una est matri suæ... Una nempe fuit diluvii tempore arca Noë... Hæc est tunica illa Domini inconsutilis... Dicentibus Apostolis : Ecce gladii duo hic... » (*Preuves du différend*, p. 55.) – « Qu'elle est forte cette Église, et que redoutable est le glaive... » (Bossuet, *Oraison funèbre de Le Tellier*.)

102 – page 140 – *Nul doute que le pouvoir d'absoudre ne leur ait fait des ecclésiastiques d'irréconciliables ennemis...*

C'est un des faits qui, par l'accord de tous les témoignages, avait été placé en Angleterre dans la catégorie des points irrécusables : « Articuli qui videbantur probati. » Tantôt les chefs renvoyaient à absoudre au frère chapelain, sans confession : « Præcipit fratri capellano eum absolvere a peccatis suis, quamvis frater capellanus eam confessionem non audierat. » (P. 377, col. 2, 367.) Tantôt ils les absolvaient eux-mêmes, quoique laïques : « Quod et credebant et dicebatur eis quod magnus magister ordinis poterat eos absolvere a peccatis suis. Item quod visitator. Item quod præceptores quorum multi erant laïci. » (358, 22 test.) « Quod... templarii laïci sons hommes absolvebant. » (*Concil. Brit.*, II, 360.) – « Quod facit generalem absolutionem de peccatis quæ nolunt confiteri propter erubescentiam carnis... quod credebant quod de peccatis capitulo recognitis, de quibus ibidem fuerat absolutio non oportebat confiteri sacerdoti... quod de mortalibus non debebant confiteri nisi in tapi tulo, et de venialibus tantum sacerdoti. » (5 testes, 358, col. 1.) – Même accord dans les dépositions des Templiers d'Écosse : « Inferiores clerici vel laïci possunt absolvere fratres sibi subditos. » (P. 381, col. 1, Ier témoin. De même le XLe témoin, *Concil. Brit.*, 14, p. 382.)

103 – page 142, note – *Procès simulé, où le diable*, etc.

On connaît la fameuse légende de Dagobert. César d'Heisterbach cite une pareille histoire d'un usurier converti. Que le débat fût visible ou non, c'était toujours la formule : « Si quis decedat contritus et confessus, licet non satisfecerit de peccatis confessis, tamen boni angeli confortant ipsum contra incursum dæmonum, dicentes... Quibus maligni spiritus... Mox advenit Virgo Maria alloqueus dæmones..., etc. » (Herm. Corn., *Chr.* ap. Eccard. m. ævi, t. II, p. 11.)

104 – page 145, note – *Jean de Meung Clopinel*, etc.

« Prudes femmes par saint Denis, Autant en est que de Phénix », etc. – Lui-même au reste avait pris soin de les justifier par les doctrines qu'il prêche dans son livre. Ce n'est pas moins que la communauté des femmes :

Car nature n'est pas si sotte...
Ains vous a fait, beau fils, n'en doubtes,
Toutes pour tous, et tous pour toutes,
Chascune pour chascun commune
Et chascun commun pour chascune.
Roman de la Rose, v. 14, 653. Éd. 1725-7.

Cet insipide ouvrage, qui n'a pour lui que le jargon de la galanterie du temps, et l'obscénité de la fin, semble la profession de foi du sensualisme grossier qui règne au quatorzième siècle. Jean Molinet l'a *moralisé* et mis en prose.

105 – page 145, note – *Blanche fut, dit brutalement le moine historien*, etc.

« Blancha vero carcere remanens, a serviente quodam ejus custodiæ deputato dicebatur imprægnata fuisse quam a proprio comite diceretur, vel ah aliis imprægnata. » (Cont. G. de N., p. 70.). Il passe outre avec une cruelle insouciance ; peut-être aussi n'ose-t-il en dire davantage. – Cette horrible aventure des belles-filles de Philippe-le-Bel a peut-être donné lieu, par un malentendu, à la tradition relative à la femme de ce prince, Jeanne de Navarre, et à l'hôtel de Nesle. Aucun témoignage ancien n'appuie celte tradition. Voy. Bayle, article *Buridan*. La tradition serait toutefois moins vraisemblable encore, si l'on voulait, comme Bayle, l'appliquer à l'une des belles-filles du roi. Jeunes, comme elles l'étaient, elles n'avaient pas besoin de tels moyens pour trouver des amants. Quoi qu'il en soit, Jeanne de Navarre paraît avoir été d'un caractère dur et sanguinaire. Elle était reine de son chef, et pouvait moins ménager son époux.

106 – page 146 – *Une fois dans cette voie de crimes, toute mort passe pour empoisonnement ou maléfice*, etc.

Contin. G. de Nangis, ann. 1304, 1308, 1313, 1315, 1320, p. 58, 61, 67, 68, 70, 77, 78.

107 – page 146, note – *À la mort de Clément V*, etc.

« Gascones qui cum eo steterant, intenti circa sarcinas, videbantur de sepultura corporis non curare, quia diu remansit insepultum. » (Baluz., *Vit. Pap. Aven.*, I, p. 22.)

108 – page 146 – *Dante ne trouve pas, pour la mort de Philippe-le-Bel, de mot assez bas...*

Dante, *Paradiso*, c. XIX :

Li si vedra il duol, che sopra Senna
Induce, falseggiando la moneta,
Quel che morra di colpo di cotenna.

Suivant plusieurs auteurs, il aurait été en effet tué à la chasse au cerf. « Il voit venir le cerf vers luy, si sacqua son espée, et ferit son cheval des esperons, et cuida ferir le cerf, et son cheval le porta encore contre un arbre, de si grand'roideur, que le bon roy cheut à terre, et fut moult durement blecé au cueur, et fut porté à Corbeil. Là, luy agreva sa maladie moult fort... » (*Chronique*, trad. par Sauvage, p. 110, Lyon, 1572, in-folio.)

L'historien français contemporain ne parle point de cet accident...

« Diuturna detentus infirmitate, cujus causa medicis erat incognita, non solum ipsis, sed et aliis multis multi stuporis materiam et admirationis induxit ; præsertim cum infirmitatis aut mortis periculum nec pulsus ostenderet nec urina. » (Contin. G. de Nangis, fol. 69.)

109 – page 147 – *Egidio avait écrit pour son élève un livre : De reginmine principum...*

Voy. *S. Ægidii Romani, archiep. Bituricensis questio De utraque potestate ; edidit Goldastus, Monarchia*, II, 95. Un Colonna ne pouvait qu'inspirer à son élève la haine des papes.

110 – page 148, note – *Jean de Meung lui avait traduit la* Consolation *de Boèce...*

Il rappelle tous ses titres littéraires dans l'*Épitre liminaire* qu'il a mise en tête du livre de la *Consolation.* « À ta royale Majesté, a très noble Prince, par la Grâce de Dieu Roy des François, Philippe-le-Quart ; je Jehan de Meung qui jadis au *Romans de la Rose*, puisque Jalousie et mis en prison Bel-acueil, ay enseigné la manière du Chastel prendre, et de la Rose cueillir ; et translaté de latin en françois le livre de Vegèce de chevalerie, et le livre des merveilles de Hirlande : et le livre des Épistres de Pierre Abeillard et Héloïse sa femme: et le livre d'Aclred, de spirituelle amitié: envoye ores Boëce de *Consolation*, que j'ai translaté en françois, jaçoit ce qu'entendes bien latin.»

111 – page 148 – *L'Université persécutait les Mendiants par son docteur Jean Pique-Ane...*

Bulæus, IV, 70. Voy. dans Goldast, II, 108, Johannis de Parisiis, *Tractatus de potestate regia et papali.*

112 – page 149 – *Les pauvres écoliers, les pauvres maîtres...*

Le maître sera élu entre les pauvres écoliers et par eux... L'élu sera appelé le ministre des pauvres. Il est fait mention dans ce règlement de 84 pauvres écoliers fondés en l'honneur des 12 apôtres et des 72 disciples.

113 – page 149 – *Cappets...*

L'habit de cette société était une cape fermée par devant, comme en portaient les maîtres ès arts de la rue du Fouarre, et un camail aussi fermé par devant et par derrière, d'où leur nom de Capètes. Les parents ne pouvaient menacer leurs enfants d'un plus grand châtiment que de les faire Capètes. (Félibien, I, 526 sq.)

114 – page 150 – *Le roi veut exclure les prêtres de la justice et des charges municipales...*

«Omnes in regno Franciæ temperatam juridictionem habentes, baillivum, præpositum et servientes laïcos et nullatenus clericos instituant, ut, si ibi delinquant, superiores sui possint animadvertere in eosdem. Et si aliqui clerici sint in prædictis officiis, amoveantur.» (*Ord.*, I, p. 316. Années 1287-1288.)

115 – page 150 – *Il protège les juifs...*

«Non capiantur aut incarcerentur ad mandatum aliquorum patrum, fratrum alicujus ordinis vel aliorum, quocunque fungantur officio.» (*Ord.*, I, 317.)

116 – page 150 – *Il augmente la taxe royale sur les acquisitions d'immeubles par les églises...*

Ord., I, 322. On y distingue les fiefs du roi, les arrière-fiefs, les alleux. Dans tous les cas, la taxe royale pour les acquisitions à titre onéreux est le double de la taxe des acquisitions à titre gratuit. On craignait plus les achats que les donations.

117 – page 150 – *Il défend les guerres privées, les tournois...*

«Ad instar santi Ludovici, eximii confessoris... guerras..., bella..., provocationes etiam ad duellum... durantibus guerris nostris, expresse inhibemus.» (*Ord.*, I, 390.) Conf. p. 328. Ann. 1296, p. 344. Ann. 1302, p. 549. Ann. 1314, juillet. – «Quatenus omnes et singulos nobiles... capias et arrestes, capique et arrestari facias, et tamdiu in arresto teneri, donec a nobis mandatum.» (*Ord.*, I, 424, ann. 1304).

À chaque campagne, il lui fallait faire la presse...

En 1302, ordre au bailly d'Amiens d'envoyer à la guerre de Flandre tous ceux qui auront plus de 100 livres en meubles et 200 en immeubles: les autres devaient être épargnés. (*Ord.*, I, 345.) Mais l'année suivante (29 mai) il fut ordonné que tout roturier qui aurait 50 livres en meubles ou 20 en immeubles, contribuerait de sa personne ou de son argent. (*Ord.*, I, 373.)

118 – page 150 – *Ordonnance pour empêcher la désertion des campagnes.*

C'étaient des formalités analogues à celles qu'on impose aujourd'hui à l'étranger qui veut devenir Français; autorisation du prévost ou maire, domicile établi par l'achat «pour raison de la bourgeoisie d'une maison dedenz an et jour, de la value de soixante sols parisis au moins; signification au seigneur dessoubs cui il iert partis»; résidence obligatoire de la Toussaint à la Saint-Jean, etc. (*Ord.*, I, 314.)

119 – page 151 – *En 1290, le clergé arracha au roi une charte exorbitante.*

Ord., I, p. 318... «Quod bona mobilia clericorum capi vel justiciari non possint... per justiciam secularem... Causæ ordinariæ prælatorum in parliamentis tantummodo agitentur... nec ad senes callos aut baillivos... liceat appellare... Non impediantur a taillis», etc.

En 1298, le roi seconde l'intolérance des évêques...

«Baillivis... injungimus... diocesanis episcopis, et inquisitoribus... pareant, et intendant in hæreticorum investigatione, captione... condemnatos sibi relictos statim recipiant, indilate animadversione debita puniendos... non obstantibus appellationibus.» (*Ord.*, I, p. 330, ann. 1298.)

L'année suivante, il promet que les baillis, etc.

Mandement adressé aux baillis de la Touraine et du Maine, pour leur commander le respect des ecclésiastiques. Lettres accordées aux évêques de Normandie contre les oppressions des baillis, vicomtes, etc.

(*Ord.*, I. 331, 334.) Ordonnance semblable en faveur des églises de Languedoc, 8 mai 1302. (*Ibid.*, p. 340.)

120 – page 151 – *Il accorde aux nobles une ordonnance contre les usuriers juifs...*

« Contra usurarum voraginem... volumus ut debita quantum ad sortem primariam plenarie persolvantur, quod vero ultra sortem fuerit legaliter penitus remittendo. » (*Ord.*, I, 334.)

Les collecteurs royaux n'exploiteront plus les successions des bâtards et des aubains, etc.

« Nisi prius per aliquem idoneum virum, *quem ad hoc specialiter deputaverimus*... constiterit, quod nos sumus in bona saisina percipiendi... » (*Ord.*, I, 338-339.)

121 – page 152 – *Il saisit le temporel des prélats partis pour Rome...*

« Nonnulli prælati, abbates, priores..., inhibitione nostra spreta... ab regno egredi... Nolentes igitur ob ipsarum absentiam personarum bona earum dissipari et potius ea cupientes conservari... mandamus », etc. (*Ord.*, I, 349.)

122 – page 152 – *Dans son ordonnance de réforme*, etc.

« Nisi in casu pertinente ad jus nostrum regium... » – Il ajoutait pourtant que le fief acquis ainsi par forfaiture serait dans l'an et jour remis hors sa main à une personne convenable qui desservît le fief. Mais il se réservait encore cette alternative : « Ou nous donnerons au maître du fief récompense suffisante et raisonnable. » (*Ord.*, I, 358.)

La plus grande partie de cette ordonnance de réforme concerne les baillis et autres officiers royaux, et tend à prévenir les abus de pouvoir. Nommés par le grand conseil (14), ils ne pourront faire partie de cette assemblée (16). Ils ne pourront avoir pour prévôts ou lieutenants leurs parents ou alliés, ni remplir cette charge dans le lieu de leur naissance (27), ni s'attacher par mariage ou achat d'immeubles au pays de leur juridiction, mesure de garantie imitée des Romains, mais étendue aux enfants, sœurs, nièces et neveux des officiers royaux (50-51). L'ordonnance réglait le temps de leurs assises (26), dont chacune, en finissant, devait préciser le commencement de la suivante ; elle posait les limites de leur ressort entre eux (60), de leur compétence entre les justices des prélats et des barons (25), et les limites de leurs pouvoirs sur leurs justiciables. Ils ne pouvaient tenir aucun en prison pour dettes, à moins qu'il n'y eût sur lui *contrainte par corps*, par lettres passées sous le scel royal (52). La même ordonnance leur défendait de recevoir à titre de don ou de prêt (40-43) ni pour eux ni pour leurs enfants (41) (ils ne pourront recevoir de vin, « nisi in barillis, seu boutellis vel potis »), et ils ne pourront vendre le surplus ; ni donner rien aux membres du grand conseil, leurs juges (44), ni prendre des baillis inférieurs leurs comptables (48). La nomination à ces charges devait se faire par eux avec les plus grandes précautions (56) ; le roi continue à en exclure les clercs ; il met ceux-ci en assez mauvaise compagnie : « Non clerici, non usurarii, non infames, nec suspecti circa oppressiones subjectorum » (19). (*Ord.* I, 357-367.)

123 – page 152, note – *Règlement relatif au Parlement...*

Voyez l'important mémoire de M. Klimrath *Sur les Olim et sur le Parlement*. Voy. aussi une dissertation ms. sur l'origine du parlement *(Archives du royaume)*. L'auteur anonyme, qui peut-être écrivait sous le chancelier Maupeou, partage l'opinion de M. Klimrath.

124 – page 153 – *Philippe-le-Bel rend aux nobles le gage de bataille, la preuve par duel...*

Ann. 1304, *Ord.*, I, 547. Cette ordonnance paraît être la mise à exécution de l'article 62 de l'édit que nous venons d'analyser. C'est le règlement d'administration qui complète la loi.

Origines du droit, livre IV, chap. VII : « Pendant tout le moyen âge, la jurisprudence flotte entre le duel et l'épreuve, selon que l'esprit militaire ou sacerdotal l'emporte alternativement.

« Le serment et les ordalies étant trop souvent suspects, les guerriers préféraient le duel. Saint Louis et Frédéric II le défendirent dès le treizième siècle.

« Une trop mauvese coustume souloit courre enchiennement, si comme nous avons entendu des seigneurs de lois, car il aucuns si louoient campions, en tele manière que il se devoient combattre pour toutes les querelles que il aroient à fere ou bonnes ou mauveses. » (Beaumanoir.) – « Quand aucun a passé âge comme de soixante ans, ou qu'il est débilité d'aucun membre, il n'est pas habile à combattre. Et pour ce fut établi que s'il étoit accusé d'aucun cas, qui par gage de bataille se deut terminer, qu'il pourroit mettre champion qui feroit le fait pour lui, à ses périls et dépends, et pour ce fut constitué et établi homage de foy et de service. Et en souloit-on anciennement plus user que l'on ne fait, car on combattoit pour plus de cas qu'on ne fait pour le présent... Et doit l'en savoir que quand un champion faisoit gaige de bataille pour aucun autre accusé d'aucun crime, se le champion estoit desconfit, feust par soi rendant en champ, ou autrement, cil pour qui il combattoit estoit pendu, et forfaisoit tous ses biens et meubles héritages, ainsi que la coutume déclaire, aussi bien comme cil propre eut été déconfit en champ ; et le champion n'avoit nul mal et ne forfaisoit rien. » (Vieille glose sur l'ancienne Coutume de Normandie.)

125 – pages 153 et suiv. – *L'hypocrisie de ce gouvernement dans les affaires des monnaies...*

En 1295... « Nos autem Johanna impertinus assensum. » (*Ord.*, I, 326)

En 1305... (*Ord.*, I, 429.)

Plus tard, il ordonne de détruire les fours, etc. (*Ord.*, I, 451.)

En 1310 et 1311, il défend l'importation des monnaies étrangères...

« Que nul ne rachace, ne face rechacier, ne trebucher, ne requeure nulle monnoye quele qu'ele soit de nostre coing. » (20 janvier 1310, *Ord.*, I, 475.).

En 1311, il défend de peser ou *d'essayer les monnaies royales...*

Ord., I, 481, 16 mai 1311.

En 1314, il appela les députés des villes à venir aviser avec lui sur le fait des monnaies, etc.

« Que le Roi pourchace par devers ses Barons que ils se sueffrent de faire ouvrer jusques à onze ans, car autrement il ne peut pas remplir son pueble de bonne monnoie, ne son royaume. Et furent à accort que li Rois doint tant en or, en argent que il n'y preigne nul profit. » (*Ord.*, I, 547-549.) Cependant on rencontra tant de résistance de la part des barons et des prélats intéressés qu'il fallut se contenter de leur prescrire l'aloi, le poids et la marque de leurs monnaies. (Leblanc, p. 229.)

126 – pages 156 et suiv. – *L'avènement de Louis-le-Hutin est une réaction violente de l'esprit féodal, local, provincial*, etc.

Le duc de Bretagne, etc. (*Ord.*, I, 551 et 592, 561-577 et 625, 572...)

La demande commune des barons, etc. (*Ord.*, I, 559, 8° ; 574, 5° ; 554, 2°.)

Les provinces les plus éloignées, etc. (*Ord.*, I, 562, 2°...)

Bourgogne, Amiens, Champagne demandent unanimement, etc.

« Nous voullons et octroyons que en cas de murtre, de larrecin, de rapt, de trahison et de roberie gage de bataille soit ouvert, se les cas ne pouvoient estre prouves par tesmoings. » (*Ord.*, I, 507.) « Et quant au gage de bataille, nous voullons que il en usent, si come l'en fesoit anciennement. » (*Ibid.*, 558.)

Le roi n'acquerra plus, etc.

« Le quart article qui est tiel. *Item, que le Roy n'acquiere, ne s'accroisse ès baronnies et chastellenies, ès fiez et riere-fiez desdits nobles et religieus, se n'est de leur volonté*, nous leur octroyons. »

À ces demandes insolentes le roi répond...

Ord., I, 572 (31) ; 576 (15) ; 564 (6).

127 – page 160 – *Raoul de Presles...*

Il y eut trois Raoul de Presles : le premier, qui déposa en 1309 contre les Templiers, fut impliqué dans l'affaire de Pierre de Latilly, et recouvra la liberté en perdant ses biens. Louis-le-Hutin en eut des remords ; par son testament, il ordonna qu'on lui rendît *comme de raison* tout ce qu'on lui avait pris. Philippe-le-Long et Charles-le-Bel l'anoblirent pour ses bons services. Le second Raoul n'est connu que par un faux, et aussi par un bâtard qu'il eut en prison. Ce bâtard est le plus illustre des Raoul. En 1365, il se fit connaître de Charles V par une allégorie, intitulée *la Muse*. Il fut chargé par ce prince de traduire *la Cité de Dieu*, et paraît n'avoir pas été étranger à la composition du *Songe du Vergier*.

128 – page 161 – *Louis-le-Hutin décria les monnaies des barons*, etc.

« Nous qui avons oie la grande complainte de nostre pueble du royaume de France, qui nous a montré comment par les monoies faites hors de nostre royaume et contrefaites à nos coings, et aus coings de nos barons, et par les monoies aussi de nos dits barons lesquelles monoies toutes ne sont pas du poids de la loy ne du coing anciens ne convenables, nos subgiez et nostre pueble sont domagiés en moult de manières et de ceuz souvent grossement... ordenons, etc. » (*Ord.*, I, 609-6.)

Il fixa les rapports de la monnaie royale, etc. (*Ord.*, I, 615 et suiv.)

129 – page 163 – *Les serfs se souviendront de cette leçon royale...*

À la fin de son règne si court, Louis semble devenu l'ennemi des barons. Jamais Philippe-le-Bel ne leur fit réponse plus sèche et, ce semble, plus dérisoire que celle de son fils aux nobles de Champagne (1er décembre 1315). Ils demandaient qu'on leur expliquât ce mot vague de *Cas royaux*, an moyen duquel les juges du roi appelaient à eux toute affaire qu'ils voulaient. Le roi répond : « Nous les avons éclaircis en cette manière. C'est assavoir que la Royal Majesté est entendüe, ès cas qui de droit, ou de ancienne coutume, püent et doient appartenir à souverain Prince et à nul autre. » (*Ord.*, I, 606.)

130 – page 164 – *Philippe-le-Long révoque toute donation depuis saint Louis...*

Le roi révoque spécialement les dons faits à Guillaume Flotte, Nogaret, Plasian et quelques autres. (*Ord.*, I, 667.)

131 – page 165 – *Il aurait voulu établir l'uniformité des mesures et des monnaies...*

« Le roi avait commencé à régler qu'on ne se servirait dans son royaume que d'une mesure uniforme pour le vin, le blé et toutes marchandises ; mais prévenu par une maladie, il ne put accomplir l'œuvre qu'il avait commencée. Ledit roi proposa aussi que, dans tout le royaume, toutes les monnaies fussent réduites à une seule ; et comme l'exécution d'un si grand projet exigeait de grands frais, séduit, dit-on, par de faux conseils, il avait résolu d'extorquer de tous ses sujets la cinquième partie de leur bien. Il envoya donc pour cette affaire des députés en différents pays ; mais les prélats et les grands, qui avaient depuis longtemps le droit de faire différentes monnaies, selon les diversités des lieux et l'exigence des hommes, ainsi que les communautés des bonnes villes du royaume, n'ayant pas consenti à ce projet, les députés revinrent vers leur maître sans avoir réussi dans leur négociation. » (Cont. G. de Nang., 79.)

132 – pages 165 et suiv. – *Il fait quelques efforts pour régulariser la comptabilité...*

Ord., I, 713-4, 629, 659.

Parmi les règlements de finance, etc. (*Ord.*, I, p. 660 (27.)

Le Parlement se constitue, etc. (*Ord.*, I, 728-731. – *Ord.*, I, 702.)

133 – page 166 – *La méridienne du roi...*

Voy. au tome Ier de cette histoire la concession de Clovis à saint Remi. – Voy. aussi la *Légende dorée*, c. 142. – *Origines du droit* : « En l'an 676, Dagobert ayant donné à saint Florent la ville où il demeurait et ses dépendances, le saint vint prier le roi de lui faire savoir combien il avait en long et en large. "Tout ce que tu auras chevauché sur ton petit âne pendant que je me baignerai et que je mettrai mes habits, tu l'auras en propre." Or saint Florent savait fort bien le temps que le roi passait au bain : aussi il monta en toute hâte sur son âne et trotta par monts et par vaux mieux et plus rapidement que ne l'aurait fait à cheval le meilleur cavalier, et il se trouva encore à l'heure indiquée chez le roi. » (Grimm. 87.)

134 – page 167 – *Philippe-le-Long parle de certains droits féodaux*, etc.
Ord., I, p. 631 (39).
Il recommande aux receveurs, etc. (*Ord.*, I, 713 [9].)

135 – page 167 – *Le roi cherche à mettre une barrière à sa libéralité.*
« Que pour les dons outragens qui ont esté faiz ça en arrières, par nos prédécesseurs, li domaine dou Royaume sont moult apetitié. Nous qui désirons moult l'accroissement et le bon estat de notre Royaume et de nos subgiez, nous entendons dores en avant garder de tels dons, au plus que nous pourrons bonement, et défendons que nul ne nous ose faire supplication de faire dons à héritage, se ce n'est en la présence de notre grant conseil. » (*Ord.*, I, 670 [6].)

136 – page 168 – *Les pastoureaux...*
« Cum solis pera et baculo sine pecunia, dimisssis in campis porcis et pecoribus, post ipsos quasi pecora confluebant. » (Cont. G. de Nangis, p. 77.) – « Projectis innumerabilibus lignis et lapidibus, propriis projectis pueris, se viriliter et inhumaniter defensabant... Videntes autem dicti judæi quod evadere non valebant... locaverunt unum de suis... ut eos gladio jugularet. » *(Ibid.)* – « Illic viginti, illic triginta secundum plus et minus suspendens in patibulis et arboribus. » *(Ibid.)*

137 – page 169 – *Les juifs*, etc.
Voy. le *Mémoire* de M. Beugnot, sur les juifs d'Occident, et la grande histoire de Jozt.

138 – page 171 – *Le bruit se répand que les juifs et les lépreux ont empoisonné les fontaines*, etc.
« Fiebant de sanguine humano et urina de tribus herbis... ponebatur etiam Corpus Christi, et cum essent omnia dissicata, usque ad pulverem terebantur, quæ missa in sacculis cum aliquo ponderoso... in puteis... jactabantur. » (Cont. G. de Nang., ann. 1321, p. 78.) – « Inventum est in panno caput colubri, pedes bufonis et capilli quasi mulieris, infecti

quodam liquore nigerrimo... quod totum in ignem copiosum... projectum, nullo modo comburi potuit, habito manifesto experimento et hoc itidem esse venenum fortissimum. » *(Ibid.)*

Les principaux lépreux tinrent quatre conciles, etc.

« Suadente diabolo per ministerium judæorum... ut christiani omnes morerentur, vel omnes uniformiter leprosi efficerentur, et sic, cum omnes essent uniformes, nullus ab alio despiceretur. » *(Ibid.)* Voy. sur les lépreux les *Dictionnaires* de Bouchel et Brion et surtout le *Dictionnaire de police*, par Delamare, I, p. 603. Voy. aussi les *Olim du Parlement*, IV, f. 76, etc.

139 – page 172 – *Les rituels pour la séquestration des lépreux différaient peu de l'office des morts...*

« Leprosum aqua benedicta repersum ducat ad ecclesiam cruce procedente... cantando Libera me Domiue... In ecclesia, ante altare pannus niger. Presbyter cum palla terram super quemlibet pedum ejus perducit dicendo : Sis mortuus mundo, vivens iterum Deo. » (*Rituel du Berri*, Martène, II, p. 1010.) Plusieurs rituels défendirent plus tard ces lugubres cérémonies, celui d'Angers, de Reims. (*Ibid.*, p. 1005, 1006.)

140 – page 173 – *Quant aux juifs, on les brûla sans distinction...*

« Judæi... sine differentia combusti... Facta quadam fovea permaxima, igne copioso in eam injecto, octies viginti sexies promiscui sunt combusti ; unde et multi illorum et illarum cantantes quasique invitati ad nuptias, in foveam saliebant. » (Cont. G. de Nangis, p. 78.)

Mainte veuve y fit jeter son enfant...

« Ne ad baptismum raperentur. » *(Ibid.)*

Quarante juifs s'accordèrent à se faire tuer par un de leurs vieillards...

« Unius antiqui... santior et melior videbatur ; unde et ob ejus bonitatem et antiquitatem pater vocabatur. » (*Ibid.*, p. 79). – « Cum funis esset brevior... dimittens se deorsum cadere, tibiam sibi fregit, auri et argenti præ maximo pondere gravatus. » *(Ibid.)*

141 – page 175 – *L'Angleterre se trouvant désarmée par ces discordes, le roi de France s'empara de l'Agénois...*

Voy. le *Différend entre la France et l'Angleterre sous Charles-le-Bel*, par M. de Bréquigny. La querelle, qui d'abord n'avait pour objet que la possession d'une petite forteresse, prit en peu de temps le caractère le plus grave par la faiblesse d'Édouard et l'audace de ses officiers. Tandis qu'Édouard excuse ses lenteurs à venir rendre hommage, et prie le roi de France d'arrêter les entreprises des Français sur ses domaines, les officiers anglais en Guyenne ruinent la forteresse disputée, et rançonnent le grand maître des arbalétriers de France, qui avait voulu en tirer satisfaction. Édouard se hâta de désavouer ces actes auprès de Charles, et en même temps il donnait ordre à toutes personnes de prêter assistance à Raoul Basset, auteur de l'insulte faite au roi de France. Mais il recula bientôt devant cette guerre et destitua Raoul Basset ; ses officiers laissés sans secours durent donner satisfaction à Charles-le-Bel, qui ne s'arrêta pas en si beau chemin : les ambassadeurs d'Édouard lui écrivaient qu'on disait tout haut à la cour de France « qu'on ne voulait mie être servi seulement de parchemin et de parole comme on l'avait été ». Édouard, qui d'abord avait eu recours au pape et fait quelques préparatifs, s'alarma de cet orage qui pouvait troubler ses plaisirs. Il donna pleins pouvoirs pour tout terminer, et envoya à Charles un Français nommé Sully avec son plénipotentiaire. Le roi écouta le Français, chassa l'Anglais et fit entrer ses troupes en Guyenne. Agen, après avoir inutilement attendu le secours du comte de Kent, ouvrit ses portes. De nouveaux ambassadeurs vinrent d'Angleterre ; ils eurent pour toute réponse qu'il fallait « qu'on souffrît sans obstacle que le roi de France mît en ses mains le reste de la Gascogne, et qu'Édouard se rendît auprès de lui. Alors s'il lui demandait droit, il le lui ferait bon et hâtif ; s'il lui requérait grâce, il ferait ce que bon lui semblerait ».

142 – page 175 – *Charles-le-Bel défendit de prendre le parti de la reine Isabeau*, etc.

« ... Dont plusieurs chevaliers en furent moult courroucés... et dirent que or et argent y étoient efforciement accourus d'Angleterre. » (Froissart, éd. Dacier, I, 26.) – « Si entendit-il secrètement que Charles-le-Bel étoit en volonté de faire prendre sa sœur, son fils, le comte de Kent et messire Roger de Mortimer, et de eux remettre ès mains du roi d'Angleterre et dudit Spenser ; et ainsi le vint-il dire de nuit à la reine d'Angleterre et l'avisa du péril où elle étoit. » (Froissart, I, 29.)

143 – page 177 – *Édouard croyait au moins vivre*, etc.

« Ut innotuit viri dejectio, plena dolore (ut foris apparuit), fere mente alienata fuit... Misit indumenta delicata et litteras blandientes. Eodem tempore assignata fuit dos reginæ talis et tanta, quod regi filio regni pars tertia vix remansit. » (Wals, p. 126-127.) – « Ipso prostrato et sub ostio ponderoso detento ne surgeret, dum tortores imponerent cornu, et per foramen immitterent ignitum veru in viscera sua. » *(Ibid.)*

144 – page 180 – *Livre des secrets des fidèles de la croix, par le Vénitien Sanuto...*

« Au nom de Notre-Seigneur Jésus-Christ, Amen. En l'an 1321, j'ai été introduit auprès de notre seigneur le Pape et lui ai présenté deux livres sur le recouvrement de la terre sainte, et le salut des fidèles ; l'un était couvert en rouge, l'autre en jaune. En même temps j'ai mis sous ses yeux quatre cartes géographiques, l'une de la mer Méditerranée, l'autre de la terre et de la mer, la troisième de la terre sainte la quatrième de l'Égypte. » (À la suite de Bongars, *Gesta Dei per Francos*.)

S'il partage son livre en trois parties en l'honneur de la Sainte-Trinité, la raison qu'il en donne c'est qu'il y a trois choses principales pour le rétablissement de la santé du corps, le sirop préparatoire, la médecine et le bon régime : « Partitur autem totale opus ad honorem Sanctæ Trinitatis in tres libros. Nam sicut infirmanti corpori... tria impertiri curamus : primo syrupum ad præviam dispositionem... secundo congruam medicinam quæ morbum expellat... tertio ad conservandam sanitatem debitum vitæ regimen... sic conformiter continet liber primus dispositionem quasi syrupum, etc. » (*Secreta fidelium crucis*, etc., p. 9.)

145 – page 181 – *Il propose contre le soudan d'Égypte un simple blocus...*

Dix galères suffiront. Il fixe avec une prévoyance toute moderne ce qu'il faut d'hommes, d'argent, de vivres. La flotte doit être armée à Venise. « Les marins de Venise, dit-il, sauront seuls se conduire sur les plages basses d'Égypte qui ressemblent à leurs lagunes » (p. 35-36). Il n'ose pas demander que l'amiral soit un Vénitien, il se contente de dire qu'il doit être ami des Vénitiens, pour agir de concert avec eux (page 85). « Il faut, dit-il nettement, ou que l'accès de l'Égypte soit absolument interdit, ou qu'il soit élargi et facilité de telle sorte que chacun puisse aller, revenir, commercer par les terres du soudan, en toute liberté, et qu'en ce dernier cas on ne parle plus de recouvrer la terre sainte. » – « Mais, dira-t-on, si le soudan détournait le Nil de la Méditerranée dans la mer Rouge ? La chose est impossible ; et si elle avait lieu, l'Égypte serait anéantie, elle deviendrait déserte... Le soudan réduit, les forteresses de l'Égypte maritime deviendront un sûr asile pour les nations chrétiennes comme le furent pour les Vénitiens les lagunes de l'Adriatique qui, dans les tempêtes des invasions gauloises, africaines, lombardes et dans celle d'Attila, sont restées inviolées. » (Part. III, ch. II.) Ces derniers mots font allusion aux craintes récentes que les invasions des Mongols avaient inspirées à toute la chrétienté.

146 – page 183 – *La charte que le roi d'Angleterre accorda aux étrangers...*

Le roi déclare qu'il leur accorde à jamais, en son nom et au nom de ses successeurs : 1° de pouvoir venir en sûreté sous la protection royale, libres de divers droits qu'il spécifie : *De muragio, pontagio et panagio liberi et quieti* ; 2° d'y vendre en gros à qui ils voudront ; les merceries et épices peuvent même être vendues en détail par les étrangers ; 3° d'importer et exporter, en payant les droits, toute chose, excepté les vins, qu'on ne peut exporter sans licence spéciale du roi ; 4° leurs marchandises n'auront à craindre ni droit de prise ni saisie ; 5° on leur rendra bonne justice ; car si un juge leur fait tort, il sera puni même après que les marchands auront été indemnisés ; 6° en toute cause où ils seront intéressés, le jury sera composé pour une moitié de leurs compatriotes ; 7° dans tout le royaume il n'y aura qu'un poids et une mesure ; dans chaque ville ou lieu de foire, il y aura un poids royal, la balance sera bien vide, et celui qui pèse n'y portera pas les mains ; 8° à Londres, il y aura un juge desdits marchands, pour leur rendre justice sommaire ; 9° pour tous ces droits, ils paieront deux sous de plus qu'autrefois sur chaque tonneau qu'ils amèneront ; quarante deniers de plus par sac de laine, etc., etc. ; 10° mais une fois ces droits payés, ils pourront aller et commercer librement par tout le royaume.

147 – page 186 – *Ce fut Édouard III qui sur la Table ronde a juré le héron de conquérir la France...*

Par devant la roïne, Robert s'agenouilla,
Et dist que le hairon par temps départira,
Mès que chou ait voué que le cuer li dira,
« Vassal, dit la roïne, or ne me parlés jà ;
« Dame ne peut vouer puis qu'elle seigneur a,
« Car s'elle veue riens, son mari pooir a.
« Que bien puet rapeller chou qu'elle vouera ;
« Et honnis soit li corps que jasi pensera,
« Devant que mes chiers sires commandé le m'ara. »
Et dist le ror : « Voués, mes cors l'aquittera.
« Mes que finer en puisse, mes cors s'en penera ;
« Voués hardiement, et Dieux vous aidera. »
« Adonc, dit la roïne, je sais bien que piecha,
« Que suis grosse d'enfant, que mon corps senti là,

«Encore n'a il gaires, qu'en mon corps se tourna,
«Et je voue, et prometh a Dieu, qui me créa,
«Qui nasqui de la Vierge, que ses corps n'enpira,
«Et qui mourut en crois, on le crucifia,
«Que jà li fruis de moi de mon corps n'istera,
«Si m'en arès menée ou païs par delà,
«Pour avanchier le veu que vo corps voué a;
«Et s'il en voelh isir, quant besoins n'en sera,
«D'un grand coutel d'achier li miens corps s'ochira
«Serai m'asme perdue, et li fruis périra.»
Et quand li rois l'entent, moult forment l'en pensa;
Et dist: «Certainement nuls plus ne vouera.»
Li hairons fu partis, la roïne en mengna.
Adonc, quant che fu fait, li rois s'apareilla,
Et fit garnir les nés, la roïne i entra,
Et maint franc chevalier avecques lui mena.
De illoc en Anvers, li rois ne s'arrêta.
Quant outre sont venu, la dame délivra;
D'un beau fils gracieux la dame s'acouka,
Lyon d'*Anvers* ot non, quant on le baptisa.
Ensi le franque Dame le sien veu acquitta;
Ainsque soient tout fait, main preudomme en morra,
Et maint bon chevalier dolent s'en clamera.
Et mainte preude femme pour lasse s'en tenra.
Adonc parti li cours des Englès par delà.

Chi finent leus veus du hairon.

Ce petit poème se trouve à la fin du tome Ier de Froissart, éd. Dacier-Buchon, p. 420.

148 – page 189 – *Bataille de Cassel...*

«Oncques en l'ost du roy ne feit on guet; et les grands seigneurs alèrent d'une tente en l'autre, pour eux déduire, en leurs belles robes. Or vous dirons des Flamans, qui sur le mont étoient... Si feirent trois grosses batailles les Flamans; et veindrent avalant le mont, au grand pas, devers l'ost du roy: et passèrent tout outre, sans cry ne noise: et fut à l'heure de vespres sonnans... Et les Flamans ne s'atargèrent mie, ains veindrent le pas, pour surprendre le roy en sa tente.» (Froissart, I, c. LXIX, p. 123. – Voy. aussi Cont. de Nangis, p. 90. Oudegherst, c. CLIV, f. 259.) – Je regrette de n'avoir pas eu entre les mains l'important ouvrage de M. Warnkœnig, lorsque j'ai imprimé le récit de la bataille de Courtrai: *Histoire de la Flandre et de ses institutions civiles et politiques*, jusqu'à l'année 1305, par M. Warnkœnig, traduit de l'allemand par M. Ghueldorf, 1835. Voy. particulièrement au premier volume, quelques circonstances intéressantes qui complètent mon récit.

149 – page 190 – *Les quatre tours de Vincennes par leurs ponts-levis, vomissaient aux quatre vents...*

Les châteaux, comme les églises du Moyen Âge, comme les cités antiques, sont, je crois, généralement *orientés*. Voy. mon *Histoire romaine* et ma *Symbolique du droit.*

150 – page 191 – *Robert se plaignait d'avoir été supplanté dans la possession de l'Artois par Mahaut*, etc.

Un arrêt de la cour de France, prononcé en plein parlement, déboutait pour toujours Robert et ses successeurs de leurs prétentions et ordonnait « que ledit Robert amast ladite comtesse comme sa chière tante, et ladite comtesse ledit Robert comme son bon nepveu ».

151 – page 191 – *Personne n'eut plus de part que Robert à ce qu'un fils de Charles-de-Valois parvînt au trône...*

L'ancienne *Chonique de Flandre* allait même jusqu'à lui en donner tout l'honneur : « Et n'estoient mie les barons d'accord de faire le roy, mais toutefois par le pourchas de messire Robert d'Artois fut tant la chose démenée, que messire Philippe... fut élu à roy de France. » (*Chron.*, ch. LXVII, p. 131, *Mém. Ac. Insc.*, X, 592.)

152 – page 191 – *Le roi réservait à Robert le droit de proposer ses raisons...*

« Sur ce qu'il lui a esté donné à entendre, que au traitté de mariage de Philippe d'Artois avec Blanche de Bretagne... duquel traicté furent faites deux paires de lettres rattiffiées par Philippe-le-Bel... et furent enregistrées en nostre Cour ès registre, lesquelles lettres, depuis le deceds dudit comte, ont esté fortraites par notre chière cousine Mahault d'Artois. » (1329. *Chron. de Flandre*, p. 601.)

153 – pages 192 et suiv. – *La maîtresse de l'évêque, une certaine dame Divion...*

« Quædam mulier nobilis et formosa, quæ fuerat M. Theoderici concubina. » (*Gest. episc. Leod.*, p. 408.)

La Divion prétendit que Jeanne-de-Valois la menaçait de la faire brûler...

Elle l'en menaçait même au nom du Roi. « J'ai voulu vous excuser, disait-elle, en luy représentant que vous n'aviez nulle desdites lettres, et il m'a répondu qu'il vous ferait ardoir se vous ne l'en baillez. » (*Ibid.*, 600.)

... *Elle y plaqua de vieux sceaux*, etc.

« La Divion avait été envoyée tout exprès en Artois pour se procurer le sceau du comte. Elle parvint après quelque recherche à en trouver un entre les mains d'Ourson-le-Borgne dit le beau Parisis. Il en voulait trois cents livres. Comme elle ne les avait pas, elle offrit d'abord en gage un cheval noir sur lequel son mari avait joûté à Arras. Ourson refusa ; alors, autorisée de son mari, elle déposa des joyaux, savoir deux couronnes, trois chapeaux, deux affiches, deux anneaux, le tout d'or et prisé sept cent vingt-quatre livres parisis. » (*Ibid.*, 609-610.) – « Ensuite elle prit un scel à une lettre qui estoit scellée dudit évêque Thierry, et par barat engigneur, l'osta de cette lettre vieille et le plaça à la nouvelle. Et a ce faire furent présens Jeanne et Marie, meschines (servantes) de ladite Divion, laquelle Marie tenoit la chandelle, et Jehanne li aidoit. (*Ibid.*, 598. Déposition de Martin de Nuesport.) La Divion déclara qu'elle assista seule avec la dame de Beaumont et Jeanne à l'application des sceaux « et n'y avoit à faire que elles trois tant seulement. » (*Ibid.*, p. 611.) – De plus « pour ce que le Roy Philippe avoit accoustumé de faire ses lettres en latin », on avait demandé à un chapelain Thibaulx, de Meaux, de donner en cette langue le commencement et la fin d'une lettre de confirmation qui devait, disait-on, servir au mariage de Jean d'Artois avec la demoiselle de Leuze. (*Ibid.*, p. 612.)

À cette époque de calligraphie, etc.

La Divion semble pourtant attacher grande importance à son œuvre ; elle faisait passer les pièces, à mesure qu'elle les fabriquait, à Robert d'Artois, « disant teles paroles : Sires vées ci copie des lettres que nous avons, gardez si elle est bonne ; et il respondoit : Si je l'avoie de cette forme, il me suffiroit. » Elle voulut même les soumettre d'abord à des experts. (*Mém. Ac.*, X, *ibid.*)

Robert produisait cinquante-cinq témoins...

Archives, sect. hist., J, 439, n° 2. – Ils avaient eu soin de ménager à ces témoignages un commencement de preuve par écrit, dans la fausse lettre de l'évêque d'Arras : « Desquelles lettres jou en ay une, et les autres ou traictié du mariage madame la Royne Jehanne furent par un de nos grands seigneurs gettés au feu... » (*Ibid.*, p. 597.)

Il soutint mal ce roman, etc.

« ... Et jura au Roy, mains levées vers les saints, qu'à un homme vestu de noir aussi comme l'archevêque de Rouen, il avoit baillé lesdites lettres de confirmation. » Cet homme vêtu de noir était son confesseur ; Robert les lui avait données, puis les avait reçues de ses mains ; moyennant quoi il jurait en toute sûreté de conscience. (*Ibid.*, p. 610.)

La Divion avoua tout ainsi que les témoins...

Jacques Roudelle convint qu'on lui avait dit, que s'il déposait « ce luy vaudroit un voyage à Saint-Jacques en Gallice ». Gérard de Juvigny, « qu'il avoit rendu faux témoignage à la requeste dudit Monsieur Robert, qui venoit chiez luy si souvent, qu'il en estoit tou ennuyé ». (*Ibid.*, 599.)

Déposition de la Divion : « ... Item elle confesse que Prot sondit clerc, de son commandement, escript toutes lesdites fausses lettres de sa main, et escript celle ou pent le scel de ladite feu comtesse *o une penne d'airain*, pour sa main desguizier... Item elle dit que mons. Robert assez tost après en envoya ledit Prot elle ne scet où, en quel lieu, ne en quel part, que elle avoit dit à mons. Robert, Sire, je ne say que nous faciens de cest clerc, je me doubt trop de sa contenance, car il est si paoureus que c'est merveille et que à chacune chose que il oyoit la nuit, il dit : Ay ma demoiselle, Ay Jehanne, Ay Jehanne, les sergents me viennent querre, en soy effreant et disant, Je en ay trop grand paour. Et à moy mesme a il dit plusieurs fois, tout de jours, de la grant paour qu'il en avoit, que se il est pris et mis en prison, il dira tout sans riens espargnier. Et dit que ledit mons. Robert li respondoit, Nous nous enchevirons bien. Mes elle ne scet ou il est, fors que elle croit que il est en aucuns des hébergemens des terouere audit mons. Robert. » (*Archives*, section hist., J, 440, n° 11.) « Item elle dit que par trop de fois la dite dame Marie sagenouilla devant elle, en li priant, en plorant et adjointes mains, par tels mos, Pour dieux, damoiselle, faites tant que Monseigneur aie ces lettres que vous savez, qui li ont métier pour son droit don comté d'Artoys, et je say bien que vous le ferez bien se il vous plaist, car ce soit grand meschief s'il estoit desherité par deffaut de lettres, il ne li faut que trop pou de lettre. Le roy a dit à Madame que sil li en puet monstrer letre, ja si petite ne fet, que il delivrera la conté, et pour Dieu pensez en et en mettez Monseigneur et Madame hors de la mesaise ou il en sont. Car il sont en si grant tristesse quil n'en pueent boire, mengier, dormir ne reposer nuit ne jour. » (*Archives*, section hist., J, 440, n° 11.)

154 – page 193 – *Robert avait envoyé des assassins pour tuer le duc de Bourgogne...*

« Les assassins vinrent jusqu'à Reims, ou ils cuidoient trouver le comte de Bar a une feste qu'il y devoit tenir pour dames » ; mais on était sur leurs traces, ils durent revenir ; ce coup manqué, Robert d'Artois se décida à venir lui-même en France. Il y passa quinze jours, et revint convaincu par les insinuations de sa femme que tout Paris serait pour lui, s'il tuait le roi. » (*Mém. de l'Acad.*, X, p. 625-6.)

155 – page 193 – *Robert essayait d'envoûter la reine et son fils...*

« Entre la S. Remy et la Toussaint de la même année 1333, frère Henry fut mandé par Robert, qui, après beaucoup de caresses, débuta par luy faire derechef une fausse confidence, et luy dit que ses amis luy avoient envoyé de France un volt ou voust, que la Reine avoit fait contre luy. Frère Henry lui demanda “que est ce que voust ? C'est une image de cire, répondit Robert, que l'en fait pour baptiser, pour grever ceux que l'on welt grever. L'en ne les appelle pas en ces pays voulz, répliqua le moine, l'en les appelle manies.” Robert ne soutint pas longtemps cette imposture : il avoua à frère Henry que ce qu'il venoit de luy dire de la Reine n'estoit pas vray, mais qu'il avoit un secret important à luy communiquer ; qu'il ne le lui diroit qu'après qu'il auroit juré qu'il le prenoit sous le sceau de la confession. Le moine jura, “la main mise au piz”. Alors Robert ouvrit un petit écrin et en tira “une image de cire enveloppée en un quevre-chief crespé, laquelle image estoit à la semblance d'une figure d'un jueune homme, et estoit bien de la longueur d'un pied et demi, ce li semble, et si le vit bien clerement par le quevrechief qui estoit moult deliez, et avoit entour le chief semblance de cheveux aussi comme un jeune homme qui porte chief.” Le moine voulut y toucher. “N'y touchiez, frère Henry, luy dit Robert, il est tout fait, icestuy est tout baptisiez, l'en le m'a envoyé de France tout fait et tout baptisié ; il n'y faut riens à cestuy, et est fait contre Jehan de France et en son nom, et pour le grever : Ce vous dis-je bien en confession, mais je en vouldroye avoir un autre que je vouldroye que il fut baptisié. Et pour qui est-ce ? dit frère Henry. C'est contre une dyablesse.

Robert, c'est contre la Royne. Non pas Royne, c'est une dyablesse ; ja tant comme elle vive, elle ne fera bien ne ne fera que moy grever, ne ja que elle vive je n'auray ma paix, mais se elle estoit morte et son fils mort, je auroie ma paix tantos au Roy, quar de luy ferois-je tout ce qu'il me plairoit, je ne m'en doubte mie, si vous prie que vous me le baptisiez, quar il est tout fait, il n'y faut que le baptesme, je ay tout prest les parrains et les maraines et quant que il y a mestier, fors de baptisement... il n'y fault à faire fors aussi comme à un enfant baptiser, et dire les noms qui y appartiennent." Le moine refusa son ministère pour de pareilles opérations, remontra "que c'étoit mal fait d'y avoir créance, que cela ne convenoit point à si hault homme comme il estoit. Vous le voulez faire sur le Roy et sur la Royne qui sont les personnes du monde qui plus vous peuvent ramener à honneur." Monsieur Robert répondit : "Je ameroie mieux estrangler le dyable que le dyable m'estranglat." » (*Ibid.*, p. 627.)

156 – page 194 – *Benoît XII avoua en pleurant aux ambassadeurs impériaux*, etc.

« In aurem nuntiis quasi flens conquerebatur, quod ad principem esset inclinatus, et quod rex Franciæ sibi scripserit certis litteris, si Bavarum sine ejus voluntate absolveret, pejora sibi fierent, quam papæ Bonifacio a suis prædecessoribus essent farta. » (Albertus Argent., p. 127.)

157 – page 196 – *Édouard, ayant défendu l'exportation des laines, réduisit la Flandre au désespoir...*

« Statutum fuit quod nulla lana crescens in Anglia exeat, sed quod exea fierent panni in Anglia. » (Walsingh., *Hist. Angl.*) – « Vidisses tum multos per Flandriam textures, fullones, aliosque qui lanificio vitam tolerant, aut inopia mendicantes, aut præ pudore et gravamine ris alieni solum vertentes. » (Meyer, p. 137.)

On attirait à tout prix les ouvriers flamands en Angleterre...

« Quod omnes operatores pannorum, undicunque in Angliam venientes reciperentur, et quod loca opportuna assignarentur eisdem, cum multis libertatibus et privilegiis, et quod haberent... » – On leur rendait la nécessité d'émigrer plus pressante, non seulement en leur refusant les laines, mais de plus en prohibant les produits de leur industrie... « Item statutum fuit quod nullus uteretur panno extra Angliam operato. » (Walsingham, 1335, 1336. – Voy. Rymer, *passim*, l'*Hist. du commerce* d'Anderson, etc.)

158 – page 196 – *Les villes haïssaient le comte parce qu'il admettait les Français au partage de leur commerce...*

« Mercatoribus S. Joanis Angeliaci et Rupellæ dedit ut liceret illis... frequentare portum Flandrensem apud Slusam adferentes quascumque mercaturas constituentesque stabilem sibi sedem vinorum suorum in oppido Dummensi... eaque in mercura omne monopolium prohibens.» (Meyer, p. 135.)

159 – page 197 – *Artevelde organisa une vigoureuse tyrannie...*

«Et avoit adonc à Gand un homme qui avoit été brasseur de miel; celui étoit entré en si grande fortune et en si grande grâce à tous les Flamands, que c'étoit tout fait et bien fait quand il vouloit deviser et commander partout Flandre, de l'un des côtés jusques à l'autre; et n'y avoit aucun, comme grand qu'il fut, qui de rien osât trépasser son commandement, ni contredire. Il avoit toujours après lui allant aval (en bas) la ville de Gand soixante ou quatre-vingts varlets armés, entre lesquels il y en avoit deux ou trois qui savoient aucuns de ses secrets; et quand il encontroit un homme qu'il heoit (haïssoit) ou qu'il avoit en soupçon, il étoit tantôt tué; car il avoit commandé à ses secrets varlets et dit: "Sitôt que j'encontrerai un homme, et je vous fais un tel signe, si le tuez sans déport (délai), comme grand, ni comme haut qu'il soit, sans attendre autre parole." Ainsi avenoit souvent; et en fit en cette manière plusieurs grands maîtres tuer: par quoi il étoit si douté (redouté) que nul n'osoit parler contre chose qu'il voulut faire, ni à peine penser de le contredire. Et tantôt que ces soixante varlets l'avoient reconduit en son hôtel, chacun alloit dîner en sa maison; et sitôt après dîner, ils revenoient devant son hôtel, et béoient (attendoient) en la rue, jusques adonc qu'il vouloit aller aval (en bas) la rue, jouer et ébattre parmi la ville; et ainsi le conduisoient jusques au souper. Et sachez que chacun de ces soudoyés (soldats) avoit chacun jour quatre compagnons ou gros de Flandre pour ses frais et pour ses gages; et les faisoit bien payer de semaine en semaine. Et aussi avoit-il par toutes les villes de Flandre et les chatelleries sergents et soudoyés à ses gages, pour faire tous ses commandemens et épier s'il avoit nulle part personne qui fût rebelle à lui, ni qui dît ou informât aucun contre ses volontés. Et sitôt qu'il en savoit aucun en une ville, il ne cessoit jamais tant qu'il eut banni ou fait tuer sans déport (délai); jacil (celui-ci) ne s'en put garder. Et mêmement tous les plus puissants de Flandre, chevaliers, écuyers et les boureois des bonnes villes qu'il pensoit qui fussent favorables au comté de Flandre en aucune manière, il les bannissoit de Flandre et levoit la moitié de leurs revenues, et laissoit l'autre moitié pour le douaire et le gouvernement de leurs femmes et de leurs enfans.» (Froissart, t. I, c. LXV, p. 184.)

«Artevelde louoit qu'on teinst le roy d'Angleterre à amy»...

Sauvage, p. 143. «Ejus fæderis præcipui auctores fuere Jacob Artevelda, et Sigerus Curtracensis eques Flandrus nobilissimus. Sed hunc Ludovicus... jussu Philippi régis, Brugis decollavit.» (Meyer, p. 138; comp. Froissart, p. 187.)

160 – page 197 – *Édouard fit lire dans les paroisses une circulaire au peuple...*

Rymer, t. IV, p. 804. De même avant la campagne qui se termina par la bataille de Créci, il écrivit aux deux chefs des Dominicains et des Augustins, prédicateurs populaires: «Rex dilecto sibi in Christo... ad informandum intelligentias et animandum nostrorum corda fidelium... specialiter vos quibus expedire videretis clero et populo velitis patenter exponere...» (Rymer, *Acta public.*, V, 496.)

161 – page 204 – *Les Flamands allèrent piller Arques à côté de Saint-Omer...*

Robert d'Artois les conduisait: «Par un mercredi matin il manda tous les chèvetaines de son ost, et leur dit: Seigneurs, j'ay ouy nouvelles que je m'en voise vers la ville de Saint-Omer, et que tantôt me sera rendue. Lesquels sans délay se coururent armer, et disoient l'un à l'autre: Or tost, compain: Nous bevrons encore en huy de ces bons vins de Saint-Omer.» (*Chronique* publiée par Sauvage, p. 156.)

162 – page 205 – *Heureusement pour Édouard, la Bretagne prit feu...*

Le comte de Montfort était venu lui faire hommage. «Quand le roi anglois eut ouï, ces paroles, il y entendit volontiers, car il regarda et imagina que la guerre du Roy de France en seroit embellie, et qu'il ne pouvoit avoir une plus belle entrée au royaume, ne plus profitable, que par Bretagne; et tant qu'il avoit guerroyé par les Allemands et les Flamands et les Brabançons, il n'avoit fait fors que frayé et dépendu grandement et grossement; et l'avoient mené et démené les seigneurs de l'Empire qui avoient pris son or et son argent, ainsi que l'avoient voulu, et rien n'avoient fait.» (Froissart, ann. 1341, II, p. 20.) Les lettres par lesquelles Louis de Bavière révoque le titre de vicaire de l'Empire sont du 25 juin 1341.

163 – page 208 – *Montfort avait pour lui les Bretons bretonnants...*

Froissart, t. I, c. 314. «Si chevaucha le connestable premièrement Bretagne bretonnant, pourtant qu'il la sentoit tousjours plus encline au duc Jehan de Montfort, que Bretagne gallot.» – «La dame de Montfort tenoit plusieurs forteresses en Bretagne bretonnante. » – Le comte de Montfort fut enterré à Quimper-Corentin. (Sauvage, p. 175.)

164 – page 209 – *L'adversaire de Montfort, Charles de Blois, n'était pas moins qu'un saint...*

Procès-verbal et informations sur la vie et les miracles de Charles duc de Bretagne, de la maison de France, etc. *Ms. de la Bibl. du Roi*, 2 vol. in-fol., n° 5381. D. Morice, *Preuves*, t. II, p. 1, en a donné l'extrait, d'après un autre manuscrit. – XXIVe témoin, Yves le Clerc, t. I, p. 147 : « Non mutabat cilicem suum, dum fuisset tanto plenum pediculis, quod mirum erat, et quando cubicularius volebat amovere pediculos a dicto cilice, ipse dominus Carolus dicebat : "Dimittatis, nolo quod aliquem pediculum amoveatis", et dicebat quod sibi malum non faciebant et quod, quando ipsum pungebant, recordabatur de Deo »...

Quand il priait Dieu, il se battait furieusement la poitrine...

« In tantum quod adstantibus videbatur quod a sensu alienatus erat, et color vultus ipsius mutabatur de naturali colore in viridem. » (XVIIe témoin, Pagan de Quélem, t. I, p. 87.)

165 – page 209 – *Montfort se rendit, et contre la capitulation fut enfermé à la tour du Louvre...*

La Chronique en vers de Guillaume de Saint-André, conseiller, ambassadeur et secrétaire du duc Jean IV, notaire apostolique et impérial, ne laisse aucun doute sur la duplicité dont on usa envers lui. (Roujoux, III, p. 178.)

166 – page 212 – *Les fabricants, soutenus par Artevelde, écrasèrent les ouvriers...*

« Malus dies lunæ (Den quaden maendach)... Pugnabant textores contra fullones *ac parvum quæstum*. Dux textorum Gerardus erat, quibus et Artevelda accessit. » (Meyer, p. 146.) « Lesquels ayant occis plus de quinze cents foullons, chassèrent les autres dudict mestier hors de la ville, et réduisirent ledict mestier de foullons à néant, comme il est encoires pour le jourd'huy. » (*Oudegh*, f. 271.)

167 – page 212 – *Artevelde fut tué...*

« Quand il eut fait son tour, il revint à Gand et entra en la ville, ainsi comme à heure de midi. Ceux de la ville qui bien savoient sa revenue, étoient assemblés sur la rue par où il devoit chevaucher en son hôtel.

Sitôt qu'ils le virent, ils commencèrent à murmurer et à bouter trois têtes en un chaperon, et dirent : "Voici celui qui est trop grand maître et qui veut ordonner de la comté de Flandre à sa volonté ; ce ne fait mie à souffrir."... Ainsi que Jacques d'Artevelle chevauchoit par la rue, il se aperçut tantôt qu'il y avoit aucune chose de nouvel contre lui, car ceux qui se souloient incliner et ôter leurs chaperons contre lui, lui tournoient l'épaule, et rentroient en leurs maisons. Si se commença à douter ; et sitôt qu'il fut descendu en son hôtel, il fit fermer et barrer portes et huis et fenêtres. A peine eurent ses varlets ce fait, quand la rue où il demeuroit fut toute couverte, devant et derrière, de gens, spécialement de menues de métier. Là fut son hôtel environné et assailli devant et derrière, et rompu par force. Bien est voir (vrai) que ceux de dedans se défendirent moult longuement et en alterrèrent et blessèrent plusieurs ; mais finalement ils ne purent durer, car ils étoient assaillis si roide que presque les trois parts de la ville étoient à cet assaut. Quand Jacques d'Artevelle vit l'effort, et comment il étoit appressé, il vint à une fenêtre sur la rue, se commença à humilier et dire, par trop beau langage et à un chef : "Bonnes gens, que vous faus ? Que vous meut ? Pourquoi êtes-vous si troublés sur moi ? En quelle manière vous puis-je avoir courroucé ? Dites-le moi, et je l'amenderai pleinement à votre volonté." Donc répondirent-ils, à une voix, ceux qui ouï l'avoient : "Nous voulons avoir compte du grand trésor de Flandre que vous avez devoyé sans titre de raison." Donc répondit Artevelle moult doucement : "Certes, seigneurs, au trésor de Flandre ne pris je oncques denier. Or vous retraiez bellement en vos maisons, je vous en prie, et revenez demain au matin ; et je serai si pourvu de vous faire et rendre bon compte que par raison il vous devra suffire." Donc répondirent-ils, d'une voix : "Nennin, nennin, nous le voulons tantôt avoir ; vous ne nous échapperez mie ainsi : nous savons de vérité que vous l'avez vidé de piéça, et envoyé en Angleterre, sans notre sçu, pour laquelle cause il vous faut mourir." Quand Artevelle ouit ce mot, il joignit ses mains et commança pleurer moult tendrement, et dit : "Seigneurs, tel que je suis vous m'avez fait, et me jurâtes jadis que contre tous hommes vous me défendriez et garderiez ; et maintenant vous me voulez occire et sans raison. Faire le pouvez, si vous voulez, car je ne suis que un seul homme contre vous tous, à point de défense. Avisez pour Dieu, et retournez au temps passé. Si considérez les grâces et les grands courtoisies que jadis vous ai faites. Vous me voulez rendre petit guerredon (récompense) des grands biens que au temps passé je vous ai faits. Ne savez-vous comment toute marchandise étoit périe en ce pays ? je la vous recouvrai. En après, je vous ai gouvernés en si grande paix, que vous avez eu, du temps de mon gouvernement, toutes choses à volonté, blés, laines, avoir, et toutes marchandises, dont vous êtes recouvrés et en bon point." Adonc commencèrent eux à crier tous à une voix: "Descendez, et ne nous sermonez plus de si haut; car nous voulons avoir compte et raison tantôt du grand trésor de Flandre que vous avez gouverné trop longuement, sans rendre compte; ce qui n'appartient mie à nul officier qu'il reçoive les biens d'un seigneur et d'un pays, sans rendre compte." Quand Artevelle vit que point ne se refroidiroient ni refreneroient, il recloui (referma) la fenêtre, et s'avisa qu'il videroit par derrière, et s'en iroit en une église qui joignoit près de son hôtel étoit jà rompu et effondré par derrière, et y avoit plus de quatre cents personnes qui tous tiroient à l'avoir. Finalement il fut pris entre eux et là occis sans merci, et lui donna le coup de la mort un tellier (tisserand) qui s'appeloit Thomas Denis. Ainsi fina Artevelle, qui en son temps fut si grand maître en Flandre: poures (pauvres) gens l'amontèrent (l'élevèrent) premièrement, et méchants gens le tuèrent en la parfin. » (Froissart, II, 254-9.)

168 – page 213 – *Si l'on en croyait l'invraisemblable récit de Froissart*, etc.

« Si singlèrent ce premier jour à l'ordonnance de Dieu, du vent, et des mariniers, et eurent assez bon exploit pour aller vers Gascogne ou le roi tendoit aller. Au tiers jour... le vent les rebouta sur les marches de Cornouailles... En ce termine eut le roi autre conseil par l'ennort et information de messire Godefroy d'Harcourt qui lui conseilla qu'il prit terre en Normandie. Et dit adonc au roi: Sire, le pays de Normandie est l'un des plus gros du monde... et trouverez en Normandie grosses villes et bastides qui point ne sont fermées, ou vos gens auront si grand profit, qu'il en vaudront mieux vingt ans après. » (Froiss., II, c. CCLIV, p. 296.)

169 – page 214 – *Le pillage de la Normandie par les Anglais...*

« Et fit messire Godefroy de Harcourt conducteur de tout son ost, pourtant qu'il savoit les entrées et les issues en Normandie... Si trouvèrent le pays gras et plentureux de toutes choses, les granges pleines de blés, les maisons pleines de toutes richesses, riches bourgeois, chevaux, pourceaux, brebis, moutons, et les plus beaux bœufs du monde que on nourrit en ce pays. » (Froiss., II, p. 303.) – « Ils vinrent à Barfleur... la ville fut robée et pris or, argent et riches joyaux; car ils en trouverent si grand foison, que garçons n'avoient cure de draps fourrés de vair. » *(Ibid.)* – « Et furent les Anglois de la ville de Caen seigneurs trois jours et envoyèrent par barges tout leur gain, draps, joyaux, vaisselle d'or et d'argent et toutes autres richesses dont ils avoient grand'foison jusques à leur grosse navie ; et eurent avis par grand' délibération que leur navie à (avec) tout le conquet et leurs prisonniers ils enverroient arrière en Angleterre. » (*Ibid.*, 320.) – « Et trouva-t-on en ladite ville de Saint-Lo manants huit ou neuf mille que bourgeois, que gens de métier... on ne peut croire a la grand'foison de draps qu'ils y trouverent. » (*Ibid.*, p. 311). – « Louviers adonc etoit une des villes de Normandie ou l'on faisoit la plus grand'plenté de draperie et etoit grosse, riche et marchande mais point fermée... et fut robée et pillée, sans deport et conquirent les Anglois très grand avoir. » (*Ibid.*, p. 323.)

170 – page 215 – *Pour animer ses gens, Édouard découvrit à Caen un acte*, etc.

Rymer, III, pars I, p. 76. – Ils auraient promis de fournir 4 000 hommes d'armes, 20 000 de pied dont 5 000 arbalétriers *tous pris dans la province*, excepté 1 000 hommes d'armes que le duc de Normandie pourrait choisir ailleurs, mais qui seraient payés par les Normands. Ils s'obligeaient à entretenir ces troupes pendant dix et même douze semaines. Si l'Angleterre est conquise, comme on l'espère, la couronne appartiendra dès lors au duc de Normandie. Les terres et droits des Anglais nobles et roturiers, séculiers, appartiendront aux églises, barons, nobles et bonnes villes de Normandie. Les biens appartenant au pape, à l'Église de Rome et à celle d'Angleterre, ne seront point compris dans la conquête. Robert d'Avesbury rapporte cet acte en entier d'après la copie trouvée, dit-il, à Caen, 1346. – Ce langage belliqueux, cette certitude de la conquête, s'accordent mal avec l'état pacifique où Édouard trouva le pays.

171 – pages 216 et suiv. – *Bataille de Créci...*

« Il n'est nul homme qui put accorder la vérité, spécialement de la partie des François, tant y eut pauvre arroy et ordonnance en leurs conrois (dispositions), et ce que j'en sais, je l'ai su le plus... par le gens messire Jean de Hainaut, qui fut toujours de lez le roi de France. » (Froissart, III, 357.)

Les gens du roi de Bohême lièrent leurs chevaux au sien, etc.

Froiss., I, c. CCLXXXVIII, p. 363. Il y a là un vieil usage barbare. Voy. la *Germania*, de Tacite, et les récits de la bataille de Las navas de Tolosa.

Le champ de bataille de Créci...

Froissart, c. CCXCIII, p. 373. – *Ibid.*, II, p. 375-380 : « Si en eut morts sur les champs, que par haies, que par buissons, ainsi qu'ils fuyoient, plus de sept mille. Ainsi chevauchèrent cette matinée les Anglois querants aventures et rencontrerent plusieurs François qui s'étoient fourvoyés le samedi et mettaient tout à l'épée, et me fut dit que des communautés et des gens de pied des cités et des bonnes villes de France il y en eut mort ce dimanche au matin, plus quatre fois que le samedi que la grosse bataille fut... Les deux chevaliers messire Regnault de Cobham et messire Richard de Stanfort dirent que onze chefs de princes étoient demeurés sur la place, quatre-vingts bannerets, douze cents chevaliers d'un écu et environ 30 000 hommes d'autres gens. »

172 – page 218 – *Les villes maritimes d'Angleterre donnèrent une flotte à Édouard...*

Quelques villes de l'intérieur contribuèrent aussi, mais dans une proportion bien différente. La puissante ville d'York donna un vaisseau et neuf hommes. (Anderson, I, 322.)

173 – page 219 – *Autour de Calais, Édouard bâtit une ville...*

« Et fit bâtir entre la ville et la rivière et le pont de Nieulai hotels et maisons et couvrir lesdites maisons qui étoient assises et ordonnées par rues bien et facilement d'estrain (paille) et de genêts, ainsi comme s'il dut là demeurer dix ou douze ans, car telle étoit son intention qu'il ne s'en partiroit par hiver ni par été, tant qu'il l'eut conquise. » (Froiss., p. 385.)

Cinq cents personnes moururent de misère et de froid, entre la ville et le camp...

Knyghton, *De event. Angl.*, l. IV. Froissart dit au contraire que non seulement il les laissa passer parmi son ost, mais encore qu'il les fit dîner copieusement. (II, p. 387.)

174 – page 220 – *Les gens de Tournai emportèrent bravement une tour...*

« Si s'avancèrent ceux de Tournai, qui bien étoient quinze cents et allerent de grand volonté cette part. Ceux de dedans la tour en navrèrent aucuns. Quand les compagnons de Tournai virent ce, ils furent tous courroucés et se mirent de grande volonté à assaillir ces Anglais. La eut dur assaut et grand, et moult de ceux de Tournai blessés, mais ils firent tant que par force et grand appertise de corps, ils conquirent cette tour. De quoi les Français tinrent ce fait à grand prouesses. » (Froiss., II, p. 449.)

175 – page 221 – *Les Anglais haïssaient mortellement les Calaisiens, comme marins, comme corsaires...*

Villani, qui devait être très bien instruit des affaires de France par les marchands florentins et lombards, dit expressément qu'Édouard était résolu à faire pendre ceux de Calais *comme pirates, parce qu'ils avaient causé beaucoup de dommages aux Anglais sur mer.* (Villani, l. XII, c. xcv.) – M. Dacier a comparé les récits divers des historiens (Froissart, III, 466-7). Voy. aussi une dissertation de M. Bolard, couronnée par la Société des antiquaires de la Morinie. – Aucun critique, que je sache, n'a senti toute la portée du passage de Villani.

176 – page 222 – *Cette grande action se fit tout simplement...*

C'est peut-être pour cela que les historiens contemporains ne désignent point Eustache de Saint-Pierre et ses compagnons, lorsqu'ils font mention de cette circonstance : « Burgenses procedebant cura simili forma, habentes funes singuli in manibus suis, in signum quod rex eos laqueo suspenderet vel salvaret ad voluntatem suam. » (Knyghton.) Le récit de Thomas de la Moor s'accorde avec cet historien. Villani dit qu'ils sortirent nus en chemise, et Robert d'Avesbury qu'Édouard se contenta de retenir prisonniers les plus considérables. Toutes ces données réunies forment les éléments du dramatique récit de Froissart.

177 – page 222, note – *Plusieurs Calaisiens se tournèrent aux Anglais, entre autres Eustache de Saint-Pierre...*

Par des lettres du 8 octobre 1347, deux mois après la reddition de Calais, Édouard donne à Eustache une pension considérable en attendant qu'il ait pourvu plus amplement à sa fortune. Les motifs de cette grâce sont les services qu'il devait rendre soit en maintenant le bon ordre dans Calais, soit en veillant à la garde de cette place. D'autres lettres du même jour lui accordent la plupart des maisons et emplacements qu'il avait possédés dans cette ville et en ajoutent quelques autres. (Voy. Froiss., II, p. 473.)

178 – page 223 – ... *qu'il chassât le renard...*

Ce caractère du *fox-hunter* anglais n'est pas moderne. Voy. au t. IV, l'entrée d'Henri V à Paris.

179 – page 224 – *Ces décimes arrachées au clergé, les nobles en avaient bonne part...*

« Illis autem diebus (1346) levabat dominus rex decimas ecclesiarum de voluntate domini papæ... et sic infinitæ pecuniæ per diversas cautelas levabantur, sed revera quanto plures nummi in Francia per tales extorquebantur, tanto magis Dominus Rex depauperabatur; pecuniæ militibus multis et nobilibus, ut patriam et regnum juvarent et defensarent contribuebantur, sed omnia ad usus inutiles ludorum, ad taxillos et indecentes jocos contumaciter exponebantur. » (Contin. G. de Nangis, p. 108.)

180 – page 226 – *Narbonne avait diminué*, etc.

Narbonne demande qu'on lui allège les contributions de guerre : « L'inondation de l'Aude nous a extrêmement incommodés, et le nombre de feux est diminué de cinq cents depuis quatre à cinq ans ; plusieurs habitants sont réduits à la mendicité, etc. » (D. Vaissette, *Hist. de Lang.*, IV, 231).

181 – page 227 – *La peste noire fut terrible à Paris...*

Contin. G. de Nangis, p. 110, et le traducteur contemporain de la *Petite Chronique de Saint-Denis, ms. Coaslin*, n° 110. *Bibl. Reg.* – « Ad sepeliendos mortuos vix sufficere poterant. Patrem filius, et filius patrem in grabato relinquebat. » *Contin. Can. de S. Victore, ms. Bibl. Reg.*, n° 818, petit in-4°.

Elle tua dans Strasbourg 16 000 hommes qui se crurent damnés...

Voy., entre autres ouvrages, la thèse remarquable de M. Schmidt, de Strasbourg, sur les mystiques du quatorzième siècle.

182 – page 229 – *Les flagellants chantant des cantiques qu'on n'avait jamais entendus...*

« Noviter adinventas. » (Contin. G. de Nangis, III.) – M. Mazure, bibliothécaire de Poitiers, a publié un cantique fort remarquable que les frères de la Croix avaient coutume de chanter dans leurs cérémonies :

Or avant, entre nous tous frères
Battons nos charognes bien fort
En remembrant la grant misère
De Dieu et sa piteuse mort,
Qui fut pris en la gent amère
Et vendus et traïs à tort
Et battu sa char vierge et dère...
Au nom de ce, battons plus fort, etc.

183 – page 231 – *Les jouissances égoïstes qui suivent les grandes calamités...*

Thucydide nous a retracé le même effet dans la description de la peste de l'Attique. Il exprime aussi un remarquable progrès du scepticisme, lorsqu'il rappelle la fausse interprétation donnée aux paroles de l'oracle (λιμὸς, faim, pour λοιμὸς, peste).

« Ceux qui restaient, hommes et femmes, se marièrent en foule... »

« ... Sed quod supra modum admirationem facit, est quod dicti pueri nati post tempus illud mortalitatis supradictæ, et deinceps dum ad ætatem dentium devenerunt, non nisi viginti dentes vel viginti duos in ore communiter habuerunt, cum ante dicta tempora homines de communi cursu triginta duos dentes et supra simul in mandibulis habuissent. » (Contin. G. de Nangis, p. 110.)

184 – page 233 – *Modes nouvelles en France et en Angleterre...*

Chaucer, 198. Gaguin, apud Spond., 488. Lingard, ann. 1350, t. IV, p. 106-7 de la trad.

Robes courtes, etc.

« Ad fugiendum coram inimicis magis apti. » (Contin. G. de Nangis, p. 105).

185 – page 235 – *Laure est épouse, elle est mère, elle vieillit, toujours adorée...*

« Non tam corpus amasse quam animam... Quo illa magis in ætate progressa est... eo firmior in opinione permansi ; et si enim visibiliter in vere flos tractu temporis languesceret, animi decus augebatur... » (Pétrar., p. 356.) Il semble qu'il ait reconnu plus tard la vanité de ses amours : « Quotiens tu ipse... in bac civitate (quæ malorum tuorum omnium non dicam causa, sed officina est), post-quam tibi convaluisse videbaris... per vicos notos incedens ac sola locorum facie admonitus veterum vanitatum, ad nullius occursum stupuisti, suspirasti, substitisti, denique vix lacrymas tenuisti, et mox semisaucius fugiens dixisti tecum : Agnosco in his locis adhuc latere nescio quas antiqui hostis insidias ; reliquiæ mortis hic habitant... » (*De Cont. mundi.*, p. 360, ed. Basileæ, 1581.) – Voy. aussi, entre autres ouvrages relatifs à Pétrarque, les *Mémoires* de l'abbé de Sades ; l'ouvrage récent, intitulé : *Viaggi di Peirarcha*, l'article de la *Biographie universelle*, par M. Foisset, etc.

À la nouvelle de sa mort, Pétrarque écrivit cette note touchante sur son Virgile...

«Laure, illustre par ses propres vertus, et longtemps célébrée par mes vers, parut, pour la première fois à mes yeux, au premier temps de mon adolescence, l'an 1327, le 6 du mois d'avril, à la première heure du jour (six heures du matin), dans l'église de Sainte-Claire d'Avignon, et dans la même ville, au même mois d'avril, le même jour 6 et à la même heure, l'an 1348, cette lumière fut enlevée au monde, lorsque j'étais à Vérone, hélas! ignorant mon triste sort. La malheureuse nouvelle m'en fut apportée par une lettre de mon ami Louis: elle me trouva à Parme, la même année, le 19 mai au matin. Ce corps si chaste et si beau fut déposé dans l'église des Frères Mineurs, le soir du jour même de sa mort. Son âme, je n'en doute pas, est retournée au ciel, d'où elle était venue. Pour conserver la mémoire douloureuse de cette perte, j'éprouve un certain plaisir mêlé d'amertume à écrire ceci; et je l'écris préférablement sur ce livre, qui revient souvent à mes yeux, afin qu'il n'y ait plus rien qui me plaise dans cette vie, et que, mon lien le plus fort étant rompu, je sois averti, par la vue fréquente de ces paroles et par la juste appréciation d'une vie fugitive, qu'il est temps de sortir de Babylone; ce qui, avec le secours de la grâce divine, me deviendra facile par la contemplation mâle et courageuse des soins superflus, des vaines espérances et des événements inattendus qui m'ont agité pendant le temps que j'ai passé sur la terre.» (Trad. de M. Foisset, *Biogr. univ.*, XXXI, p. 437.)

186 – page 235 – *Le poète avait vu périr toutes ses espérances...*

«Que faisons-nous maintenant, mon frère? Nous avons tout éprouvé, et nulle part n'est le repos. Quand viendra-t-il? où le chercher? Le temps nous fuit, pour ainsi dire entre les doigts, nos vieilles espérances dorment dans la tombe de nos amis. L'an 1348 nous a isolés, appauvris, non point de ces richesses que les mers des Indes ou de Carpathie peuvent renouveler... Il n'est qu'une seule consolation; nous suivrons ceux qui nous ont devancés... Le désespoir me rend plus calme. Que pourrait craindre celui qui tant de fois a lutté contre la mort:

Una salus victis nullam sperare salutem.

Tu me verras de jour en jour agir avec plus d'âme, parler avec plus d'âme; et si quelque digne sujet s'offre à ma plume, ma plume sera plus forte.» (Petrarch., *Epist. fam.* Præf., p. 570.)

187 – page 236 – *Lorsqu'il se rendit à Naples, la reine Jeanne avait succédé à Robert*, etc.

« Ita me Reginæ junioris novique Regis adolescentia, ita me Reginæ alterius ætas et propositum ; ita me tandem territant aulicorum ingenia, equos duos multorum custodiæ luporum creditos video, regnumque sine rege... » (P. 639.) « Neapolim veni, Reginas adii et reginarum consilio interfui. Proh pudor ! quale monstrum. Auferat ab Italico cœlo Deus genus hoc pestis... » (*Ibid.*, p. 640-1.) – « Nocturnum iter hic non secus atque inter densissimas silvas, anceps ac periculis plenum, obsidentibus vias nobilibus adolescentulis armatis... Quid miri est... cum lute media, inspectantibus regibus ac populo, infamis ille gladiatorius Indus in urbe itala celebretur, plusquam barbarica feritate... » (*Ibid.*, p. 645-6.)

188 – page 236 – *Il écrivit à Rienzi une lettre triste et inquiète...*

« Cave, obsecro, speciosissimam famæ tuæ frontem, propriis manibus deformare. Nulli fas hominum est nisi tibi uni rerum tuarum fundamenta convellere, tu potes evertere qui fundasti... Mundus ergo te videbit de bonorum duce satellitem reproborum... Examina tecum, nec te fallas, qui sis, qui fueris, unde, quo veneris... quam personam indueris, quod nomen assumpseris, quam spem tui feceris, quid professus fueris, videbis te non dominum Reipublicæ, sed ministrum. » (*Ibid.*, p. 677-8.)

189 – page 238 – *Le roi Jean créa l'ordre de l'Étoile...*

« En ce temps ordonna le roi Jean une belle compagnie sur la manière de la Table ronde, de laquelle devoient être trois cents chevaliers des plus suffisants et eut en convent le roi Jean aux compagnons de faire une belle maison et grande à son coût de lez Saint-Denis, là où tous les compagnons devoient repairer à toutes les fêtes solennelles de l'an... et leur convenoit jurer que jamais ils ne fuiroient en bataille plus loin de quatre arpents, ainçois mourroient ou se rendroient pris... Si fut la maison presque faite et encore est elle assez près de Saint-Denis ; et si il avenoit que aucuns des compagnons de l'Étoile en vieillesse eussent mestier de être aidés et que ils fussent affoiblis de corps et amoindris de chevance, on lui devoit faire ses frais en la maison bien et honorablement pour lui et pour deux varlets, si en la maison vouloit demeurer. » (Froiss., III, 53-58.)

190 – page 239 – *Altération des monnaies par le roi Jean...*

Leblanc, *Traité des monnaies*, *ibid.*, p. 261. Jean avait d'abord cherché à tenir secrètes ces honteuses falsifications ; il mandait aux officiers des monnaies : « Sur le serment que vous avez au Roy, tenez cette chose secrette le mieux que vous pourrez... que par vous ne aucuns d'eux les changeurs ne autres ne puissent savoir ne sentir aucune chose ; car si par vous est sçu en serez punis par telle manière, que tous autres y auront exemple » (24 mars 1350)... « Si aucun demande à combien les blancs sont de loy, feignez qu'ils sont à six deniers. » Il leur enjoignait de les frapper bien exactement aux anciens coins, « afin que les marchands ne puissent apercevoir l'abaissement, à peine d'être déclarés traîtres ». Philippe-de-Valois avait usé autrefois de ces précautions, mais à la longue il avait été plus hardi et avait proclamé comme un droit ce qu'il cachait d'abord comme une fraude. Jean ne pouvait être moins hardi que son père. « Ja soit », dit-il, « ce que à nous seul, et pour le tout de nostre droit royal, par tout nostre royaume appartiègne de faire teles monnoyes comme il nous plaît, et de leur donner cours ». (*Ord.*, III, p. 556.) Et comme si ce n'était pas le peuple qui en souffrait, il donnait cette ressource pour un revenu privé qu'il faisait servir aux dépenses publiques « desquelles sans le trop grand grief du peuple dudit royaume nous ne pourrions bonnement finer, si n'estoit pas le demaine et revenue du prouffit et émolument des monnoyes ». (Préf., *Ord.*, III.)

191 – pages 241 et suiv. – *Jean, demandant aux États son droit de joyeux avènement, se montra facile à leurs réclamations*, etc.

Ord., II, p. 395, 15° et 447-8. – *Ord.*, II, p. 408, 27°. – *Ord.*, II, p. 344. – *Ord.*, II, p. 350. – *Ibid.*, p. 422, 432, 434. « Lettres par lesquelles le Roi deffend que ses gens n'emportent les matelats et les coussins des maisons de Paris où il ira loger. » Autre *Ord.*, 435-7. – *Ord.*, III, p. 26-29. – *Ord.*, III, p. 22 et seq. – Froiss., III, c. CCCXL, p. 450.

192 – page 243 – *Les Anglais coururent le Languedoc*, etc.

« Sachez que ce pays de Carcassonnois et de Narbonnois et de Toulousain, où les Anglois furent en cette saison, étoit en devant un des gras pays du monde, bonnes gens et simples gens qui ne savoient que c'étoit de guerre, car oncques ne furent guerroyés, ni n'avoient été en devant ainçois que le prince de Galles y couversast. » (Froissart, III, 104.) – « Ni les Anglois ne faisoient compte de peines (velours) fors de vaisselle d'argent ou de bons florins. » (*Ibid.*, p. 103, XIX addit.) « Si fut tellement pararse (brûlée) et détruite des Anglois que oncques n'y demeura de ville pour héberger un cheval, ni à peine savoient les héritiers, ni les manants de la ville rassener (assigner) ni dire de voir (vrai) : "Ci sist mon héritage." Ainsi fût-elle menée. » (*Ibid.*, p. 120.)

193 – page 245 – *Bataille de Poitiers...*

«Sitôt que ces gens d'armes furent là embattus, archers commencèrent à traire à exploit, et à mettre main en œuvre à deux côtés de la baye, et à verser chevaux et à enfiler tout dedans de ces longues sajètes barbues. Ces chevaux qui traits estoient et qui les fers de ces longues sajètes sentoient, se ressoignoient, et ne vouloient avant aller, et se tournoient l'un de travers, l'autre de costé, ou ils cheoient et trébuchoient dessous leurs maîtres.» (Froiss., c. CCCLXVI, p. 202-206.) – «Les archers d'Angleterre portèrent très grand avantage à leurs gens, et trop ébahirent les François, car ils traioient si omniement et si épaissement, que les François ne savoient de quel costé entendre qu'ils ne fussent atteints du trait.» (*Ibid.*, c. CCCLVII, p. 204.) – «Dit messire Jean Chandos au prince : "Sire, sire, chevauchez avant, la journée est vostre. Dieu sera huy en vostre main ; adressons-nous devers vostre adversaire le roi de France ; car cette part gît tout le sort de la besogne. Bien sçais que par vaillance il ne fuira point ; si vous demeurera, s'il plaît à Dieu et à saint Georges..." Ces paroles évertuèrent si le prince, qu'il dit tout en haut : "Jean, allons, allons, vous ne me verrez mais huy retourner, mais toujours chevaucher avant." Adoncques, dit à sa bannière : "Chevauchez avant, bannière, au nom de Dieu et de saint Georges."» (*Ibid.*, c. CCCLVIII, p. 205.)

Trois fils du roi *se retirèrent par l'ordre de leur père...*

Je suis ici le Continuateur de Guillaume de Nangis de préférence à Froissart. Voyez l'importante lettre du comte d'Armagnac, publiée par M. Lacabane, dans son excellent article CHARLES V, *Dictionnaire de la Conversation.*

Jean donna ordre aux siens de mettre pied à terre...

Froissart n'y voit que le côté chevaleresque : Et ne montra pas semblant de fuir ni de reculer quand il dit à ses hommes : «À pied ! à pied !» Et fit descendre tous ceux qui à cheval estoient, et il mesme se mit à pied devant tous les siens, une hache de guerre en ses mains, et fit passer avant ses bannières au nom de Dieu et de saint Denys.» (*Ibid.*, c. CCCLX, p. 211.)

194 – page 247 – *L'insolente courtoisie des Anglais...*

«Si étoit le roi de France monté sur un grand blanc coursier, très bien arréé et appareillé de tout point, et le prince de Galles sur une petite haquenée noire de lès lui. Ainsi fut-il convoyé tout le long de la cité de Londres...» (Froiss., c. CCCLXXV, p. 267-8.) «Un peu après fut le roi de France translaté de l'hôtel de Savoie et remis au chastel de Windsor, et tous ses hostels et gens. Si alloit voler, chasser, déduire et prendre tous ses esbattements environ Windsor, ainsi qu'il lui plaisoit. » (*Ibid.*, p. 269.)

195 – pages 248 – *Marcel fortifie Paris...*

« Sur la rive gauche, les progrès de la population n'ayant guère été sensibles, il n'y eut qu'à réparer les murailles et à les reculer de deux ou trois cents pas. Mais sur la rive droite, où les Parisiens se portaient de préférence, Marcel dut ordonner qu'on construisît une muraille flanquée de tours. Cette muraille, partant de la porte Barbette, sur le quai des Ormes, passait par l'Arsenal, les rues Saint-Antoine, du Temple, Saint-Martin, Saint-Denis, Montmartre, des Fossés-Montmartre, la place des Victoires, l'hôtel de Toulouse (la Banque actuelle), le jardin du Palais-Royal, la rue Richelieu, et arrivait à la porte Saint-Honoré par la rue de ce nom, et jusqu'au bord de la Seine. Sur les deux rives du fleuve, des bastilles furent construites pour protéger les portes, et l'on fortifia d'un fossé l'île Saint-Louis, qu'on appelait en ce temps-là l'île Notre-Dame, afin qu'elle pût, dans le besoin, devenir un lieu de refuge pour les habitants de Paris.

« Ces travaux, poussés avec une activité extrême, se continuèrent durant quatre années, et coûtèrent cent quatre-vingt-deux mille cinq cent vingt livres parisis, qui font huit cent mille livres de notre monnaie, somme énorme pour ce temps-là. Tout l'honneur en revient à Étienne Marcel ; à une époque où Paris était si souvent menacé, personne, avant lui, n'avait pensé qu'il fût nécessaire de le mettre en état de défense. » (Perrens, *Étienne Marcel*, 1860).

196 – page 250 – *Paris entre le Louvre et le Temple...*

Le *parloir aux bourgeois*, siège des délibérations des échevins, était situé aux environs du Châtelet. Marcel acheta aux frais de la municipalité, en 1357, sur la place de Grève, l'hôtel du Dauphin ou la *maison* aux *piliers*. L'Hôtel de Ville ne fut commencé qu'en 1525.

197 – page 254 – *Paris voyait arriver par toutes ses portes les paysans avec leurs familles*, etc.

« Duce Normandiæ, qui regnum jure hæreditario... defendere et regere tenebatur, nulla remedia apponente, magna pars populi rusticani... ad civitatem Parisiensem... cum uxoribus et liberis... accurrere... Nec parcebatur in hoc Religiosis quibuscumque. Propter quod monachi et moniales... sorores de Poissiaco, de Longocampo, etc » (Contin. G. de Nangis, p. 116.)

198 – page 255 – *Robert le Coq...*

M. Perrens s'est attaché à réfuter les calomnies qui ont obscurci ce caractère. (*Étienne Marcel.* 1860.) Voir aussi sur Le Coq la judicieuse appréciation qu'en fait M. Henri Martin, t. V (1858).

199 – page 255 et suiv. – *La remontrance des États...*

Ms. de la Bibliothèque royale, fonds Dupuy, nº 646, et Brienne, nº 276.

Les États exigeaient que le Dauphin gouvernât avec l'assistance de trente-six élus...

Un document publié par M. Douet d'Arcq en donne la liste, lorsqu'une nouvelle victoire de la bourgeoisie modifia la composition de ce conseil. Le clergé obtint d'y être représenté par onze prélats, les nobles par six des leurs, le tiers par dix-sept bourgeois. (*Bibliothèque de l'École des Chartes*, t. II, p. 360 et suiv. Voy. Perrens, *Étienne Marcel.* 1860.)

D'autres élus envoyés dans les provinces pouvaient punir sans forme de procès...

« Sans figure de jugement. » Commission des trois élus des États pour les diocèses de Clermont et de Saint-Flour, 3 mars 1356 (1357). (*Ordonn.*, IV, 181.)

L'aide « ne serait levée que par de bonnes gens, ordonnés par les États »...

« Lesquels jureront aux saints évangiles de Dieu qu'ils ne donneront ni distribueront ledit argent à notre seigneur le Roy, ni à nous, ni à d'autres, si ce n'est aux gens d'armes... Et si aucun de nos officiers vouloit le prendre, nous voulons que lesdits receveurs puissent leur résister, et s'ils ne sont assez forts qu'ils appellent leurs voisins des bonnes villes (art. 2). Le duc de Bourgogne, le comte de Flandre et autres nobles ou députés des villes, qui ne sont pas venus aux États, sont requis d'y venir à la Quasimodo, avec intimation que s'ils ne viennent, ils seront tenus à ce qu'auront ordonné ceux qui y viendront (article 5). » (*Ordonn.*, III, 126-7.)

Le droit de prise cesse...

Seulement, dans les voyages du roi, de la reine et du dauphin, leurs maîtres d'hôtel pourront, hors des villes, faire prendre par les gens de la justice du lieu des tables, des coussins, de la paille, et des voitures, le tout en payant, et seulement pour un jour. » *(Ibid.)*

On défend aux magistrats de faire le commerce...

Défense aux conseillers et officiers de faire marchandise. « Les denrées sont aucunes foiz par leurs mauvaistiez grandement enchéries ; et qui pis est, pour leur gautesse, il est peu de personnes qui osent mettre aux denrées que eulz ou leurs facteurs pour eux bent avoir ou acheter... » (Art. 31, *Ibid.*)

Le Grand-Conseil, le parlement, la chambre des Comptes, doivent s'assembler au soleil levant...

Ceci n'est pas dans l'ordonnance, mais dans la remontrance déjà citée. On y dit aussi « que ceux qui vouloient gouverner n'étant que deux ou trois, les choses souffroient de longs délais ; que ceux qui poursuivoient la court, chevaliers, écuyers et bourgeois, étoient si dommagés par ces délais, qu'ils vendoient leurs chevaux, et partoient sans réponse, mal contens, etc. ». (*Ms. de la Bibl. royale*, fonds Dupuy, n° 646, et Brienne, n° 276.)

200 – page 258 – *La royauté ne vivait que d'abus...*

M. Perrens dit très bien : « Il n'est point vrai de dire que, pour faire contrepoids à la noblesse, le pouvoir royal fit alliance avec les classes populaires : il se servait tantôt de l'une, tantôt des autres, et, à la faveur de leurs discordes, poussait chaque jour plus loin ses empiètements et ses progrès. Si la nation s'est affranchie à la longue, ce n'est point par son concours, mais malgré les obstacles qu'il mettait sur sa route. L'histoire de nos rois n'est, le plus souvent, qu'une longue suite de conjurations contre leurs sujets, conjurations qu'ils croyaient légitimes, puisqu'ils se regardaient comme investis d'un droit supérieur pour commander aux autres hommes. Que fût-il arrivé, si les successeurs de Hugues-Capet, si les Valois et les Bourbons eussent fait le personnage populaire qu'on a cru voir dans leur histoire ? Selon toute apparence, la Révolution française en eût été avancée de quelques siècles, et elle n'eût coûté ni tant de sang ni tant de ruines. »

201 – page 259 – *Dans cette dissolution du royaume, la Commune restait vivante...*

« Étienne Marcel donnait tous ses soins à l'organisation des milices bourgeoises, qui existaient depuis longtemps, mais qui manquaient de discipline. Il donna à chaque quartier un chef militaire qui, sous le nom de quartenier, commandait aux cinquantainiers, lesquels commandaient à cinquante hommes, et aux dizainiers qui en commandaient dix. Ainsi, les ordres du prévôt des marchands, communiqués directement aux quarteniers, l'étaient par ceux-ci aux cinquantainiers et par les cinquantainiers aux dizainiers, qui pouvaient en peu de temps réunir leurs hommes et se tenir prêts à tout événement. La charge de quartenier avait pris par là une grande importance; Marcel la releva encore en la rendant élective... »

Marcel entrait en même temps dans les moindres détails de l'administration municipale. Il enjoint aux Parisiens, par une ordonnance, « de maintenir la propreté dans les rues, chacun devant sa maison, et de ne point laisser leurs pourceaux en liberté, s'ils ne les voulaient voir tuer par les sergents ».

Ces règlements de police étaient d'autant plus nécessaires qu'à cette époque la population de Paris s'était accrue d'un grand nombre d'habitants des campagnes, qui venaient y chercher un abri.

Marcel ne ferma jamais les portes à ces malheureux, et préserva Paris jusqu'au dernier moment de la famine et de la peste. (Perrens, *Étienne Marcel.* 1860.)

202 – page 260 – *Le roi de Navarre revint à Paris...*

« Et mesmement le duc de Normandie le festa grandement. Mais faire le convenoit, car le prévost des marchands et ceux de son accord le ennortèrent à ce faire. » (Froissart, III, p. 290.)

203 – page 261 – *À Rouen, il fit descendre du gibet le corps de ses amis*, etc.

« Le corps du comte d'Harcourt avait déjà été enlevé depuis longtemps. Les trois autres corps furent ensevelis par trois rendus (frères convers) de la Madeleine de Rouen. Chacun de ces corps fut ensuite mis dans un coffre, et il y eut un quatrième coffre vide en représentation du comte d'Harcourt. Ce dernier coffre fut mis dans un char à dames. » (Secousse, p. 165.) – « Campanis pulsatis... sermone per ipsum regem prius facto, ubi assumpsit thema istud: Innocentes et recti adhæserunt mihi (Ps. XXIV, 21). » (Cont. G. de Nangis.)

204 – page 261 – *Le dauphin prêchait aussi à Paris*, etc.

Le dauphin voulait, disait-il, vivre et mourir avec eux; les gendarmes qu'il réunissait étaient pour défendre le royaume contre les ennemis qui le ravageaient impunément par la faute de ceux qui s'étaient emparés du gouvernement; il aurait déjà chassé ces ennemis s'il avait eu l'administration de la finance, mais il n'avait pas touché un denier ni une maille de tout l'argent levé par les États. – Marcel, averti de l'effet produit par ce discours, fit à son tour assembler le peuple à Saint-Jacques-de-l'Hôpital. Le duc y vint, mais ne put se faire entendre. Consac, partisan du prévôt, parla contre *les officiers* ; il y avait tant de mauvaises herbes, disait-il, que les bonnes ne pouvaient fructifier. L'avocat Jean de Saint-Onde, un des généraux des aides, déclara qu'une partie de l'argent avait été mal employée, et que plusieurs chevaliers, qu'il nomma, avaient reçu, par ordre du duc de Normandie, 40 000 ou 50 000 moutons d'or. « Si comme les rooles le notoient. » (Secousse, *Hist. de Charles-le-Mauvais*, 170.)

205 – page 263 – *Pour encourager les bourgeois par la vue de leur nombre*, etc.

« Dans la première semaine de janvier, ceulx de Paris ordonnèrent que ils auroient tous chapperons my-partis de drap rouge et pers. » *Ms.* « Outre ces chaperons, les partisans du prévôt portèrent encore des fermeilles d'argent mi-partiz d'esmail vermeil et asuré, au dessous avoir escript *à bonne fin*, en signe d'alience de vivre et morir avec ledit prévôt contre toutes personnes. » (*Lettres d'abolition du 10 août 1358*. Secousse, *ibid.*, p. 163.)

206 – page 263 – *À Paris les vivres devenaient rares et chers...*

« Admirantibus de hoc et dolentibus præposito mercatorum et civibus, quod per regentem et nobiles qui circa eum erant non remediabatur, ipsum pluries adierunt exorantes... Qui optime eis facere promittebat, sed... Quinimo magis gaudere de malis insurgentibus in populis et afflictionibus, et tunc et postea Nobiles videbantur. » (Cont. G. de Nangis, p. 116.)

207 – page 265 – *Le meurtre des conseillers du dauphin avait été probablement imposé au prévôt par Charles-le-Mauvais...*

M. Perrens objecte que le roi de Navarre n'était pas à Paris, « il ne savait qu'à moitié ce qui s'y passait, au lieu que Marcel et les autres chefs de la bourgeoisie, voyant de leurs yeux les deux maréchaux à l'œuvre, et leur opposition constante à l'autorité des États, avaient de plus pressantes raisons de se venger. » (Perrens, *Étienne Marcel.* Note de 1860.) – Ce qui est certain, c'est que la mort des maréchaux fut résolue dans l'assemblée des métiers à Saint-Éloi, et qu'on ne voulut point surseoir à l'exécution. – « Quod utinam nunquam ad effectum finaliter devenisset. Et fuit istud prout, iste præpositus *cum suis me et multis audientibus* confessus est. » (Cont. G. de Nangis, p. 116.)

208 – page 265 – *Plusieurs des commissaires des États ne voulurent plus gouverner...*

« Or vous dis que les nobles du royaume de France, et les prélats de la sainte Église se commencèrent à tanner de l'emprise et ordonnance des trois États. Si en laissoient le prévost des marchands convenir et aucuns des bourgeois de Paris. » (Froiss., III, ch. CCCLXXXII, p. 287. Conf. Matt. Villani, l. VIII, c. XXXVIII, 492.)

209 – page 265 – *Paris se chargeait de gouverner la France. La France ne le voulut pas...*

« Rien ne peut donner l'idée de l'esprit d'opposition qui régnait dans les provinces : les habitants relevaient avec aigreur des détails sans importance, par exemple, le traitement que recevaient les députés chargés de lever le subside... On accusait Marcel et les siens de ne se servir de leur pouvoir que pour piller le royaume et amasser des richesses immenses. » (Perrens, *Étienne Marcel.* 1860.)

210 – page 266 – *Le dauphin à Compiègne aux États de Vermandois...*

« Ut illos principales occidi faceret, vel si non posset... expugnaret viriliter civitatem et tam diu dictam urbem Parisiensem... *per impedimentum suorum victualium* molestaret. » (Cont. G. de Nangis, p. 117.)

211 – page 266 – *Marcel envoya en Avignon louer des brigands...*

Jean Donati partit le 8 mai 1358 pour Avignon, portant à Pierre Maloisel 2 000 florins d'or au Mouton, de la part de Marcel, qui l'avait chargé de lever des *brigands*, et pour y acheter des armes. – Marcel avait aussi dans Paris, dit Froissart, un grand nombre de gens d'armes et soudoyers Navarrois et Anglois, archers et autres compagnons. (Secousse, p. 224-3. Voy. aussi Perrens, *Étienne Marcel.* 1860) : « Il envoyait de toutes parts pour enrôler des hommes aguerris et pour acheter des armes. Mais presque, partout il était victime des malversations de ses agents et de la mauvaise roi des mercenaires... Marcel y vit, non sans raison, combien il lui serait difficile de se faire une armée, et par suite, de quelle importance il était de gagner définitivement le roi de Navarre, qui en avait une. »

212 – page 267 – *Dans cette guerre chevaleresque*, etc.

« Les chevaliers et les écuyers rançonnoient-ils assez courtoisement, à mise d'argent, ou à coursiers ou à roncins ; ou d'un pauvre gentilhomme qui n'avait de quoi rien payer, le prenoient bien le service un quartier d'an, ou deux ou trois. » (Froissart, III, 333.)

213 – page 270 – *Le long de la Somme, on comptait trente de ces souterrains...*

Ces souterrains paraissent avoir été creusés dès l'époque des invasions normandes. Ils furent probablement agrandis d'âge en âge. Une partie du territoire du Santerre, qui à elle seule possédait trois de ces souterrains, était appelée *Territorium sanctæ liberationis*. (Mém. de l'abbé Lebeuf, dans les *Mém. de l'Acad. des inscr.*, XXVII, 179.)

214 – page 270, note – *Famine de 1358...*

Les ecclésiastiques eux-mêmes souffrirent beaucoup : « Multi abbates et monachi depauperati et etiam abbatissæ varia et aliena loca per Parisios et alibi, divitiis diminutis, quærere cogebantur. Tunc enim qui olim cum magna equorum scutiferorum caterva visi fuerant incedere, nunc peditando unico famulo et monacho cum victu sobrio poterant contentari. » (Contin. G. de Nangis, II, 122.) – La misère et les insultes des gens de guerre inspirèrent souvent aux ecclésiastiques un courage extraordinaire. Nous voyons dans une occasion le chanoine de Robesart abattre trois Navarrais de son premier coup de lance. Ensuite il fit merveille de sa hache. L'évêque de Noyon faisait aussi une rude guerre à ces brigands. (Froissart, II, 353. Secousse, I, 340-1.)

215 – page 271 – *On appelait par dérision le paysan Jacques Bonhomme...*

Contin. G. de Nangis. Les autres étymologies sont ridicules. Voy. Baluze, *Pap. Aven.*, I, 333, etc.

216 – page 271 – *Qui aurait craint de maltraiter Jacques Bonhomme ?...*

« Quand on était dans les bons jours, que l'on ne voulait pas tuer ou qu'on ne le voulait que par hasard et par accident, il y avait une facétie qui se reproduisait souvent et qui était devenue traditionnelle. On enfermait le mari dans la huche où l'on pétrit le pain, et, jetant la femme dessus comme sur un lit, on la violait. S'il y avait quelque enfant dont les cris importunaient, au moyen d'un lien très court on attachait à cet enfant un chat retenu par un de ses membres. Voyez-vous d'ici la figure de Jacques Bonhomme sortant de sa huche, blêmissant encore de rage sous cette couche de farine qui le rend grotesque et lui ôte jusqu'à la dignité de son désespoir ; le voyez-vous retrouvant sa femme et sa fille souillées, son enfant ensanglanté, dévisagé, tué quelquefois par le chat en fureur ? » (Bonnemère, *Histoire des Paysans*. Note de 1860.)

217 – page 271 – *Les Jacques payèrent à leurs seigneurs un arriéré de plusieurs siècles...*

« Quærentes nobiles et eorum maneria cum uxoribus et liberis exstirpare... Dominas nobiles suas vili libidine opprimebant. » (Cont. G. de Nangis, 119.)

218 – page 271 – *Les Jacques allaient sous un capitaine*, etc.

« Chaque village voulait avoir son chef, et au lieu de le prendre parmi les plus forcenés, ces paysans, qui paraissent dans l'histoire comme des bêtes fauves, s'adressaient de préférence au plus honorable, au plus considérable et souvent au plus modéré. Dans le Valois, on trouve au nombre de ces chefs Denisot Rebours, capitaine de Fresnoy; Lambert de Hautefontaine, frère de Pierre de Demeuille, qui était président au Parlement et conseiller du duc de Normandie; Jean Hullot d'Estaneguy, "homme de bonne fame et renommée", disent les lettres de rémission; Jean Nerenget, curé de Gélicourt; Colart, le meunier, gros bourgeois de la comté de Clermont; la dame de Bethencourt, fille du seigneur de Saint-Martin le Guillart. » (Perrens, *Étienne Marcel*, d'après le *Trésor des Chartes*. 1860.)

219 – page 272 – *Les nobles* se *mirent à tuer et à brûler tout dans les campagnes...*

Chateaubriand, *Études hist.*, édit. 1831, t. IV, p. 170 : « Nous avons encore les complaintes latines que l'on chantait sur les malheurs de ces temps, et ce couplet :

Jacques Bonhomme,
Cessez, cessez, gens d'armes et piétons,
De piller et manger le Bonhomme,
Qui de longtemps Jacques Bonhomme
Se nomme. »

Ce couplet est-il bien ancien ? – Pour les complaintes latines, voy. *Mém.*, collection Petitot, t. V, p. 181.

220 – page 272 – *Marcel avait intérêt à soutenir les Jacques...*

« Si Marcel était trop politique pour ne pas profiter d'une diversion si opportune, il ne pouvait ni la prévoir, puisqu'elle ne fut pas concertée, ni la provoquer, puisque, malgré l'alliance de quelques bonnes villes, il n'exerçait directement aucune action hors de Paris. Tous ses actes sont d'un homme que les événements ont surpris et qui ne songe qu'après coup à en tirer parti. "Plaise vous sçavoir, écrivait-il le 11 juillet (1358), que lesdites choses furent en Beauvoisis commencées et faictes sans nostre sceu et volenté." On objecte qu'il avait intérêt à nier la part qu'il venait de prendre à la Jacquerie ; mais il ne la nie que pour les premiers jours. » (Perrens.) – « ... Et mieuls ameriens estre mort que avoir apprové les fais par la manière qu'ils furent commencié par aucuns des gens du plat paiis de Beauvoisis, mais envoiasmes bien trois cens combatans de noz gens et lettres de credance pour euls faire désister de grans mauls qu'il faisoient, et pour ce qu'il ne voudrent désister des choses qu'il faisoient, ne encliner à nostre requeste, nos gens se départirent d'euls et de nostre commandement firent crier bien en soixante villes sur paine de perdre la teste que nuls ne tuast femmes, ne enfans de gentil homme, ne gentil femme, se il n'estoit ennemi de la bonne ville de Paris, ne ne robast, pillast, ardeist, ne abatist maisons qu'il eussent, et au temps de lors avoit en la ville de Paris, plus de mille que gentils hommes que gentils femmes et y estoit ma dame de Flandres, ma dame la royne Jehanne et ma dame d'Orliens, et à tous on ne fit que bien et honneur et encores en y a mil qui y sont venus à seurté, ne à bons gentils hommes, ne à bonnes gentils femmes qui nul mal n'ont fait au peuple, ne ne veulent faire, nous ne volons nul mal... » (*Lettre d'Étienne Marcel aux bonnes villes de France et de Flandre*, publiée par M. Kervyn de Lettenhove, dans les *Bullet. de l'Acad. roy de Belg.*, t. XX, n° 9.)

Il avait profité du soulèvement pour détruire plusieurs forteresses autour de Paris...

« Quand Marcel vit les efforts intelligents de Guillaume Calle pour former un faisceau de tant de bandes dispersées, il comprit le parti qu'on pouvait tirer de cette nouvelle force en la réglant. C'est pourquoi, sur divers points, il indiqua aux Jacques les chefs qu'ils devaient choisir, tandis qu'ailleurs il communiquait avec ceux qu'ils avaient élus d'eux-mêmes... il leur recommandait de raser tous les châteaux qui pouvaient nuire aux Parisiens. S'il redoutait les ravages et les meurtres inutiles, il acceptait le but de cette guerre, qui devait être l'abaissement de la noblesse.

« Mais bientôt il put se convaincre qu'il ne suffisait pas de diriger de loin, par ses conseils, des alliés indociles, et qu'il fallait tout ensemble leur envoyer des hommes d'armes et des chefs qui leur donnassent l'exemple. Il organisa une double expédition de Parisiens et de mercenaires à leur solde. L'une, sous les ordres de l'épicier Pierre Gilles et de l'orfèvre Pierre Desbarres, devait attaquer les châteaux, principalement au sud de Paris... L'autre, dirigée par Jean Vaillant, prévôt des monnaies, devait se joindre à Guillaume Calle... »

La bourgeoisie parisienne, en prenant part à la Jacquerie, communiqua sa modération aux chefs et aux paysans. « C'est un fait certain que, partout où elle parut, la vie même de ses plus cruels ennemis fut respectée : il n'y a rien à sa charge dans le volumineux recueil du *Trésor des Chartes*, ni dans les chroniqueurs, si ce n'est la ruine de quelques châteaux qui la menaçaient incessamment. On y voit même que les colonnes bourgeoises parcouraient le pays en annonçant, au nom du prévôt des marchands, qu'il était défendu, sous peine de mort, de tuer les femmes ou les enfants des gentilshommes ; elles offraient en outre un asile aux familles de leurs ennemis, lorsque ces familles ne portaient pas un nom trop notoirement odieux aux Parisiens. » (Perrens, *Étienne Marcel*. 1860.)

221 – page 273 – *Les nobles firent tant de mal au pays*, etc.

Marcel trace le tableau de cette effroyable réaction dans la lettre qu'il écrit, le 11 juillet 1358, « aux bonnes villes de France et de Flandre » : « Nous pensons que vous avez bien oy parler comment très-grant multitude de nobles, tant de vostre paiis de Flandres, d'Artois, de Boulonnois, de Guinois, de Ponthieu, de Haynault, de Corbiois, de Beauvoisis et de Vermendois, comme de plusieurs autres lieux par maniere universele de nobles universaument contre non nobles, sens faire distinction quelconques de coupables ou non coupables, de bons ou de mauvais, sont venuz en armes par manière d'ostilité, de, murdre et de roberie, de ça l'yaue de la Somme et aussi deça l'yaue d'Oise, et combien que à plusieurs d'euls rien ne leur ait esté meffait, toutevoies ils ont ars les villes, tué les bonnes gens des paiis, sens pitié et miséricorde quelconques, robé et pillié tout quanques il ont trouvé, femmes, enfans, prestres, religieux, mis à crueuses gehines pour savoir l'avoir des gens et ycels prendre et rober, et plusieurs d'iceuls fait morir ès gehines... les pucelles corrompues et les femmes violées en présence de leurs maris, et briefment fait plus de mauls plus cruelment et plus inhumainement que oncques ne firent les Wandres, ne Sarrasins... et encore ès-dits mauls persévèrent de jour en jour, et tous marchans qu'ils trouvent mettent à mort, en raençonnent et ostent leurs marchandises, tout homme non noble de bonnes villes ou de plat paiis et les laboureurs tous mettent à mort et robent et dérobent... Et bien savons que monseigneur le duc (le régent), nous, noz biens et de tout le plat paiis a mis en habandon aus nobles et de ce qu'il ont fait et feront sur nous, les a advoez, ne n'ont autres gaiges de li que ce que il peuvent rober, et combien que lidit noble, depuis la prise du roy nostre sire, ne soient volu armer contre les ennemis du royaume, si comme chascun a veu et sceu, ne aussi monseigneur le duc, toutevoies contre nous se sont armé et contre le commun, et pour la très-grant hayne qu'ils ont à nous, et à tout le commun et les grant pilles et roberies que il font sur le peuple, il en vient grant et si grant quantité que c'est merveille. » (*Lettre d'Étienne Marcel aux bonnes villes de France et de Flandre*, publiée par M. Kervyn de Lottenhove. – Voy. aussi Perrens.)

Le régent, qui n'eut pas un mot de blâme pour les gentilshommes qui s'étaient rendus coupables de ces meurtres et de ces spoliations, nous apprend lui-même qu'au mois d'août (1358) les nobles continuaient « de piller, de voler, de violer dans les environs de Reims (et ailleurs), malgré les défenses par lui faites ». Les habitants de diverses villes, entre autres Saint-Thierry, Talmersy, le Grand et le Petit-Pouillon, Villers-Sainte-Anne, Chenay, Chalon-sur-Vesle et Villers-Franqueux voulurent s'opposer à ces indignes traitements ; les nobles en tuèrent plus de cinquante. Cependant le prévôt forain de Laon accuse les bourgeois d'avoir attaqué les gentilshommes au service du régent et les veut condamner à l'amende, « et que pis est lez diz nobles accompaigniez de plusieurs autres se soient depuis efforciez et s'efforcent encore de jour en jour de chevaucher et chevauchent continuellement ès dites villes de mettre à mort et peurs genz et chevaux de harnais et autres, à rançonner villes et genz, pour lesquelles choses il a convenu tous les diz habitanz desdites villes aler demourer hors d'icelles sanz que aucun y soit demouré, mais sont les maisons demourées vagues et les biens qui sont ou pais perissent aus champs et aussi les autres heritages demeurent gastes, incultives et inutiles, dont très grant domage et inconveniens se pourroient ensuir, car le pais en pourroit estre desers, les villes despeupliees et la bonne ville de Remz perie laquelle des villes du plat pais se gouverne par ycelle. » (*Lettres de rémission pour les habitants de Saint-Thierry*, etc. : *Trésor des Chartes*, Reg. 86, f° 130.) Voy. Perrens : « Le régent avoue, dans les lettres de rémission, que les nobles incendiaient et détruisaient des villes qui n'avaient pris aucune part à la Jacquerie, par exemple, dans la seule prévôté de Vitry, Heislemarrois, Strepey, Vitry, Bugnicourt et Dully. » (*Lettres de rémission pour les habitants de Heislemarrois*, etc. : *Trésor des Chartes*, Reg. 81, f° 122). – « Les incendies qu'ils allumèrent, dit le Continuateur de Nangis, font encore verser des larmes. »

«Lire Perrens, chapitre X, sur cette réaction nobiliaire: "Les cruautés des nobles et de leurs hommes d'armes surpassèrent celles des paysans par le nombre et la durée." Froissart parle de cent mille hommes qui auraient pris part à la Jacquerie, tandis que le Continuateur de Nangis dit six mille seulement. – La Jacquerie avait commencé le 21 mai 1358, et non en novembre 1357, comme le dit Froissart. Le 9 juin, jour du départ de l'expédition contre Meaux, elle était déjà terminée: elle avait donc, en réalité, duré moins de trois semaines. Les représailles des nobles étaient déjà commencées le 9 juin, et au mois d'août, quand le régent rentra dans Paris, elles duraient encore: elles avaient eu pour théâtre à peu près tout le pays de langue d'Oil.» (*Étienne Marcel.* 1860.)

222 – page 276 – *Combat de la porte Saint-Honoré...*

Voy. dans Perrens la discussion de ce fait, si Marcel rentra en ville avant ou après le combat de la porte Saint-Honoré. «Il est probable que si Marcel était rentré avant le combat, il n'en eut la nouvelle que lorsque la lutte était terminée.» (1860.)

223 – page 278 – *Les meurtriers de Marcel s'en allèrent éveillant le peuple*, etc.

«Ceux qui le matin avaient pris les armes pour "vivre et mourir avec les chefs du peuple", déclaraient, le soir, ne s'être armés que pour ouvrir les portes au régent. En un instant, tous les chaperons rouges et pers (bleu foncé) avaient disparu, et chacun donnait des marques bruyantes d'une joie qui n'était pas dans les cœurs.»

Parmi ceux qui donnèrent l'exemple de la résistance aux vainqueurs, il faut nommer surtout Nicolas de la Courtneuve. «Garde de la Monnaie à Rouen, il avait été nommé par Marcel aux mêmes fonctions à la Monnaie de Paris. Il resta à son poste, et il sut empocher qu'aucun des ouvriers soumis à ses ordres ne se prononçât pour Maillart et le régent. Le lendemain de la mort du prévôt, Jean le Flament, maître de la Monnaie du roi, s'étant présenté à l'hôtel des Monnaies pour en prendre possession et s'en faire remettre les clefs, Nicolas de la Courtneuve refusa d'obéir, attendu, dit-il, qu'on ne savait pas encore qui était le seigneur... Lorsque, enfin, il se fut assuré qu'il n'y avait plus d'espérance, plutôt que de remettre les clefs à un officier du régent, il les donna à Pierre le Maréchal, que Marcel avait nommé maître particulier des monnaies.» (Perrens, *Étienne Marcel.* 1860.)

224 – page 278 – *Le parti de Marcel survécut à son chef...*

« Les forces de cette opposition étaient sans doute considérables, quoique les auteurs n'en parlent point, puisque, avant de rentrer dans Paris, le régent crut qu'il était nécessaire de nommer une commission chargée d'admettre les turbulents à composition moyennant finance. » (Perrens, d'après *Trésor des Chartes*, Reg. 86, p. 431.)

Une conspiration pour venger Marcel...

Trésor des Charles, Reg. 90, p. 382. Secousse. – Voy. dans Perrens le complot et la mort héroïque de Martin Pisdoé, « changeur fort riche et fort estimé ». (Décembre 1359, chap. XV. 1860.)

225 – page 278 – *Le dauphin fit rendre à la veuve de Marcel*, etc.

« Marguerite des Essarts, veuve d'Étienne Marcel, ne voulut point se remarier. Ce fut en souvenir des services rendus par son père, Pierre des Essarts, à Philippe-de-Valois que le régent lui fit restituer tous ses biens meubles et accorder pour elle et ses six enfants en bas âge une rente annuelle de soixante livres parisis, faible compensation de la perte des trois mille écus d'or qu'elle avait apportés en dot, et de tous les biens de Marcel. » (Perrens, chap. XIV. *Trésor des Chartes*, Reg. 90, f° 49. 1860.)

226 – page 278 – *Marcel tue les États en les faisant comme il les veut.*

Ce fut un des principaux griefs contre Marcel qu'il ait peu à peu laissé convertir le conseil en une réunion secrète de ses seuls amis qu'il présidait lui-même et qui s'imposait aux Parisiens comme la seule autorité. À cela l'on répond qu'il était naturel que le prévôt s'appuyât sur ses amis et ne mît pas ses adversaires dans le secret de ses desseins. Ces conciliabules secrets n'en excitèrent pas moins les accusations les plus passionnées, et quand plus tard le dauphin accorda des lettres de rémission à la ville de Paris, il eut soin d'en excepter les membres du conseil secret, comme coupables de haute trahison. (Voy. Perrens, *Étienne Marcel*. 1860.)

227 – page 283 – *Il y eut des confiscations et des supplices contre le parti de Marcel...*

« Le régent ne se contenta pas de dépouiller ceux dont il épargnait la vie : il prenait les biens de ceux-là même que la hache avait frappés, en sorte que personne, en mourant, ne pouvait se flatter d'avoir épuisé la vengeance royale... – Ses rigueurs ne frappaient pas seulement les citoyens qui étaient suspects d'avoir pris une part active à la révolution populaire ; la vengeance royale s'acharnait jusque sur les boulangers qui avaient fourni du pain, fût-ce par contrainte, à la faction vaincue. Les personnes qu'on arrêtait pour les mettre à mort étaient soumises à des tortures affreuses, et on leur arrachait ainsi tous les aveux qu'on voulait, même les moins véritables. » (Perrens, *Étienne Marcel*, c. XIV. 1860.)

228 – page 284 – *Détresse de Paris en 1359...*

« Unde arbores per itinera et vineas incidebantur, et annulus lignorum, qui ante pro duobus solidis dabatur, nunc pro unius floreni pretio venditur. » (Contin. G. de Nangis, p. 121.) – « Quarta auteur boni vini... viginti quatuor solidi. » (*Ibid.*, p. 125, conf. 129.)

229 – page 284 – *Les gens de Touraine*, etc., *achetaient aux Anglais des sauf-conduits...*

« Nullus salvus, nisi ab eis salvum conductum litteratorie obtinebat. » (Cont. G. de Nangis, p. 122.) « ... Se eis tributarios reddiderunt. » (*Ibid.*, p. 125.)

230 – page 287 – *Le roi d'Angleterre n'osa attaquer Paris...*

« Anglici... accesserunt... Nobiles qui in urbe tunc erant, cum domino regente in bona copia, armis protecti se extra muros posuerunt, non multum elongantes a fortalitiis et forsatis... Non fuit tunc prælia-tum. » *(Ibid.)*

Près de Chartres les Anglais éprouvèrent un terrible orage...

« Maxima pars bigarum et curruum in viis et itineribus imbre nimio madentibus remansit, equis deficientibus. » *(Ibid.)*

231 – page 289 – *La Rochelle, d'autant plus française...*

« Et disoient bien les plus notables de la ville : "Nous aouerons les Anglois des lèvres, mais les cuers ne s'en mouvront jà." » (Froiss., ch. CCCCXLI, p. 229-230.) – Les regrets des gens de Cahors ne sont pas moins touchants : « Responderunt flendo et lamentando... quod ipsi non admittebant dominum regem Angliæ, imo dominos noster, rex Franciæ, ipsos derelinquebat tanquam orphanos. » (Note communiquée par M. Lacabane, d'après les *Archives de Cahors* et le *ms. de la Bibl. royale*.)

232 – page 290 – *Le roi Jean vendit sa chair et son sang...*

Mat. Villani, XIV, 617. – « Le roi de France, qui se veoit en danger, pour avoir l'argent plus appareillé, s'y accorda légèrement. » (Froiss., IV, ch. CCCCXLIX, p. 79.)

233 – page 293 – *Les croisés se joignaient plutôt aux compagnies...*

« Plusieurs s'en allèrent cette part, chevaliers, écuyers et autres, qui cuidoient avoir grands bienfaits du pape avecques les pardons dessus dit, mais on ne leur vouloit rien donner, si s'en partoient... et se mettoient en la mauvaise compagnie qui toudis croissoit de jour en jour. » (Froiss., ch. CCCCLXIX, p. 142.)

234 – page 293 – *La succession du duc de Bourgogne*, etc.

Le roi de Navarre descendait d'une sœur aînée, mais à un degré inférieur. Jean allégua « que la loi écrite si dit que outre les fils des frères, nul lieu n'a représentation, mais l'emporte le plus prochain du sang et du côté ». (Secousse, *Preuves de l'Hist. de Charles-le-Mauvais*, t. II, p. 201.)

235 – page 295 – *Le roi d'Angleterre alléguait son âge pour ne pas prendre la croix...*

« Oil, dit le roi d'Angleterre, je ne leur débattrois jamais, si autres besognes ne me sourdent, et à mon royaume dont je ne me donne garde. – Oncques le roi ne put autre chose impetrer fors tant que toujours il fut liement et honorablement traité en dîners et en grands soupers. » (Froiss., ch. CCCLXXVIII, p. 167.)

236 – page 298 – *On célébrait le combat des Trente, où les Bretons avaient vaincu les Anglais...*

On a élevé un monument sur la lande de Mi-Voie, près Ploërmel, pour perpétuer le souvenir de cet événement. Voy. le poème publié par M. de Fréminville, en 1819, et par M. Crapelet, en 1827. Voy. aussi M. de Roujoux, *Hist. de Bretagne*, III, 381. – La douleur de Beaumanoir, lorsqu'il rencontra les paysans bretons traînés en esclavage par les Anglais, est exprimée avec une touchante naïveté :

> Il vit peiner chétifs, dont il eut grand'pitié.
> L'un estoit en un ceps et li autre ferré...
> Comme vaches et bœufs que l'on mène au marché.
> Quand Beaumanoir les vit, du cœur a soupiré !

Beaumanoir, s'en plaignant à l'Anglais Bemborough, en reçoit la réponse suivante :

Biaumaner, taisiez-vous ; de ce n'est plus parlé,
Montfort si sera duc de la noble duché,
De Nante à Pontorson, et même à Saint-Mahé,
Édouard sera roy de France couronné.

Et Beaumanoir, selon le poète, lui répond *humblement* :

Songiez un autre songe, cestuy est mal songié ;
Car jamais par tel voie n'en aurez demi pié.

Au commencement de la bataille, l'Anglais crie à Beaumanoir :

Rends-toi tôt, Beaumanoir, je ne t'occiray mie ;
Mais je feray de toi biau présent à ma mie ;
Car je lui ai promis, et ne veux mentir mie,
Que ce soir te mettrai dans sa chambre jolie (honnête).
Et Beaumanoir répond : Je te le surenvie !
... De sueur et de sang la terre *rosoya.*

Beaumanoir, demandant à boire, reçoit de Geoffroy Dubois la fameuse réponse :

Bois ton sang, Beaumanoir, ta soif se passera !

L'histoire, dit le poète, en fut écrite, et peinte en *tappichies* :

Par tretous les États qui sont de ci la mer ;
Et s'en est esbattu maint gentil chevalier,
Et mainte noble dame à la bouche jolie.
Or priez, et Jésus, et Michel, et Marie,
Que Dieu leur soit en aide et dites-en, Amen.

237 – page 298 – *Bertrand Duguesclin...*

Duguesclin est nommé dans les actes Glecquin, Gléaquin, Glayaquin, Glesquin, Cleyquin, Claikin, etc. Ceci le désignerait pour vrai Breton de race. Il se croyait lui-même descendu d'un roi maure, Hakim, retiré en Bretagne, qui, chassé du pays par Charlemagne, aurait laissé dans la tour de Glay son fils, que Charles fit baptiser. Le connétable voulait, après la guerre de Castille, passer en Afrique et conquérir Bougie. Voy. le *Man. de la Bibl. du roi : Conquête de la Bret. Armorique, faite par le preux Charlemagne sur ung payen nommé Aquin, qui l'avoist usurpé*, etc., n° 35, 356 du P. Lelong.

Sa vie a été chantée dans une sorte d'épopée chevaleresque...

Cilz qui le mist en rime fust Cuveliers
Et pour l'amour du prince qui de Dieu soit sauvé,
Afin qu'on n'eust pas les bons fais oubliés
Du vaillant connestable qui tant fut redoubtez,
En a fait les beaux vers noblement ordonnez.
Ms. de la Bibl. royale, n° 7224.

M. Macé, professeur d'histoire, a donné une notice intéressante sur cet important manuscrit dans l'*Annuaire de Dinan*, 1835.

Le poème avoue qu'il était laid...

Mais l'enfant dont je dis et dont je vois parlant,
Je crois quil not si lait de Resnes à Disnant.
Camus estoit et noir, malotru et massant (?).
Li père et la mère si le héoient tant....
Ms. de la Bibl. royale, n° 7224.

Voyez aussi la Chronique en prose réimprimée par Francisque Michel.

238 – page 300 – *Bataille de Cocherel...*

« Si ordonnons que nous mettions à cheval trente des nôtres... ; et de fait ils prendront ledit captal et trousseront et l'emporteront entre eux. » (Froiss., IV, ch. CCCCLXXXVIII, p. 201.)

« Si y furent grand temps sur un état que de crier Notre-Dame-Auxerre, et de faire pour ce jour leur souverain le comte d'Auxerre... Si y fut avisé et regardé pour meilleur chevalier de la place et qui plus s'étoit combattu de la main... messire Bertrand Duguesclin. Si fut ordonné de commun accord que on crieroit Notre-Dame Guesclin. » (*Ibid.*, p. 202-3.)

Charles V donna à Duguesclin pour récompense le comté de Longueville...

Les lettres de donation sont du 27 mai 1364. Duchâtelet, *Hist. de Duguesclin*, p. 297. – En 1365, le roi reprit ce comté, en payant une partie de la rançon de Duguesclin. (*Archives*, J. 381.)

En même temps, il faisait couper la tête au sire de Saquenville, etc.

« Si furent pris à mercy tous les soudoyers étrangers ; mais aucuns pillards de la nation de France, qui là s'étaient boutés, furent tous morts. » (Froiss., IV, ch. CCCCCXVIII, p. 230.)

239 – page 301 – *Le prince de Galles envoya à Montfort le brave Chandos,* etc.

« Chandos... pria plusieurs chevaliers et écuyers de la duché d'Aquitaine ; mais trop petit en y allèrent avec lui, si ils n'étoient Anglois. » (Froiss., IV, ch. DI, p. 241.)

240 – page 301 – *Beaucoup de Bretons se joignirent à Charles de Blois...*

« Le vicomte de Rohan, le sire de Léon, le sire de Kargoule (Kergorlay), le sire de Loheac... et moult d'autres que je ne puis mie tous nommer. » (*Ibid.*, ch. DII, p. 242.)

241 – page 301 – *Les Bretons voulaient en finir par la mort de l'un ou de l'autre...*

« Que si on venoit au-dessus de la bataille que messire Charles de Blois fut trouvé en la place, on ne le devoit point prendre à nulle rançon, mais occire. Et ainsi en cas semblable les François et les Bretons en avoient ordonné de messire Jean de Montfort ; car en ce jour ils vouloient avoir fin de la bataille et de guerre. » (*Ibid.*, ch. DX, p. 264.)

242 – page 302, note – *« Et l'appelle-t-on Saint-Charles »...*

Urbain V, *bon François*, ordonna, il est vrai, une enquête pour la canonisation de Charles de Blois, mais il mourut avant qu'elle fût faite, et son successeur Grégoire II, sous lequel elle eut lieu, n'en fit aucun usage, pour ne pas offenser le duc de Bretagne. (*Hist. de Bret.* Note de M. Dacier sur Froissart.)

243 – page 304 – *Don Pèdre-le-Cruel ne se fiait qu'aux juifs et aux Sarrasins...*

En 1358, voulant faire la guerre au roi d'Aragon, « e envió et rey D. Pedro a regard al rey Mahomad de Grenada, que le ayuda se con algunas galeas ». (Ayala, c. XI.)

244 – page 305 – *Expédition contre don Pèdre-le-Cruel...*

On a sur l'expédition d'Espagne un chant languedocien : A Dona. Clamença. Cançon dicta la bertat, fattat sur la guerra d'Espania, fatta pel generoso Guesclin assistat des nobles moundis de Tholosa. 1367. (Don Morice, I, p. 16, et Froiss., IV, p. 286.)

245 – page 305, note – *Charles V prêta à Duguesclin l'argent de sa rançon...*

« À tous ceuls qui ces présentes lettres verront, Bertran du Guesclin, chevalier, conte de Longueville, chambellan du roy de France, mon très redoubté et souverain seigneur, salut. Savoir faisons que parmi certaine somme de deniers que ledit roy mon souverain seigneur nous a pieça fait bailler en prest, tant *pour mettre hors de son royaume les compaignes qui estoient es parties de Bretaigne, de Normandie et de Chartain et aileurs es basses marches*, comme pour nous aidier à *paier partie de notre raençon à noble homme messire Jehan de Champdos*, vicomte de Saint-Sauveur et connestable d'Acquittaine, duquel nous sommes prisonnier, nous avons promis et promettons audit roy mon souverain seigneur par nos foy et serment mettre et *emmener hors de son royaume lesdictes compaignes* à nostre pouvoir le plus hastivement que nous pourrons, sans fraude ou mal engin, et aussi sans les souffrir ne souffrir demourer ne faire arrest en aucune partie dudit royaume, se n'est en faisant leur chemin, et sans ce que nous ou les dictes compaignes demandions ou puissions demander audit roy mon souverain seigneur ne à ses subgiez ou bonnes villes, finance ou autre aide quelconques, etc. » (1365, 22 août. *Archives*, J, 481.)

246 – page 306 – *Tout ce qu'il y avait d'aventuriers anglais dans l'armée de Don Enrique*, etc.

« Si prirent congé au roy Henry... au plus courtoisement sans eux découvrir, ni l'intention du prince. Le roi Henry qui étoit large, courtois et honorable, leur donna moult doucement de beaux dons, et les remercia grandement de leur service, et leur départit au partir de ses biens, tant que tous s'en contentèrent. Si vidèrent d'Espagne. » (Froiss., ch. DXXIV, p. 326.) Duguesclin avait été créé duc de la Molina. (D. Morice, I, p. 1628.)

247 – page 307 – *Le roi de Navarre craignait tellement de se compromettre pour les uns ou les autres*, etc.

« Et supposoient les aucuns que tout par cautèle s'étoit fait prendre... pourtant que il ne savoit encore comment la besogne se porteroit du roi Henry et du roi Don Piètre. » (Froiss., ch. DXXXIX, p. 369.)

248 – page 308 – *Les vainqueurs étaient réduits au cinquième*, etc.

Knygthon, col. 2629 ; et Froiss., ch. DLXII, p. 429. « Ils portoient à grand meschef la chaleur et l'air d'Espagne, et mêmement le prince était tout pesant et maladieux. » Walsingham ajoute qu'on disait alors que le prince avait été empoisonné. (Wals., p. 117.)

Le prince de Galles ne pouvant les satisfaire, ils pillaient l'Aquitaine...

« Si leur fit dire le prince et prier qu'ils voulussent issir de son pays et aller ailleurs pour chasser et vivre... Ils entrèrent en France, qu'ils appeloient leur chambre. » (Froiss., ch. DLXIV, p. 439.)

249 – page 309 – *«... et si ce n'était assez, il n'y a femme en France sachant filer»...*

N'a filairesse en France, qui sache fil filer,
Qui ne gaignast ainçois ma finance à filer,
Qu'elles ne me volissent hors de vos las geter.
Ms. de la Bibl. royale, n° 7224, folio 86.

250 – page 309 – *Le prince de Galles avait demandé mille lances au sire d'Albret*, etc.

« Il s'y prêta fort mal : "Messire le prince de Galles se truffe de moi." Adonc demanda tantôt un clerc. Il vint. Quand il fut venu, il lui dit, et le clerc écrivit : "Cher sire, plaise vous savoir que je ne saurais sevrer les uns des autres... et si aucuns iront, tous iront, ce sçais-je. Dieu vous ait en sa sainte garde." » (Froiss., ch. DXXXI, p. 350-1.)

251 – page 310 – *Il mit sur les terres des Gascons un fouage de dix sols par feu...*

Et non d'un franc, comme le dit Froissart. (*Lettres du Prince de Galles*, 26 janvier 1368. Note communiquée par M. Lacabane. *Ms. de la Bibl. royale.*)

252 – page 313 – *Tout maladif qu'il était, Charles V faisait continuellement de dévotes processions...*

« Tout dechaux et nuds pieds, et madame la reine aussi... et faisoit ledit roi de France partout son royaume être son peuple, par contrainte des prélats et des gens d'Église en cette affliction. » (Froiss., ch. DLXXXVII, p. 57.)

253 – page 314 – *Toutes les villes qui se rendaient à Charles V*, etc.

Ordonn., V, p. 291, 324, 338, 333. Sism., XI, p. 145.

Sur l'histoire des Communes, voyez particulièrement le cinquième volume du cours de M. Guizot.

254 – page 315 – *Il fallut que le duc de Bourbon*, etc.

« Puisque combattre ne voulez... dedans trois jours, sire duc de Bourbon, à heure de tierce ou de midi, vous verrez votre dame de mère mettre à cheval et mener en voie : si avisez sur ce, et la rescouez (délivrez) si vous voulez. » (Froiss., ch. DCXX, p. 173.) « ... Mais oncques ne s'en murent ni bougèrent. » (*Ibid.*, ch. DCXXI, p. 175.)

255 – page 318 – *La Bretagne était contre les Anglais...*

« Tous les barons, chevaliers et écuyers de Bretagne étoient très bons François : "Cher sire, avoient-ils dit à leur duc, sitôt que nous pourrons apercevoir que vous vous ferez partie pour le roi d'Angleterre contre le roi de France..., nous vous relinquerons tous, et mettrons hors de Bretagne." » (Froiss., VI, ch. DCLXXIV, p. 27-28.)

256 – page 319 – *La Rochelle se donna à Charles V, mais avec bonnes réserves...*

« ... Et auroient en leurs villes coins pour forger florins et monnoie blanche et noire, de telle forme et aloi comme ont ceux de Paris. » (Froiss., VI, ch. DCLXX, p. 15.)

257 – page 320 – *Le duc de Lancastre traversa la France*, etc.

« Vix quadraginta caballos vivos secum ducens. » (Wals., p. 529.) – « Milites famosos et nobiles, delicatos quondam et divites... ostiatim mendicando, panem petere, nec erat qui eis daret. » (Wals., p. 187.)

258 – page 321 – *Alice Perrers...*

« Milites parliamentales graviter conquesti sunt de quadam. Alicia Peres appellata, femina procacissima. » (Walsingham, p. 189.) – « Illa nunc juxta justitiarios regis residendo, nunc in foro ecclesiastico juxta doctores se collocando... pro defensione causarum suadere ac etiam contra postulare minime verebatur. » (Wals., p. 189.) – « Inverecunda pellex detraxit annulos a suis digitis et recessit. » *(Ibid.)*

259 – page 324 – *Le roi de Navarre traite avec les Anglais*, etc.

Secousse, *Hist. de Charles-le-Mauvais*, t. I, 2e partie, p. 173. – Lebrasseur, *Hist. du comte d'Évreux*, p. 93. – Voy. les pièces originales du procès : *Archives du royaume*, J, 618.

260 – page 324 – *Charles V ne put être forcé ni à combattre ni à rendre...*

« Le roi de France rossoignoit (craignait) si les fortunes périlleuses que nullement il ne vouloit que ses gens s'aventurassent par bataille si il n'avoit contre six les cinq. » (Froiss., VII, 115.)

261 – page 325 – *La multitude de ses constructions...*

« Comment le roy Charles estoit droit artiste et appris ès sciences et des beauls maçonnages qu'il fist faire : – Fonda l'église de Saint-Anthoine dedans Paris. L'église de Saint-Paul fist amender et acroistre, et maintes autres églises et chapelles fonda, amenda et crut les édifices et rentes. Accrut son hôtel de Saint-Paul ; le chastel du Louvre à Paris fit édifier de neuf ; la Bastille Saint-Anthoine, combien que puis on y ait ouvré, et sus plusieurs des portes de Paris, fait édifice fort et bel. Item les murs neufs et belles grosses et haultes tours qui entour Paris sont. Ordonna à faire le Pont-Neuf. Édifia Beaulté ; Plaisance, la noble maison ; répara l'ostel de Saint-Guyn. Moult fit rédifier le chastel de Saint-Germain-en-Laye ; Creel, Montargis ; le chastel de Meleun et mains autres notables édifices. » (Christ. de Pisan, VI, 25.)

262 – page 325 – *Il avait construit le vaste hôtel Saint-Paul...*

Le séjour de l'hôtel Saint-Paul était, disait-il, favorable à sa santé. Dans ce labyrinthe de chambres qui composaient les appartements du roi, on comptait : la *chambre ou gist le roi*, la *grand'chambre de retrait*, la *chambre de l'estude*. De plus, il y avait un jardin, un parc, une chambre des bains, une des étuves, une ou deux autres qu'on appelait *chauffe-doux*, un jeu de paume, des *lices*, une volière, une chambre pour les tourterelles, des ménageries pour les sangliers, pour les grands lions et les petits, une chambre du conseil, etc. Charles V avait renfermé dans son hôtel Saint-Paul plusieurs autres hôtels, comme ceux des abbés de Saint-Maur et de Puteymuce (*petimus* ; dans les environs se tenaient des scribes qui faisaient le métier d'écrire des pétitions ; par une autre corruption on l'appela Petit-Musc). Les appartements du duc d'Orléans n'étaient guère moins vastes que ceux du roi ; puis venaient dans de semblables proportions ceux du duc de Bourgogne, de Marie, d'Isabelle, de Catherine de France, des ducs et duchesses de Valois et de Bourbon, des princes et princesses du sang et de quantité d'autres seigneurs et gens de cour. Le duc d'Orléans avait un cabinet qui lui servait simplement à dire ses heures et qu'on appelait *retrait où dit ses heures Monsieur Louis de France*. De même quand on descendait dans les cours, on trouvait la maréchaussée, la conciergerie, la fourille, la lingerie, la pelleterie, la bouteillerie, la saucisserie, le garde-manger, la maison du four, la fauconnerie, la lavanderie, la fruiterie, l'échançonnerie, la panneterie, l'épicerie, la tapisserie, la charbonnerie, le lieu où l'on faisait l'hypocras, la pâtisserie, le bûcher, la taillerie, la cave aux vins des maisons du roi, les cuisines, les jeux de paume, les celliers, les poulaillers, etc. Les chambres étaient lambrissées du bois le plus rare ; jusque dans les chapelles il y avait des cheminées et des poêles qu'on appelait *chauffe-doux*. Les cheminées étaient ornées de statues colossales, selon l'usage du temps ; « celle de la chambre du roi avait de grands chevaux de pierre ; une autre était chargée de douze grosses bêtes et de treize grands prophètes ». (Félibien, I, p. 654-5.)

Le sire de La Rivière en faisait les honneurs...

« Pour maintenir sa court en honneur, le roy avoit avec luy barons de son sang et autres chevaliers duis et apris en toutes honneurs... ainsi messire Burel de La Rivière, beau chevalier, et qui certes très gracieusement, largement et joyeusement savoit accueillir ceux que le roy vouloit festoyer et honorer. » (Christ. de Pisan, VI, 63.)

263 – page 327 – *Les astrologues de Charles V...*

« Les grands princes séculiers (dit un contemporain de Charles V) n'oseroient rien faire de nouvel sans son commandement et sans sa saincte élection (de l'astrologie) ; ils n'oseroient chasteaux fonder, ne églises édifier, ne guerre commencer, ne entrer en bataille, ne vestir robe nouvelle, ne donner joyau, ne entreprendre un grand voyage, ne partir de l'ostel sans son commandement. » (Christ. de Pis., p. 208.)

264 – page 327 – *Caractère de Charles V...*

Il ne blâmait pas toute dissimulation : « Dissimuler, disoyent aucuns, est un rain (une branche) de trahison. Certes, ce dist le roy adont, les circonstances font les choses bonnes ou maulvaises ; car en tel manière peut estre dissimulé que c'est vertu et en tel manière vice ; sçavoir : dissimuler contre la fureur des gens pervers, quant ce est besoing est grand sens ; mais dissimuler et faindre son courage en attendant opportunité de grever aucun, se peut appeler vice. » (Christine, VI, p. 53.)

265 – page 328 – *Puissance des juifs...*

Ord., III, p. 351 et 471. Conf. à IV, p. 532 (4 février 1364). – *Ord.*, III, p. 478, art. 26. – Ils ne devaient pas prêter sur gages suspects ; mais ils s'étaient ménagé une justification facile. Article 20 des privilèges des juifs : « De crainte qu'on ne mette dans leurs maisons des choses que l'on diroit ensuite volées, nous voulons *qu'ils ne puissent être repris pour nulle chose trouvée chez eux*, sauf en un coffre dont ils porteroient les clefs. » *Ord.*, III, p. 478.)

Quoique Charles V eût essayé d'introduire un peu d'ordre dans la comptabilité, il n'y pouvait voir clair. L'usage des chiffres romains, maintenu presque jusqu'à nous par la chambre des Comptes, suffisait pour rendre les calculs impossibles.

266 – page 330 – *Une solennelle plaidoirie par-devant le roi*, etc.

Pierre Cugnières demandait entre autres choses que le vassal félon fût puni par le seigneur et non par l'Église, sauf la pénitence qui viendrait après ; qu'un seigneur ne fût pas excommunié pour les fautes des siens ; que le juge ecclésiastique ne forçât pas le vassal d'autrui par excommunication à plaider devant lui ; que l'Église ne donnât pas asile à ceux qui échappaient des prisons du roi ; d'autre part que les terres acquises par le clerc payassent les taxes et retournassent à sa famille, au lieu de rester en main-morte, que le clerc qui trafiquait ou prêtait fût sujet à la taille, qu'un roturier ne donnât moitié de sa terre à son fils clerc, s'il avait deux enfants, etc.

Le nom de l'avocat du roi resta le synonyme d'un mauvais ergoteur...

« Abiitque in proverbium, ut quem sciolum et argutulum et deformem videmus, M. Petrum de Cuneriis, vel corrupte, M. Pierre du Coignet, vocitemus. » (Bulieus, IV, 222. – *Libertés de l'Église gall.* Traités. Lettres de Brunet, p. 4. – « Simulacrum ejus, simum et deforme... quod scholastici prætereuntes stylis suis scriptoriis pugnisque confodere et coutundere solebant. » (Bulæus, IV, 322.)

267 – page 332 – *Jean XXII déclara effrontément qu'en haine de la simonie, il se réservait...*

Baluz. *Pap. Aven.*, I, p. 722. « Omnia beneficia ecclesiastica quæ fuerunt, et quocumque nomine censeantur et ubicumque ea vacare contigerit. »

268 – page 332, note – *L'histoire de la papesse Jeanne...*

On l'a rejetée à l'an 848, et cité en preuve Marianus Festus et Sigebert de Gemblours ; mais on n'en trouve pas un mot dans les anciens manuscrits de ces auteurs. Plus tard seulement on inséra dans le texte ce qu'on avait d'abord écrit à la marge. (Bulæus, IV, 240.)

269 – page 333 – *Sainte Brigitte fait dire par Jésus au pape d'Avignon...*

« Tu pejor Lucifero... tu injustior Pilato... tu immitior Juda, qui me solum vendidit ; tu autem non solum me vendis, sed et animas electorum meorum. » (*S. Brigittæ Revelationes*, l. I, c. XLI.)

270 – page 335 – *On considéra tous les malheurs qui suivirent comme une punition du ciel...*

On chantait à cette époque le cantique suivant :

Plange regni respublica,
Tua gens, *ut schismatica*,
Desolatur.
Nam pars ejus est iniqua,
Et altera sophistica
Reputatur, etc.
Bibl. du roi, cod. 7609. Coll. des Mém., V, 481.

271 – page 337 – *Révoltes du Languedoc...*

Hist. du Languedoc, l. XXXII, ch. XCI, p. 365. – Ch. XCV, p. 368. – Ch. XCVI, p. 369.

272 – page 340 – *Révolte de la Bretagne...*

Chronique en vers de 1341 à 1381, par maître Guill. de Saint-André, licencié en décret, scolastique de Dol, notaire apostolique et impérial, ambassadeur, conseiller et secrétaire du duc Jean IV :

Les François estoient testonnés,
Et leurs airs tout efféminés ;
Avoient beaucoup de perleries,
Et de nouvelles broderies.
Ils estoient frisques et mignotz,
Chantoient comme des syrenotz ;
En salles d'herbettes jonchées,
Dansoient, portoient barbes fourchées,
... Les vieux ressembloient aux jeunes,
Et tous prenoient terrible nom,
Pour faire paour aux Bretons.

273 – page 340 – *Mort de Duguesclin...*

A! doulce France amie, je te lairay briefment!
Or veille Dieu de gloire, par son commandement,
Que si bon conestable aiez prochainement
De coi vous vaillez mieulx en honour plainement!
Poème de Duguesclin, ms. de la Bibl. royale, n° 7224, 142 verso.

Voy. l'excellent art. CHARLES V, de M. Lacabane *(Dict. de la conversation)*.

274 – page 344 – *La France atteignait dans Froissart la perfection de la prose narrative...*

Sans parler de tant de beaux récits, je ne crois pas qu'il y ait rien dans notre langue de plus exquis que le chapitre: «Comment le roi Édouard dit à la comtesse de Salisbury qu'il convenoit qu'il fust aimé d'elle, dont elle fut fortement ébahie.»

Quoique Froissart ait séjourné si longtemps en Angleterre, je n'y trouve qu'un mot qui semble emprunté à la langue de ce pays: «Le roi de France pour ce jour étoit jeune, et volontiers *travillait* (voyageait, *travelled*).» (T. IX, p. 475, année 1388.)

Dans son voyage aux Pyrénées, cheminant le joyeux prêtre avec ses quatre lévriers en lesse...

«Considérai en moi-même que nulle espérance n'étoit que aucuns faits d'armes se fissent ès partie de Picardie et de Flandre, puisque paix y étoit, et point ne voulois être oiseux; car je savois bien que au temps à venir et quand je serai mort, sera cette haute et noble histoire en grand cours, et y prendront tous nobles et vaillants hommes plaisance et exemple de bien faire; et entrementes que j'avois, Dieu merci, sens, mémoire et bonne souvenance de toutes les choses passées, engin clair et aigu pour concevoir tous les faits dont je pourrois être informé touchants à ma principale matière, âge, corps et membres pour souffrir peine, me avisai que je ne voulois me séjourner de non poursuivre ma matière; et pour savoir la vérité des lointaines besognes sans ce que j'envoyasse aucune autre personne en lieu de moi, pris voie et achoison (occasion) raisonnable d'aller devers haut prince et redouté seigneur messire Gaston comte de Foix et de Berne... Et tant travaillai et chevauchai en quérant de tous côtés nouvelles, que par la grace de Dieu, sans péril et sans dommage, je vins en son châtel à Ortais... en l'an de grâce 1388. Lequel... quand je lui demandois aucune chose, il me le disoit moult volontiers; et me disoit bien que l'histoire que je avois fait et poursuivois seroit au temps à venir plus recommandée que mille autres. » (Froissart, IX, 218-220.)

275 – page 344 – *« Le vrai régime des bergers et bergères par Jehan de Brie »...*

Jehan raconte d'abord comme quoi : « À l'âge où les enfants commencent à muer leurs premières dents et où ils ont encore leur folle plume, et ne sont prenables d'aucune loi », il fut chargé de garder les oies, puis les pourceaux ; comment ensuite, « accroissant son estat d'estre promeu aux honneurs terriens », il eut la garde des chevaux et des vaches. Mais il y fut blessé, et revint dire que jamais il ne garderait les vaches : « Et lors, lui fust baillée la garde de quatre-vingts agneaux débonnaires et innocents..., et il fut comme leur tuteur et curateur, car ils étoient soubs âge et mineurs d'ans. » Il ne se conduisit pas comme certains pasteurs temporels ou spirituels..., etc. Ensuite « ledit Jehan de Brie, *sans simonie*, fut establi et institué à porter les clefs des vivres... de l'hôtel de Messy, appartenant à l'un des conseillers du roy notre seigneur ès enquestes de son parlement à Paris... Quand ledict de Brie eut été licencié et maistre en ceste science de bergerie, et qu'il estoit digne de lire en la rue au Feurre *(la rue du Fouarre, où étaient les écoles)* auprès la crèche aulx veaux, ou soubz l'ombre d'ung ormel ou tilleul, derrière les brebis, lors vint demourer au Palais-Royal, en l'hostel de Messire Arnoul de Grantpont, trésorier de la Sainte-Chapelle royale à Paris... – Premièrement, les aigniaux qui sont jeunes et tendres doivent estre traitez amyablement et sans violence, et ne les doit-on pas férir ne chastier de verges, de bastons », etc. – Lorsque l'on coupe les agneaux : « Doit lors le berger estre sans péché, et est bon de soi confesser », etc., etc. – Ce charmant petit livre n'a pas été réimprimé, que je sache, depuis le seizième siècle. J'en connais deux éditions, toutes deux de Paris ; l'une porte la date de 1542 (Bibl. de l'Arsenal), l'autre n'a pas d'indication d'année (Bibl. royale, S. 880).

Le passage suivant a bien l'air d'être écrit par un homme de robe : « Ils estoient (les agneaux) sous âge et mineurs d'ans ; et pour ce que ledit Jehan n'est pas noble, et que il ne lui appartenoit pas de lignage, il n'en put avoir le *bail*, mais il en eut la *garde*, gouvernement et administration, quant à la nourriture. »

276 – page 346 – *L'épopée des faits et gestes de Duguesclin...*

... Le prévost d'Avignon
Vint droit à Villenove, où la chevalerie
De Bertran et des siens estoit adonc logie.
I la dit à Bertran que point ne le detrie :
Sire, l'avoir est prest, je vous acertefie,
Et la solution séelée et fournie,
Come Jeshu donna le fils sainte Marie
À Marie-Magdalaine qui fut Jhesu amie.
Et Bertran li a dit : Beau sire, je vous prie,
Dont vint yeilz avoirs, ne nie le celez mie ?
La pris li Aposteles en sa thresorerie ?
Nanil, Sire, dit-il, mais la debte est paie
Du commun d'Avignon, à chascun sa partie.
Dit Bertran Du Guesclin : Prévost, je vous afie,
Jà n'en arons deniers en jour de notre vie,
Se ce n'est de l'avoir venant de la clergie,
Et volons que tuit cil qui la taille ont paiée,
Aient tout lor argent, sans prendre une maillie.
Sire, dit li prévos, Dieu vous doient bonne vie !
La pour gent arez forment esleessie *(réjouie)*.
Amis, ce dit Bertran, au pape me direz,
Que ces grans tresors soit ouvers et defermez,
Ceulz qui lont paié, il lor soit retorez,
Et dittes que jamais n'en soit nul reculez,
Car, se le savoie, jà ne vous en doubtez,
Et je fusse oultre mer passez et bien alez,
Je seroie ainçois par deçà retournez...

Poème de Duguesclin, ms. de la Bibl. royale, n° 7224, folio 49.

TABLE DES MATIÈRES

PRÉSENTATION (Paule Petitier)........................... I

HISTOIRE DE FRANCE

LIVRE V

CHAPITRE Ier. *Vêpres siciliennes*........................... 7

1270-1282. Philippe-le-Hardi........................... 7
Charles d'Anjou chef de la maison de France........................... 8
Efforts des papes pour secouer le joug français........................... 9
Jean de Procida........................... 10
Il passe d'Espagne en Sicile et à Constantinople........................... 11

1282. Massacre des Français en Sicile........................... 18
D. Pedro, roi d'Aragon, secourt les Siciliens........................... 20

1285. Mort de Charles d'Anjou........................... 24
Philippe-le-Hardi meurt en Espagne........................... 25

1299. La Sicile reste au roi Frédéric, Naples aux descendants de Charles d'Anjou........................... 26

CHAPITRE II. *Philippe-le-Bel. – Boniface VIII* (1285-1304) 27

1285. Philippe-Le-Bel............................. 27
Administration 29

1288-1291. Parlement 29
Centralisation monarchique. Légistes 32
Fiscalité............................. 35

1293-1300. L'argent et la ruse............................. 36
Philippe appelé par les Flamands 38
Le comte de Flandre et sa fille retenus à Paris 39
Expulsion des juifs, altération des monnaies ; maltôte 40

1295-1304. Démêlés entre Boniface VIII et Philippe-le-Bel........ 42

1300. Le Jubilé............................. 44
Le pape favorise les ennemis de la France ; représailles de Philippe............................. 49
Rupture au sujet du Languedoc 50

1301. Philippe fait enlever l'évêque de Pamiers 52

1302. Bulle supposée ; brûlée à Paris............................. 54
Philippe appuyé par les États généraux............... 56
Révolte des Flamands............................. 59
Défaite de Courtrai............................. 60

1302. Suite de la lutte contre le pape............................. 62
Nogaret à Anagni............................. 68
Retour du pape à Rome ; sa mort 70
Benoît XI meurt subitement............................. 73

1304. Victoires de Ziriksée et de Mons-en-Puelle 74
Misère du peuple 75

CHAPITRE III. *L'or. – Le fisc. – Les Templiers*.......................... 77

L'or 77
Le fisc 78
L'alchimie............................. 78
La sorcellerie............................. 79
Le juif 80

1305. Bertrand de Gott (Clément V) 83

1306. Poursuites contre Boniface VIII 87
Le Temple 88
Puissance, privilèges du Temple 88
Cérémonies 91
Accusations dirigées contre cet ordre 93
Richesse des Templiers 96
Ils font la guerre aux chrétiens 97
Griefs de la maison de France 97
Philippe-le-Bel ruiné attaque les Templiers 99
Les moines et les nobles les abandonnent 100
Ils refusent de se réunir aux Hospitaliers 101
Les chefs de l'ordre arrêtés à Paris 102

1307. Instruction du procès 103

CHAPITRE IV. *Suite. – Destruction de l'ordre du Temple* (1307-1314) 105

1307. Opposition du pape 105
L'instruction continue 106

1307. Aveux obtenus par les tortures 106

1308. Adhésion des États du royaume aux poursuites 106
Difficultés suscitées par le pape 108
Le pape se réfugie à Avignon 109
Concessions mutuelles 111

1309. Commission pontificale. Faiblesse du Grand-Maître 111

1310. Poursuites contre la mémoire de Boniface 111
Défense des Templiers entravée 112
Protestation des Templiers 118
Intérêt qu'ils excitent 121
Consultation du pape en leur faveur 122
Concile provincial tenu à Paris 123
Supplice de cinquante-quatre Templiers 125

1311. L'ordre supprimé par toute la chrétienté 129
Compromis entre le pape et le roi 131

1312. Concile de Vienne 131
Condamnation des mystiques béghards, franciscains 131

Abolition du Temple.......... 135
Fin du procès de Boniface VIII.......... 135

1314. Exécution des chefs de l'ordre.......... 136
Causes de la chute du Temple.......... 138

CHAPITRE V. *Suite du règne de Philippe-le-Bel. – Ses trois fils. – Procès. – Institutions* (1314-1328).......... 141

Le Diable.......... 142
Procès atroces.......... 143

1314. Mort de Philippe-le-Bel.......... 146
Activité, éducation de Philippe-le-Bel.......... 146
Il ménage l'Université.......... 148
Institutions.......... 149
Ordonnances contradictoires.......... 150
Hypocrisie de ce gouvernement.......... 151
Attaques contre la noblesse.......... 152
Confédération de la noblesse du Nord et de l'Est.......... 155
Louis X; réaction féodale.......... 156
Lutte des barons et des légistes.......... 160

1315. Lois nouvelles sur les monnaies.......... 161
Ordonnance pour l'affranchissement des serfs.......... 162

1316. Philippe-le-Long.......... 163
Application de la loi salique.......... 163
Les villes sont armées.......... 164
Tentative pour la réforme des poids et mesures.......... 165
Règlements de finances.......... 165

1316-1322. Le Parlement se constitue.......... 165
La royauté se constitue.......... 165

1320. Pastoureaux.......... 168
Les juifs et les lépreux.......... 169

1322-1328. Charles IV, *le-Bel*.......... 174
Édouard II, roi d'Angleterre, renversé par sa femme, Isabelle de France.......... 174

1328. Mort de Charles IV.......... 177

LIVRE VI

CHAPITRE Ier. *L'Angleterre. – Philippe-de-Valois* (1328-1349) 179

1328. Avènement de Philippe-de-Valois 179
L'Angleterre sous Édouard III 183
Flandre, Angleterre ; esprit commercial 184
Routes du commerce depuis les croisades 185
Commerce de l'Angleterre 185
Caractère guerrier et mercantile du quatorzième siècle 187
Caractère opposé de la France 187
Premières années du règne de Philippe VI 188
Guerre de Flandre. Bataille de Cassel 189
1329. Procès de Robert d'Artois 190
1332. Robert s'enfuit en Flandre, puis en Angleterre 193
1333. Poursuites contre sa famille 193
1336. Ordonnances sur les impôts et sur les marchandises 194
Rapports de Philippe VI avec le pape 194
Mécontentement général 195
Édouard III relève son autorité 195
Guerre indirecte entre la France et l'Angleterre 195
Émigration des ouvriers flamands en Angleterre 196
1337. Révolte des Gantais. Jacquemart Artevelde 196
Ordonnances et préparatifs d'Édouard III 197
Armée féodale et mercenaire de Philippe VI 198
1338. Les Anglais en Flandre 198
Édouard III, vicaire impérial 199
1339. Les Anglais en France 200
Édouard III, roi de France 202
1340. Bataille de l'Écluse 203
La guerre de Flandre sans résultats 205
1341. Guerre de Bretagne. Blois et Montfort 205
1342. Philippe VI soutient Charles de Blois ; Édouard III soutient Jean de Montfort 205

1345. Édouard III perd à la fois Montfort et Artevelde 211

1346. Édouard III attaque la Normandie 213
Les Anglais brûlent Saint-Germain, Saint-Cloud, Boulogne.. 214
Philippe VI les poursuit 214
Bataille de Créci 215
Siège de Calais 218
Persistance d'Édouard III ; ses succès en Écosse et en Bretagne 220
Tentatives de Philippe pour faire lever le siège de Calais..... 221

1347. Prise de Calais ; dévouement de six bourgeois 222
Calais peuplé d'Anglais 222
Les mercenaires, les fantassins remplacent les troupes féodales 222
Humiliation du pape, de l'empereur, du roi, de la noblesse .. 225
Abattement moral ; attente de la fin du monde ; mortalité ... 226

1348. La *peste noire* 226
Mysticisme de l'Allemagne ; flagellants 229
Boccace ; prologue du *Décaméron* 229
Suites de la *peste* 232

1349-1350. Le roi se remarie ; il acquiert Montpellier et le Dauphiné 232
Noces et fêtes 232

1350. Mort de Philippe VI 233

CHAPITRE II. *Jean. – Bataille de Poitiers* (1350-1356) 234

Laure, Pétrarque 234
Le quatorzième siècle s'obstine dans sa fidélité au passé 237

1350. Avènement de Jean 238
Création de l'ordre de l'Étoile 238
Charles d'Espagne, Charles de Navarre 238

1350-1359. Rapides variations des monnaies 239
États généraux, sous Philippe-de-Valois, sous Jean 241

1355. Gabelle votée par les États. Résistance de la Normandie et du comte d'Harcourt 242
Le comte d'Harcourt décapité 243

1356. Le prince de Galles ravage le Midi 243
Bataille de Poitiers 245
Le roi prisonnier 247

CHAPITRE III. *Suite. États généraux. – Paris. – Jacquerie. – Peste* (1356-1364) 248

1356. Le dauphin Charles. Le prévôt des marchands, Étienne Marcel. Paris 248

1357. États généraux 252
États provinciaux 254
Robert le Coq et Étienne Marcel 254
Désastres de la France 258
Charles-le-Mauvais à Paris 259

1358. Nouveaux États ; le dauphin régent du royaume 261
Révolte de Paris 263
Meurtre des maréchaux de Champagne et de Normandie 264
Règne de Marcel 264
La Champagne, le Vermandois pour le dauphin 266
États de la langue d'Oil à Compiègne 266
Souffrances du paysan 266
Jacquerie 271
Charles-le-Mauvais, capitaine de Paris 274
Marcel s'appuie sur Charles-le-Mauvais et essaye de lui livrer Paris 276
Marcel assassiné 277

1359. Le dauphin rentre à Paris 283
Négociations avec les Anglais 284
Leurs propositions rejetées par les États 285
Édouard III en France 285
Les Anglais aux portes de Paris 287

1360. Traité de Brétigny 288
Désolation des provinces cédées 289
Rançon du roi 289
Le roi en liberté ; ses premières ordonnances 290
Ordonnance en faveur des juifs 291

1360-1363. Misère, ravage, mortalité 291
Les Tard-venus 292

1362. Jean réunit au domaine la Bourgogne et la Champagne 293

1363. Il va prêcher la croisade en Angleterre 294

1364. Mort du roi Jean à Londres 295

CHAPITRE IV. *Charles V* (1364-1380). – *Expulsion des Anglais* 297

1364. Charles V, *le Sage* 297
L'Anglais, le Navarrais, les compagnies 298
Bertrand Duguesclin 298
Bataille de Cocherel 299

1365. Bataille d'Auray ; mort de Charles de Blois 300
Ordonnances de Charles V 301
Guerre de Don Enrique de Transtamare contre son frère Don Pèdre-le-Cruel 303

1366. Duguesclin à la tête des compagnies 305
Le pape rançonné à Avignon 305
Don Pèdre quitte l'Espagne ; est rétabli par les Anglais 306

1367. Bataille de Najara ; Duguesclin prisonnier 307
Les compagnies, mal payées, se jettent sur la France 309
Duguesclin recouvre la liberté 309

1398. Le Midi mécontent des Anglais 310

1369. Défections 310
Le prince de Galles cité devant la cour des Pairs 311
Charles recouvre son influence 312
Duguesclin replace Don Enrique sur le trône de Castille ; Don Pèdre vaincu à la bataille de Montiel 312
Charles V confisque l'Aquitaine 313

1370. Les Anglais traversent la France ; mort de Jean Chandos 314
Charles V se concilie le roi de Navarre et le roi d'Écosse 315
Le prince de Galles prend Limoges d'assaut 316
Duguesclin, connétable 318
Le duc de Bretagne prend parti pour les Anglais ; il est chassé par les Bretons 318

1370-1373. Le roi de Castille envoie une flotte à Charles V. Prise de La Rochelle 319
Les Anglais battus partout 319
Le duc de Lancastre traverse de nouveau la France 320

1374. Les Gascons se livrent à la France 320

1376. L'Angleterre veut la paix 320
Mort du prince de Galles 322

1377. Mort d'Édouard III ; Alice Perrers 322
Charles V marie son frère, le duc de Bourgogne, à l'héritière de Flandre 323

1378. Le roi de Navarre traite avec les Anglais ; Charles V le prévient 324
La France relevée dans l'opinion de l'Europe 325
Monuments de Charles V. Bastille, hôtel Saint-Paul. 325
Vie privée de Charles V 326
Astrologues 327
Sagesse de Charles V ; sa prévoyance. 327
Mauvais état des finances du roi ; puissance des juifs 328
Richesse, juridiction du clergé 329
Régales, annates, réserves 331
Corruption de l'Église. 331
Grand schisme. Urbain VI, Clément VII 334
Charles V ne peut faire reconnaître son pape dans la chrétienté 335

1379. Révoltes du Languedoc 336
Révoltes de la Flandre (Voy. le t. IV).
Révoltes de la Bretagne 338

1380. Mort de Duguesclin 340
Mort de Charles V. 341
Son gouvernement. 342

Caractère prosaïque du quatorzième siècle. 343
Froissart. Jehan *le bon berger*, etc.. 344
Situation difficile et contradictoire où se trouve la chrétienté. Folie de Charles VI et de la plupart des princes de cette époque. 345

APPENDICE 349

Composé et mis en pages
par Le vent se lève…

Achevé d'imprimer
sur Roto-Page
par l'Imprimerie Floch à Mayenne
en septembre 2008.
Dépôt légal : février 2008.
Numéro d'éditeur : 62.
Numéro d'imprimeur : 71974.

ISBN 978-2-84990-075-8 / Imprimé en France.